# GOLD INVESTMENT

# 保卫财富

## 黄金投资新时代

鲁政委 郭嘉沂 付晓芸◎著

浙江人民出版社

图书在版编目（CIP）数据

保卫财富：黄金投资新时代 / 鲁政委，郭嘉沂，付晓芸著. -- 杭州：浙江人民出版社，2025. 3（2025. 8重印）.

ISBN 978-7-213-11859-3

Ⅰ. F830.94

中国国家版本馆CIP数据核字第2025MH1634号

保卫财富：黄金投资新时代

BAOWEI CAIFU: HUANGJIN TOUZI XINSHIDAI

鲁政委　郭嘉沂　付晓芸　著

出版发行：浙江人民出版社（杭州市环城北路 177 号　邮编　310006）

　　　　　市场部电话：（0571）85061682　85176516

责任编辑：齐桃丽

策划编辑：陈世明

责任校对：何培玉

责任印务：幸天骄

封面设计：异一设计

电脑制版：北京五书同创文化发展有限公司

印　　刷：杭州丰源印刷有限公司

开　　本：710毫米 × 1000毫米　1/16　　印　　张：25

字　　数：310千字　　　　　　　　　　插　　页：1

版　　次：2025 年 3 月第 1 版　　　　　印　　次：2025 年 8 月第 3 次印刷

书　　号：ISBN 978-7-213-11859-3

定　　价：88.00 元

如发现印装质量问题，影响阅读，请与市场部联系调换。

# 目 录

第三章　**比价与价差**　/ 177

第四章　**黄金在资产配置中的应用及可投资标的**　/ 255

第五章　**黄金与其他投资品种对比**　/317

从古至今，黄金都是极富神秘色彩的物质。在穿越了漫漫长河的风烟之后，人们对黄金仍存在诸多未知。在备受关注的金价走势上，随着研究的深入，我们越来越发现，金价走势其实并非简单地受人们经常提及的避险或者实物黄金需求的驱动，也不是长期与美元实际利率呈负相关关系，金价走势其实浓缩了全球经济周期变迁、大国博弈、技术革命、资产价格表现范式切换等诸多宏观、微观信息。从保卫财富的角度来说，人们不应该被误导而将黄金在资产配置中遗忘。当我们从历史的纵深维度来审视时，所有的这一切更加令人着迷！在西方文化中，黄金被称为"上帝的货币"，它的元素符号"Au"是拉丁文"Aurum"的缩写，含有"黎明前的曙光"或"闪耀"之意，象征着光明、神圣、财富和永恒。黄金甚至是大航海时代得以开启的直接激发因素，正因为如此，发现新大陆的哥伦布（Colombo）才说："黄金极为卓越，黄金是宝藏，拥有它的人可以在这个世界上做他想做的一切，并且成功帮助灵魂进入天堂。"

在中国的历史长河中，无数文人墨客借助黄金抒发对美好事物的向往。《诗经》用"有匪君子，如金如锡，如圭如璧"比喻品行的高洁，张衡用"美人赠我金错刀,何以报之英琼瑶"比喻友情的珍贵,白居易用"但教心似金钿坚,天上人间会相见"比喻爱情的坚贞,刘禹锡以"千淘万漉虽辛苦,吹尽狂沙始到金"比喻经历困难后收获的珍贵,宋真宗以"书中自有黄金屋"寓意知识的价值,古谚"真金不怕火炼"更是全面概括了黄金在人们心目中的美好意象。

在经济金融领域,黄金的地位更是超凡脱俗。卡尔·马克思(Karl Marx)在《资本论》中指出:"金银天然不是货币,但货币天然是金银。"美国著名的银行家约翰·皮尔庞特·摩根(John Pierpont Morgan)表示:"只有黄金才是真正的金钱,其他一切皆为信用。"

在第二次世界大战之前,黄金是国际货币体系的根基,跨越文化、地域的交易,只有黄金这样的贵金属才是通行证。

在第二次世界大战之后,黄金在国际交易中的地位经历了一个从"货币化"到"去货币化"再到"再货币化"的过程。

第二次世界大战后建立的布雷顿森林体系,是一种"美元与黄金挂钩、其他货币与美元挂钩"的金汇兑本位制,借助于黄金确立了美元在国际货币体系中的本位币地位。也正因为如此,现在有些人还习惯于把美元称为"美金"。布雷顿森林体系的建立,有助于战后经济的复苏和国际贸易的稳定,结束了战前货币金融领域的混乱局面,为战后国际经济金融的发展提供了基础。布雷顿森林体系建立后,中央银行对黄金的热情有增无减,发达经济体的中央银行持续增加黄金储备,这种情况一直持续至1965年。然而,布雷顿森林体系也存在局限性。随着各国经济从战争废墟中的复苏和美元的持续过度发行,美国的贸易逆差使得美国的黄金储备已无法兑现"美元与黄金挂钩"的承诺,美国不得不周期性地要求调整美元与黄金的平价、美元与其他货币之间的汇率,而且调整的次数也越来越频繁。到了1971年,随着美国经济开始出现滞胀,尼克松政府最终宣布停止用美元兑换黄金,这标志着布雷顿森林体系的解体。

20世纪70年代，布雷顿森林体系解体后，黄金作为国际货币的作用开始受到质疑：一些人认为，黄金失去了作为货币的价值；而另一些人认为，黄金仍然是重要的避险资产和价值储存手段。这种争议因1976年《国际货币基金组织协定第二次修订案》做出"黄金不再作为交易的基础，其在汇率体系和作为计量单位的角色被消除"的决议而进入白热化。到了1982年，国际货币基金组织在《当今基金中的黄金：黄金的作用和估值解释》一文中又转而澄清：尽管"黄金在汇率体系和作为计量单位的角色已被消除，不再作为交易的基础，但黄金作为国际储备资产的重要性仍然存在，并在国际货币基金组织对国际流动性的监管中占据重要的一席，这些重要性在第二次修订案中被忽略了"。在该文中，国际货币基金组织同时表示，将出售其所持有的部分黄金，用于支持发展中成员国的发展所需。

在上述思潮和国际货币基金组织售金行为的影响下，许多欧洲经济体自20世纪90年代开始抛售部分黄金储备（但同期美国并未抛售），这一抛售断断续续一直持续到2009年。在这一时期，苏联中央银行出于机会成本角度考虑（持有黄金不仅不生息，还要付出保管成本），也加入了中央银行抛售黄金的行列中。在2008年次贷危机之后，全球对美元储备地位的信心出现了动摇，新兴经济体的中央银行开始转而大幅增持黄金。2020年，新冠疫情后，发达经济体因为大规模的货币放水而出现通胀隐忧，一些发达经济体的中央银行也开始加入增持黄金的行列之中。俄乌冲突爆发后，欧美对俄罗斯实施了一系列制裁，包括但不限于，将俄罗斯多家银行排除在SWIFT（国际资金清算系统）之外，冻结俄罗斯美元外汇储备。这些行径让越来越多的经济体开始质疑将美元作为国际储备的安全性，由此也使得2022年开启了全球中央银行特别是新兴经济体持续增持黄金的新时代。由此表明，全球货币体系的变革正在悄然发生，黄金作为超主权货币作用的"再货币化"再度兴起。上述中央银行的行为所反映的人们对黄金价值认知的变迁，其实可用美联储前主席艾伦·格林斯潘（Alan Greenspan）的话来概括："显著的通胀终将抬高金价。投资黄金是以备不时之需，不是为了短期收益，而是为了长期保障。"格林斯潘还说："黄金是全球性国际货币。它和银是仅有的两种无须对手方承诺的货币，没有人会拒绝把黄金作为清偿债务的支付手段。"

中央银行在琢磨上帝发行的货币（黄金），我们普通人在琢磨中央银行发行的货币！为什么我们不能直接去琢磨上帝发行的货币，让黄金为我们每一个普通人的财富保值增值？

本书作者中的每一位，都一直与银行专业机构交易台的交易员并肩战斗，奋战在分析研究金价变化的"前线战壕"，时间已超过十年。在长期的研究工作中，我们经常与个人投资者、FICC（固定收益证券、货币及商品期货）交易团队以及产业投资者进行交流切磋。本书就是大家思维碰撞中的思想火花的系统化与积淀。与其说本书是我们的作品，不如说是大家共同思考的成果。这一点直接决定了书中涉及的问题是每一位黄金爱好者或从业者都非常关心的问题。

我们不得不提的是，阅读本书很可能需要具备一些投资的专业知识，而很多问题的答案也不像很多人之前所以为的那样简单而单向度。比如，"美元涨，黄金跌"，很多时候其实并非如此。厘清金价走势，只有避险和保值逻辑远远不够，其实还需要"三大范式"。即使是金银比，也比我们通常想象的要复杂，存在结构性因素和周期性因素的不同影响。所有这些问题的答案，我们都在本书中为您一一揭开！

本书共分为五章。

第一章介绍了全球黄金市场的发展历程。只有了解黄金的历史，我们才能够更好地认知当下。比如，当今新兴经济体大量增持黄金，但发达经济体增持量较小，这并不是因为发达经济体觉得黄金作为储备不重要，而是因为欧美发达经济体在金本位制和布雷顿森林体系时期已经累积了大量黄金储备，这使得即使经过连续十几年的增持，新兴经济体黄金储备的绝对量以及占比仍显著低于发达经济体。又比如，当前欧洲投资者仍然最喜爱金条、金币，而美国投资者更喜爱将黄金ETF（交易型开放式指数基金）作为投资工具，这与历史发展中英国形成全球黄金现货中心，而美国凭借其金融优势形成全球黄金衍生品交易中心有很大关联。上海黄金交易所成立后，上海快速发展成仅次于纽约和伦敦的第三大黄金交易中心，大幅提升了中国在全球黄金定价中的作用，这一点在2024年3月后的黄金大涨中体现得非常明显。我们将这些感悟都写在了本章的历史回顾中。

第二章聚焦于对黄金分析框架的探讨。从2022年起，我们与所有市场参与者一样，都遇到了黄金传统分析框架失效的问题。为了搞清楚大周期变化下金价影响因素的切换，我们翻阅众多文献资料并进行了一系列专题研究，在前人研究基础上领悟出了一定心得。我们也在2022年做出了此轮美联储40年来最快速加息周期中金价表现将会明显强于2013年之后那轮调整周期、本轮下跌目标位在1600美元/盎司、此后牛市开启的判断，并持续完善了这一分析框架。金价走势并不是简单地受人们经常提及的避险或者实物黄金需求驱动，也不是长期与美元实际利率呈负相关关系，金价走势其实浓缩了周期变迁、大国博弈、技术革命（比如信息化以及当前大热的人工智能）以及资产价格表现范式切换等许多宏观、微观信息。因此，黄金是一个看似简单其实内含深意的品种。如何把握不同属性和不同周期切换对金价走势的影响，以及不同属性和不同周期之间的关联，并将主要因素串联起来，从而阶段性排除次要因素，是本章试图带领读者一同走的"掘金"之旅。

第三章聚焦于黄金的比价与价差。2020年，金银比（本书指金银比值）持续创出100、110、120的历史新高，引发市场对"金银比是不是进入了另一个结构性抬升期"的讨论。要知道在金本位制时期，金银比一度只有15，更早的时候白银还贵于黄金。金银比也是经历了漫长的历史进程才到了100这个关口。彼时的我们迫切需要找到金银比中枢变化的影响因素，来解答"金银比是否进入了一个新的中枢抬升期"这一困惑市场以及我们的问题。经过历史回溯，我们发现，金银比走势存在结构性和周期性两种影响因素。金银比的结构性变化与黄金、白银货币属性和储备属性的变化有关。当前金银比的中枢是在20世纪80年代国际货币基金组织确认黄金仍作为储备资产、白银不再作为储备资产后形成的。如果这一大背景不发生变化，那么金银比中枢也不会发生大的改变。金银比的周期性变化则与工业周期的起落有关。金银比其实是一种很好地观察工业周期变化的高频指标，2021年市场期待的能源转型拉动银价上涨的逻辑并未兑现，就与市场只关注到了白银的工业属性而忽略了其与黄金高度关联的金融属性有关。这几年大幅波动的不止金银比价，黄金境内外价差也在2020年以后发生了巨幅波动，先是2020年境内黄金的巨幅折价，再到2023年境内黄金的持续溢价，背后都与黄金区域的供需差异和汇率波动存在密切关联。总体来看，随着境内黄金市场金融化程度的提高，近些年黄金境内外价差波动存在结构性扩大的趋势，而且根据我们的观察，黄金境内外价差的扩大通常与黄金"牛熊切换"相关，这也是我们在市场研究中时不时会发现的意外之喜。

第四章研究了黄金在资产配置中的应用及可投资标的。这一章的研究源于经常被投资者问及的问题：大家都说黄金好，那么买了黄金究竟有哪些作用呢？我如果要配置黄金，究竟该买多少呢？众多的黄金投资产品，比如积存金、黄金ETF、黄金股票，我究竟该投资哪种产品呢？这一系列问题引发了我们的思考。黄金长期收益优异，将黄金加入资产组合中能够起到增大投资组合收益以及减小最大回撤率的双重作用，这些特性决定了黄金应该成为资产组合中的重要一员。对于低、中、高不同风险偏好的客户，其在资产组合中应该加入的最优黄金配置比例存在较大的差别。比如，对于高风险偏好客户，其资产组合最优黄金配置比例应达到38%；而对于低风险偏好客户，这一比例要小得多。只有跟随自己的风险偏好去配置黄金，我们才能获得使自己持仓体验最佳的组合。而在积存金、黄金 ETF、黄金股票、黄金期货期权、黄金结构性存款等多种标的中，投资者该如何选择，也存在许多需要考虑的技术细节。比如，积存金和黄金 ETF 常被视为同类产品，但其实二者的净值波动、交易费用以及利息存在诸多不同。又比如，对于黄金股票，只考虑金价走势是不够的，除了需要关注金价走势外，短期需要考虑黄金股票所在的股票市场指数走势，长期要更关注具体公司的盈利能力、资产负债情况、管理层素质、行业前景等。对很多黄金股票而言，大盘对其解释权重高于金价。这是在投资中容易被很多投资者忽略的细节，需要特别注意。

第五章的探讨扩展到了黄金投资之外，我们将黄金与美股、比特币、玉石、古董字画等投资品种进行了比较研究。黄金与美股是许多投资者在大类资产间选择投资标的时会思考的内容，对于小众投资品（比特币、玉石、古董字画），虽然投资者数量相对较少，但其足够具有话题性和神秘感，往往会引发人们关注。对于黄金与美股，二者并不能简单地划分为避险资产与风险资产的关系，二者走势背后其实有着更深层次的产业技术周期变迁逻辑。从电气化带来的第二次技术革命、信息化带来的第三次技术革命到 OpenAI 发布 ChatGPT 和 Sora 后关于第四次技术革命将到来的讨论，都曾经或者正在深刻地影响美股和黄金走势，产业技术周期的变化对黄金大周期的强弱其实有着最深层次的影响。对黄金和比特币而言，市场将二者并列讨论往往发生在比特币供给减半前后。在比特币供给减半前后，往往需求端的利好信息、监管态度的阶段性放松会集中出现，对加密货币合法化以及替代法币的炒作也会高涨，2024年开年之后黄金与比特币的集体大涨就是上述提及的这些因素共同作用的结果。黄金与玉石、古董字画的关系，则对应了那两句古语：一是"黄金有价，玉无价"，这是指通常市场流通的黄金都有基准定价供大家参考，但是玉没有明确的规定，长期来看，二者走势存在一定同步性，但流动性完全不同；二是"乱世黄金，盛世字画"，这句话其实表达了在不同的社会环境下，由于保存条件不同，人们对投资和收藏也会有不同偏好。

总体而言，本书是一本致力于帮助投资者搭建黄金多维度分析框架，以及指导投资者如何进行黄金投资的实战书。本书的内容涵盖了作者近十年的思考，不足之处在所难免，不过在近几年巨变的金融市场中尚被验证有效。我们后续也会持续跟踪市场的发展，保持一个开放的心态，动态更新黄金的分析框架。本书适用于机构和个人对黄金进行投资分析，个人包括金融和非金融从业人员，以及政府部门、高校和所有关注黄金走势的人士。其中，第一章、第四章和第五章的内容没有阅读门槛。如果想进一步弄懂金价以及各种比价与价差走势的影响因素，那么阅读第二章和第三章内容的时候可能需要投资者有一定金融基础知识。

第一章

# 黄金市场的发展历程

黄金即金，是一种质软、金黄色、抗腐蚀的金属，是一种较稀有、较珍贵和极被人看重的金属。当前黄金不仅是用于储备和投资的特殊通货，也是首饰业、电子业、现代通信、航空航天业等行业的重要材料。

人类发现并利用黄金的历史，大致经历了三个时期。

一是商品时期。由于质软、易加工、抗氧化腐蚀，同时具有良好的色泽和延展性，黄金在古代就被人们大量用作装饰材料。西亚及附近地区的金崇拜源远流长，古代埃及、两河流域、印度河流域及地中海周围地区均崇拜黄金，黄金制品是西方古代文明的象征。现在可考的世界上最早的黄金制品成于公元前4560—前4450年黑海西岸保加利亚瓦尔纳红铜时代。6000年前，埃及人就开始用天然金银合金做装饰品；5000年前，两河流域男女贵族开始戴金饰；4500年前，乌尔王朝时代发明了金链，并在约4000年前传到了东方。黄金制品以耳环、项饰、手镯、指环、冠饰、垂饰、别针和胸针形式传承和传播。在这一时期，黄金在古埃及神话中发挥了重要作用，并受到法老和神殿祭司的青睐。古代印加人把黄金视为"太阳的汗珠"，古埃及的法老坚持死后要埋葬在黄金这种"神之肉"里，《圣经·马太福音》提及的东方三博士带来的礼物之一就是黄金，而《圣经·启示录》形容圣城耶路撒冷的街道由纯金制成……黄金总是被人们赋予神话般的力量。

二是货币时期。随着生产力的发展，货币产生了，金属商品也加入交换行列。黄金由于数量少、难选冶、价值高，并具有良好的耐腐蚀性、延展性和分割性，符合充当一般等价物的条件，于是实物货币最终过渡到金属货币。公元前6世纪，爱奥尼亚地区的吕底亚王国成为世界上最早使用金币的国家之一。随后，古希腊、古罗马、古埃及、古印度等古代文明也开始将黄金作为货币交换媒介。这些古代文明对黄金的需求推动了黄金的开采和贸易，促进了黄金市场的发展。同时，这些古代文明对黄金的开采和贸易也为后世提供了重要的历史借鉴。中世纪，黄金市场的发展进入了一个新的阶段。欧洲的黄金交易中心逐渐由地中海东部转移到意大利北部的威尼斯和佛罗伦萨等城市。随着大航海时代的到来，欧洲国家开始通过殖民探险来获取更多的黄金资源。西班牙和葡萄牙成为最大的黄金提供者，而伦敦和阿姆斯特丹等城市则成为黄金交易的中心。现代黄金市场的发展始于19世纪。19世纪初，随着欧洲国家的殖民扩张和探险，黄金勘探和开采在全世界范围内展开。黄金开始成为全球通行货币的基础，各国中央银行开始储备黄金，并开展黄金交易。1816年，英国成立了世界上第一家黄金市场，即伦敦黄金市场。1819年，英国正式施行金本位制。19世纪末，伦敦黄金市场凭借其地理位置和贸易优势，成为全球黄金市场的中心，许多黄金交易商和银行在此开展业务。进入20世纪后，纽约和东京也相继发展，成为重要的黄金市场中心。

三是超主权货币时期。黄金非货币化是指取消黄金的货币职能，使其与货币完全脱离联系，重新成为单纯的商品，不再作为货币的载体。这一时期其实可以分为布雷顿森林体系解体前后两个阶段。对于第二次世界大战后建立的布雷顿森林体系，美元与黄金挂钩，其他货币与美元挂钩，这一时期可以认为是黄金属性的过渡阶段。在这个时期，黄金扮演着重要的角色，作为货币的基础，同时也作为储备资产。然而，这种体系在1971年布雷顿森林体系解体后发生了变化。在布雷顿森林体系解体后，黄金的货币属性彻底退却，变得只有储备属性。各国中央银行可以将黄金作为储备资产持有，而投资者也可以将黄金作为投资工具。在这种情况下，黄金的价格通常受到汇率、利率、市场供求和投资者风险偏好的影响。黄金作为全球性的储备资产和避险工具，可以在国家之间进行交换和储备，其价格不受单个国家货币的影响。如果主导国信用问题凸显，那么黄金的超主权货币属性也会凸显。

本书对黄金的关注主要集中在黄金成为全球通行货币之后。接下来，我们将首先介绍金本位制建立后世界货币体系和黄金的一系列变化，继而分析国内外黄金市场的发展历程与现状。

## 第一节
# 从货币到超主权货币

百年来，全球货币体系经历了 1819—1970 年的物本位时代，以及 1971 年至今的信用本位时代。国际货币体系演变简史表明，一旦最重要的经济体卷入战争，或者中心国家长期实施以自我为中心的财政政策和货币政策，国际货币体系就会发生大变革。

## 一、金本位制

金本位制是以黄金为本位币的货币制度。在金本位制下，每单位的货币价值等同于若干重量的黄金（货币含金量）。当不同国家使用金本位制时，国家之间的汇率由它们各自货币的含金量之比——金平价——来决定。1819 年，英国颁布《恢复条令》，金本位制开始在英国实行。19 世纪中期，金本位制开始盛行。历史上，金本位制有过三种形式：一是金币本位制，二是金块本位制，三是金汇兑本位制。其中，金币本位制是最典型的形式，就狭义来说，金本位制是指该种货币制度。

古典金本位制遵循"三自由原则"，即金币自由铸造、金币自由兑换和黄金自由流通。英国凭借工业革命成为世界头号强国，确立了其在国际贸易和国际金融领域举足轻重的地位。1870年后，美国、欧洲各国及日本纷纷效仿英国，逐渐采用金本位制。19世纪80年代，世界主要贸易国加入金本位制，金本位制就此成为国际货币制度。自金本位制确立至第一次世界大战前，全球物价稳定，贸易联系日益加强，经济一片欣欣向荣。然而，第一次世界大战打破了这一平静，许多资本主义国家相继放弃金本位制。1924—1928年，资本主义世界出现了一个相对稳定的时期，主要资本主义国家的生产先后恢复到第一次世界大战前水平，并有所发展。在此背景下，各国企图恢复金本位制。但是，由于金铸币流通的基础已经遭到削弱，因而各国不可能恢复典型的金本位制。当时，除美国以外，其他大多数国家只能实行没有金币流通的金本位制，这就是金块本位制和金汇兑本位制。金块本位制和金汇兑本位制由于不具备金本位制的一系列特点，因而也被称为不完全的金本位制或残缺不全的金本位制。金块本位制和金汇兑本位制都是被削弱的金本位制，这两种制度虽然都规定以黄金为货币本位，但只规定货币单位的含金量。国家不铸造、不流通金币，而将黄金集中于世界金融中心，通过规定与其他国家的汇率，先将银行券兑换成"黄金外汇"，再以外汇兑换成黄金。金汇兑本位制在一定程度上维持金本位制下的固定汇率，同时解决了黄金需求短缺的问题，本质上反映了黄金紧缺和纸币发行泛滥之间的冲突。

1929年，美国股市崩盘，引发全球性危机。许多国家抬升利率，阻止投资者将现金兑换为黄金，但这使得经济加速崩溃，并陷入通缩的恶性循环。20世纪30年代初，美国也面临同样的困境：一方面，银行倒闭风潮加剧了兑换黄金；另一方面，美国出借超过240吨黄金给欧洲各国中央银行，以稳定局势。银行倒闭和黄金储备的减少使得美国的基础货币供应和货币乘数双双下降，通缩压力不断加大，美国的黄金储备不断减少。[1]在此背景下，各国逐渐放弃金本位制，纷纷实行了不兑现信用货币制度。1931年7月，德国实行外汇管制。同年9月，英国率先放弃金本位制，英镑汇率自由浮动。约翰·梅纳德·凯恩斯（John Maynard Keynes）认为，在英国重返金本位制时，英镑高估了10%，为了保持外部金平价而实施的紧缩性货币政策导致了英国国内工业的大萧条。[2]美国于1933年限制黄金出口和私人拥有黄金。1934年1月，为了刺激经济复苏，美国国会通过《黄金储备法案》，宣布美联储的黄金储备由财政部接管，所有银行上缴黄金，换取黄金凭证（gold certificate），将黄金作为储备资产，同时赋予总统贬值美元的权利。美国时任总统富兰克林·D.罗斯福（Franklin D. Roosevelt）宣布金价重估，1盎司金价由20.67美元调整为35美元，金价涨幅近70%，相当于美元一次性贬值超过40%（见图1-1）。法国于1933年筹组金集团，失败后于1936年也放弃了金本位制。到20世纪30年代中期，几乎所有国家都放弃了金本位制，逐渐形成英镑区、美元区和法郎区。

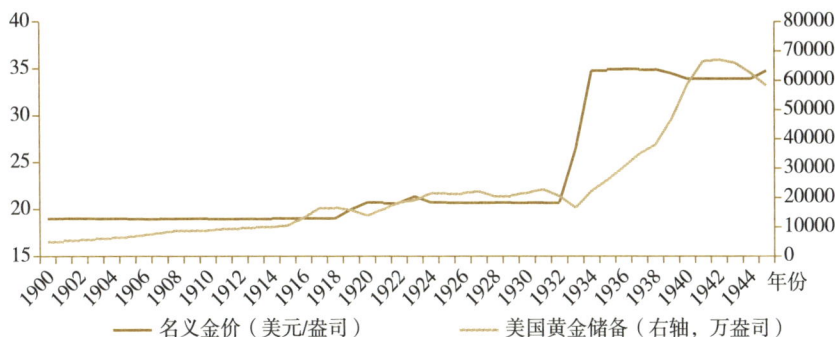

图1-1　1929年大萧条前后的名义金价和美国黄金储备

资料来源：美国人口普查局（Bureau of Census），美国国家矿业协会，兴业研究。

---

[1]　Historical Statistics of the United States，1879—1945，Bureau of Census，1949，series M–1，p. 242.

[2]　Report of Committee on Finance and Industry，Great Britain，June，1931，pp. 110–111.

## 二、布雷顿森林体系

1939 年 8 月，由于欧洲战争的预期，英国及其盟国开始在美国订购战争所需物资，黄金再次流入美国。英国向美国输出了 20 亿美元的黄金，动用了 2.35 亿美元的外汇余额、3.35 亿美元的美国证券。而按照英国加入国际货币基金组织的条款，英国不能对英镑实施贬值，英国债务最大化，使得美元成为除黄金外最重要的国际货币。第二次世界大战之后，各国为恢复国际经济秩序，于布雷顿森林举行联合国家货币金融会议，通过《布雷顿森林协定》并成立国际复兴开发银行和国际货币基金组织两大国际经济组织，形成以美元为中心的金汇兑本位制，俗称"布雷顿森林体系"。布雷顿森林体系的主要内容有：实行"双挂钩"，即各国货币与美元挂钩，美元与黄金挂钩；在汇率制度上，实行"可调整的钉住汇率制"，各国货币按比价钉住美元，汇率波动稳定在一定范围内，波动上下限为 1%。

第二次世界大战后，欧洲的重建使大量美元流入欧洲，"马歇尔计划"的资金总数量达到了美国同期 GDP（国内生产总值）的 2%。在这一时期，欧洲用获得的美元贷款购买美国产品，美国大量储备黄金，以满足其美元不断扩张的与黄金挂钩的要求，其黄金储备从 1945 年的 17848 吨增加到 1952 年的 20663 吨（见图 1-2）。而根据国际货币基金组织的数据，各发达国家在 1965 年前的一段时间也大量积累黄金储备，这使得即使经过了 20 世纪 90 年代后的黄金减持，现在发达经济体的黄金储备也依然大幅高于新兴经济体。

20 世纪 60 年代，金本位制难以维持，货币自由浮动只是时间问题，通货膨胀的阴影日益明显。美国陷入朝鲜战争、越南战争，外债逐渐增加，扩张性的货币政策和财政政策使得美元开始大幅度贬值，导致 1960 年 10 月末出现挤兑美元、争相抛售美元股票和抢购黄金的

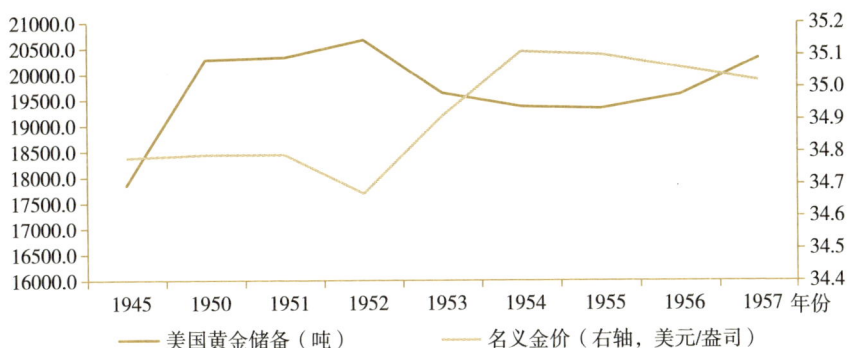

图 1-2　第二次世界大战后美国黄金储备和名义金价

资料来源：国际货币基金组织，兴业研究。

热潮。美国政府的这一扩张性的货币政策和财政政策带来的黄金兑美元价格有内在大幅上涨动力是布雷顿体系解体的原因之一。为了维持金价，美联储大量抛售黄金，这也是 1957 年之后美国黄金储备快速下降的原因（见图 1–3）。1961 年，为了将金价稳定在 35 美元／盎司，美国联合西欧七国在英国伦敦组建了黄金总库，其中美国占的份额最大。1967 年 11 月至 1968 年 3 月，伦敦金市再度爆发囤购黄金风潮。为了

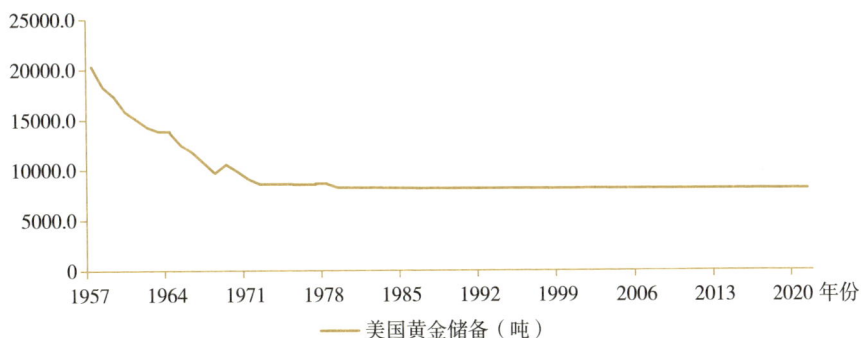

图 1-3　布雷顿森林体系解体前后美国黄金储备变动情况

资料来源：世界黄金协会，兴业研究。

平抑金价，黄金总库在此期间总共抛售了价值 30 亿美元的黄金，其中 73% 来自美国，这也使得 1965 年后发达经济体的黄金储备大量流出。美国货币增长速度和美国持有的黄金数量不匹配，出现了著名的"特里芬两难"（美元作为国际储备货币所面临的内在矛盾和困境）问题。

1968 年 11 月，稳定金价的一切努力以失败告终，伦敦现货黄金市场临时关闭。1971 年 8 月 13 日，理查德·米尔豪斯·尼克松（Richard Milhous Nixon）总统在戴维营秘密会见白宫高级官员、财政部部长和美联储主席，决定单方面终止布雷顿森林体系。两天后，官方正式宣布美国退出布雷顿森林体系，暂停美元兑换黄金，实行 90 天价格管制和工资管制，黄金储量稳定在 8100 吨左右。1971 年 12 月，西方十国在华盛顿签署《史密斯协定》，官方金价由 35 美元 / 盎司调整为 38 美元 / 盎司，意味着美元一次性贬值 7.89%，且金价浮动区间为 2.25%。1973 年 2 月，日本和欧共体宣布汇率自由浮动，布雷顿森林体系彻底崩溃。1961—1973 年，金价由 35 美元 / 盎司飙升至近 100 美元 / 盎司。

## 三、牙买加体系（信用货币体系）

牙买加体系也被称为信用货币体系，它是以 1976 年国际货币基金组织通过的《牙买加协议》为基础的国际货币制度。这一制度取消了黄金与货币之间的固定联系，允许各国自由选择货币制度，并采取各种措施维持汇率稳定。该体系一直延续至今。牙买加体系的主要内容有：黄金非货币化，各国货币不再以黄金定值，黄金不能用于国际官方贸易清算；取消固定汇率制的强制性，承认浮动汇率制的合法性，各国可以自行选择适合本国的汇率制度。牙买加体系仍然主要以美元为本位货币。同时，在实际定价中，黄金也是作为美国信用对标物进行定价的。此外，牙买加体系还引入了特别提款权（SDR），将其作为国际储备资产的一部分。特别提款权是由国际货币基金组织根据成员国的份额分配的，可以用于国际结算和国际储备。总体来说，牙买加体系是一个更为灵活和自由的国际货币体系，允许各国根据自己的需要进行货币政策的调整和汇率的稳定。

信用货币时代从 20 世纪 70 年代发展至今，经历过几个小的阶段：一是 1971—1973 年的纯美元本位制时代；二是 1973—1984 年的浮动汇率体系时代；三是 1985—1998 年的干预美元时代；四是 1999 年至今的"中间范式"占主导而非完全的"布雷顿森林体系 II"时代。（见图 1-4）

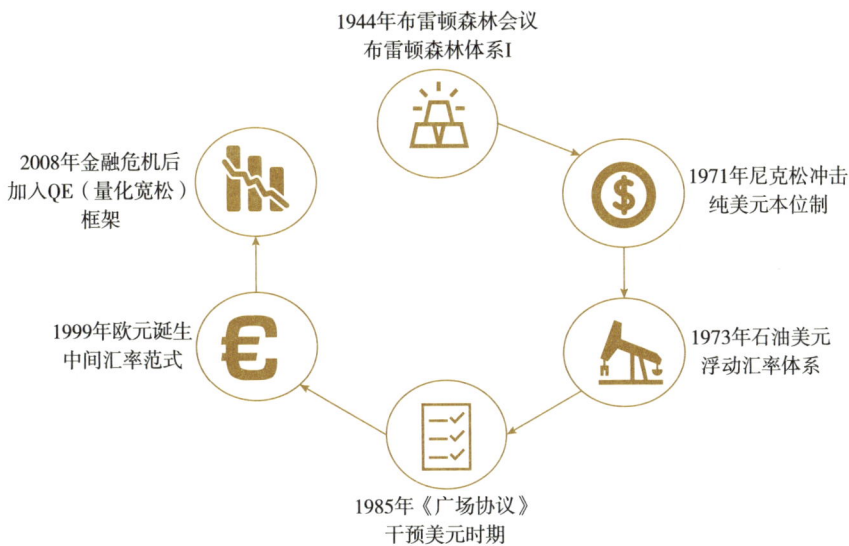

图 1-4　全球信用货币体系变更

资料来源：兴业研究。

## （一）纯美元本位制

1971 年 8 月 13 日，尼克松总统决定单方面终止布雷顿森林体系。

美元与黄金脱钩迫使欧洲要么持有美元，要么抛售美元并承受美元贬值带来的成本，欧洲处于两难困境。两难困境的结果是，1971 年 12 月，西方十国决定以美元而不是黄金为基础来重建固定汇率制，这就是《史密斯协定》。但那时，美国的宏观政策已发生了实质性转向，美国国内政策优先于国际收支政策，货币政策的持续扩张带来了低利率。而对于外部赤字使用"善意忽视"的做法，美国采取了一种被动的国际收支政策。美元贬值使美国"稀释"外债，改善其外部不平衡的状况。1971 年和 1973 年的美元贬值是美国试图消除 20 世纪 60 年代以来积累起来的不平衡状态，但结果并不理想。美元贬值使得纯粹美元本位制的运行条件——要求储备货币国家美国严格遵守货币政策约束——受到破坏，无法再维持货币之间的信用关系，固定汇率制度解体。

## （二）浮动汇率体系

1973 年 10 月爆发了第四次中东战争，阿拉伯成员国于当年 12 月宣布从"石油七姐妹"手中收回其原油标价权，阿拉伯成员国将其基准原油价格从每桶 3 美元左右提高到每桶 10.70 美元左右，引发了第二次世界大战后最严重的全球经济危机，西方国家经济进入滞胀时期。20 世纪 70 年代，美元不断贬值，但是贬值带来的出口效应并不足以抵消国际油价大涨带来的冲击，美国国际收支持续恶化。当时，世界主要贸易国，比如德国、日本，在应对美国国际收支恶化时只有三种选择：一是输入通货膨胀，二是货币浮动并升值，三是继续增加美元储备。为了避免输入通货膨胀，德国马克开始升值，由 1971 年年初的 1 美元兑 3.64 德国马克下降到 1973 年年底的 1 美元兑 2.66 德国马克。日元也开始升值，并实行浮动汇率制，黄金在此期间持续上涨。在没有替代品的背景下，德国和日本继续增加美元外汇储备。到 1976 年通过《牙买加协议》，浮动汇率制成为正式的多边协议，汇率调整成为管理输入型通货膨胀的核心手段。

## （三）干预美元时期

经历了 1981—1984 年罗纳德·威尔逊·里根（Ronald Wilson Reagan）总统第一届任期内的非干预政策后，美国的汇率政策发生了变化。1984 年年中至 1985 年 2 月，美元升值了 20%，出现了"美元非理性的投机泡沫"。美元升值带来了美国经常账户的迅速恶化，同时前期治理通货膨胀的成果使得美国有了美元对外贬值的基础。外围国家，主要是德国和日本，再一次屈服于美国的压力，在 1985 年 9 月签署《广场协议》后开始了对美元的干预，提出了美元在短期内贬值 10%—12% 的目标。《广场协议》的重要特征是：没有对美国的货币政策和财政政策施加任何额外的约束，就达到了美元贬值的目标。但之后，美国威胁美元的不断贬值会影响别国的外贸出口，以诱导主要合作伙伴采取扩张性政策避免美元继续贬值。为了防止美元过度波动，1988 年 1 月，各国开始大规模干预外汇市场，德国和日本纷纷购入美元来支持美元升值。

进入 20 世纪 90 年代，强势美元和外来投资构成了美国经济增长的两大支柱。在这一时期，美国贸易赤字仍在持续，但是布拉德福德·德龙（Bradford DeLong）认为，这种贸易赤字和资本如果不断流入并体现为高水平的生产性投资而不是低储蓄水平，就没有问题。与美国经常账户赤字不断加大类似，全球化在全球盛行，新兴市场国家在美国需求的带动下也在不断投资以促进增长，资本大量流入发展中国家。在这一过程中，东南亚国家、美洲的部分发展中国家不断增加投资，以美元计价的债务也在不断增加，强势美元带动下的债务增加使得发展中国家的债务最大化，引发了 1994 年的墨西哥金融危机和 1997 年的亚洲金融危机。

## （四）中间汇率范式

1999 年欧元的诞生，使得国际货币体系中的汇率"两分法"——"硬"钉住（比如欧洲单一货币区或联系汇率制）和浮动汇率——变得流行。但是，2002 年阿根廷的货币局制度导致的比索危机暴露了这种"两分法"的缺陷。此后，"两分法"折中后的中间汇率范式开始流行：欧美以外的经济体采用了有管理的浮动汇率制。

在这一阶段，众多学者还提出了全球不平衡的动态观测模型，即"布雷顿森林体系 II"，其基本含义是：新兴经济体（主要是亚洲经济体）采取币值低估并钉住美元的措施，实施出口导向型的发展战略，以促进增长和就业，通过吸收外国直接投资来提高资源配置效率，同时吸收美元储备来干预外汇市场，以维持币值低估。

中间汇率范式和布雷顿森林体系的区别在于四个方面。第一，欧元成为重要的国际储备货币，众多经济体可以钉住欧元，而不仅仅是将美元作为信用中心。第二，中间汇率范式下的策略更偏向于低估汇率以促进贸易出口，这与布雷顿森林体系以邻为壑的加关税、恶性竞争性贬值策略不同。第三，在中间汇率范式下，跨国公司在亚洲生产，最终将产品运回美国；而在布雷顿森林体系下，公司在欧洲建厂并在当地销售。第四，布雷顿森林体系的高赤字是为了满足高薪资、高制造业和高就业；而中间汇率范式下的高赤字则是举债消费的结果，且其他国家低估汇率的策略也削弱了美国本土的制造业。

## （五）大变革

俄乌冲突爆发后，围绕着全球货币体系是否将步入"布雷顿森林体系 III"的讨论一度异常激烈。市场讨论的"布雷顿森林体系 III"主要是指"以大宗商品为中心的新体系"，该体系以人民币、卢布和大宗商品生产国货币为中心，可能会进一步削弱欧元和美元的中心地位，从而推动西方国家通胀水平进一步走高。

俄乌冲突加剧了世界货币体系变革。2020 年，大宗商品出口贸易额占全球商品出口贸易额的比例为 22.54%，占商品和服务贸易出口总额的比例为 17.23%。其中，俄罗斯大宗商品出口贸易额占全球商品出口贸易额的比例为 2.48%，占全球商品和服务贸易出口总额的比例为 1.90%。在此情况下，全球货币体系因为俄罗斯而转变为"以大宗商品为中心的'布雷顿森林体系 III'"的可能性似乎不大。

历史表明，当美国国内不存在严重的通货膨胀时，美元威胁贬值或贬值是美国对外经济政策的重要部分，成为美国主宰国际货币体系的工具。但是，当前美国高通胀环境限制了这一机制，美国的高通胀使得美国需要施行以自我为中心的财政和货币政策，叠加俄乌冲突的影响，国际货币体系的一次小变革呼之欲出。不过，目前美国在贸易、研发以及军事上的优势地位都难以轻易撼动，货币体系的根本性变革在短期内难以发生；而更可能的是，逆全球化趋势加速货币体系多极化。目前，全球人民币外汇储备与中国大陆商品贸易出口额、服务贸易出口额以及军事费用的比值均很低，人民币的国际储备地位仍有明显的提升空间。

截至 2023 年 7 月，根据国际货币基金组织公布的数据，美元在全球外汇储备中占比 54.59%（见图 1-5）。美元外汇储备占比的下降可以看作美元货币地位有所下降的直观表征。从与金价走势的关系来看，1999 年后美元在外汇储备占比中的快速下降也对应了金价在 21 世纪初的大牛市，而 2013 年至 2018 年第三季度美元外汇储备占比的重新回升则对应了金价的大幅调整（见图 1-6）。2018 年第三季度后，美元外汇储备重新回落，金价牛市开启。黄金走势与美元地位的对应关系，正是黄金作为美国信用对标物以及黄金的超主权货币属性的直观体现。

图 1-5　美元在全球外汇储备中的占比

资料来源：国际货币基金组织，兴业研究。

图 1-6　美元在全球外汇储备中的占比与金价

资料来源：国际货币基金组织，兴业研究。

# 第二节
# 海外黄金市场

在长期发展过程中，全球黄金市场已形成具有明显特征的格局，主要分布在欧洲、北美洲和亚洲三个区域：欧洲以伦敦、苏黎世为代表；北美洲主要以纽约为代表；亚洲主要以上海、东京、香港和新加坡为代表。21世纪初，世界四大黄金市场分别是伦敦黄金市场、苏黎世黄金市场、纽约黄金市场以及香港黄金市场。自2002年上海黄金交易所成立以来，其地位逐渐上升，成为亚洲乃至全球重要的黄金交易和交割中心，香港的一些黄金交易功能也逐渐转移至上海。此外，还有一些区域性的黄金市场，比如欧洲的巴黎、法兰克福、布鲁塞尔、卢森堡，美洲的温伯尼，中东的迪拜、贝鲁特，亚洲的悉尼、孟买、雅加达，等等。

## 一、全球性黄金市场

### （一）伦敦黄金市场

伦敦黄金市场历史悠久，其发展可追溯到300多年前。17世纪，巴西是世界上最大的黄金生产国之一，吸引了众多欧洲的探险家和商人前来淘金。他们在巴西的河流和金矿中发现了大量的黄金，并将其带回欧洲。随后，美国、澳大利亚和南非也相继发现了黄金，这些黄金源源不断流入英国，英格兰银行因此在伦敦建立了一个金库。这些黄金的流入对英国的经济产生了积极的影响，推动了工业革命的发展，增加了英国的货币供应量，加速了银行体系的发展。1750年，英格兰银行开始对储存的金条质量进行标准化，因此建立了伦敦黄金交付标准，最初将其命名为"许可精炼和化验标准"。该标准正式确认了几个精炼厂，其出产的金锭质量需要达到一定标准，获准进入伦敦市场。1804年，伦敦取代阿姆斯特丹成为世界黄金交易的中心。

1840年以前，莫卡塔公司一直是英格兰银行的独家经纪人，和英格兰银行共同承担将黄金从供应商（主要是殖民地）输送到中央银行的任务，其还代表英格兰银行维护英国金本位制。这意味着，该公司被授权代表英格兰银行进行黄金和白银的买卖，以及处理相关的金融和货币事务。到 19 世纪 50 年代，共有五家公司成立，它们分别是：罗斯柴尔德父子公司、莫卡塔公司、皮克斯利阿贝尔公司、萨缪尔蒙塔古公司和夏普威金斯公司。彼时的伦敦黄金市场被这五家公司控制。

随着第一次世界大战的爆发和金本位制的崩溃，罗斯柴尔德父子公司成为南非矿业公司的经纪人，彼时这些矿业公司主导着世界生产。1919 年，当伦敦黄金市场重新开放时，其他四名经销商被邀请到罗斯柴尔德父子公司的办公室参与第一次定价。1919 年 9 月 12 日，伦敦黄金固定价（伦敦黄金定盘价的前身）诞生，五家定价成员分别是罗斯柴尔德父子公司、莫卡塔公司、皮克斯利阿贝尔公司、萨缪尔蒙塔古公司和夏普威金斯公司，定价委员会永久主席是罗斯柴尔德父子公司。当时金价被定在 4 磅 18 先令 9 便士的价位上。黄金指导价在上午 11 点发布，每天发布一次。尽管几年后南非储备银行接管了南非黄金的营销，并利用英格兰银行作为其销售代理，将黄金输送到伦敦市场，但该定价仍由罗斯柴尔德父子公司负责。

1939 年，伦敦黄金市场因第二次世界大战爆发而关闭，直到 1954 年才重新开放。那时，布雷顿森林体系已经建立，英格兰银行作为南非储备银行的代理人，通过五家金条公司运营，能够将黄金价格维持在 12.50 英镑 / 盎司，相当于 35 美元 / 盎司。1960 年年末，在金价升至 41 美元 / 盎司后，美国财政部将其黄金储备交由英格兰银行使用。当英美黄金储备量被证明不足以将金价维持在 35 美元 / 盎司时，法国、意大利、荷兰、比利时、瑞士和联邦德国六个国家于 1961 年加入，共同成立了黄金总库。黄金总库是美国为平抑金价、维护美元地位而联合西欧七国建立的干预黄金市场的组织。英格兰银行代表黄金总库采取行动，在黄金价格偏离 35 美元 / 盎司时，通过黄金总库进行买卖。在越南战争期间，黄金总库承受着越来越大的压力，特别是在 1968 年之后。1968 年 3 月 8 日至 15 日，估计有 1000 吨黄金从诺克斯堡运往伦敦。事实证明，抛售黄金储备的行为不足以缓解越发强烈的金价上涨压力，伦敦黄金市场于 1968 年 3 月 15 日起休市两周。1919 年 9 月 12 日至 1968 年 3 月 15 日，黄金定盘价于每天上午 11 点发布。1939—1954 年，受第二次世界大战影响和政府加强管制的需要，伦敦黄金定盘价暂停运行。

1968 年，伦敦黄金市场休市两周后重开，打开了一个全新的黄金世界。伦敦黄金市场重开后建立了一个双层市场，允许私人自由交易（之前不允许私人交易黄金），而各国中央银行只能相互交易，并且只能以 35 美元 / 盎司的官方价格进行交易。由于伦敦黄金定盘价不受英国中央银行的干预，为了吸引来自美国的投资者，伦敦黄金市场引入了下午的定价，同时出于同样的原因，每天两次定价都改为以美元计价。1968 年 4 月 1 日，由英镑表示的黄金价格被以美元表示的黄金价格取代。之前每日上午 11 点发布价格，改为每日上午 10：30 和下午 3：00 各发布一次。当前，主要数据终端上可查的伦敦金日度价格数据就始于 1968 年。就 20 世纪 70 年代之前存在的世界黄金市场而言，它主要集中在伦敦黄金市场，其历史可以用五家伦敦黄金公司的活动来描述。

此后，在伦敦黄金市场的运行中，英国中央银行认识到需要一个独立的机构来监管良好交付标准的维护和规范，与伦敦黄金市场日益增多的参与者分开，因此于 1987 年成立了伦敦金银市场协会（London Bullion Market Association，简称 LBMA），其第一任首席执行官是英格兰中央银行前首席执行官克里斯·埃尔斯顿（Chris Elston）。从此，伦敦黄金市场由伦敦金银市场协会进行管理。伦敦黄金市场是 24 小时连续交易的市场，定价成员每天上午 10：30 和下午 3：00 敲定价格。不过，在纽约黄金期货市场于每个交易日休市的一个小时中，伦敦黄金市场基本没有成交量。

就价格敲定方式来看，早期黄金定价以面对面的形式进行。在敲定黄金价格的过程中，每个公司代表的桌上都有一面英国的小旗，这些旗帜一开始是竖着的。在定价过程中，只要还有一个公司的旗帜竖在桌上，这就意味着市场上还有新的黄金交易订购，罗斯柴尔德家族伦敦银行的首席代表就不能结束定价。只有等到五面旗帜一起放倒，表示市场上已经没有了新的买方和卖方，订购业务完成，罗斯柴尔德家族伦敦银行的代表才会宣布交易结束，于是黄金价格被"敲定"。定价过程的时间长短要看市场的供求情况，短至1分钟，长则1小时左右。之后，新价格很快就会传给世界各地的交易者。此种面对面商谈黄金价格的机制，一直持续到2004年。

2004年4月，罗斯柴尔德家族决定退出黄金交易和"黄金定盘价"机制，其席位由巴克莱银行于2004年6月7日买到，其余四家发起银行也逐渐发生变化。2013年，新的五家定价成员分别是美国汇丰银行、德意志银行、巴克莱银行、法国兴业银行和加拿大丰业银行。此前一直由罗斯柴尔德家族伦敦银行任主席的机制，改为由五家银行轮流担任主席的机制。2004年5月5日，此前的面对面商议价格机制，改为专线电话商议价格机制。此后几年，伦敦黄金定盘价成员也经历了几次变化。由于该定价机制存在操纵黄金价格的风险，因而国际黄金市场呼唤更加公正、透明的定价体系的呼声越来越高。2014年5月，在纽约，由对冲基金、公共投资者等组成的25家原告起诉这5家定价成员涉嫌操纵市场。2015年3月20日，伦敦"黄金定盘价"被伦敦金银市场协会黄金价格取代，其全新的定价机制被命名为"伦敦金银市场协会黄金价格"（LBMA Gold Price）。洲际交易所（ICE）基准管理局（IBA）成为"伦敦金银市场协会黄金价格"新的独立管理机构，拍卖集中在一个电子平台上。与之前少数银行通过电话定价的方法不同，这是一个电子和可交易的拍卖过程，独立管理，买卖集合竞价并实时发布，参与者数量可以尽可能地多。洲际交易所还成立了一个外部监督委员会，协助前者对该机制的透明度、可信度和交易过程进行监督管理。2015 年 6 月 16 日，中国银行获批正式参与伦敦黄金定价机制，成为第一家入选的亚洲地区银行。2016 年 4 月 11 日，中国工商银行获批正式参与伦敦黄金定价机制。2016 年 6 月 8 日，中国交通银行获批正式参与伦敦黄金定价机制。

现在，伦敦黄金价格定价机制成员从过去的 5 家扩展到 15 家，分别是：中国银行、中国交通银行、美国黄金销售商 CNT、高盛集团、汇丰银行、中国工商银行、美国福四通国际公司、简街全球贸易公司、摩根大通伦敦支行、科赫供应与贸易有限公司、瑞福金融公司、摩根士丹利、渣打银行、加拿大丰业银行和多伦多道明银行。在这 15 家定价席位中，中国共占 3 位。

## （二）苏黎世黄金市场

1939—1954 年，伦敦黄金市场的关闭给予了苏黎世黄金市场发展契机。在这一时期，苏黎世的主要银行使苏黎世成为全球主要的黄金零售贸易中心，并与全球其余市场建立了良好的联系。1954 年，在伦敦黄金市场重开后的第一次定价中，瑞士的银行立即成为最大的买家，并保持了零售贸易的主导地位，英国伦敦则成为批发中心。1968 年，伦敦黄金市场再度关闭两周，彼时瑞士三大银行——瑞士信贷银行、瑞士联合银行和瑞士银行[①]——成立了苏黎世黄金库，并与南非储备银

---

[①] 1998 年 6 月 27 日至 28 日，瑞士联合银行与瑞士银行合并成立瑞银集团。2023 年 2 月，瑞士信贷银行最大股东沙特国民银行拒绝提供财务援助，引发金融风暴。2023 年 3 月 19 日，由瑞士财政部、瑞士金融监管局和瑞士中央银行联合发起瑞银集团收购瑞士信贷银行，以解决瑞士信贷银行危机。

行接洽，希望南非储备银行通过瑞士几家银行营销黄金。瑞士几家银行的提议在经过一段时期试验的基础上被南非储备银行接受了，主要有三个原因：第一，多年来，它们都是伦敦黄金市场上南非黄金的最大买家；第二，它们可以保证未来交易的保密性；第三，它们提供了40美元/盎司的最低价格（事实证明，这在短期内成本高昂）。1968年11月，南非储备银行和苏黎世黄金库达成了一项定期协议。

1968年后，苏黎世逐渐成为实物黄金的主要转口港，还成为世界上最大的黄金储存中心。1968—1991年，瑞士每年进口的黄金中有平均15%的黄金留在瑞士，进口量平均占世界黄金新增供应量的66%。这意味着，平均而言，1968—1991年全球每年黄金新增供应量的9%左右流入了瑞士的金库，用于储存和信托。相比之下，1968—1991年，英国的黄金净进口量平均占年进口量的0.6%。虽然近年来受到全球经济和金融市场变化的影响，黄金市场格局发生了一些变化，但是苏黎世在黄金交易和储备领域仍然保持着重要的地位。目前，苏黎世仍然是全球主要的黄金交易和转口港之一。此外，苏黎世还拥有先进的黄金精炼技术和设备，可以精炼和加工高纯度的黄金，这也使得苏黎世成为全球主要的黄金加工中心之一。目前，全球70%的黄金加工是由瑞士四家大型精炼厂完成的。2020年3月，瑞士三大黄金精炼厂瓦尔坎比（Valcambi）、帕姆普（PAMP）和阿戈尔-贺利氏（Argor-Heraeus）受新冠疫情影响暂时停止生产，加之航空禁运使得黄金无法运送至美国纽约商品交易所COMEX分部的黄金交割库，全球黄金市场供给一度非常短缺。

苏黎世黄金市场的运行体系是开放式自由交易的，苏黎世黄金市场没有正式组织结构，由彼时的瑞士三大银行（瑞士信贷银行、瑞士银行和瑞士联合银行）负责清算。这三家银行不仅可代客户交易，而且黄金交易也是这些银行本身的主要业务。苏黎世黄金总库建立在瑞士三大银行非正式协商的基础上，作为交易商的联合体与清算系统混合体在市场上起中介作用。瑞士黄金市场的监管单位是瑞士中央银行部门，即瑞士国民银行。瑞士国民银行主要负责储备货币黄金的管理与运作，根据瑞士政府授权从事官方黄金的买卖，协助商业银行和钟表首饰业协会，管理黄金交易所和黄金产品制造业。

苏黎世黄金市场无金价定盘制度，在每个交易日的特定时间，根据供需状况议定当日交易金价，这一价格为苏黎世黄金官价。全日金价在此基础上的波动无涨停板限制。苏黎世黄金市场的金条规格与伦敦黄金市场相同，可方便参与者同时利用伦敦黄金市场，增加流通性。其交易为 99.5% 的成色金，交割地点为苏黎世的黄金库或其他指定保管库。交易时间为当地时间周一至周五的 9：30—12：00 和 14：00—16：00，报价时间为当地时间周一至周五的 3：30—11：00 和 13：00—15：00。

苏黎世黄金市场的基础是，瑞士的私人银行体系和辅助性黄金服务体系为黄金经营提供了一个自由保密的环境。苏黎世黄金交易市场以几大银行为骨干，以民间私营黄金投资交易为基础，并且和私人银行业务结合运行。苏黎世黄金市场是现货无形市场，是世界上最大的金币市场和私人投资市场。瑞士黄金交易系统具有最大的包容性，既是私人投资黄金及理财的主要场所，也是东西方黄金交融的场所。不过，在俄乌冲突后，瑞士宣布放弃永久中立国身份，冻结俄罗斯人的金融资产，并于 2024 年 3 月以 21 票对 19 票、3 票弃权的结果通过了一系列动议，授权瑞士政府设法扣押和转移俄罗斯资产，为乌克兰提供赔偿资金。这一系列举动势必会对瑞士的黄金转运和私人藏金造成影响，而这正是中国进一步提升自己在全球黄金市场中的地位的良好契机。总的来说，苏黎世黄金市场以其独特的优势和特点，在全球黄金市场中占据着举足轻重的地位。

## （三）纽约黄金市场

纽约黄金市场的发展可以追溯到 1974 年，当时美国政府取消了对私人持有和买卖黄金的禁令。在此之前，黄金在大多数国家是受到管制的，因此这一禁令的取消为黄金市场的发展打开了新的大门。与伦敦、苏黎世不同的是，美国以发展黄金期货交易为主，黄金期货市场就在商品交易所内。纽约商品交易所 COMEX 分部在 1974 年推出第一份黄金期货合约，在 1982 年推出黄金期权合约。1974 年后，纽约黄金市场开始迅速发展。目前，COMEX 交易时间为美国东部时间周日下午 6 点至周五下午 5 点，每天下午 5 点休市 60 分钟。在交易场地关闭的十几个小时里，人们可以通过建立在互联网上的 NYMEXACCESS 电子交易系统进行交易，这样就可以使日本、新加坡、瑞士、中国香港和英国伦敦的参与者在正常工作时间内积极主动地参与纽约金属期货市场。

得益于美国强大的金融系统优势，COMEX 的黄金期货交易市场发展成为全球最大的黄金期货交易市场。这个市场是以经营黄金期货交易为主的国际黄金市场，每天的成交量极大，但由于期货交易主要是投机买卖和抵补保值交易，故到期时，实际以黄金交割占比较小，其余大部分在期前了结。参与 COMEX 黄金买卖以大型的对冲基金及机构投资者为主，它们对黄金市场产生了极大的交易动力，庞大的交易量吸引了众多投机者加入。整个黄金期货交易市场有很高的市场流动性，纽约黄金交收成色标准与伦敦相同。纽约黄金期货市场的崛起，使世界黄金市场在地区分布、交易方式和运转时间上均发生了重大变化，增加了金价波动的敏感性，使世界各大黄金市场的金价差距趋于缩小。

纽约黄金期货市场和伦敦黄金现货市场是当前全球最重要的两个黄金市场，它们之间有着紧密的联系。两个市场的参与者经常互相参与对方的交易。许多黄金生产商、交易商和投资者同时参与这两个市场，通过套利、交易、资产配置等方式来平衡两个市场之间的价格差异。这两个市场的密切互动关系，衍生出如伦敦现货黄金与纽约期货黄金的EFP（期转现交易）。虽然COMEX作为主要的纸货市场，实物交收占很小的比例，但COMEX黄金期货在设计时仍然需要考虑那些使用COMEX期货合约对实物风险敞口进行对冲或套利的客户，抑或想要通过持有期货合约来获得实物的客户，这就是EFP的服务对象。EFP是期货和现货的基差的互换协议，买方或卖方可以用等量的期货合约与现货头寸进行转换。EFP报价需要综合考虑现货和期货交割之间的天数、金属和货币利率、运输成本以及精炼成本等。EFP是一种OTC（场外交易），通过交易所撮合有交易意向的市场参与者来完成交易，更多时候是通过固定的做市商来完成的。无论是实际想参与现货交割的客户，还是持有黄金现货价格风险敞口的客户，均可以通过ETP（交易所交易产品）对冲直接的黄金价格风险，然后使用EFP来锁定现货和期货价格之间的基差，这样期货市场和现货市场就通过EFP实现了有效连接。在这个场外的OTC协议中，一旦EFP价格被用于交易，交易者就会同意COMEX黄金期货合约的参考价格，然后通过期货经纪人注册为交易，再用参考价格交换实物黄金，并根据期转现基差来进行调整。而EFP合约的交割，可在伦敦、苏黎世或香港市场上实现。

香港一度也是重要的全球性黄金市场。2002年，自上海黄金交易所成立以来，其地位逐渐上升，成为亚洲乃至全球重要的黄金交易和交割中心。我们将在本章第三节对中国黄金市场进行详述。

## 二、部分区域性黄金市场

### （一）新加坡黄金市场

1969年4月，新加坡黄金市场正式成立。此前，新加坡黄金的交易、进出口都由政府部门严格管制。1969 年 4 月，新加坡政府向七家商业银行和一家贸易商颁发营业许可证，同意其进行黄金交易，但交易对象仅限于工业用户、金饰商及其他非个人用户。当时的主要黄金交易品种规格为 1 千克金条，并且政府要对每盎司黄金征收 1 美元进口税。由于限制多，因而市场交易规模小。1973 年，新加坡金融管理局取消《黄金管理条例》和黄金进口税。1978 年 5 月，新加坡政府按照国际惯例，全面放宽了外汇管制，使得黄金进出口自由。1978 年 11 月，新加坡黄金交易所成立，并推出期货交易。新加坡黄金交易所正式进行黄金现货和期货的交易，成为东南亚成立的第一家国际性的黄金期货市场。1983 年，新加坡政府进而改组了黄金交易所，增加了交易内容，也提供了金融期货服务，使其与其他国际性交易所进一步衔接。

2010 年，新加坡自由港设立，并推出贵金属仓储服务，主要是为了满足全球投资者和贸易商对贵金属储存、运输和物流的需求。此外，新加坡自由港还与新加坡黄金交易所等金融机构合作，共同推出了一系列贵金属相关业务，例如贵金属期货交易、实物交割等。2012 年 10 月，新加坡政府宣布豁免投资级黄金消费税。2014 年 5 月，新加坡黄金交易所宣布将于同年 9 月推出全球第一个以批发 25 千克金条为主体的黄金现货合约，力图打破伦敦定盘价的垄断。目前，新加坡黄金市场是东南亚地区重要的黄金中转站，也是全球黄金市场的重要节点之一。

## （二）东京黄金市场

东京黄金市场是日本在 1973 年和 1978 年取消黄金进出口限制后，逐步发展起来的黄金交易市场。20 世纪 80 年代初，东京黄金市场由于创立时间短、规模不大，且只限于交易所正式会员，是一个国内性较强的区域性黄金市场。日本国内市场的黄金主要靠进口。1980 年后，日本黄金市场全面解禁，黄金投资日趋活跃。1982年，日本政府批准成立东京黄金交易所。1984年，东京黄金交易所与另外三家交易所合并后成立东京工业品交易所，对黄金期货进行上市交易，采用电子集合竞价的交易方式，逐渐成为亚太地区重要的黄金期货市场。当时，在24小时的黄金市场中，东京黄金市场成为伦敦、纽约交易时间外的亚洲时段的重要交易市场。2004年和2007年，东京工业品交易所分别开设了黄金期权交易和小型黄金期货交易。

### （三）迪拜黄金市场

迪拜从19世纪初开始就是印度和远东地区的主要黄金交易中心。当地商人从印度和远东地区进口大量黄金，然后在迪拜进行交易和加工，再将其运往世界各地。目前，迪拜是阿联酋的黄金交易中心，也是中东国家最大的黄金市场之一。迪拜的黄金市场发展迅速，主要得益于政府对黄金贸易的全面放开，以及中东国家富有的居民对黄金等贵金属的热情购买。迪拜黄金交易所位于阿联酋迪拜的自由区，成立于2002年。迪拜黄金交易所为成员提供大宗商品交易服务，包括黄金、白银、原油、农产品和其他能源产品等。交易所的交易模式以场外市场为主，同时也有场内交易市场。自2005年起，迪拜黄金交易所相继建立了黄金、钻石、茶叶、咖啡等大宗商品交易中心。到2021年，迪拜黄金交易所已成为全球主要商品贸易中心之一，连续七年被英国《金融时报》旗下《外国直接投资》杂志评为"全球年度自由区"。

### （四）孟买黄金市场

在印度，黄金有着悠久的使用历史。在印度教的传说中，黄金被视为财富与繁荣的象征。许多神祇，包括财富之神拉克希米，被描绘为穿着黄金镶边的红色纱丽，这显示了黄金在印度教中的重要地位。

印度教寺庙储藏着大量的黄金，这些黄金大多是由印度帝王与信众捐赠的，他们感谢神灵满足了自己的愿望。

从国际范围内比较，印度期货市场（市场交易的商品为期货类品种，不是只有黄金）是除美国和英国之外的另一个具有悠久历史并交易活跃的期货市场，但发展历程也是一波三折。早在1875年，印度就建立了孟买棉花交易联合会，开始交易棉花期货。不过，印度期货市场的发展并不顺利。从印度、美国等金融市场发展历程来看，在金融动荡时期，不被公众广泛了解的小众金融产品，比如期货期权，容易成为市场动荡的替罪羊。也就是在那段时期，印度沙漠地区还有一些期货品种在交易，这些交易一直处于非法的、地下的、小规模的状态。印度期货市场的重生非常缓慢，到了20世纪70年代，印度政府重新允许七种不重要的商品进行期货交易，当时交易非常稀少。可以说一直到2002年，印度商品期货市场的影响都极小，在印度整个金融体系中几乎不存在。2003年是印度商品期货市场发展史上最重要的一年。2003年4月1日，印度议会通过立法允许期货交易，解除对所有商品期货交易的禁令，到当年年底，印度大宗商品交易所（MCX）、印度国家商品和衍生品交易所（NCDEX）及印度国家大宗商品交易所（NMCE）成为全国性交易所，印度的商品期货开始快速发展。2004年，印度黄金期货上市。近几年，印度大宗商品交易所黄金期货成交量仅次于COMEX以及上海期货交易所，成为第三大黄金期货交易所。

## 第三节
## 中国黄金市场

香港黄金市场的发展早于内地，所以我们按照时间序列，先介绍香港黄金市场的发展，再介绍内地黄金市场的发展。

## 一、香港黄金市场

香港黄金市场历史悠久，根据《经济学人》的资料，香港的黄金进口量曾一度占全球总进口量约50%。20世纪90年代，香港一度是可以与纽约竞争的第三大实物黄金交易中心。香港黄金市场由香港金银业贸易场、香港伦敦金市场和香港黄金期货市场构成，一度是亚洲乃至世界重要的黄金中转和交易中心。

香港金银业贸易场是一个历史悠久的金银交易场所，成立于1910年，当时被称为"金银业行"，直至第一次世界大战后才正式定名为"金银业贸易场"并登记立案。第一次世界大战前后，香港流行买卖碎金、碎银，后出现了钱银台，再演进为银号，最后成为现代的银行。顺应钱银业的发展，香港金银业贸易场应运而生。所以，虽然本场以金银买卖为主要业务，但战前还有大金①、银圆买卖，战后还有美元、日元、西贡纸、菲律宾比索和墨西哥金仔等买卖，与金条买卖同时在本场双边进行。至1960年，由于美元现货交收困难，美元买卖交易时停时复，最终于1962年正式停止，交易场仅保留金银交易至今。它是香港金银等贵金属的交易场所。

1974年，当黄金在香港市场恢复自由买卖后，伦敦黄金交易所与苏黎世黄金交易所几大金商在香港设立了分支机构，建立了香港伦敦金市场。它是一个现货市场，黄金在伦敦交收，并在成交后的两个交

---

① 大金在香港金银业贸易场的传统交易中指的是重量较大的金条，通常以中国传统的计量单位"两"来计算。在香港金银业贸易场的交易历史中，曾经有一段时间交易的是"八九"大金，这是一种重量较大的金条，每条重约"八九"两（约合今天的88.80两，折合为今天的4.44千克左右）。这种金条的交易在第二次世界大战后的一段时间内非常流行，但随着市场的发展和变化，这种大金的交易逐渐减少。到了20世纪60年代，由于现货交收困难，这类交易最终停止。

易日在纽约以美元结算。香港伦敦金市场的客户可利用特别的信贷安排而迟延结算，方法涉及借贷黄金或美元、基本保证金和价格变动保证金等。这个市场进一步发展并形成了香港独具特色的香港伦敦金迟延结算市场。全球的黄金交易商、制造商及生产商均参加这个市场交易，促使香港成为世界主要的黄金市场之一。

香港黄金期货是以黄金为买卖基础的期货合约，简称"期金"，是香港期货交易所经营的期货合约之一。1980年9月，香港期货交易所的前身——香港商品交易所获准从事黄金期货交易。交易所买卖的期金合约，仿照美国纽约期金市场而定，每宗交易单位为100盎司，成色为99.5%的纯金，交易用美元结算。1998年，期金曾暂停交易，但2008年香港黄金期货品种又重新推出。在香港的黄金市场中，由于香港金银贸易场和香港伦敦金市场存在竞争，以及二者均容许延期交收，且早已兼具期金市场的特色和功能，所以香港的黄金期货市场交易不太活跃，其重要性有所下降。

然而，自上海黄金交易所成立以来，上海黄金交易所的地位逐渐上升，成为亚洲乃至全球重要的黄金交易和交割中心。目前，上海黄金市场（上海黄金交易所与上海期货交易所）交易量已经仅次于伦敦黄金市场和纽约黄金市场（见图1-7）。[①]上海黄金交易所的会员单位覆盖了银行、大型金矿企业、大型黄金投资机构等。此外，上海黄金交易所还与国际多个黄金市场建立了价格信息交流和实物交割机制，进一步提升了国际影响力。可以说，香港的一些黄金交易功能确实逐渐转移至了上海市场。

---

① 苏黎世黄金市场因为没有正式的官方组织，交易量、交割量等数据比较难以获取，所以没有计入比较。

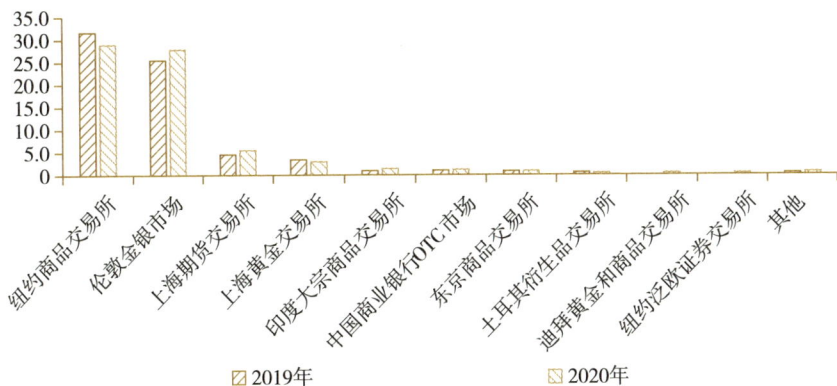

图 1-7　2019 年和 2020 年全球主要交易所黄金成交量

注：单位为万吨。

资料来源：《中国黄金年鉴 2021》，兴业研究。

# 二、内地黄金市场

## （一）发展历程

中国使用金饰的历史由来已久。中华人民共和国成立以前，中国黄金市场就已经存在。1917 年，上海成立了金业公会。1921 年，上海金业交易所成立。之后，北京、天津、武汉等地也陆续建立了黄金交易机构，一些证券交易场所也设立了黄金交易部门。20 世纪 30 年代中期以前，上海每年标金的成交量为 3000 万—5000 万条，交易额居于世界黄金市场伦敦、纽约以后的第三位。随着标金期货交易规模的不断扩大，彼时上海金业交易所成为远东第一和世界第三的黄金交易市场。标金期货是上海金融市场上最具创新力并规避汇率市场风险的金融工具。抗日战争爆发后，国民政府实行黄金管制，黄金市场走向沉寂。1937 年 8 月，上海金业交易所停业。

中华人民共和国成立以前，为了树立新政权发行货币的权威，并使其成为社会主要的流通支付手段，中国共产党领导下的人民政府在解放区颁布了《金银管理暂行办法》，严禁走私倒卖金银等破坏人民币流通的行为。中华人民共和国成立以后，中国黄金市场的发展经历了三个阶段，分别是 1949—1982 年的非市场化管制时期、1983—2002 年的逐步取消管制时期和 2002 年至今的全面市场化时期。

1949 年后，黄金等贵金属实行严格的管制。黄金开采企业必须将黄金交售给中国人民银行，用金单位的黄金由中国人民银行按配额配售。黄金主要用于紧急国际支付和外汇储备。随着中国经济的快速发展和人民生活水平的提高，黄金市场开放成为中国经济发展的必然趋势。

1982 年，黄金管理条例出台，恢复黄金饰品出售业务。同时，中国人民银行决定发行熊猫金币，这标志着中国黄金市场开放的第一步。此后，政府逐步开放了黄金市场，允许国内企业和个人买卖和持有黄金，并逐步建立了完善的黄金市场体系和管理制度。20 世纪 90 年代初，邓小平南方谈话和党的十四大提出建立社会主义市场经济体制，以辽宁感王镇民营黄金市场为代表的黄金私卖风潮乘势而起。1993 年，国务院办公厅国办函〔1993〕63 号文件回应了当时社会黄金市场化改革的争论，明确对当时的黄金实行统购统配，国内金价由固定制改为浮动制，对黄金市场的管理逐步推行市场化。因此，1993 年被称为中国黄金市场化改革元年。2001 年 4 月，中央银行宣布取消黄金"统购统配"的计划管理体制，并在上海组建黄金交易所，同年 6 月启动黄金周报价制度，根据国际市场价格变动对国内金价进行调整。

2002 年 10 月 30 日，上海黄金交易所正式开业，中国黄金市场走向全面开放。交易品种陆续推出。2004 年，上海黄金交易所推出黄金保证金交易，于 2005 年向个人开放贵金属投资业务。2006 年，上海黄金交易所推出白银保证金交易，于 2007 年引入外资银行。2008 年，上海期货交易所上线黄金期货。市场的发展离不开监管制度的不断创新。2001 年 4 月，中国人民银行宣布取消黄金计划管理体制，同年 12 月，中国建设银行等首批银行获准开办八项黄金业务。2002 年 11 月及次年 2 月，国务院分两次取消十项黄金相关审批事项。2004 年 7 月，外汇管理局就商业银行办理黄金进出口收付汇以及核销业务提供政策依据。2005 年 1 月，银监会[①] 批复允许商业银行开办个人实物黄金、记账式黄金买卖，同年 11 月，税务局明确了金融机构个人实物黄金业务税收政策。2007 年 7 月，外汇管理局允许银行将黄金业务汇率敞口自行纳入本行结售汇综合头寸平盘。2008 年 3 月，银监会批准同意商业银行从事境内黄金期货业务。2010 年 7 月，中国人民银行等六部委联合下发《关于促进黄金市场发展的若干意见》。2011 年 12 月，中国人民银行、公安部等五部委发布《关于加强黄金交易所或从事黄金交易平台管理的通知，规范黄金市场秩序》。2012 年 12 月，中国人民银行对银行黄金业务创新提出规范要求。2014 年 9 月，上海黄金交易所开通了国际板业务，实现了中国黄金市场境内境外的互联互通。上海成为继纽约和伦敦之后的全球三大黄金定价中心之一。2015 年 3 月，中国人民银行海关总署下发《黄金及黄金制品进出口管理办法》，规范黄金进出口业务。在一系列制度支持和品种不断推出背景下，上海黄金市场快速发展。2016 年 4 月 19 日，上海黄金交易所挂牌上海金集中定价合约。全球首个以人民币计价的黄金基准价格——"上海金"正式发布。

---

①　2018 年 4 月 8 日，中国银行业监督管理委员会（简称"银监会"）和中国保险监督管理委员会（简称"保监会"）合并成立中国银行保险监督管理委员会（简称"银保监会"）。2023 年 3 月，根据中共中央、国务院印发的《党和国家机构改革方案》，在银保监会基础上组建国家金融监督管理总局，不再保留银保监会。同年 5 月 18 日，国家金融监督管理总局正式揭牌，标志着银保监会正式退出历史舞台。

## （二）中国黄金市场格局

目前，中国黄金市场已经初步形成以上海黄金交易所集中统一的一级市场为核心，以竞争有序的二级市场为主体，以多元的衍生品市场为支撑的多层次、全功能市场体系。上海黄金交易所是中国黄金市场的主要交易平台，提供黄金实物买卖、黄金远期、黄金租赁、黄金ETF等多元化的黄金投资产品和服务。在二级市场上，商业银行、证券公司、保险公司等金融机构和个人投资者都可以参与黄金交易，从而形成了竞争有序的市场格局。

此外，中国黄金市场还出现了多种衍生品，比如黄金期货、黄金期权等，为投资者提供了多种选择和风险管理工具。这些衍生品市场的发展进一步丰富了黄金市场的层次和功能，提高了市场的流动性和稳定性（见图1-8）。

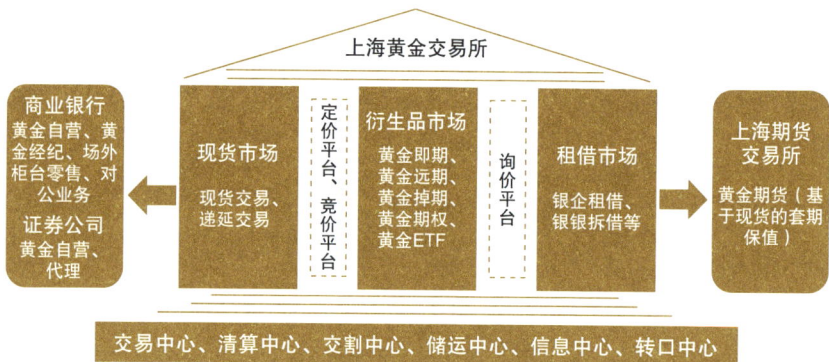

图 1-8　中国黄金市场格局

资料来源：上海黄金交易所，兴业研究。

### 1. 黄金现货市场

上海黄金交易所已建成由竞价市场、定价市场、询价市场、租借市场、质押市场、黄金EFT共同组成，以及融境内市场主板与境外国际市场于一体的多元化市场体系（见图1-9）。

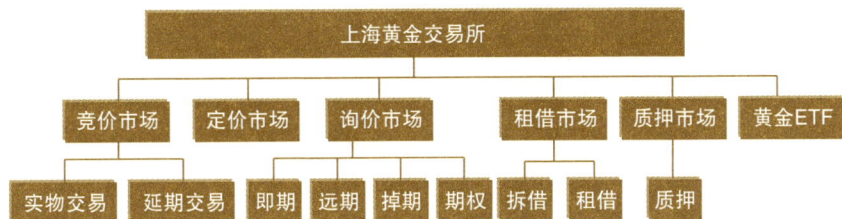

图1-9　上海黄金交易所产品

资料来源：上海黄金交易所，兴业研究。

（1）竞价市场

竞价市场按照"自由报价、撮合成交"的方式进行集中撮合交易。目前，上海黄金交易所竞价市场交易量最大。交易标的的种类有黄金、白银、铂金。交易品种主要分为两大类：实物交易和延期交易。实物交易分为现货实盘合约和现货即期合约。现货实盘合约规定交易买（卖）方必须有全额现金（实物）。报价后，对应的资金或实物即被冻结。成交后，实物交割实时完成，以钱货两讫的方式进行清算。现货实盘交易标的为黄金、铂金。现货即期合约规定客户进行买报价或卖报价时，必须有20%的保证金。T日成交，且在T+2日清算时，按T+0日结算价，对T+0日净头寸执行实物交割。现货即期交易标的为白银。

延期交易分为非定期延期交易T+D和定期延期交易T+N。现货延期是指投资者以支付保证金的形式、在交易所集中买卖的、一种可推迟交割日期的合约。现货延期有三大特点。一是杠杆交易。目前，黄金延期只需支付全额货款的7%，白银延期只需支付全额货款的9%，资金使用效率高。二是双向交易。可做多或做空，交易方式灵活。三是引入延期补偿费和中立仓机制来调节实物供求矛盾。在上海黄金交易所的品种里，现货延期 T+D 一度是成交量最大的品种。

（2）询价市场

询价市场是竞价市场的重要补充，实行自主报价、协商成交，由交易双方在电子平台上自行决定交易金额和数量，并通过交易所进行清算，以完成交易。交易品种主要包括黄金即期、远期、掉期和期权四类。目前，银行间和机构间的询价交易成交量最大。与竞价市场对比，询价市场有以下几点不同：

一是交易机制不同：竞价市场采用价格优先、时间优先的撮合机制；询价市场采用交易双方询价、议价的方式。

二是交易对手不同：竞价市场不指定交易对手，询价市场自行选择交易对手。

三是履约担保机制不同：竞价市场交易所冻结保证金，采用每日无负债管理模式；询价市场采用交易所不冻结保证金，可采用信用交易机制。

四是常见品种不同：竞价市场包括 Au（T+D）、Au9999 现货合约等，询价市场包括即期、远期、掉期等。

五是参与主体不同：竞价市场个人及法人客户均可参与，询价市场为法人客户参与。

（3）定价市场

上海金集中定价交易是指市场参与者在交易所平台上，按照以价询量、数量撮合的集中交易方式，在达到市场量价相对平衡后，最终形成上海金人民币基准价的交易。每日集中定价交易分早盘和午盘两场，早盘的集中定价开始时间为 10：15，午盘的集中定价开始时间为 14：15，每场集中定价开始前分别有 5 分钟的参考价报入时间和 1 分钟的初始价显示时间。上海金定价市场由上海黄金交易所和各大银行共同参与黄金定价机制。上海金定价市场的主要特点是集中、透明、规范和市场化。在这个市场上，上海黄金交易所负责提供黄金交易平台和定价机制，各大银行则作为参与者和报价方参与市场交易。银行间通过竞价的方式确定每克黄金的价格，最终形成上海金定价。上海金定价市场的形成机制有效地反映了市场供求关系和资金状况。目前，上海金定价成员有中国工商银行、中国农业银行、中国银行、中国建设银行、交通银行、浦发银行、民生银行、兴业银行、平安银行、上海银行、渣打银行（中国）、澳新银行（中国）共12家。

### （4）租借市场

租借市场分为黄金租赁和黄金拆借。黄金租赁是指符合规定条件的法人客户（含中小企业客户）向金融机构租赁黄金，并按照合同约定以人民币形式支付租赁费，到期归还并以人民币交付黄金租赁费，承租方拥有黄金在租赁期间的处置权，并按照合同约定支付租赁费用（见图1-10）。这种业务可以帮助客户利用闲置的黄金资产，通过租赁的方式获得收益。

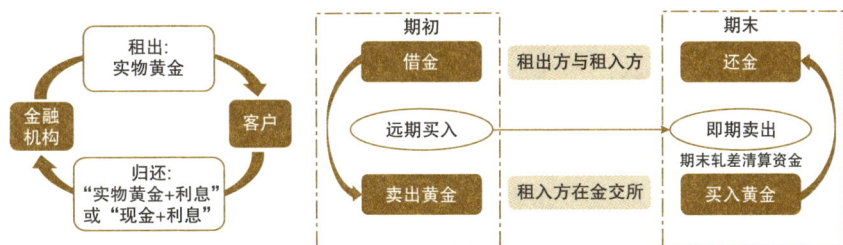

图 1-10　黄金租赁流程图

资料来源：上海黄金交易所，兴业研究。

黄金租赁业务具有以下特点：

第一，符合规定条件的法人客户（含中小企业客户）可以向金融机构租赁黄金。

第二，金融机构是上海黄金交易所的会员，并通过交易所系统进行黄金租赁业务。

第三，金融机构为客户提供黄金租赁服务，并按照合同约定以人民币形式支付租赁费。

第四，到期时，客户需要从上海黄金交易所购买黄金来进行归还。

第五，上海黄金交易所为会员及客户提供黄金租赁办理实物库存的过户转移、非交易过户等业务服务。

黄金拆借是指金融同业间的黄金租赁。银行与金融机构以贵金属作为标的进行拆入或拆出，到期日出租人收回成色一致、数量相同的实物贵金属，同时承租人按约定的日期向出租人支付租金（见图1-11）。

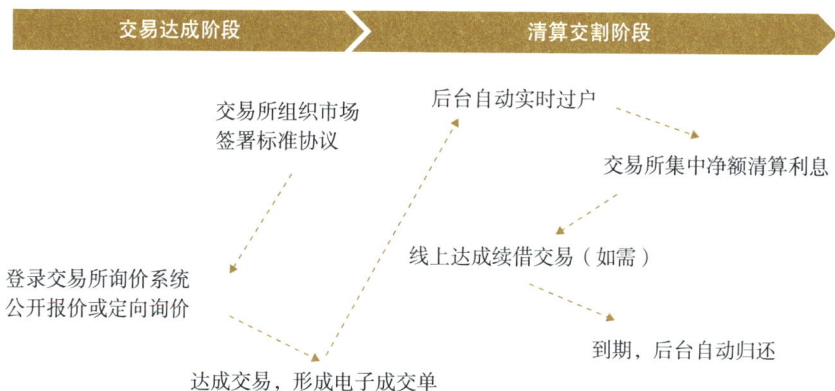

图 1-11 黄金拆借流程图

资料来源：上海黄金交易所，兴业研究。

（5）质押市场

黄金质押是指借款人可以将在黄金交易所交易且交割的标准金做

质押，从银行获得信贷资金的一种贷款方式。在黄金质押贷款办理过程中，为规避由于黄金市场价格波动造成贷款风险，借贷双方需设立共同遵守质押黄金的警戒线和平仓线。当质押黄金的市场价格跌至警戒线时，银行会及时通知客户增加押品或提前归还部分贷款，使得质押黄金的有效担保数量大于或等于贷款本金。而当质押黄金的市场价格跌至平仓线时，银行将卖出质押黄金，归还贷款。黄金、白银、铂金等实物都可以作为质押物。质权方为交易所金融类会员单位，出质方为交易所非金融类会员、机构客户、个人客户。执行中国人民银行规定的贷款利率，期限最高不超过一年，质押率一般不高于质押品评估价值的 80%，并随黄金市场行情而进行调整。

### （6）黄金 ETF

黄金 ETF 是将绝大部分基金资产用于投资上海黄金交易所挂牌交易的黄金品种，紧密跟踪黄金价格，使用黄金品种组合或基金合同约定的方式进行申购赎回，并在证券交易所上市交易的开放式基金。

早在 2008 年，上海黄金交易所牵头和上海证券交易所成立黄金 ETF 联合研究组。2013 年，《上海证券交易所黄金交易型开放式证券投资基金业务指引》发布，确定产品方案，开始系统开发。2013 年 6 月，证监会批准国内首批黄金 ETF 基金发行，完成黄金 ETF 系统开发和上线。

与国外知名黄金 ETF，比如 SPDR[①] 相比，国内黄金 ETF 的产品设计优于国外同类产品。从申赎效率来看，国内黄金 ETF 为 T+0 交易，而 SPDR 的申赎为 T+3。从投资收益来看，国内黄金 ETF 为主动增强

---

① SPDR 黄金 ETF 是全球最大的黄金 ETF 基金，由 World Gold Trust Services（世界黄金信托服务公司）及道富环球投资管理于 2004 年 11 月在纽约证券交易所推出，是全美首个以商品为主要资产的交易所买卖证券，并成为增长最快的交易所买卖产品之一。

型产品，而 SPDR 为被动性跟踪产品。从参与者来看，国内黄金 ETF 面向普通投资者，而 SPDR 的参与者为特许授权金融机构。

### 2. 黄金期货市场

上海黄金交易所的成立标志着中国黄金市场化的全面开放，为广大会员和投资者提供了公平的交易平台，推动了中国黄金市场的多样化和多层次发展。随着国内金融市场的发展，以黄金为标的的投资活动逐渐活跃，单一的黄金现货已不能满足市场需求。国内产用金企业、金融机构和广大投资者迫切期盼尽快推出黄金衍生产品，挖掘黄金市场的价格发现和规避风险功能。

2004 年，在伦敦金银市场协会上海年会上，时任中国人民银行行长周小川提出中国黄金市场应当实现三个转变：一是实现中国黄金市场从商品交易为主向金融交易为主的转变；二是实现中国黄金市场由现货交易为主向期货交易为主的转变；三是实现中国黄金市场由国内市场向国际市场的转变。在论述实现第二个转变的工作目标时，周小川讲道：“目前上海黄金交易所的主要交易形式是实盘黄金现货交易，随着中国黄金市场的成长，我们将逐步推出包括远期和期货在内的各种黄金衍生品业务。”2008 年 1 月，黄金期货合约正式在上海期货交易所挂牌交易。黄金期货合约的上市交易是对国内黄金现货市场的重要补充。自黄金期货上市以来，投资交易规模不断增加。2012 年 5 月 10 日，白银期货在上海期货交易所挂牌上市。2013 年 4 月，美盘交易时段黄金价格的暴跌加速了中国期货市场夜盘的交易。2013 年 7 月 5 日，上海期货交易所黄金白银期货开通夜盘交易，成为国内首批开通夜盘交易的期货品种，夜盘交易为北京时间晚 21：00 至次日凌晨 2：30，基本覆盖伦敦、纽约活跃交易时段，这是国内期货市场国际化程度的重大提升。2019 年 12 月 20 日，黄金期权上市交易；2022 年 12 月 26 日，白银期权上市交易。

黄金期货市场已经成为中国黄金市场体系的重要组成部分和黄金产业发展的助推力量，不仅促进了商品期货市场的繁荣与发展，也为相关产用金企业提供了套期保值、规避风险的工具。

### 3. 发展成果

目前，伦敦金银市场、纽约商品交易所、上海期货交易所以及上海黄金交易所已经成为全球四大黄金交易中心。2021 年，这四大交易所的黄金所有品种日均成交额分别为 581.8 亿美元、419.3 亿美元、109.4 亿美元和 35.7 亿美元（见图 1–12）。2021 年，欧美两大交易所黄金总成交量与中国两大交易所黄金总成交量（见图 1–13）的比值从 2019 年的 7.18 下滑至 6.89。这表明中国黄金现货和衍生品市场全球占有率有所提升，中国黄金市场已经在世界黄金市场占据举足轻重的地位。从全球来看，黄金市场规模仍有较大发展空间。2016 年后，商品场外衍生品市场持仓量重拾升势，其中以黄金为主的贵金属持仓量相较其余商品回升更为明显。2021 年上半年，全球黄金 OTC 市场名义存量规模为 9780 亿美元（见图 1–14），伴随着逆全球化以及宏观不确定性高企。2022 年，全球中央银行购金量达到布雷顿森林体系解体以来新高。资产价格波动加剧，黄金改善投资组合收益的作用得以凸显，2023 年全球贵金属名义存量规模再度攀升。在全球黄金市场容量仍将继续扩大的同时，考虑到亚洲是全球黄金现货主要消费市场，中国黄金交易量的全球占比也仍有较大提升空间。

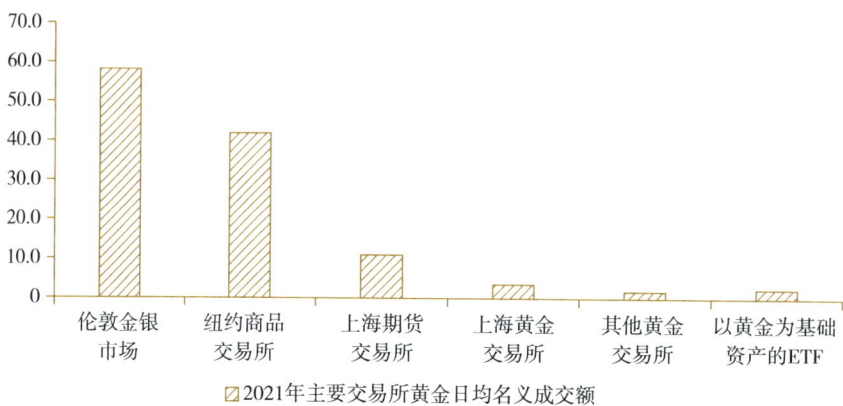

图 1-12  2021 年主要交易所黄金日均名义成交额

注：单位为十亿美元。

资料来源：世界黄金协会，兴业研究。

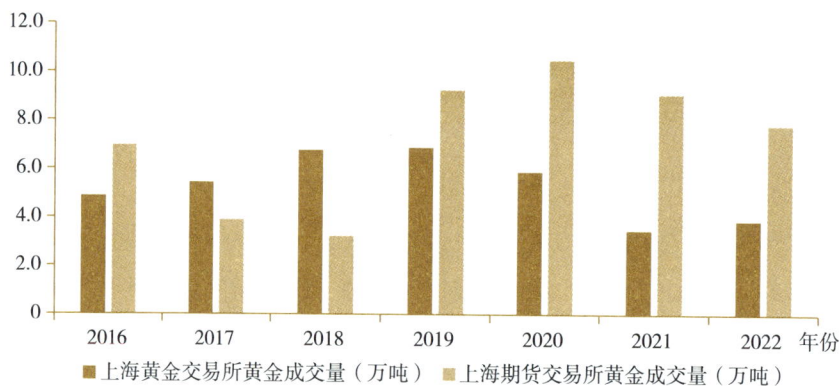

图 1-13  上海黄金交易所和上海期货交易所黄金产品成交量对比

资料来源：上海黄金交易所，上海期货交易所，兴业研究。

保卫财富：黄金投资新时代

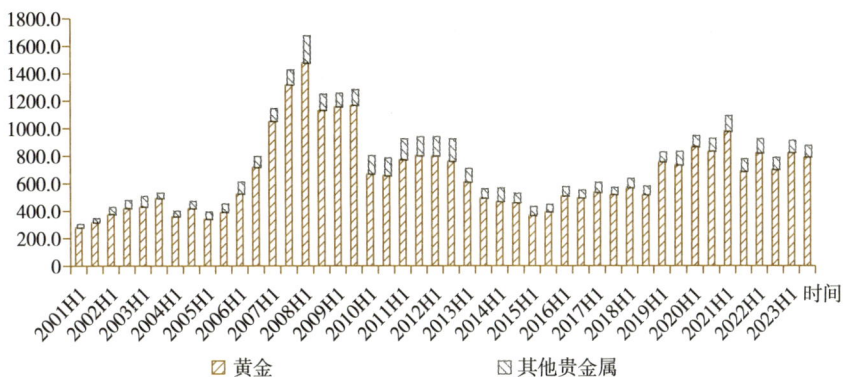

图 1-14　全球黄金 OTC 市场名义存量规模

注：单位为十亿美元。

资料来源：国际清算银行，兴业研究。

# 第四节
# 黄金市场的构成要素及特点

## 一、黄金市场的构成要素

黄金市场是黄金供应方和需求方进行交易的场所。世界各大黄金市场经过几百年的发展，已形成了较为完善的交易方式和交易系统。其构成要素，从作用和功能上考虑，可分为以下几点。

### （一）黄金交易场所

在各个成功的黄金市场中，为黄金交易提供服务的机构和场所其实各不相同，具体划分起来，可分为有固定交易场所的有形市场和没有固定交易场所的无形市场。比如伦敦黄金市场，整个市场由各大金商、下属公司相互联系组成，通过金商与客户之间的电话、电传等进行 OTC 交易。苏黎世黄金市场由几大银行为客户代为买卖并负责结账清算，上海黄金交易所的多数交易类型也属于 OTC 交易。与之相较，美国的黄金交易市场建立在典型的期货市场基础上，其交易类似于在该市场上进行的其他商品交易。期货交易所作为一个非营利机构，本身不参加交易，只是提供场地、设备，同时制定有关法规，确保交易公平、公正地进行，对交易进行严格的监控。同样，上海期货交易所也属于场内交易。

## （二）黄金交易工具

黄金现货又称"现货黄金"，伦敦金以及上海金都属于黄金现货，是一种金融衍生产品，其价格亦代表目前实物黄金的价格。黄金现货的交易是即时买卖（T+0 模式），由亚洲市场、欧洲市场以及美洲市场三大市场构成 24 小时交易时间。与期货一样，现货可以买涨，亦可以买跌，并且有杠杆系统作为调节（具体杠杆视不同交易场所而定）。伦敦金和上海金都属于黄金现货品种。

黄金期货亦称"黄金期货合约"，是以黄金为交易对象的期货合同，是一种杠杆类品种。相较于黄金 ETF、积存金等，黄金期货参与者风险偏好更高，对市场的敏感性也更强。同一般的期货合约一样，黄金期货合约也载有交易单位、质量等级、期限、最后到期日、报价方式、交割方法、价格变动的最小幅度、每日价格变动的限度等内容。黄金期货合约按计量单位不同，比如 COMEX 黄金期货是每手 100 金衡盎司、纯度为 99.5% 的黄金期货。上海期货交易所的黄金期货是每手 1000 克、纯度不低于 99.95%。黄金现货与黄金期货在交易规则上最大的差别是，黄金期货有交割期，且在合约到期前必须选择交割、平仓或者移仓，而黄金现货没有固定的交割期。

黄金期权是买卖双方约定未来在某一价位购买一定数量标的合约的权利。如果届时价格走势对期权购买者有利，购买者则会行使其权利而获利。如果价格走势对购买者不利，购买者则放弃购买的权利，损失只有当时购买期权时的费用。如果期权买方决定行权，那么期权卖方只能被动接受。买卖期权的费用由市场供求双方力量决定，由于黄金期权买卖涉及内容比较多，期权买卖投资战术也比较多且复杂，不易掌握，世界上的黄金期权市场并不多。尽管有诸多门槛，黄金期权投资仍具有诸多优点：具有较强的杠杆性（期权杠杆率通常高于期货），以少量资金进行大额的投资；如是标准合约的买卖，投资者则不必为储存和黄金成色担心；买权具有极大降低风险的功能；等等。黄金期权合约也同其他商品和金融工具的期权合约一样，分为看涨黄金期权和看跌黄金期权。看涨期权的买者交付一定数量的期权费，获得在有效期内按商定价格买入一定数量标准化黄金的权利，卖者收取了期权费，必须满足买者需求，且随时按商品价格卖出一定数量标准化黄金的义务。看跌期权的买者交付一定数量的期权费，获得了在有效期内按商定价格卖出数量标准化黄金的权利，卖者收取期权费，必须承担买者要求随时按约定价格买入数量标准化黄金的义务。

黄金远期交易是一种合约，允许买卖双方在未来的某一特定日期以约定的价格交割一定数量的黄金。这种交易方式与黄金现货交易有所不同，因为远期交易在合约签订时，并没有实际交割，而是约定在未来某一特定日期进行交割。黄金远期价格的确定是基于对即期价格的预期以及相关的货币利率和到期日等因素。因此，远期价格是一种对未来黄金市场走势的预期和判断。在进行黄金远期交易时，买卖双方需要缴纳保证金，以覆盖潜在的风险。这种交易方式存在一定的风险，因为市场行情如果发生不利变化，就会导致损失。此外，双方如果无法在到期日之前完成交易，就会导致违约风险。然而，黄金远期交易也同时具有一些优点。它可以提供一定的套期保值功能，避免因市场价格波动而产生的风险。此外，远期交易也可以作为一种投机手段，通过预测未来市场走势来获取利润。黄金远期交易在伦敦金银市场协会中扮演着重要的角色。在黄金远期交易方面，伦敦金银市场协会制定了严格的规则和标准，以确保市场公正、透明和稳定。它要求会员在参与黄金远期交易时，必须遵守最高标准的负责任采购要求，并要求会员对任何可能影响合格交割清单和贵金属批发市场可信度的事件或问题都要进行审查和披露。

黄金掉期交易是黄金持有者转让金条换取货币，在互换协议期满时按约定的远期价格购回金条。黄金掉期早期一般在中央银行间发生，一家中央银行用其黄金储备做抵押与另一家银行交易换取货币现金，并约定在未来某个时候按照约定价格将抵押的黄金买回来。当然，货币现金不是免费的，获得现金的一方需要向对方支付一定的利息作为机会成本的补偿。黄金掉期交易涉及两个利率。一是黄金租借利率。世界各国的中央银行均存放着一定数量的储备黄金，中央银行可以向商业银行出租黄金，而黄金租借利率就是中央银行与商行之间开展黄金租借业务的利率。二是伦敦银行同业拆放利率（London Interbank Offered Rate，简称 LIBOR。LIBOR 退出历史舞台后，参考 SOFR，其全称是 Secured Overnight Financing Rate，中文意思是"担保隔夜融资利率"）。一般来说，某些中央银行希望获得一定的资金，但又不想出售手中的黄金储备的时候，就会选择黄金掉期交易。黄金掉期交易通常在远期市场上进行，由银行或其他金融机构作为交易对手方。这些机构会根据市场行情和自身风险承受能力来制定远期价格，为交易双方提供一定的市场定价和风险管理功能。黄金掉期这种交易模式进一步拓展至商业银行以及黄金开采商之间，就是黄金租赁，并进一步演变为黄金套息交易。这一交易的背景与金价走势有着重要关系。不过，近年来，黄金掉期这种工具已经很少为中央银行和机构所使用。关于此，本书第二章第八节将会详述。

此外，这几类底层交易工具可以衍生出很多其他交易品种，比如黄金 ETF、积存金、结构性存款等。

黄金 ETF 是指交易型开放式指数基金，它属于开放式基金的一种特殊类型，国内此前上市的黄金 ETF 底层资产多挂钩上海黄金交易所的黄金现货。黄金 ETF 可以在证券交易所上市交易，同时基金份额是可变的。黄金 ETF 的运作特点既可以向基金管理公司申购或赎回基金份额，又可以像封闭式基金一样在二级市场上按市场价格买卖 ETF 份额。黄金 ETF 的申购、赎回必须以一篮子股票换取基金份额或者以基金份额换回一篮子股票。这与封闭式基金普遍存在的折价问题不同，黄金 ETF 的二级市场交易和申购赎回机制使得投资者可以在 ETF 市场价格与基金单位净值之间存在差价时进行套利交易，从而避免折价问题。

积存金是指银行按约定为客户开立黄金账户并向客户双向报价，同时客户买入黄金积存在银行可获得积存金利息、可按自身需求赎回或兑换为实物贵金属的业务。国内的积存金产品底层资产为上海黄金交易所的黄金现货。银行的积存金产品，具有购买方便、交易门槛低、持有成本低、持有生息、变现容易等诸多优点。积存金投资起点通常为 1 克，可以通过手机实时交易。持有积存金份额的客户可以同时从两个途径获取盈利：一是通过金价长期上涨获利，即通过低买高卖获取差价利润；二是获取利息收入，这是一种与金价浮动无关的稳定利润来源，完美地解决了黄金产品不孳息的缺点。积存金的持有方式分为活期与定期两种，且活期与定期可以相互转换。

结构性存款是一种收益增值产品，将投资者的资金与金融衍生工具相结合，通过与利率、汇率、指数等的波动挂钩，使投资者在承担一定风险的基础上获得更高的收益。具体来说，结构性存款是投资者将合法持有的人民币或外币资金存放在银行，由银行通过在普通存款的基础上嵌入金融衍生工具（包括但不限于远期、掉期、期权或期货等），将投资者收益与利率、汇率、股票价格、商品价格、信用、指数及其他金融类或非金融类标的物挂钩的具有一定风险的金融产品。黄金是其中一种较为常见的标的物。结构性存款并非普通存款，也不同于银行理财。它是一种将存款与金融衍生工具相结合的金融产品，注重收益。投资此类产品的客户通常具备一定的经济实力，对各种外汇市场的汇率变动及贵金属价格变动有一定关注和了解，能够承担一定的风险。

### （三）黄金市场参与者

黄金市场的参与者可分为定价商、法人机构、私人投资者以及经纪公司。

最典型的定价商或者做市商，就是早期伦敦黄金市场上的五大金行，其自身是一个黄金交易商，由于其与世界各大金矿和黄金商有广泛的联系，而且其下属的各个公司又与许多商店和黄金顾客联系，因而五大金商会根据自身掌握的情况，不断报出黄金的买价和卖价。当然，金商要负责金价波动的风险。不过，随着伦敦黄金定价制度的改革，五大金商也逐步退出历史舞台。目前，伦敦金银市场协会的定价商增加至 15 席，主要由贸易商和银行构成，中国共占 3 席。同时，上海黄金交易所也在 2016 年开展定价业务，目前有 12 家定价成员。在期货市场，为了增强市场流动性，通常会引入做市商。COMEX 黄金期货以及上海黄金期货，都有做市商制度。在中国黄金期货市场中，做市商主要包括券商、期货公司以及一些专门的做市商机构。

法人机构和私人投资者，既包括专门出售黄金的公司，比如各大金矿、黄金生产商、黄金制品商（各种工业企业）、首饰行以及私人购金收藏者等，也包括参与黄金交易的金融机构、投资公司、个人投资者等。从对市场风险的喜好程度来看，他们又可以分为避险者和冒险者：前者希望黄金保值而回避风险，希望将市场价格波动的风险降低到最低程度，比如黄金生产商、黄金消费者等；后者则希望从价格涨跌中获得利益，因此愿意承担市场风险，比如各种对冲基金等投资公司。近年来，国际对冲基金，尤其是美国的对冲基金，活跃在国际金融市场的各个角落。一些规模庞大的对冲基金利用与各国政治、工商和金融界千丝万缕的联系往往较先捕捉到经济基本面的变化，利用管理的庞大资金进行买入和卖空，从而加速黄金市场价格的变化并从中获利。

经纪公司是专门从事代理非交易所会员进行黄金交易，并收取佣金的经纪组织。有的交易所把经纪公司称为"经纪行"。在纽约、芝加哥、香港、上海等黄金市场中，很多经纪公司并不拥有黄金，只是提供通道为客户代理黄金买卖，收取客户的佣金。

## （四）有关的监督管理机构

随着黄金市场的不断发展，为保证市场的公正和公平，保护买卖双方利益，以及杜绝市场上操纵价格等非法交易行为，各地都建立了对黄金市场的监督体系，比如 CFTC（美国商品期货交易委员会）、FSA（英国金融服务管理局）、新加坡金融管理局等。中国黄金市场的行政监管机构是中国人民银行。《中华人民共和国中国人民银行法》规定，中国人民银行的职责包括监督管理黄金市场，持有、管理、经营国家外汇储备、黄金储备。中国人民银行还有权对金融机构以及其他单位和个人执行有关黄金管理规定的行为进行检查监督。此外，中国证券监督管理委员会负责监管上海期货交易所的黄金期货业务，以及上海证券交易所、深圳证券交易所上市的黄金 ETF 业务；国家金融监督管理总局负责监管国内商业银行开展的黄金业务。

## （五）有关的行业自律组织

行业协会的主要宗旨包括，推行行业自律管理，发挥在政府和企业间的桥梁纽带作用，推广行业的方针、政策、法规，开展国际合作与交流，维护会员和行业的公平竞争，参与行业信息统计，组织产品的开发与推广，扩大行业产品应用领域。全球黄金市场的自律组织有伦敦金银市场协会、世界黄金协会等，中国黄金市场的自律组织有中国黄金协会、地方性黄金协会等。

伦敦金银市场协会成立于 1987 年，其主要职责就是提高伦敦黄金市场的运作效率以及扩大伦敦黄金市场的影响，为伦敦招商，促进所有参与者（包括黄金生产者、精炼者、购买者等）的经营活动。此外，伦敦金银市场协会还会与英国的管理部门，比如英国金融管理局、关税与消费税局等合作，维持伦敦黄金市场稳定、有序发展。

世界黄金协会成立于 1987 年，是一个由世界范围的黄金制造者联合组成的非营利性机构，其总部设在伦敦，在各大黄金市场都设有办事处。其主要功能是，通过引导黄金市场上的结构性变化（例如，消除税收，减少壁垒，改善世界黄金市场的分销渠道，等等）来尽可能地提高世界黄金的销量，对世界黄金生产形成稳定的支持，并在所有实际和潜在的黄金购买者之间树立起正面的形象。2018 年 9 月 24 日，世界黄金协会在美国科罗拉多州科罗拉多斯普林斯举行年度会议，决定建立中国委员会。

中国黄金协会是根据国务院确定的国家黄金管理体制改革方案，在 2001 年 11 月经中华人民共和国民政部、原国家经济贸易委员会正式批准和注册登记成立的全国性、非营利性、自律性社团组织，是中国黄金行业唯一的国家级行业协会组织。其业务主管单位为国务院国有资产监督管理委员会。中国黄金协会英文名为 China Gold Association，缩写为 CGA。中国黄金协会由黄金勘探、生产、加工、流通、投资企业以及科研院所、与黄金相关的企事业单位、社团组织等依法自愿组成。该协会已聚集了黄金行业上下游具有影响力、带动力的大型骨干企业和知名品牌企业。在中华人民共和国民政部、国务院国有资产监督管理委员会正确领导和相关部委的大力支持下，中国黄金协会充分履行作为行业利益代表人和企业集体代言人的重要职责，为行业健康快速发展创造了有利条件。

## 二、黄金市场的演变和特点

世界黄金市场的发展可以分为三个阶段。

20 世纪 70 年代以前，现代黄金市场的发展集中在伦敦黄金市场，其历史可以用五家伦敦黄金公司的活动来描述。

20 世纪 70 年代以后，随着美元与黄金脱钩，许多国家放弃黄金交易管制，全球黄金市场真正进入蓬勃发展阶段。金融自由化的浪潮推动国际黄金市场进一步开放，以伦敦为交易中心，以苏黎世为转运中心，联结东京、香港、纽约、开普敦等地的全球市场运作模式基本成型。纽约、香港的黄金交易市场正是在这一时期快速发展并壮大起来的，成为举足轻重的全球黄金交易中心。

进入 21 世纪后，传统的黄金消费经济体，比如中国内地、阿联酋以及印度等陆续成立黄金交易所，新兴经济体黄金交易业蓬勃发展起来。黄金市场演变至今，已经形成了一个多层次的复杂结构（见图 1–15）。

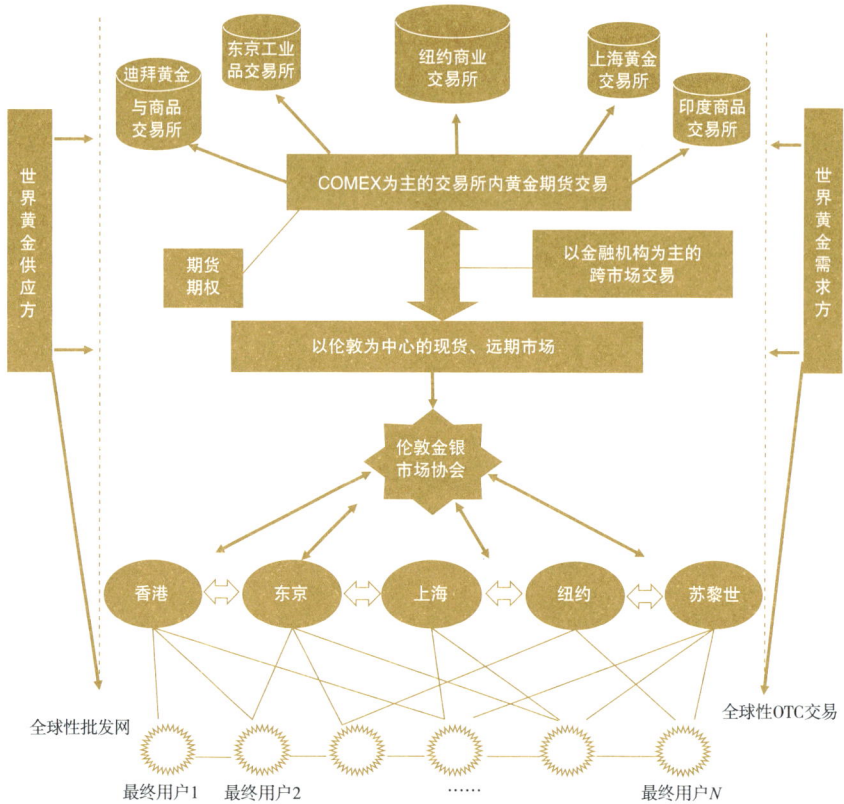

图 1-15　世界黄金市场结构图

资料来源：兴业研究。

国际主要黄金市场联合其他地区交易场所，比如法兰克福、巴黎、布鲁塞尔、悉尼和新加坡等，可以实现黄金市场各时区连续 24 小时不间断的交易（见图 1-16）。

黄金市场主要有三大特点。

第一，黄金市场是一个多层次的体系。按照组织化、公开化程度的高低，世界黄金市场可分为五类。一是从事黄金期货或期权交易的期货交易所，比如 COMEX、上海期货交易所、东京工业品交易所等。银行和机构投资者的参与提高了市场流通性，并为黄金企业提供风险

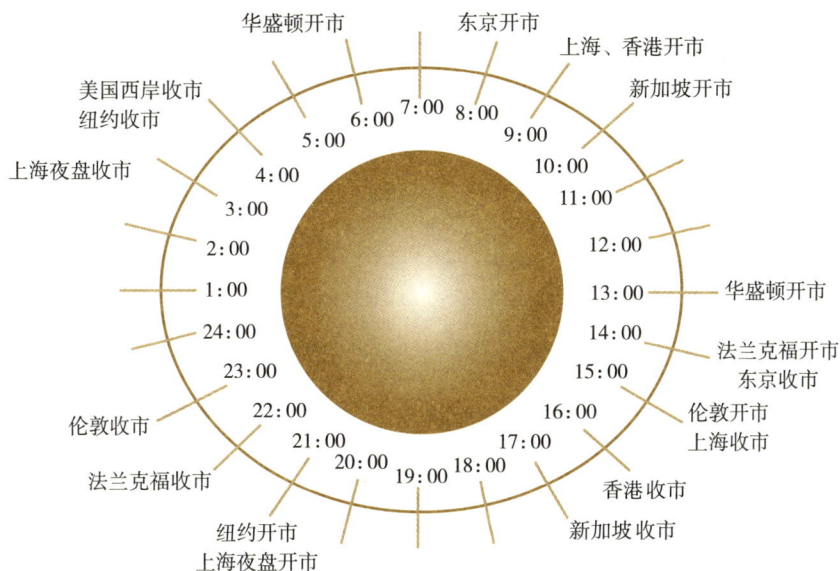

**图 1-16　世界黄金市场及主要汇市交易时间表（北京时间）**

注：欧美为夏令时，非整点开市及收市的均简化为整点示意。

资料来源：上海黄金交易所，兴业研究。

管理服务。二是从事世界性的现货-远期黄金批发业务的市场，比如伦敦金银市场协会，它是世界最大的黄金 OTC 市场，既是世界现货黄金有形的定价中心，又是联系世界黄金无形市场的最大枢纽。跨国矿业公司、黄金经纪商、各国中央银行、国际金融组织都是伦敦金银市场协会的主要成员。上海黄金交易所也已经成为第二大的黄金现货交易场所。三是苏黎世、东京、新加坡等地的现货市场，其特点是，以银行、黄金经销商、综合性财团为市场主体，受各自所在国中央银行的监管，在本地区组织黄金买卖。四是黄金主要生产国的黄金市场，比如南非的黄金市场，长期以来由国家特许黄金银行和黄金公司专营，近些年也出现市场自由化的趋势。五是欠发达地区的黄金市场，比如印度孟买，由当地特许经营权的财团经销黄金，现在进行改革，趋向更加公开的市场。

第二，黄金市场有不同的分工，相互衔接。期货交易所提供的黄金期货期权交易，提高了整个世界黄金市场的流动性，银行和黄金经纪商可以借助这些工具管理黄金的价格风险。黄金的现货定价仍然集中在伦敦黄金市场，为生产商、冶炼商、银行之间的大宗现货交易服务。特别是伦敦国际金融中心的地位和发达的银行业务，为黄金场外衍生交易、融资安排以及中央银行的黄金操作带来便利。瑞士虽然本身没有黄金供应，但是具有中立国的传统以及独特的银行保密制度，这使得瑞士成为世界上最大黄金转运中心。瑞士几大银行组成的苏黎世黄金总库负责保存多国官方黄金储备和私人藏金。不过，在俄乌冲突后，瑞士宣布放弃永久中立国身份，冻结俄罗斯人的金融资产，并于 2024 年 3 月以 21 票对 19 票和 3 票弃权的结果通过了一系列动议，授权瑞士政府设法扣押和转移俄罗斯资产，为乌克兰提供赔偿资金。这势必会对瑞士的黄金转运和私人藏金造成影响，而这正是中国进一步提升在全球黄金市场中地位的良好契机。日本东京的黄金市场主要为日本的工业和首饰用金服务，中国香港的黄金市场目前则主要针对中国内地、中国台湾的黄金转运和东南亚首饰业的需要。

第三，各类黄金业务相互交叉、渗透。例如，交易所内交易的和场外交易的衍生工具之间的功能界限越来越模糊，使得两类交易之间的替代性越来越强。场内期货或期权的标准性，通过会员和银行转化成更加灵活多样的场外合约交易，而场外的活跃交易又增强了场内合约的流动性。同时，基于黄金现货、黄金期货和黄金期权等底层工具发展起来的投资品种，比如黄金 ETF、积存金、结构性存款等，进一步拓展了黄金业务的受众群体，使黄金市场从机构间进一步走入千家万户。在当前逆全球化以及宏观不确定性高企的大背景下，黄金市场容量有望进一步提升，开发更多满足客户需求的产品能够助力黄金市场进一步健康发展。

第二章

# 黄金分析框架

金价走势并不是简单地受人们经常提及的避险或者实物黄金需求的驱动，也不是长期与美元实际利率呈负相关关系，金价走势其实浓缩了周期变迁、大国博弈、技术革命以及资产价格表现范式切换等许多宏微观信息。从长达75—100年的长债周期、短至3—4年的库存周期、大宗商品产能周期，到全球主导国以及货币体系的变迁、低通胀与高通胀环境的切换、不同美债实际利率等等，这些都是影响金价的因素。在不同因素的影响时期，黄金会阶段性地呈现不同属性，比如超主权货币属性、债券属性以及商品属性，因此黄金是一个看似简单其实内含深意的品种（见图2-1）。如何把握不同属性和不同周期对金价走势的影响以及不同属性和不同周期之间的关联，将主要因素串联起来，并阶段性排除次要因素，是本章试图带领读者一同走的"掘金"之旅。

第一节
### 黄金的三大属性

当前的黄金具有超主权货币属性、债券属性以及商品属性。

## 一、超主权货币属性

黄金的超主权货币属性从其最传统的货币属性演变而来。黄金作为世界性的交易媒介和财富计量标准有几千年的历史。不过，19世纪

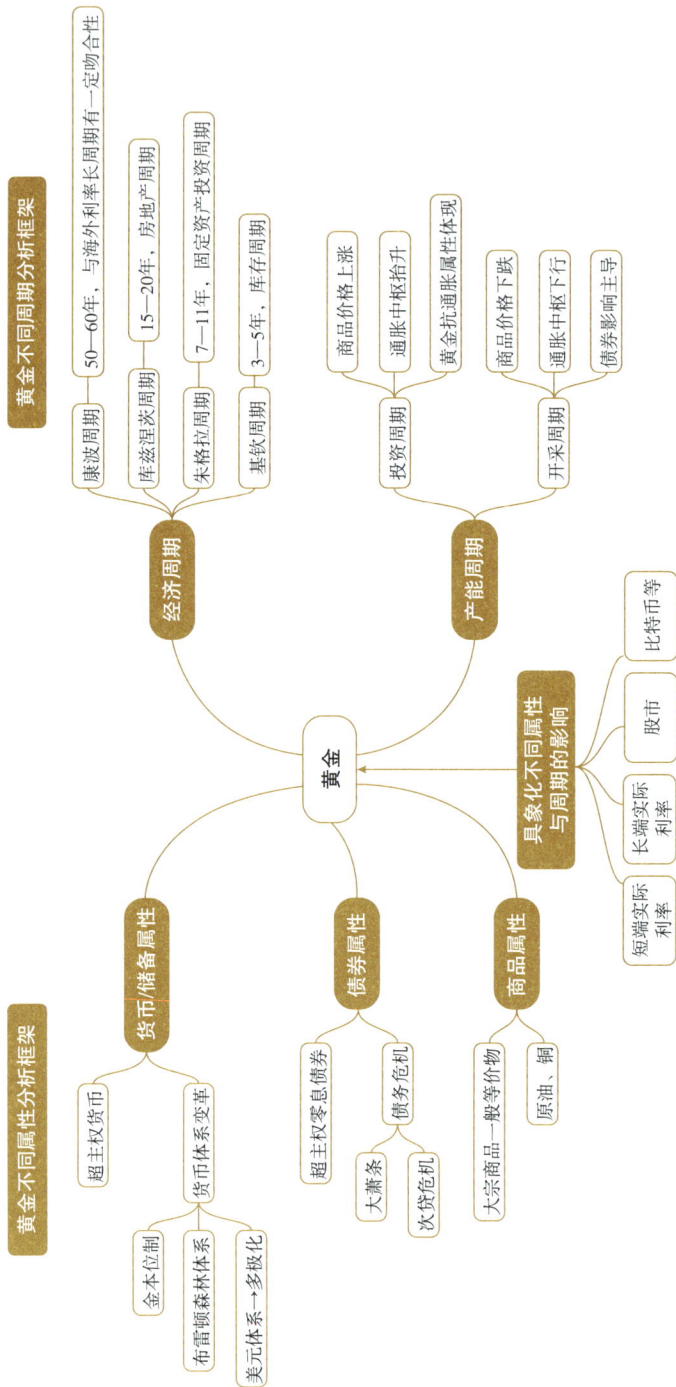

图 2-1 黄金分析框架

**黄金不同周期分析框架**

经济周期
- 康波周期 —— 50~60年，与海外利率长周期有一定吻合性
- 库兹涅茨周期 —— 15~20年，房地产周期
- 朱格拉周期 —— 7~11年，固定资产投资周期
- 基钦周期 —— 3~5年，库存周期

产能周期
- 投资周期
  - 商品价格上涨
  - 通胀中枢抬升
  - 黄金抗通胀属性体现
- 开采周期
  - 商品价格下跌
  - 通胀中枢下行
  - 债券影响主导

**黄金不同属性分析框架**

黄金

货币/储备属性
- 超主权货币
- 货币体系变革
  - 金本位制
  - 布雷顿森林体系
  - 美元体系 → 多极化

债券属性
- 超主权零息债券
- 债务危机
  - 大萧条
  - 次贷危机

商品属性
- 大宗商品——一般价格物
  - 原油、铜

**具象化不同属性与周期的影响**
- 短端实际利率
- 长端实际利率
- 股市
- 比特币等

资料来源：兴业研究。

之前黄金稀有，基本是帝王独占的财富和权势的象征。19世纪初，金本位制确立，黄金作为货币的作用被带上巅峰。自金本位制确立至第一次世界大战前，全球物价稳定，贸易联系日益加强，经济一片欣欣向荣。第一次世界大战打破了这一平静，第一次世界大战爆发后，许多资本主义国家相继放弃金本位制。1924—1928年，资本主义世界出现了一个相对稳定的时期，主要资本主义国家的生产都先后恢复到第一次世界大战前的水平，并有所发展。在此背景下，各国企图恢复金本位制。但是，由于金铸币流通的基础已经遭到削弱，各国不可能恢复典型的金本位制。当时，除美国以外，其他大多数国家只能实行没有金币流通的金本位制，这就是金块本位制和金汇兑本位制。金块本位制和金汇兑本位制由于不具备金本位制的一系列特点，因而也被称为不完全或残缺不全的金本位制。金块本位制和金汇兑本位制都是被削弱的金本位制。这两种制度虽然都规定以黄金为货币本位，但只规定货币单位的含金量，而不铸造金币，实行银行券流通，这在本质上反映了黄金紧缺和纸币发行泛滥之间的冲突。该制度在1929—1933年的世界性经济大危机的冲击下，也逐渐被各国放弃，各国纷纷实行了不兑现信用货币制度。1931年7月，德国实行外汇管制；同年9月，英国率先放弃金本位制，英镑汇率自由浮动，与黄金脱钩；1933年，美国限制黄金出口和私人拥有黄金，实行美元贬值；1933年，法国筹组金集团，失败后于1936年也放弃了金本位制。到20世纪30年代，几乎所有国家都放弃了金本位制，逐渐形成英镑区、美元区和法郎区。在两次世界大战之间的20年，国际货币体系分裂成几个相互竞争的货币集团，各国货币竞相贬值，动荡不定。直到1944年布雷顿森林体系建立，美元与黄金挂钩，其余货币与美元挂钩，美元正式成为全球经济中最核心的货币，又被称为"美金"。1971年，布雷顿森林体系解体，美元不再与黄金挂钩。自此之后，黄金的货币属性彻底退却，不过黄金仍是美国信用重要的对标物。在美国信用受损之时，黄金会受到热烈追捧。

## 二、债券属性

黄金的债券属性可以从宏观和微观两个层面去理解。

从宏观层面来看，在主导国债务危机期间，黄金往往出现大幅上涨行情，这与债务危机期间主导国往往选择债务货币化带来纸币贬值以及民众购金意愿较强均有关系。债务货币化并不是近些年才有的。早在 19 世纪 60 年代，美国南北战争带来的巨额融资需求，就一度促使美国暂停黄金兑换，并印刷纸币以货币化战争债务，黄金相对美元一度出现大幅升值。时间更近一些，在美国近百年两次大的债务危机（1929 年大萧条和 2008 年次贷危机）中，黄金也展现出了很强的债券属性。瑞·达利欧（Ray Dalio）认为"漂亮的去杠杆"（beautiful deleveraging）需要宽松的货币政策刺激或债务货币化，以及本币贬值，从而抵消去杠杆的通缩压力。在 1929 年和 2008 年之后，我们都看到了美联储将政策利率降至 0 附近以及美元贬值，同时还伴随着债务货币化。1929 年后，美联储采取了扭曲操作。1933 年，罗斯福总统就职后，创造了许多大型政府支出项目，包括就业计划、失业保险、社会保障支持，以及有利于劳工和工会的项目，而这些项目均通过大幅增税和由美联储债务货币化的巨额预算赤字来支付。在 2008 年次贷危机之后，短期利率触及 0，然而下降幅度不足以创造所需的货币和信用扩张，美联储转向印钞和购买金融资产。上一次美联储不得不转向印钞和购买金融资产是在 1933 年，并一直贯穿整个第二次世界大战。不过，美联储的债券购买没有刺激经济增长，也没有帮到那些最需要帮助的人，这就需要进一步的货币和财政相结合的政策。比如，由储备货币中央政府推动，中央政府增加借款，并针对性发放财政支出和贷款；同时，储备货币中央银行（当今为美联储）创造货币和信用，并购买债务（以及可能的其他资产，如股票）来为市场上的资产购买提供资金的政策。新冠疫情暴发后，2020 年 4 月 9 日，美国政府和美联储宣布了一项大规模的货币和信用创造计划，包括"直升机撒钱"（直接从政府支付给公民）。这与罗斯福政府在 1933 年所做的如出一辙。

从微观层面来看，黄金具有超主权零息债券的特点，其本身具有较稳定的内在价值，流动性好，无违约风险，但不孳息，收益完全取决于未来的价格。在实际定价中，次贷危机之后的黄金与 10 年美债实际利率呈现明显的负相关性，单变量拟合优度超过 0.8（截至 2021 年 5 月）。2021 年以来，伴随着海外由低通胀时代步入高通胀时代，黄金与 10 年美债实际利率的相关性出现了较大的变化。关于此，我们将在后续章节详述。

## 三、商品属性

黄金具有质量大、体积小、延展性良好和储存方便的特点。正是因为上述特点，黄金在 1 万多年前就已经被人类发现并加以利用。黄金的商品属性在生产端和需求端均有体现。从生产端来看，黄金产量来源于独立金矿和有色金属矿山伴生矿，有色金属产量的增加或减少对黄金产量会产生或多或少的影响。从需求端来看，黄金广泛应用于饰品，其外表璀璨且易于锻造，是制作首饰的不二之选；黄金也是一种重要的原材料，可用于制造精密仪器、建筑装饰等。

在实际的价格表现中，金价阶段性地与铜价或者原油价格呈现正相关，同时金价大周期波动也受到商品产能周期的影响。我们猜测金价与铜价走势整体正相关性较高，或许与一定的黄金产量伴生于铜矿有关，而与原油价格的正相关则与黄金的抗通胀特性有关。

## 第二节
# 债务周期

自次贷危机以来，人们更为熟悉的是黄金的债券属性。所以，我们首先从黄金的债券属性着手，分析黄金与债务周期的关系（宏观层面），继而分析黄金与实际利率的关系（微观层面）。

一个经济体的债务，通常可以划分为四个部门：非金融企业部门、政府部门、住户部门和金融企业部门。其中，非金融企业部门的债务余额与 GDP 之比被称为非金融企业部门杠杆率，非金融企业部门、政府部门以及住户部门的债务余额与 GDP 之比被称为宏观杠杆率，非金融企业部门以及住户部门的债务余额与 GDP 之比被称为非金融私营部门杠杆率。宏观杠杆率反映了债务性融资规模与经济发展的比例关系，是防范化解金融风险、维护金融稳定的重要决策依据。而金融部门主要从事经营资产负债的业务，因此金融机构的负债水平并不能完全体现出其风险，通常将金融部门作为独立观察对象，考察其杠杆率。在债务周期的不同阶段，黄金的表现不同，同时黄金与各债务主体杠杆率的相关性也存在差异。债务危机往往是债务周期运行到尾声、杠杆率过高的产物。当前，黄金的定价主要受美国信用的影响。本节中，我们将首先讨论黄金表现与美国杠杆率的关系，之后将视野拉长，看看在更远的历史长河中，黄金的表现与债务周期的关系。

## 一、美国杠杆率与金价

1870 年至今，美国非金融私营部门杠杆率共经历了四个阶段：1870—1932 年的加杠杆阶段，1933—1945 年的快速去杠杆阶段，1946—2009 年的加杠杆阶段，以及 2010 年至今的小幅去杠杆阶段。相应地，美国政府部门杠杆率经历了四个阶段：1870—1915 年的去杠杆和底部稳杠杆阶段，1916—1945 年的加杠杆阶段，1946—1981 年的去杠杆和底部稳杠杆阶段，以及 1981 年至今的加杠杆阶段。通常来讲，当私人部门经济扩张时，政府可以实现去杠杆化；而当私人部门经济萎缩时，政府部门需要加杠杆以托底经济。

从历史背景来看，19 世纪伊始，美国教育实力快速提升，创新技术加速发展，这提供了美国在南北战争后快速崛起的基础。1870 年至第一次世界大战前，教育实力提升和创新技术发展帮助美国在第二次工业革命期间实现了巨大的生产力增长，美国国家实力不断提升，占全球经济产出和世界贸易的份额不断增加，纽约成为世界金融中心，创新技术处于领先地位。在这段时期，经济活力提升，美国非金融私营部门杠杆率稳步抬升，政府部门杠杆率稳步下降并在 1900—1915 年基本稳定。

第一次世界大战后，货币贬值带来国家债务的大幅萎缩。随着债务、国内外政治关系完成重塑，主要经济体进入了"咆哮的 20 年代"，最终发展成为经济泡沫。当美联储在 1929 年收紧货币政策以抑制投机活动时，泡沫破裂，全球大萧条开始。1929—1932 年，美国 GDP 降幅达到 50%，银行也遭遇挤兑，非金融私营部门杠杆率飙升，而政府部门负债仅小幅增加，这一情况直到 1933 年罗斯福总统上任。

1933 年 3 月，罗斯福就职后马上实施了一系列救市政策。上任伊始，罗斯福政府立即向所有银行提供资金，以保证储户存款可以兑付，下令上交所有面值超过 100 美元的黄金，并以 20.67 美元 / 盎司的比率将黄金兑换成纸币。1934 年 1 月，罗斯福宣布金价重估，1 盎司金价由 20.67 美元调整为 35 美元，金价涨幅近 70%，相当于美元一次性贬值超过 40%。同时，罗斯福政府创造了许多大型政府支出项目，包括就业计划、失业保险、社会保障支持以及有利于劳工和工会的项目，而这些项目均通过大幅增税和由美联储债务货币化的巨额预算赤字来支付。1935年后，美国几乎所有经济指标稳步回升，美国非金融私营部门从1933年开始了快速去杠杆过程，直到第二次世界大战结束。而伴随着美联储的债务货币化，美国政府部门杠杆率1933—1935年快速抬升，此后小幅下降至1940年。1941年，珍珠港事件后，美国加入欧洲战争和太平洋战争，政府部门杠杆率经历了又一次的快速上升，直到1945年。在此期间，黄金小幅上涨。

1944年，美元与黄金挂钩的布雷顿森林体系建立，美元或者美国主导的世界秩序启动。1945年2月，美国、英国和苏联（当时称为"三巨头"）召开雅尔塔会议，划分全球势力范围，建立新的货币信贷体系。之后经济活力开始回升，非金融私营部门进入了新一轮加杠杆过程，而经济活力的提升使得政府部门杠杆率也开始去化。1950—1970年，美国生产性债务增长和股票市场发展对创新和发展至关重要，但后来变得过度。20世纪60年代，美国在消费上投入了大量资金，并且已从战争中恢复过来的德国和日本在汽车等制造业方面逐渐成为美国强劲的竞争对手，美国贸易赤字不断恶化。与此同时，美国政府在越南战争和国内"枪支和黄油"项目上的支出也不断增加。为了给这些支出提供资金，美联储创造了更多的美元，超出了以35美元/盎司转换成黄金的实际允许数量。当纸币被兑换成黄金时，美联储的黄金储备下降，而对黄金的索取权持续上升。最终，布雷顿森林体系在1971年8月15日崩溃，美国时任总统尼克松和1933年3月5日的罗斯福总统一样，违背了美国允许持有美元的人兑换黄金的承诺。美元相对于黄金、德国马克和日元的价值大幅下跌。不过，美国彼时尚处于长期债务周期早期，企业和居民杠杆率均处于低位，经济和人口快速增长，私营部门经济活力仍在。1971—1975年，美国非金融私营部门杠杆率继续小幅增加，仅在1975—1976年小幅下降后持稳，并随着

1980 年左右美国信用重塑以及产业结构调整的完成，再度进入杠杆率稳步抬升阶段。这一抬升一直到 2008 年次贷危机爆发，此后非金融私营部门杠杆率小幅下降。此外，因为 1967—1968 年美元已经完全取代了英镑的全球储备货币地位，所以与大萧条时期美国政府杠杆率仅在 1929 年之后才开始快速上升不同，本次美国政府从 1981 年就开始了逐步的加杠杆过程，这一进程一直持续到现在。

从与金价走势的关系来看，20 世纪 20 年代的金价小幅上涨以及 1934 年的金价一次性重估，均伴随着非金融私营部门去杠杆以及政府部门加杠杆，金价与非金融私营部门杠杆率反向，与政府部门杠杆率同向，这一情况与当前类似。布雷顿森林体系解体后，20 世纪 70 年代的金价与非金融企业部门杠杆率同向，与政府部门杠杆率反向，但在 1980 年后，金价与非金融企业部门杠杆率开始呈现较为规律的反向波动，并与政府部门杠杆率同向性加强，与住户部门杠杆率和金融部门杠杆率关系相对不显著（见图 2-2 至图 2-7）。

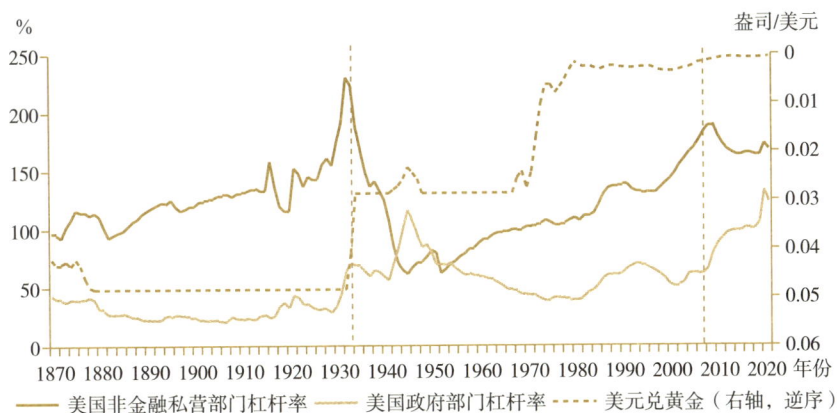

图 2-2　美国各部门杠杆率与金价（1870—2022 年）

注：为了较为清晰地表达名义金价的变动，我们采用 1 美元可兑换黄金的比例来进行表示，数据为逆序呈现。数据截至 2022 年，频率为年度。
资料来源：Macrobond（瑞典金融数据平台），兴业研究。

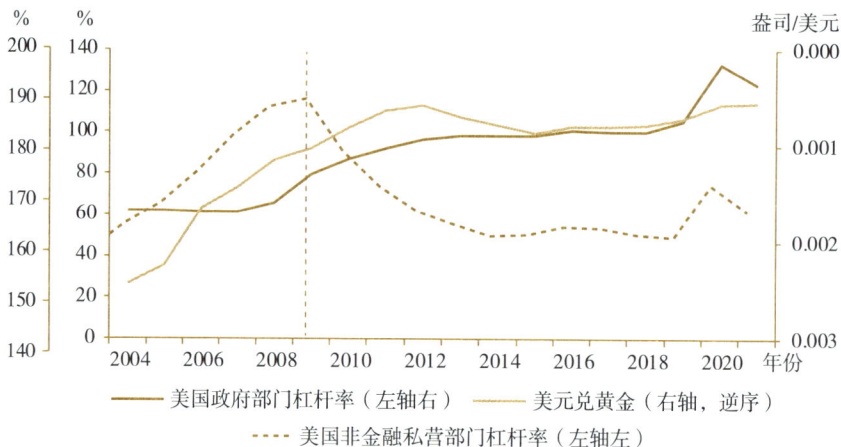

图 2-3　美国各部门杠杆率与金价（2002—2022 年）

注：为了较为清晰地表达名义金价的变动，我们采用 1 美元可兑换黄金的比例来进行表示，数据为逆序呈现。数据截至 2022 年，频率为年度。

资料来源：Macrobond，兴业研究。

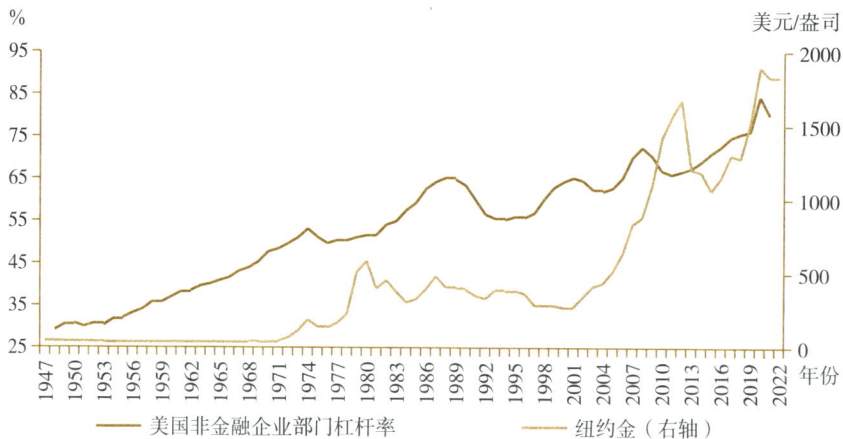

图 2-4　美国非金融企业部门杠杆率与金价

资料来源：Macrobond，兴业研究。

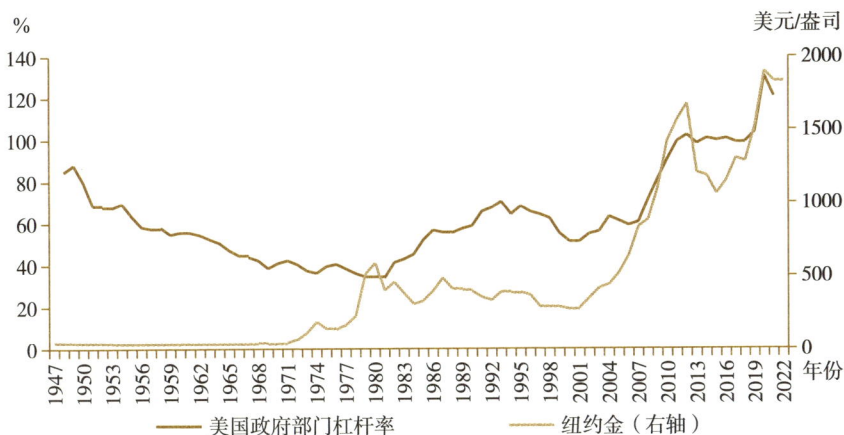

图2-5　美国政府部门杠杆率与金价

资料来源：Macrobond，兴业研究。

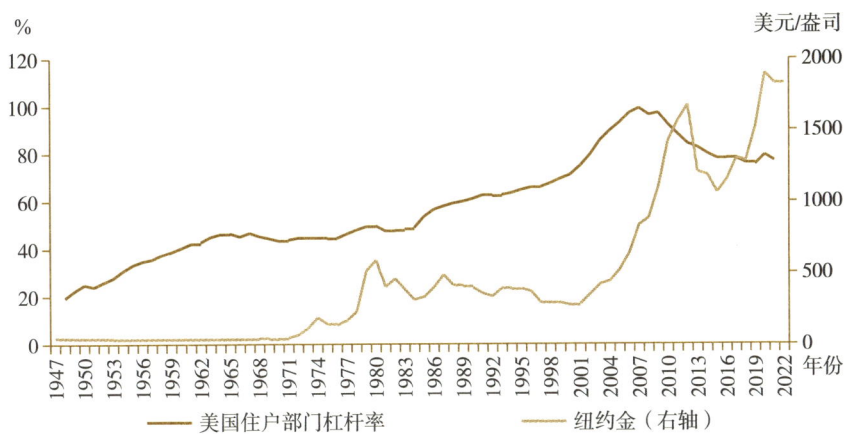

图2-6　美国住户部门杠杆率与金价

资料来源：Macrobond，兴业研究。

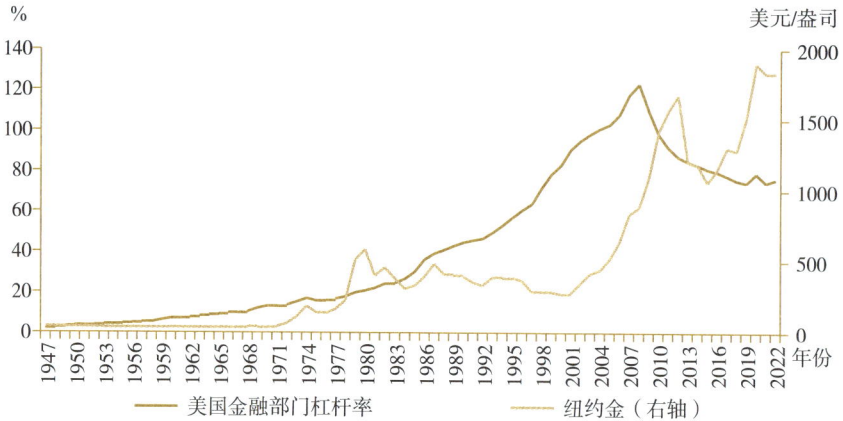

图 2-7　美国金融部门杠杆率与金价

资料来源：Macrobond，兴业研究。

## 二、美国杠杆率与金价相关性测算

美国各部门杠杆率与金价的相关性如何？为了剔除长期上涨趋势对二者相关性的影响，我们的测算均采用美国各部门杠杆率与金价季度变动值。同时，由于在布雷顿森林体系解体之前，金价并不能实时反映杠杆率变化对其影响，且数据频率偏低也影响测算结果，因而我们仅测算金价自由浮动后的情况。

从全时段来看，1971—2022 年，美国政府部门杠杆率与金价全时段相关性最高，为 0.45；美国宏观杠杆率与金价全时段相关性为 0.42；美国住户部门杠杆率、非金融企业部门杠杆率、非金融私营部门杠杆率以及金融部门杠杆率与金价全时段相关性分别为 0.06、0.10、0.10 和 0.22。

从分时段来看，美国宏观杠杆率以及政府部门杠杆率在 1971—1978 年与金价呈负相关，之后转正，并随着时间推移，正相关性逐渐增加；美国住户部门杠杆率与金价相关性波动最小，相关性在 −0.22—

0.44 之间波动；美国非金融企业部门杠杆率与金价在1971—1978年高度正相关，此后相关性持续下降，并于2009—2018年转为负相关，2019年之后正相关性重新抬升。美国非金融私营部门杠杆率与金价的相关性与非金融企业部门杠杆率相近，不过在1994—2008年与住户部门杠杆率和非金融企业部门杠杆率与金价相关性之和最为接近。美国金融部门杠杆率与金价在1971—1994年都是弱相关，不过在1994—2008年高度正相关，此后相关性下降。2018—2022年，美国宏观杠杆率、政府部门杠杆率以及住户部门杠杆率与金价相关性均为1971年以来所有时段中最高。美国宏观杠杆率在各个时段均与政府部门杠杆率相关性最高，不过2018年以来美国各部门杠杆率均与美国宏观杠杆率高度正相关。这与2020年美国以政府信用托底私人部门信用相关（见表2-1和表2-2）。

表2-1　美国各部门杠杆率与金价相关性

| 与金价相关性 | 美国宏观杠杆率 | 美国政府部门杠杆率 | 美国住户部门杠杆率 | 美国非金融企业部门杠杆率 | 美国非金融私营部门杠杆率 | 美国金融部门杠杆率 |
|---|---|---|---|---|---|---|
| 全时段 | 0.42 | 0.45 | 0.06 | 0.10 | 0.10 | 0.22 |
| 1971—1978 | −0.22 | −0.85 | 0.33 | 0.86 | 0.84 | 0.09 |
| 1978—1994 | 0.17 | 0.02 | 0.35 | 0.11 | 0.25 | −0.07 |
| 1994—2008 | 0.57 | 0.33 | 0.25 | 0.33 | 0.59 | 0.81 |
| 2008—2018 | 0.63 | 0.78 | −0.22 | −0.62 | −0.51 | 0.52 |
| 2018年至今 | 0.74 | 0.80 | 0.42 | 0.73 | 0.65 | 0.58 |

资料来源：Macrobond，兴业研究。

表2-2　美国各部门杠杆率与美国宏观杠杆率相关性

| 与美国宏观杠杆率相关性 | 美国政府部门杠杆率 | 美国住户部门杠杆率 | 美国非金融企业部门杠杆率 | 美国非金融私营部门杠杆率 | 美国金融部门杠杆率 |
|---|---|---|---|---|---|
| 全时段 | 0.86 | 0.40 | 0.52 | 0.58 | 0.18 |
| 1971—1978 | 0.42 | 0.20 | −0.17 | −0.03 | 0.42 |
| 1978—1994 | 0.80 | 0.66 | 0.53 | 0.69 | −0.21 |
| 1994—2008 | 0.90 | 0.51 | −0.13 | 0.39 | 0.65 |
| 2008—2018 | 0.79 | 0.15 | −0.26 | −0.08 | 0.41 |
| 2018年至今 | 1.00 | 0.85 | 0.98 | 0.98 | 0.72 |

资料来源：Macrobond，兴业研究。

以上分段是根据美国各部门杠杆率与金价滚动相关性之中有两个或三个相关性发生明显变化时点且参考宏观背景划定的。1979年，金价与美国政府杠杆率相关性转正，并与美国非金融企业部门杠杆率相关性转负，彼时美国抗击通胀以及企业转型进入决胜时期；1994年，金价与美国住户部门杠杆率在经历了15年正相关之后转正，同时与美国政府部门杠杆率经历了20世纪七八十年代高度正相关以及负相关的多次切换后，逐步进入弱相关阶段。1991年，苏联解体后，东西方阵营的对抗强度明显下降，发展经济成为重中之重，国际性和区域性经济组织建立（1995年世界贸易组织建立，1993年欧盟成立），经济全球化加速，信息化进入快速渗透期，全球经济活力提升。2009年，金价与美国政府杠杆率正相关性明显抬升，同时与美国非金融企业部门杠杆率转为负相关。2008年次贷危机正是这一相关性切换的直接导火索。2018年之后，金价与美国政府杠杆率正相关性持续位于高位，与非金融企业部门滚动相关性高位回落，与住户部门杠杆率滚动相关性底部抬升。2018年，在海外主要中央银行中，除美联储外，货币政策都已达到极限，同时特朗普政府发动的"贸易战"掀开了全球贸易格局重塑的序幕（见图2-8）。

从最佳相关性期数来看，美国宏观杠杆率以及政府部门杠杆率与金价同步时相关性最高，住户部门杠杆率以及非金融企业部门杠杆率则在与金价相距一个季度的相关性最高，金融部门杠杆率与金价没有明显的相关性期数（见图2-9）。

我们发现，美国各部门杠杆率与金价滚动相关性发生突变时点与康波周期（关于康波周期的内容，第二章第六节有详述）切换有着一定的吻合性。在康波周期（50—60年）的不同阶段，经济内生动能不同，进而使得非金融私营部门以及政府部门加杠杆意愿不同、金价走势不同，这是背后的主要逻辑。不过，在康波周期同一阶段，金价与各部门杠杆率的相关性似乎没有一致性规律，而这又与债务周期所处阶段有关（见表 2-3）。

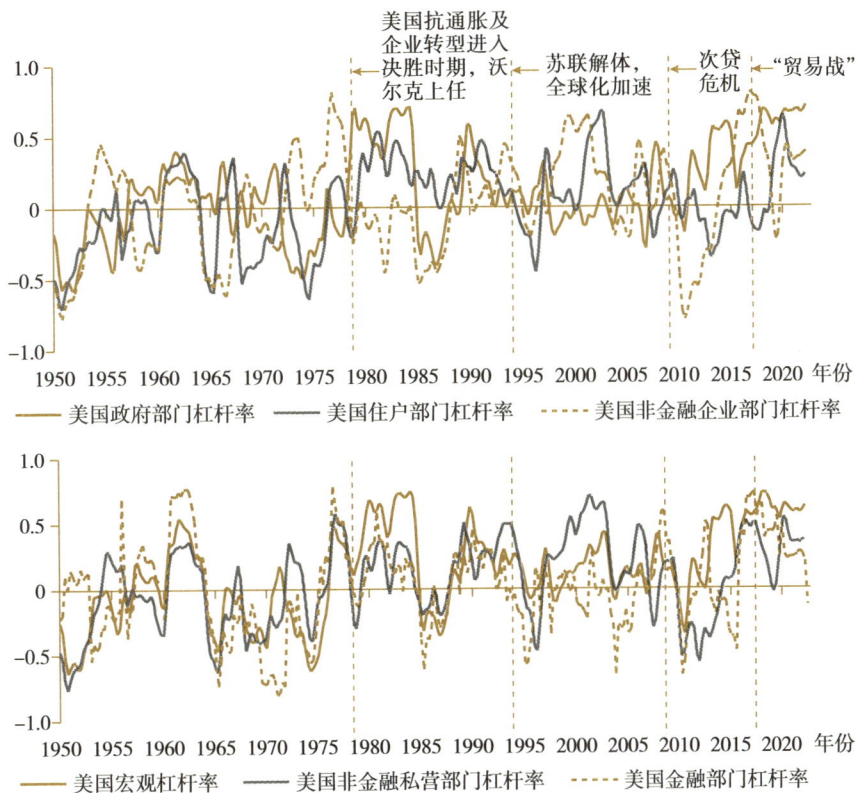

图 2-8　美国各部门杠杆率与金价滚动相关性（滚动 12 个季度平均）

注：相关性取滚动 12 个季度。

资料来源：Macrobond，兴业研究。

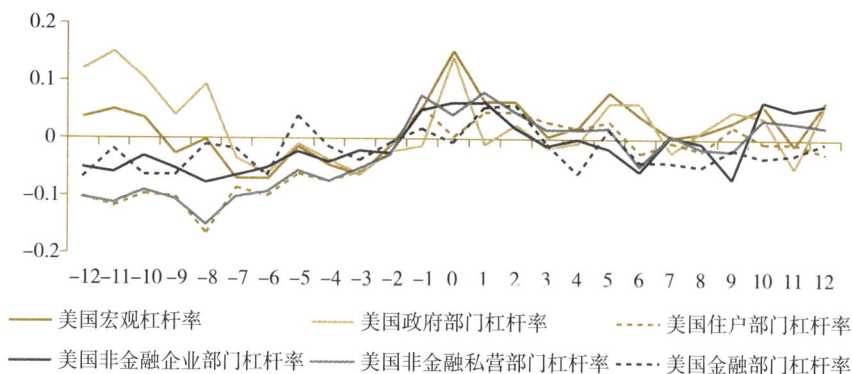

图 2-9　美国各部门杠杆率与金价最佳相关性期数

注：以上期数频率为季度。

资料来源：Macrobond，兴业研究。

表 2-3　不同杠杆率与金价相关性切换时点与康波周期切换有一定吻合性

| 两种方法分段对比 | | | |
|---|---|---|---|
| 康波周期 | | | |
| 繁荣 | 衰退 | 萧条 | 回升 |
| 第一个康波　1782—1802 | 1815—1825 | 1825—1836 | 1836—1845 |
| 第二个康波　1845—1866 | 1866—1872 | 1873—1883 | 1883—1892 |
| 第三个康波　1892—1913 | 1920—1929 | 1929—1937 | 1937—1948 |
| 第四个康波　1948—1966 | 1966—1973 | 1973—1981 | 1981—1991 |
| 第五个康波　1991—2008 | 2008—2019 | 2019年至今 | |
| 根据相关性突变分段 | | | |
| 1994—2008 | 2008—2018 | 1971—1978　2018年至今 | 1978—1994 |

资料来源：杜因（Duijn，1983），兴业研究。

## 三、债务周期、货币体系变革与金价

《旧约全书》描述了每隔 50 年就要消除一次债务的必要性，即所谓的"禧年"。这一间隔时间与我们前文提及的康波周期较为接近。不过，从美国、英国、荷兰等经济体在 1740—2022 年的杠杆率数据来看，大型去杠杆100年左右才会出现一次，也就是达利欧所说的长期债务周期持续时间为75—100年。在位的决策者往往希望通过各种方式延长债务周期，这或许是实际债务周期长于理论周期的原因。

长周期的债务数据较难获取，在此我们采用理查德·韦格（Richard Vague）在2014年重建的美国、英国以及日本非金融私营部门杠杆率数据以及卡门·M.莱因哈特（Carmen M. Reinhart）和肯尼思·S.罗戈夫（Kenneth S. Rogoff）编撰的美国、英国和荷兰政府部门杠杆率数据。我们统一取1740年为起点，对于起始时间晚于1740年的数据，则以其统计数据开始时间为起始点。

## （一）历史背景

### 1.1760—1914年：私营经济被激活，英镑占据主导

伴随着第一次工业革命，1760年之后，主要经济体生产率快速提升，私营经济被激活。由于银行信贷的快速发展，英国和美国非金融私营部门杠杆率稳步抬升。在生产力稳步抬升的同时，18世纪末，欧洲内部联盟间战争不断。1780年，第四次英荷战争爆发，英国打败荷兰，英镑取代荷兰盾成为世界储备货币，之后英国及其盟友（奥地利、普鲁士和俄罗斯）在拿破仑战争（1799—1815年）中继续与拿破仑领导的法国作战。最后，经过法国大革命（1789—1794年）后约1/4个世纪的频繁战争，英国及其盟友在1815年获胜。其间，英国政府杠杆率快速上升，同期英国货币发行量最高时（1814年）相较1797年翻了2.4倍。1816年，由于顶不住议会和政府的压力，英格兰银行宣布1812年以前发行的货币可以兑现黄金，由此引发了一波汹涌的黄金挤兑，金价短期快速上升。

同时，在拿破仑战争期间，美国于1812年趁机发动了美英战争

（又称第二次独立战争），意图向加拿大进一步扩张领土，但最终加拿大民兵、原住民武装和英军组成的联合军队打退了美国的入侵。战争期间，美国大量资本出逃。1814年，美国州立银行不得不暂停兑换贵金属。这些州立银行的纸币大幅贬值，直到1816年美国第二合众国银行成立，美元币值才恢复稳定。同样在1816年，英国通过了《金本位制法案》，从法律上承认了黄金作为货币的本位来发行纸币。1821年，英国正式启用金本位制。此后直到第一次世界大战爆发前，英国所奠定的金本位货币制度极大地促进了世界贸易和经济的发展。这段时期，英国政府杠杆率稳步下降，非金融私营部门杠杆率在第二次工业革命期间（1870—1914年）快速提升并首次超过政府杠杆率，私营部门真正成为经济的主导力量。在此期间，黄金兑英镑的比值一直稳定，同时黄金兑荷兰盾、马克、法郎以及日元等都保持稳定，只有美国较为例外。19世纪60年代，美国内战的巨额融资需求促使美国暂停黄金兑换，并印刷纸币以货币化战争债务，黄金相对美元一度出现大幅升值。

### 2.1914年至今：美元渐成基石，全球开启债务驱动模式

1900年左右，美国超越英国成为全球综合实力最强的国家，此时距离英国成为全球综合实力最强的国家已经过去了150年。1900年后，英国非金融私营部门杠杆率小幅回落，而美国则持稳。第一次世界大战进一步拉开英美的差距。1915年后，耗资靡费的战争使得英镑价值剧烈波动，而美国的巨额黄金储备使得美元币值更为稳定，贸易商们开始将英镑结算变为美元结算。美国紧紧抓住了这百年难逢的机遇，积极鼓励本国银行向海外大举扩张。到20世纪20年代中期，一半以上的美国进出口贸易开始使用美元计价的商业汇票。而纽约联储银行的深度介入，使得纽约汇票贴现成本比伦敦低了整整一个百分点，源源不断的汇票如雪片般飞向纽约。到1924年，美元计价的商业汇票总

额已经超过了英镑计价的一倍，美元在各国中央银行外汇储备中的比例第一次超过了英镑。在美国的呼吁下，1925年英国勉强恢复金本位制（金汇兑本位制），但彼时英国的黄金储备和工业生产能力已经不足以支持金本位制，恢复金本位制使得英国竞争力进一步被削弱。英国经济一直休克了15年。1924—1929年，欧美繁荣的五年经济快车没赶上，但1929年之后的十年大萧条未能幸免。同期，金汇兑本位制中内生的双重信用创造问题，使得美国开启了信用泛滥的过程，非金融私营部门杠杆率飙升，并最终造成了1929年的大萧条。大萧条之后，英国私营部门杠杆率与美国一样也在20世纪30年代初开始下降，并持续至第二次世界大战结束。不过，美国经济活力在20世纪50年代就开始稳步回升，但英国经济活力恢复较慢，英国非金融私营部门杠杆率在低位徘徊了近40年。直到20世纪80年代全球开启债务驱动型经济增长模式，英国非金融私营部门杠杆率才开始稳步回升（见图2-10至图2-13）。

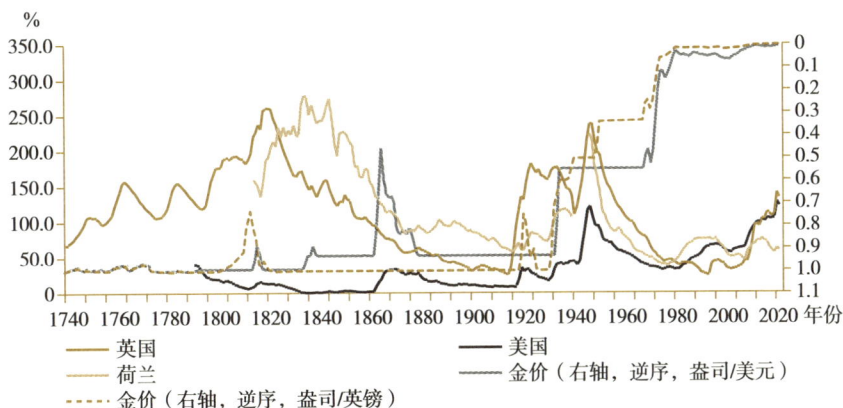

图2-10　英、美、荷政府杠杆率与金价

注：为了较为清晰地表达名义金价的变动，我们采用1美元可兑换黄金以及1英镑可兑换黄金的比例来进行表示，数据为逆序呈现。1740年比值设为1。

资料来源：卡门·M.莱因哈特，理查德·韦格，兴业研究。

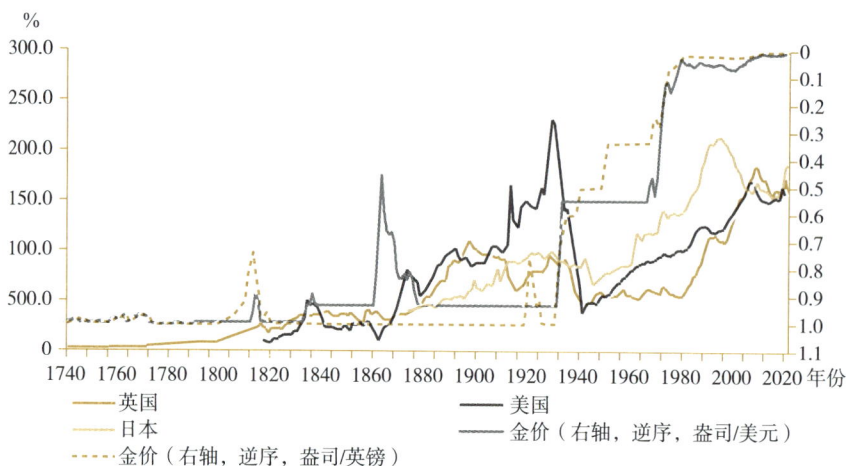

图 2-11　英、美、日非金融私营杠杆率与金价

注：为了较为清晰地表达名义金价的变动，我们采用 1 美元可兑换黄金以及 1 英镑可兑换黄金的比例来进行表示，数据为逆序呈现。1740 年比值设为 1。

资料来源：卡门·M.莱因哈特，理查德·韦格，兴业研究。

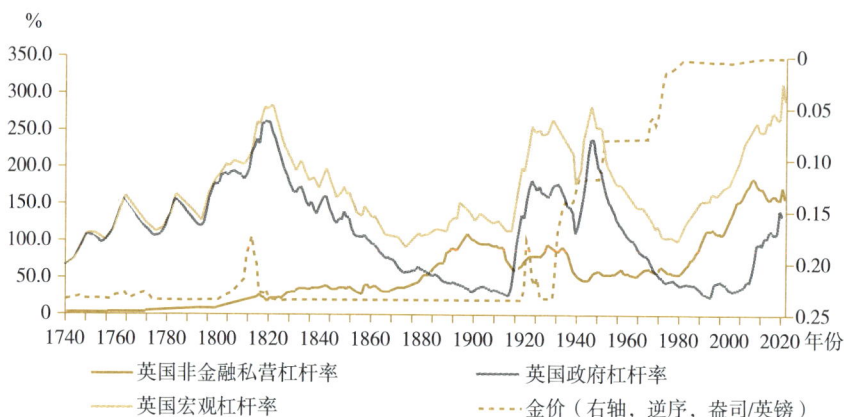

图 2-12　英国不同部门杠杆率与金价

注：为了较为清晰地表达名义金价的变动，我们采用 1 英镑可兑换黄金的比例来进行表示，数据为逆序呈现。

资料来源：卡门·M.莱因哈特，理查德·韦格，兴业研究。

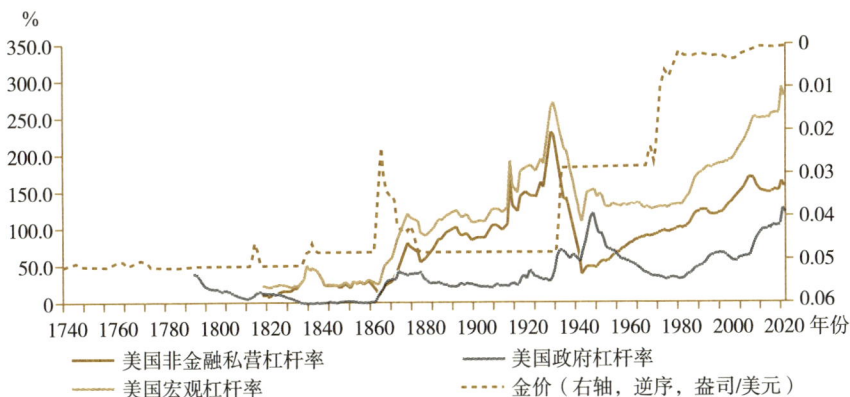

图 2-13　美国不同部门杠杆率与金价

注：为了较为清晰地表达名义金价的变动，我们采用 1 美元可兑换黄金的比例来进行表示，数据为逆序呈现。

资料来源：卡门·M. 莱因哈特，理查德·韦格，兴业研究。

对于 1929 年后杠杆率变化的情况，我们已经在前文进行过详细阐述，这里不再赘述。从货币体系变革的角度来看，20 世纪 20 年代是美元与英镑第一次正面交锋，不过结果不尽如人意。1929 年大萧条之后，美国被迫选择孤立主义，暂时放弃对世界的领导权，而英国在 1931 年摆脱了金本位制的枷锁，依托"帝国特惠制"，形成了强大的英镑割据势力，构成对美元的严峻挑战。各国进入短暂的疗伤期，直到第二次世界大战爆发。第二次世界大战带来了美元东山再起的良机。借助《租借法案》，美国打垮了英国的"帝国特惠制"，利用战后对英货款的致命条件，发起对英镑区的总攻。1949 年和 1967 年，英镑兑美元出现过两次大幅贬值，此后英镑的地位完全被美元取代。1934 年，美国经历过一次性金价重估，之后直至布雷顿森林体系解体，美元兑黄金的比值一直相对稳定，但英镑兑黄金持续下行。第二次世界大战后，黄金正式成为美国信用的对标物。

## （二）与金价的关系

从与金价走势的关系来看，在 1815 年第一次债务峰值（英国）附近，黄金相对主要货币均出现过一次性大幅升值，包括 1815 年前后黄金相对英镑和美元的一次性升值，以及 18 世纪末第四次英荷战争后黄金相对于荷兰盾的一次性大幅升值，起因都与战争引起的债务导致货币贬值或者黄金挤兑有关。19 世纪 60 年代，美国内战带来的债务货币化也使得黄金相对美元一度出现阶段性大幅升值。不过，同期黄金相对于英镑、荷兰盾、马克、法郎以及日元等都保持稳定。

大萧条之后，在 1932 年第二次债务峰值（美国）附近，黄金相对主要货币再次出现一次性大幅升值。这段时期，债务货币化带来货币贬值以及金价的一次性重估，黄金相对于英镑、美元、荷兰盾、马克、法郎、日元以及当时中国发行的货币均有不同程度升值。20 世纪 70 年代，布雷顿森林体系解体，金价相对主要货币开启升值旅程。这次金价重估发生在全球杠杆率低位之时，不过实际上与 1944 年布雷顿森林体系成立后，信贷的不断增长使得美元固定价兑换黄金已经难以为继问题的一次性爆发有关。此后，金价进入了自由浮动时代，不再具备货币功能，但依然是美国政府信用的对标物。

总体来看，全球债务峰值附近，经常伴随着债务货币化或者消除债务所需要的货币贬值，而这往往容易带来黄金相对主要货币的普遍升值。同时，在全球债务峰值附近，政府部门杠杆率持续上升托底经济并满足战争需要，金价往往与政府杠杆率同步上行，1815 年以及 1929 年前后均是如此。目前，我们正处于第三次全球债务峰值附近。2008 年后，美国开始了私营部门去杠杆的进程。总体而言，不同经济体私营部门去杠杆进程存在一定差异，导致不同币种计价的黄金表现与该币种背后经济体政府杠杆率的变化密切相关。

## 四、杠杆率临界值与金价

既然债务不可能持续扩张，那么政府部门和非金融私营部门杠杆率是否存在临界值，对金价又有什么影响呢？

从政府部门来看，英国和荷兰的政府杠杆率在1815年前后都曾一度超过250%，最高分别达到260%和278%；此后，随着两国实力的衰弱，在第二次世界大战之后，两国政府杠杆率最高分别达到过238%和223%。2021年，英国和荷兰的政府杠杆率分别为133%和52.5%。美国政府杠杆率在大萧条之后才出现快速上升，1946年最高达到121%，2021年重返116%。

从私营部门来看，第二次工业革命后私营经济成为经济增长主力。除了美国非金融私营部门杠杆率在大萧条期间快速飙升，并高于目前水平，其余主要经济体非金融私营部门杠杆率在1740年以来整体呈现上升态势。

由于第二次工业革命后私营经济占据主导以及1980年以来全球进入债务驱动型增长模式，经济增长模式的变化使得我们必须以与时俱进的眼光来看待当前各部门杠杆率的临界区间。高债务水平往往会阻碍家庭和企业平稳消费和投资的能力，也会阻碍政府缓冲不利冲击的能力。

从政府部门来看，卡门·M.莱因哈特和肯尼思·S.罗戈夫在2010年和2011年研究的44个经济体、横跨200年的政府杠杆率数据显示，90%是政府杠杆率的一个临界值。在此临界值之下，政府杠杆率与经济增长的关系并不显著；但超过此临界值，政府杠杆率的上升伴随着经济增长率的明显下降。同时，与战争导致的政府杠杆率快速上升不同，和平时期的债务爆炸往往反映出政治经济的不稳定，而这种状态可能会持续更长时间。学术界对90%这一临界值的结论目前仍有较多争议，也有一些其他实证结果表明政府杠杆率在 60%—90% 时均伴随经济增长率的下降。从实际情况来看，美国政府杠杆率在 1990—2007 年一直徘徊于 60%，在 2009 年后快速上升，并于 2011 年突破 90%，此后至 2019 年下半年之前一直徘徊在 90%—100%。同时，我们可以注意到，美国地方政府杠杆率在 1947 年之后基本没有变化，增量主要来自美国中央政府。就美国中央政府杠杆率而言，2020 年之后美国中央政府杠杆率突破 90%（见图 2-14）。而 2016—2019 年，美国政府杠杆率与金价关系的明显增强，也与超过临界点的时间存在一定吻合性。我们可以认为，在美国主导的经济金融体系之下，90% 的政府杠杆率对于美国而言或是一个重要临界点。

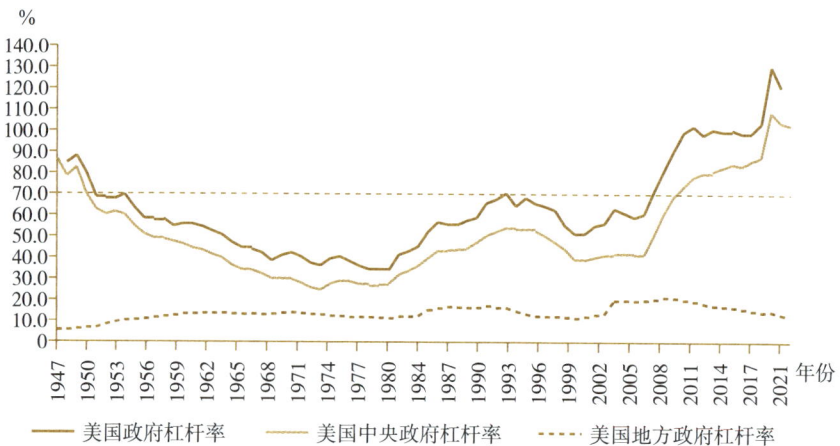

图 2-14　美国政府、中央和地方政府杠杆率

资料来源：Macrobond，兴业研究。

从私营部门来看，各种研究都表明当私人部门的债务水平高于趋势水平时，经济大幅下滑的可能性就会增加。斯蒂芬·G. 切凯蒂（Stephen G. Cecchetti）等人在 2011 年的研究结果表明，家庭债务杠杆率临界值约为 84%，企业部门杠杆率临界值约为 90%，其中家庭部门杠杆率提升对经济影响作用更为明显。家庭债务对经济增长的影响先正后负。回归分析表明：在足够低的水平上，债务有助于促进资本深化和配置效率，从而提振经济；在政府债务规模庞大的情况下，高水平的私人债务会使经济更容易受到冲击。从实际情况来看，1928 年美国非金融企业部门杠杆率逼近阈值，1931 年美国家庭部门杠杆率超过阈值。在此之后，2003 年美国家庭部门杠杆率超过阈值，美国非金融企业部门杠杆率一直未超过阈值（见图 2-15）。这两次分别伴随了大萧条以及次贷危机这两个严重的债务危机。

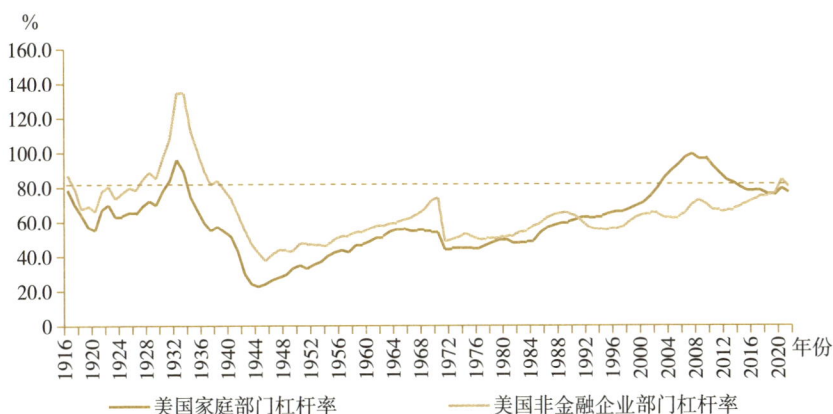

图 2-15　美国家庭部门和非金融企业部门杠杆率

资料来源：美国统计局，兴业研究。

2008 年，在美国私营部门问题暴露后，美联储进行了一系列托底操作。2008 年，美国短期利率触及 0，然而下降幅度不足以创造经济扩张所需的货币和信用扩张，美联储转向印钞和购买金融资产，不过当时美联储货币政策并没有达到极限。上一次美联储不得不印钞和购买金融资产是在 1933 年，并一直贯穿整个第二次世界大战。新冠疫情暴发后，2020 年 4 月 9 日，美国政府和美联储宣布了一项大规模的货币和信用创造计划，包括"直升机撒钱"，这与罗斯福政府在 1933 年所做的如出一辙。从历史视角来看，全球秩序的重建以及产业结构调整往往耗时日久，其间政府需要扩大支出托底经济。

2008 年之后，主要经济体非金融私营部门杠杆率高位回落（发达经济体），或快速抬升（中国）兼而有之。经历了 2008 年之后的去杠杆，发达经济体家庭杠杆率回落至阈值以下，不过相较于历史水平仍处于高位。从历史视角来看，全球经济动能的重新抬升往往都出现在非金融私营部门杠杆率较低之时，而彼时往往伴随全球秩序的重建完成（1814—1815 年维也纳会议、1919 年巴黎和会、1945 年雅尔塔会议、20 世纪 80 年代初产业格局的重塑）以及新技术的出现和应用（第一次工业革命、第二次工业革命、第二次世界大战后战时技术的民用、20 世纪七八十年代开始的信息化浪潮）。当前情况下，市场所寄希望的通用式人工智能能够在多大程度上提升劳动生产率并拉动经济增长，成为私营部门杠杆率能否进一步顺利去化的关键。

2024 年 2 月，美国国会预算办公室发布的美国中央政府杠杆率预测显示，相较于 2023 年 2 月的预测，2024—2030 年美国中央政府杠杆率预测变动不大，但是 2030 年之后的美国中央政府杠杆率相较于一年前的预测明显下调。同时，美国国会预算办公室预测 2027 年之后美国劳动生产率以及全要素生产率会出现缓慢提升，这显示了当前美国政府认为 ChatGPT 和 Sora 等软件的发布意味着未来通用式人工智能出现可能性大增，并能够提升劳动生产率。未来新技术的发展将在很大程度上决定私营部门活力提升的幅度，进而决定美国政府继续加杠杆的必要性并影响金价。关于技术革命对金价的影响，我们将在第五章第一节进行详述。

2022 年以前，单纯采用 10 年期美债实际利率对金价进行预测效果良好，但是伴随着美国政府杠杆率超过临界值以及海外进入高通胀时代，仅采用 10 年期美债实际利率对金价进行预测的效果大打折扣。综合考虑不同期限美债实际利率的影响以及美债实际利率与美元指数影响的切换，对预测金价更为全面。本节聚焦于美债实际利率与金价的关系，而下一节将讨论美元指数与金价的关系。

在平时的研究中，细节性和全面性都是需要考量的方面。目前，市场通常关注的美债实际利率为日频，观察颗粒度足够细，但缺点是时间跨度不够久，最早的 10 年期美债实际利率也仅从 1997 年才开始出现，无法进行较长时间维度的分析；而世界银行构建的实际利率时间足够长，从 1961 年开始，能够涵盖信用货币体系诞生后的时段，但缺点是颗粒度太粗，频率为年度，无法进行细节性的分析。所以，我们对时间短、颗粒度细以及时间长、颗粒度粗的美国实际利率与金价的关系逐一进行分析，以期涵盖细节性和全面性。

## 一、各期限实际利率（高频）与金价的相关性分析

美国通胀保值债券（TIPS）的利率被视为实际无风险利率，频率为日度。目前，美国通胀保值债券共有 5 年期、10 年期、30 年期三种。2009 年年末，美国财政部终止 20 年期通胀保值债券，并于 2010 年 2 月 22 日推出新的长期通胀保值债券——30 年期通胀保值债券。目前，美国财政部公布的实际利率包括 5 年、7 年、10 年、20 年、30 年五种，其实际利率或与纽约联邦储备银行获得的市场报价一致，或通过插值

法计算得出。

在短端实际利率方面，赫拉莫夫（Khramov）在 2013 年认为，美国 3 个月期国库券利率与 1 年期调查通胀预期的差值可以表征短端实际利率。该短端实际利率与上述五种中长期实际利率共同构成我们的分析样本。

我们发现，不同期限实际利率整体走势趋同，不过不同期限实际利率波动幅度存在差异，期限越短，波动幅度越大（见图 2-16 和图 2-17）。为了甄别名义利率以及通胀预期对金价的不同影响，同时考虑日度高频数据可得性，我们建立 DCC-GARCH 模型测算 2004 年 4 月至 2023 年 5 月黄金价格与各期限名义利率、通胀预期以及实际利率的动态相关性，计算 2004 年至 2023 年 5 月总体的相关性系数，以辨别不同实际利率的适用场景。

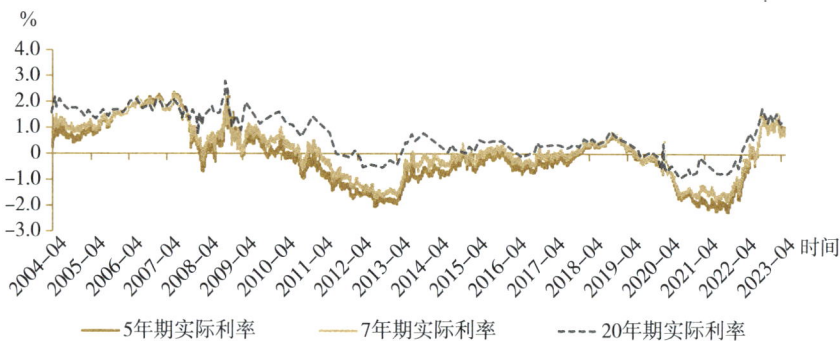

图 2-16　各期限实际利率走势图（一）

资料来源：Macrobond，兴业研究。

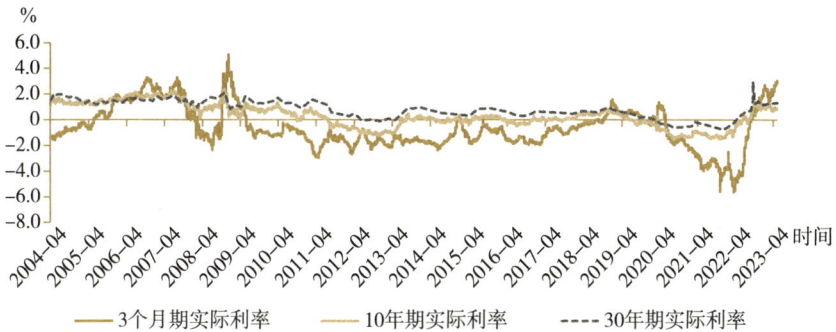

图 2-17　各期限实际利率走势图（二）

资料来源：Macrobond，兴业研究。

## （一）名义利率

名义利率与黄金价格总体保持负相关性。中长期名义利率与金价动态相关性的时序图走势基本一致，总体强弱水平和波动幅度都要大于短端名义利率。2013 年以来，中长期名义利率与黄金负相关性较之前整体上升，短端名义利率与黄金总体保持较小且相对稳定的相关性（见图 2-18、图 2-19、表 2-4）。

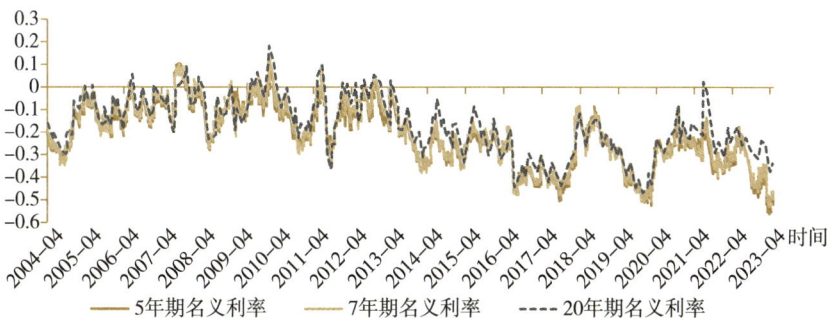

图 2-18　黄金与名义利率动态相关性时序图（一）

资料来源：Macrobond，兴业研究。

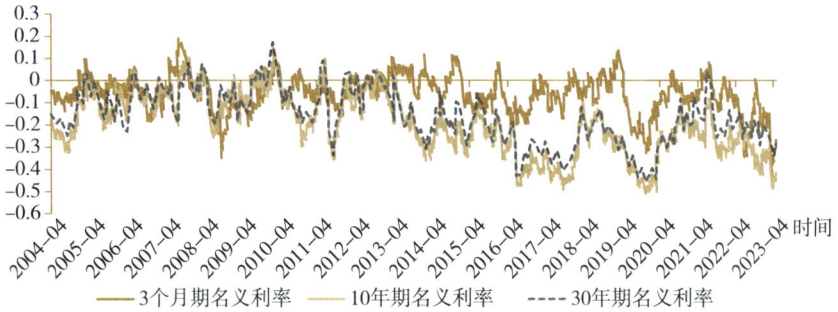

图 2-19　黄金与名义利率动态相关性时序图（二）

资料来源：Macrobond，兴业研究。

表 2-4　名义利率动态相关性描述性统计

| | 均值 | 方差 |
|---|---|---|
| 3个月期名义利率 | −0.0621 | 0.0075 |
| 5年期名义利率 | −0.2151 | 0.0178 |
| 7年期名义利率 | −0.2066 | 0.0185 |
| 10年期名义利率 | −0.1942 | 0.0190 |
| 20年期名义利率 | −0.1710 | 0.0166 |
| 30年期名义利率 | −0.1604 | 0.0151 |

资料来源：Macrobond，兴业研究。

## （二）通胀预期

2013 年，赫拉莫夫在报告中选择 1 年期调查通胀预期作为通胀端变量，不过月度频率的数据并不能满足高频观测的需求。我们发现 1 年期通胀互换与金价的动态相关性与 1 年期调查通胀预期类似，且相对更加稳定、高频，所以我们采用 1 年期通胀互换替代 1 年期调查通胀预期作为短端通胀的表征指标（见图 2-20）。同时，因为通胀保值债券所隐含的盈亏平衡通胀率中部分期限是基于插值法推算得出的，并

非实际交易结果，故而我们在本节统一采用市场交易产生的通胀互换
表征通胀预期。

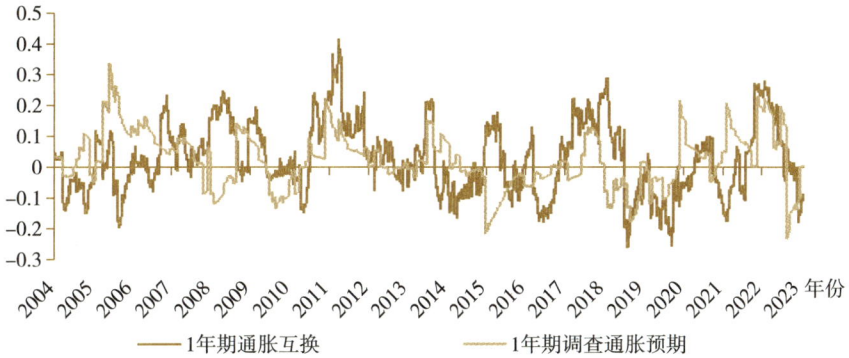

图 2-20　不同 1 年期通胀指标与金价动态相关性

资料来源：Macrobond，兴业研究。

　　通胀预期与黄金价格多数时期呈现正相关性，二者动态相关性的
变化与美国月度 CPI（消费者物价指数）同比波动存在同步性。其中，
期限越短，通胀预期与金价的动态相关性在美国月度 CPI 同比上行时
就越大，呈现出对通胀数据更为敏感甚至过于敏感的特征。而 10 年期
及以上期限通胀预期与金价的动态相关性只有在美国月度 CPI 同比大
幅上行时才会明显上升，比如 2008 年 5 月之后以及 2021 年年中之后
（见图 2-21、图 2-22、表 2-5）。

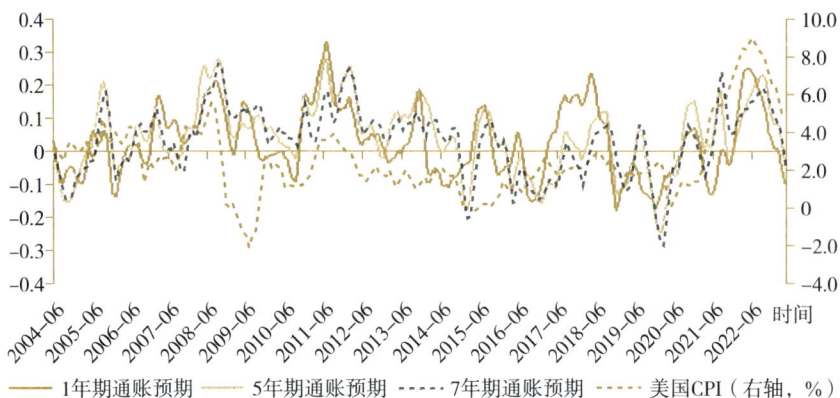

图 2-21 黄金与 1 年、5 年、7 年通胀预期动态相关性时序图（60 天滚动平均）

注：为更好地可视化效果，将动态相关系数采取 60 天滚动平均后呈现。

资料来源：Macrobond，兴业研究。

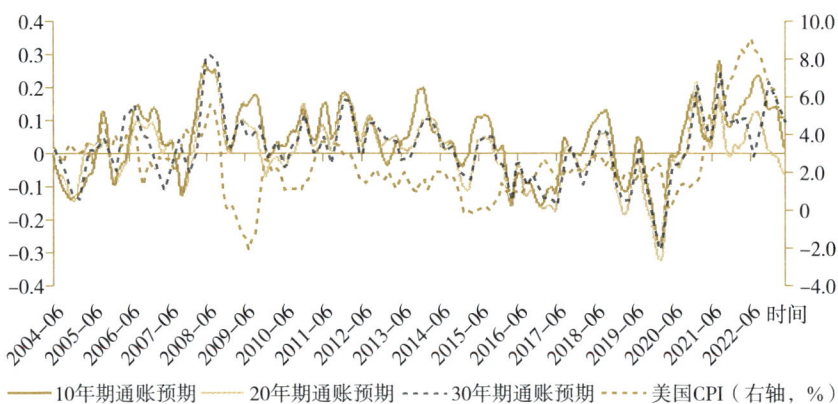

图 2-22 黄金与 10 年、20 年、30 年通胀预期动态相关性时序图（60 天滚动平均）

注：为更好地可视化效果，将动态相关系数采取 60 天滚动平均后呈现。

资料来源：Macrobond，兴业研究。

　保卫财富：黄金投资新时代

表2-5　通胀预期动态相关性描述性统计

|  | 均值 | 方差 |
| --- | --- | --- |
| 1年期通胀预期 | 0.0280 | 0.0132 |
| 5年期通胀预期 | 0.0430 | 0.0136 |
| 7年期通胀预期 | 0.0344 | 0.0124 |
| 10年期通胀预期 | 0.0421 | 0.0132 |
| 20年期通胀预期 | 0.0056 | 0.0116 |
| 30年期通胀预期 | 0.0208 | 0.0117 |

资料来源：Macrobond，兴业研究。

## （三）实际利率

　　实际利率与黄金价格总体呈现负相关性。就全时段强弱关系而言，相关性可以分为三个层次，相关性最强的是5年期、7年期以及10年期实际利率，其次是20年期以及30年期实际利率，最弱的是3个月期实际利率，黄金价格与实际利率相关性呈现中间强、两端弱的分布特征。2013年以来，中长期实际利率与黄金价格的负相关性明显增强。

　　2021年年中之后，20年期以及30年期实际利率与金价动态相关性明显减弱，5年期、7年期以及10年期实际利率与金价动态相关性开始走平，而3个月期实际利率与金价动态相关性大幅增强。不过，2022年年中之后，5年期、7年期以及10年期实际利率与金价动态相关性再度增强，并在2023年3月跳增，而3个月期实际利率与金价动态相关性减弱。名义利率和通胀预期的影响具体区分来看，2021年年中至2022年年中，中长端实际利率与金价动态相关性不再增强主要源于名义利率，在3个月期实际利率与金价动态相关性的明显抬升中，通胀预期和名义利率均做出贡献；2022年年中之后，中长端实际利率与金价动态相关性的增强主要源于名义利率，在3个月期实际利率与金价动态相关性的下降中，通胀预期和名义利率均做出贡献（见图2-23和图2-24）。

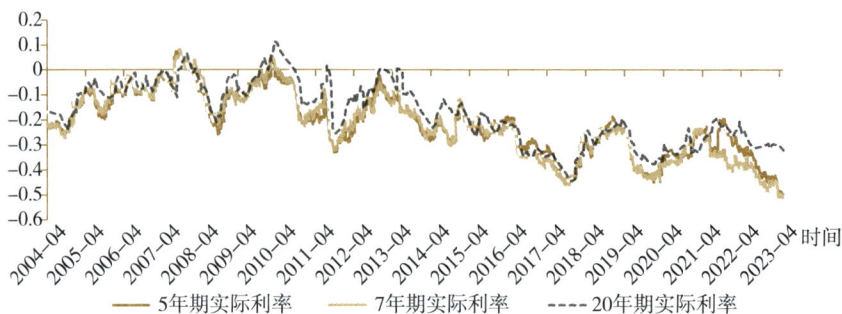

图 2-23　实际利率动态相关性时序图（一）

资料来源：Macrobond，兴业研究。

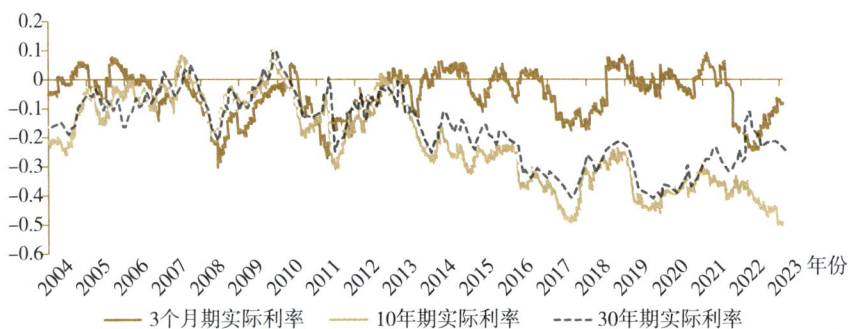

图 2-24　实际利率动态相关性时序图（二）

资料来源：Macrobond，兴业研究。

从 2004 年至 2023 年 5 月全时段相关性而言，10 年期实际利率与金价全时段相关性系数最高，为 –0.82（见表 2-6）。考虑到 5 年期、7 年期以及 10 年期实际利率与金价动态相关性差异不大，我们选择 10 年期实际利率作为中长期实际利率解释变量。同时，考虑到短端实际利率与金价动态相关性与中长期实际利率呈现的明显差异，以及 2021 年年中海外步入高通胀环境以来短端实际利率与金价动态相关性的大幅变动，我们认为，在不同场景下，将 3 个月期实际利率与 10 年期实际利率结合起来，对优化金价预测模型非常重要。

表 2-6　实际利率动态相关性描述性统计及全时段线性相关系数

| | 动态相关系数 | | 线性相关系数 |
| --- | --- | --- | --- |
| | 均值 | 方差 | |
| 3个月期实际利率 | −0.0519 | 0.0060 | −0.5090 |
| 5年期实际利率 | −0.2142 | 0.0151 | −0.7546 |
| 7年期实际利率 | −0.2170 | 0.0178 | −0.7931 |
| 10年期实际利率 | −0.2150 | 0.0224 | −0.8249 |
| 20年期实际利率 | −0.1726 | 0.0152 | −0.7869 |
| 30年期实际利率 | −0.1726 | 0.0146 | −0.7733 |

资料来源：Macrobond，兴业研究。

## 二、实际利率（高频）与金价关系的切换

根据前文相关性的分析，我们可以得知长短端实际利率与金价相关性的切换与通胀环境有关。从与通胀预期的动态相关性来看，2008年和2021—2022年两段时期金价与长短端通胀预期相关性均明显增强，而在这两段时期中，金价与短端实际利率的负相关性也阶段性明显增强。2011—2012 年，金价与短端实际利率以及短端通胀预期相关性出现阶段性明显增强，与长端通胀预期相关性虽然增强但并不显著。从美国通胀环境来看，2008 年美国 CPI 同比最高曾升至 5.6%，2011 年最高升至 3.9%，而 2022 年之后更是最高升至 9.1%，由此看来，通胀环境的不同可能是影响黄金与长短端美债利率相关性切换的重要原因。

那么，在高通胀情形下，黄金与长短端美债利率的关系究竟如何呢？为了探究这一问题，我们向伦敦金与长短端实际利率模型中添加虚拟变量，以伦敦金价为因变量，10 年期实际利率、3 个月期实际

利率为自变量做多元回归。为了证明不同阈值区间内长短端实际利率对黄金价格的影响权重，本文按照美国月度 CPI 同比构造两个虚拟变量。当其超过阈值时，HighCPIDummy 为 1；当其小于阈值时，LowCPIDummy 为 1。在同一个月内，两个虚拟变量之和为 1。为了使均值和标准差不同的自变量回归系数之间具有可比较性，我们对所有自变量进行了标准化处理，使其服从单位正态分布特征。具体模型如下：

$$金价 = \alpha_0 + \alpha_1 \times 10\ 年期实际利率 \times HighCPIDummy + \alpha_2 \times 10\ 年期实际利率 \times LowCPIDummy + \alpha_3 \times 3\ 个月期实际利率 \times HighCPIDummy + \alpha_4 \times 3\ 个月期实际利率 \times LowCPIDummy$$

回归结果显示，不同 CPI 同比阈值区间下 10 年期和 3 个月期实际利率对金价的影响程度不同。在低 CPI 同比的情况下，10 年期实际利率对金价的影响权重远高于 3 个月期实际利率。当 CPI 同比一旦高于 5.3%，3 个月期实际利率对金价影响程度就会发生跳变，10 年期实际利率对金价的影响明显弱于 3 个月期实际利率。当处于 CPI 同比高于 5.3% 的高通胀情景下，10 年期实际利率模型系数为 –37.842，3 个月期实际利率模型系数为 –133.495，3 个月期实际利率对金价的影响开始占主导地位，此时 10 年期实际利率对金价的影响权重仅为 3 个月期实际利率变量解释力度的 28%。当 CPI 同比继续升高至 6.2% 以上时，10 年期实际利率甚至会对金价有正向影响（见表 2–7）。

表 2-7 不同 CPI 同比区间长短端实际利率对金价的影响

| 自变量 | 低通胀（CPI同比≤5.3%） | | 高通胀（CPI同比>5.3%） | |
| --- | --- | --- | --- | --- |
| | Coefficient | $t$ 值 | Coefficient | $t$ 值 |
| 因变量：金价 | | | | |
| 10年期实际利率 | −419.87 | −80.45 | −37.84 | −0.84 |
| 3个月期实际利率 | 86.08 | 15.17 | −133.49 | −4.66 |
| Constant | 1240.06 | 338.43 | 1222.76 | 199.52 |
| Adjusted $R^2$ | 0.65 | | 0.03 | |

CPI 5.3%

| 自变量 | 低通胀（CPI同比≤6.2%） | | 高通胀（CPI同比>6.2%） | |
| --- | --- | --- | --- | --- |
| | Coefficient | $t$ 值 | Coefficient | $t$ 值 |
| 因变量：金价 | | | | |
| 10年期实际利率 | −421.788 | −80.908 | 18.152 | 0.377 |
| 3个月期实际利率 | 94.698 | 16.825 | −182.215 | −6.147 |
| Constant | 1238.084 | 337.835 | 1222.075 | 199.623 |
| Adjusted $R^2$ | 0.649 | | 0.031 | |

CPI 6.2%

资料来源：Macrobond，兴业研究。

2004 年以来，美国 CPI 同比连续超过 5.3% 的时段（大于 1 个月）共有两段：2008 年 7 月至 8 月、2021 年 10 月至 2023 年 2 月。在这两段时期内，3 个月期实际利率作为单一自变量的 $R^2$ 分别为 0.703、0.240，而 10 年期实际利率作为自变量的 $R^2$ 只有 0.239、0.187（见图 2-25 和图 2-26）。这表明在高通胀时期，长端实际利率的拟合效果不及短端实际利率。从 2021 年 10 月后的高通胀时期来看，2021 年 10 月至 2022 年年底短端实际利率（0.654）拟合参数明显高于长端实际利率（0.356），但在 2023 年明显下降，这或与美国政策利率快速追赶上通胀有关。此外，在 2022 年俄乌冲突后，美元指数对金价的影响也明显增加，且在 2023 年长短端实际利率与金价拟合关系均下降的背景下，美元指数对金价仍有着较强的解释力。我们猜测通胀环境以及美国政策利率与通胀的相对走势可能是影响长短端利率与黄金关系切换的重要原因，而货币环境的改变（当前货币体系多极化加速）或是影响美元指数和美债实际利率与金价关系切换的重要因素。关于此，我们需要从更长期的数据去寻找答案。

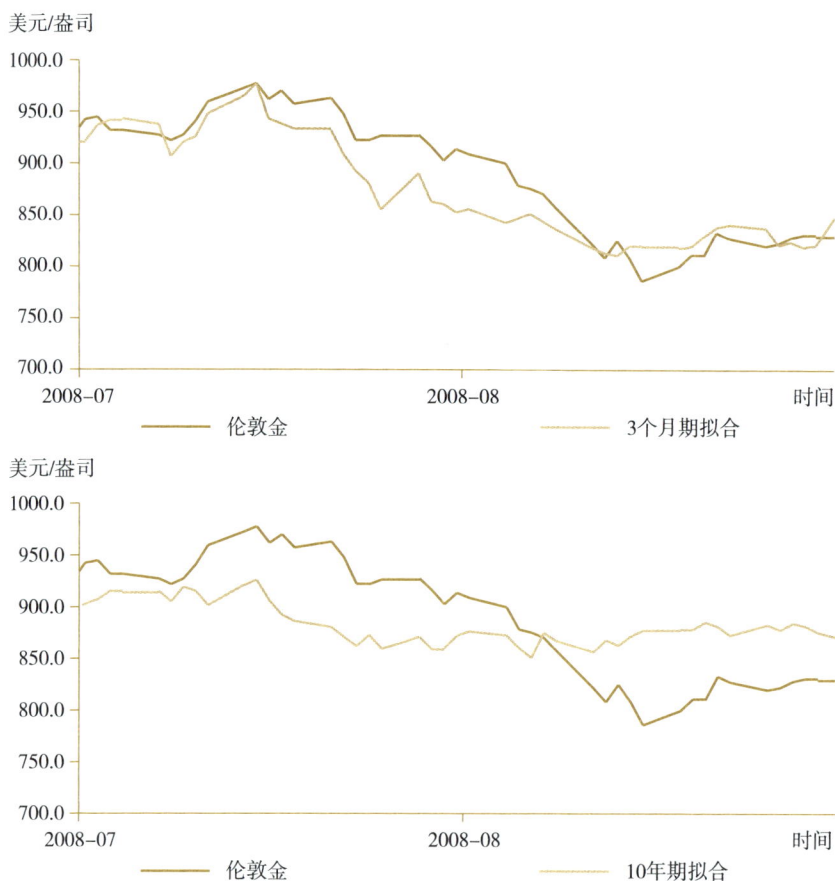

图 2-25　2008 年 7 月至 8 月 3 个月期（上）和 10 年期（下）实际利率与金价拟合

资料来源：Macrobond，兴业研究。

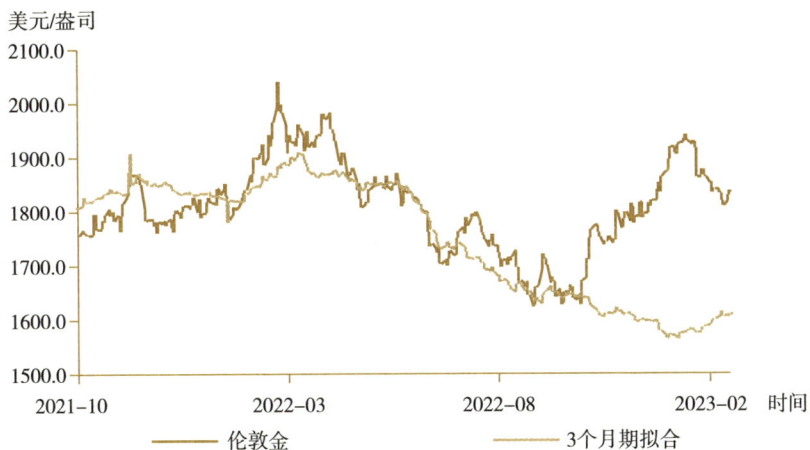

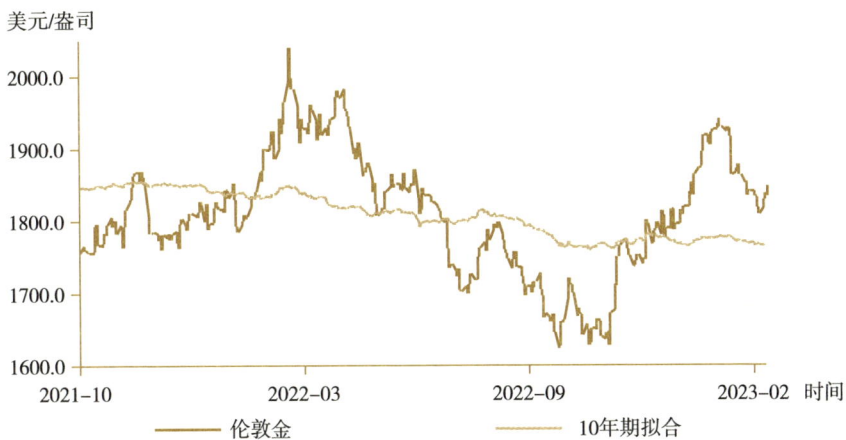

图 2-26　2021 年 10 月至 2023 年 2 月 3 个月期（上）和 10 年期（下）实际利率和金价拟合

资料来源：Macrobond，兴业研究。

## 三、长周期的实际利率的构建（低频）

我们采取世界银行实际利率的计算方法来近似计算低频的美国不同期限实际利率。

$$世界银行实际利率 = (i-P)/(1+P)$$

其中，$i$ 采用最优贷款利率，$P$ 是 GDP 平减指数。美国最优贷款利率通常是银行用来为短期商业贷款定价的几种基准利率之一，偏短期利率。在计算短期实际利率的基础上，我们将 $i$ 替换为 10 年期美国国债收益率，以计算长期实际利率，频率为季度，起始时间为 1962 年。我们发现计算的低频长短端实际利率与 2004 年以来的高频长短端实际利率趋势上大致吻合，这也证明了此计算方法的合理性（见图 2-27 和图 2-28）。

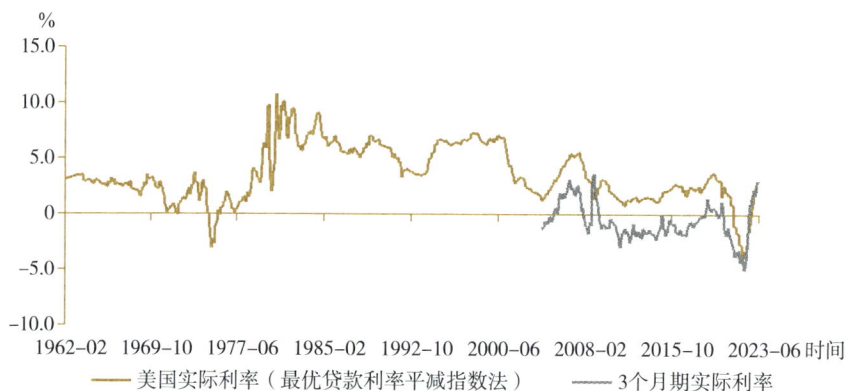

图 2-27　不同方法计算的短端实际利率

资料来源：美国人口普查局，兴业研究。

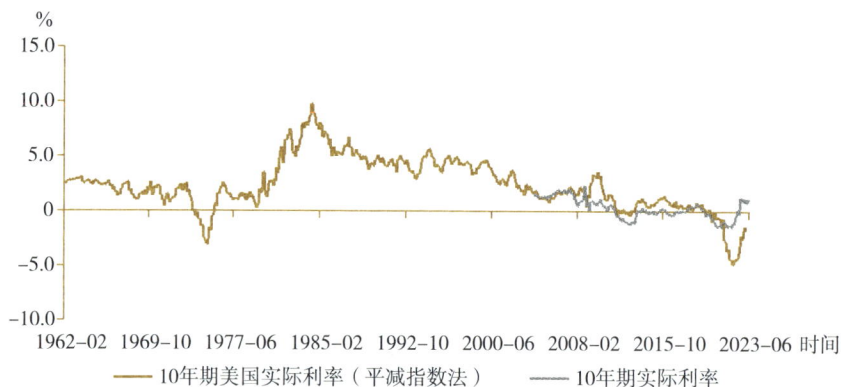

图 2-28　不同方法计算的长端实际利率

资料来源：美国人口普查局，兴业研究。

对照历史来看，美国长短端实际利率对金价的拟合效果随时代背景不同存在明显差异，长期看长端实际利率并不像人们所习以为常的与金价有着完美的反向关系，在很多时段，美元指数对金价的影响权重明显高于实际利率，但长期不存在稳定的拟合关系（见图 2-29）。

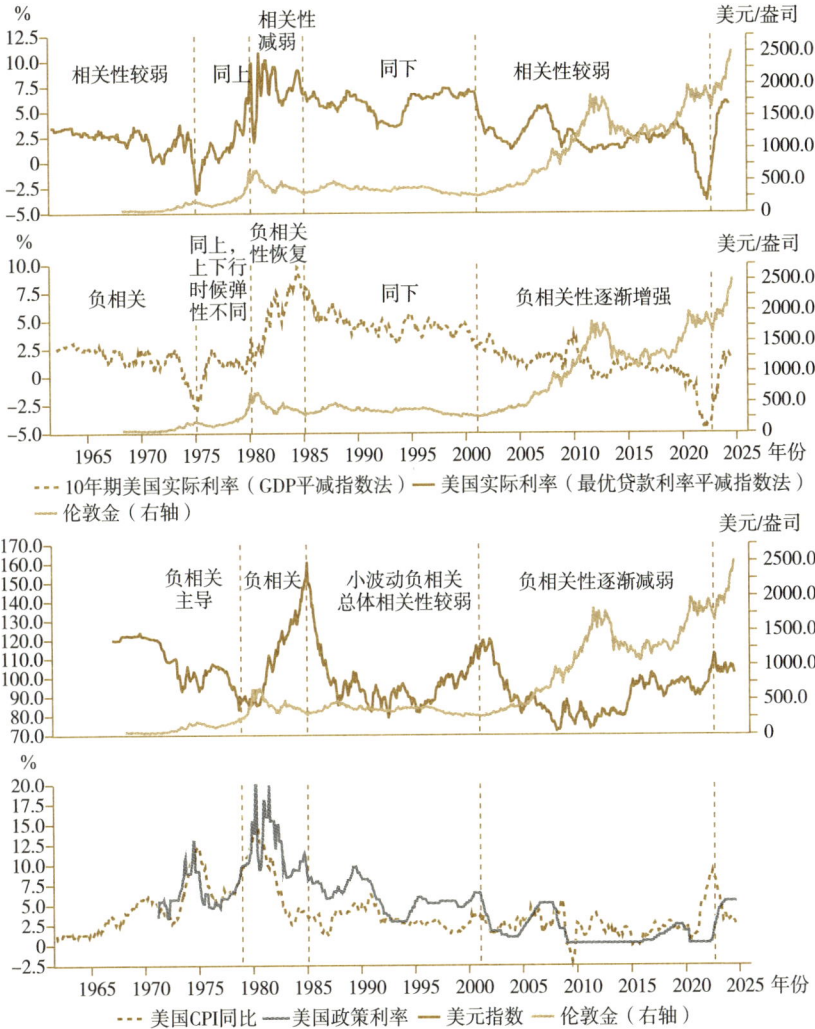

图 2-29　低频长短端实际利率、美元指数与金价关系的历史变化

资料来源：Macrobond，兴业研究。

# 第四节
## 美元周期

我们在前文从宏微观角度讨论了黄金债券属性，并探讨了高通胀以及全球货币体系多元化背景下美债实际利率对黄金影响权重下降、美元指数对黄金影响权重再度提升的现象，黄金超主权货币属性显现。接下来，我们首先讨论美元指数周期，继而讨论周期不同阶段黄金与美元指数、长短端实际利率关系的切换。

## 一、美元指数周期

布雷顿森林体系解体后，美元不再与黄金挂钩，黄金的货币属性彻底退却，不过黄金仍是美国信用重要的对标物。而以美元兑主要贸易伙伴双边汇率的几何加权计算的美元指数，其本身就是衡量美元相对价值的重要参考。美元指数诞生于 1973 年 3 月，初始值为 100，由当时的美联储构建。虽然美元指数于 1973 年 3 月才正式诞生，但我们可以由历史双边汇率加权拟合出此前的美元指数，如此得到的美元指数可追溯至 1967 年 1 月。

从实际走势来看，美元指数和黄金走势总体呈现反向同步性。以月度 K 线的高点和低点划分美元指数的周期，美元指数自诞生以来经历了两轮比较完整的大周期，分别是 1980 年 6 月至 1995 年 7 月和 1995 年 7 月至 2011 年 4 月，过去两轮周期的平均长度为 15.5 年，升值周期为 6 年，贬值周期（我们将开启趋势性升值周期前的底部震荡期划分在贬值周期中）约为 10 年（见图 2–30）。

美元/盎司

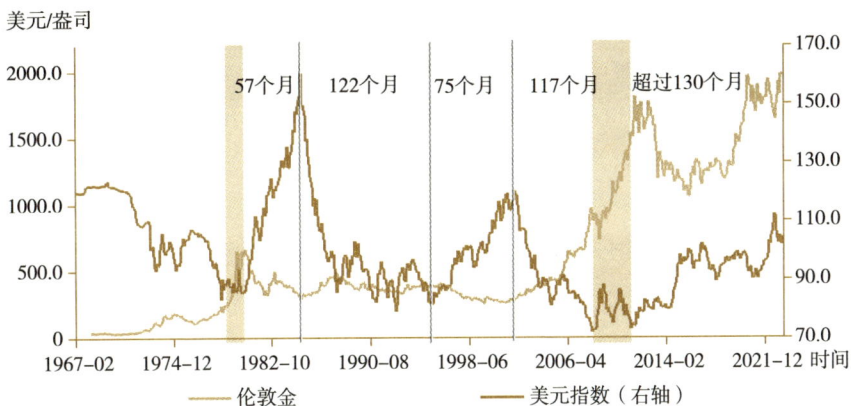

图 2-30　美元指数与金价走势

资料来源：美国经济分析局，彭博社（Bloomberg），兴业研究。

　　从不完整周期来看，1969 年 9 月至 1980 年 6 月为美元指数贬值周期，2011 年 4 月后（本节数据截至 2023 年 5 月）为美元指数升值周期。在美元指数升值大周期中，金价涨跌不一。在前两次美元升值大周期中，美元指数开启趋势性升值时期，金价均出现了不同程度的下跌。但 2011 年 4 月后，金价和美元指数却呈现共同震荡上行的态势。在美元指数贬值大周期中，金价均出现不同程度上行，其中 20 世纪七八十年代以及 21 世纪第一个十年的涨幅非常可观。（见表 2-8）在这两个周期中，美元指数进入底部震荡阶段，金价仍呈现持续上行态势。从现象来看，美元指数升贬值与金价涨跌似乎没有一致性关联，同时美元指数升贬值也不能解释金价涨跌幅的差异。为了厘清这些现象背后的原因，我们需要回顾美元指数周期波动的历史背景。

表 2-8　美元指数大周期与金价涨跌幅

| | 美元大周期 | 美元指数涨跌幅（%） | 伦敦金涨跌幅（%） |
| --- | --- | --- | --- |
| **升值** | | | |
| | 1980年6月—1985年2月 | 88.27 | −55.97 |
| | 1995年7月—2002年1月 | 47.38 | −26.36 |
| | 2011年4月—2023年5月 | 43.05 | 27.93 |
| **贬值** | | | |
| | 1969年9月—1980年6月 | −31.19 | 1506.64 |
| | 1985年2月—1995年7月 | −49.15 | 33.22 |
| | 2002年1月—2011年4月 | −39.33 | 443.92 |

资料来源：美国经济分析局，彭博社，兴业研究。

## （一）20世纪70年代：布雷顿森林体系解体和"石油美元"崛起

布雷顿森林体系解体后，美元指数高估的压力得到一次性释放，当时美元指数的快速贬值一直持续到"第一次石油危机"前夕。1973年10月，因美国向以色列提供武器，并帮助其发动针对埃及、叙利亚的"赎罪日战争"（又称"十月战争"），OPEC（石油输出国组织）宣布对美国实施石油禁运。恰逢美国国内原油产量衰退，美国国内油价飙升，引发"第一次石油危机"。尽管布雷顿森林体系崩溃以后，美元的国际地位岌岌可危，然而当时的原油贸易仍主要以美元结算。油价飙升导致了美元流动性的紧张，出现了美元和油价齐涨的局面。1972—1974年，为了保住美元国际储备货币的特殊地位，美国与最大产油国沙特进行了一系列沟通后建立了"石油美元"体系，主要内容为：

（1）沙特利用自身在OPEC的主导地位，保证未来的全球原油贸易只能以美元结算。

（2）沙特将原油出口收入的大部分用于购买美国国债，并将利息所得用于支付美国公司承建的沙特基础设施现代化改建。

（3）沙特保证油价处于美国可以接受的范围内，并防止 OPEC 再次发生原油禁运。


沙特也从"石油美元"中获益，譬如美国向沙特出口先进武器，给予沙特政治优待。1974 年 3 月 17 日，除利比亚以外的 OPEC 成员宣布解除原油禁运。"第一次石油危机"宣告结束，美元流动性紧张的局面缓解，美元指数恢复贬值。1975 年，美国率先走出滞胀，美元指数短暂升值。随后，德国、日本等经济体也相继复苏，美元再度贬值。1976 年 1 月，国际货币基金组织成员签署《牙买加协议》，允许金价自由浮动，美元与黄金彻底脱钩，金价大幅上涨（见图 2-31）。

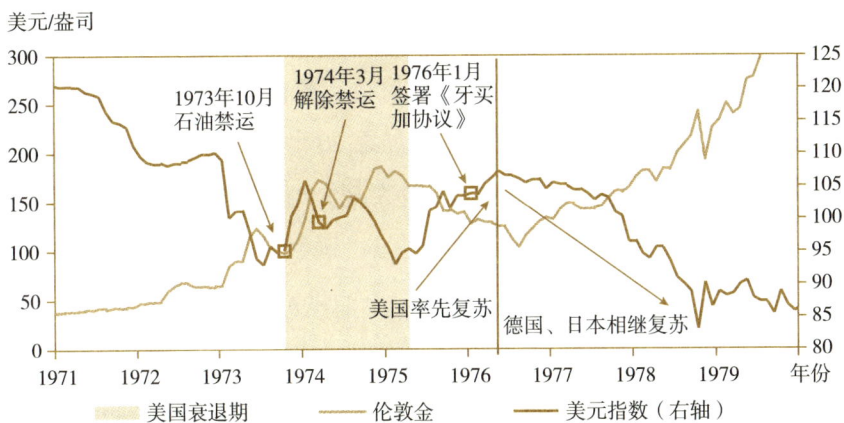

图 2-31　1971—1979 年美元指数与金价

注：阴影表示美国衰退期，下同。
资料来源：Macrobond，兴业研究。

## （二）20 世纪 80 年代："加息狂人"和《广场协议》

20 世纪 70 年代，美国通胀反复，美联储摇摆的态度、"婴儿潮"一代陆续步入劳动年龄以及两次石油危机等多因素共同造成了这一局面，使得美国被迫开始了对外产业转移的步伐。在此期间，金价持续上涨。1979 年 1 月，伊朗爆发伊斯兰革命，推翻了亲美政权。全球原油产量下降 4%，再度引发市场恐慌，造成"第二次石油危机"。1980 年 9 月，伊朗和伊拉克爆发两伊战争，伊拉克原油生产遭遇重创，伊朗则几乎停止了原油出口。战争进一步加剧了恐慌情绪，油价持续上涨。1979 年 8 月，"加息狂人"保罗·沃尔克（Paul Volcker）上任美联储主席。面对恶性通胀压力，沃尔克毫不手软，在不到一年的时间内，将联邦基金利率上限从 10% 提高到了 21%。过度紧缩的货币政策造成了战后最严重的经济衰退。1980 年，美联储曾短暂降息刺激经济复苏，但通胀反复的担忧还是让美联储将克服通胀放在了第一位，政策利率自 1982 年开始才出现明显下降，明显滞后于通胀高点的 1980 年。

20 世纪 70 年代的高油价加速了资本投资的步伐，这些投资在 20 世纪 80 年代陆续转化为项目投产，加之 20 世纪 80 年代初西伯利亚、阿拉斯加、墨西哥湾、北海地区相继发现大型油田，原油供给前景乐观。同时，在经历两次石油危机后，发达国家通过节能和产业结构调整等措施，大幅降低了原油消耗量。原油供给短缺开始转换为过剩，1980 年原油和黄金的单边上行一同结束，此后转入漫长下跌态势。大通胀忧虑逐渐消退，生产效率逐步回升，美联储也随之放松了货币政策。不过，20 世纪七八十年代的激进加息给美国制造业、服务业、农业都造成了沉重打击，巨额利息支出加重了美国政府债务负担，贸易赤字也急剧扩大。为了应对这一局面，1985 年 9 月，美国与联邦德国、法国、日本、英国签署了著名的《广场协议》，通过政府干预实现美元贬值。1987 年 2 月，《广场协议》签约国及加拿大、意大利签署了《卢浮宫协议》，终止了政府主导的美元贬值进程，并达成了削减赤字、减税等协定。在1985—1987年美国大幅贬值期间，黄金仅出现小幅反弹，彼时美国通胀已经回落，加之劳动生产率的提升，使得黄金不再受到追捧。

1987年至1990年2月，美国劳动生产率提升，经济欣欣向荣，政府对美元指数的干预程度下降，美元指数基本跟随联邦基金利率趋势，呈现底部震荡态势。1990年2月海湾战争前，油价短暂飙升，市场担忧石油危机重演，美元被抛售。1991年年初，美国率领的多国部队迅速取得胜利，油价回到战前水平，美元大幅反弹。1991年5月以后，美元再度跟随联邦基金利率下行。在此期间，金价维持弱势震荡（见图2-32）。

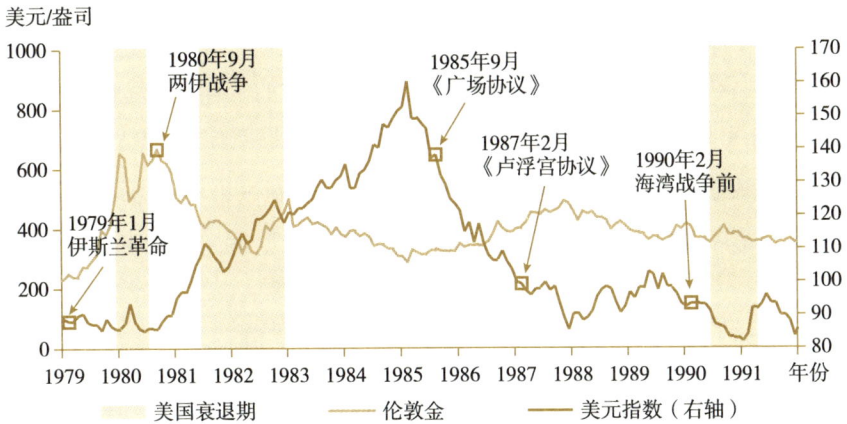

图2-32　1979—1991年美元指数与金价

资料来源：Macrobond，兴业研究。

## （三）20世纪90年代：美股神话，王者归来

1992年9月，欧洲汇率危机爆发[①]，英镑不得不退出刚刚加入两年的"欧洲汇率机制"（European Exchange Rate Mechanism，ERM Ⅱ），欧洲汇率波动加剧。美联储当时处于降息周期，维持着相对较低的利率（3%），但是欧洲的动荡使得美元阶段性受到避险资金的追捧。这场危机在1993年年底得以平复。

1994年，美联储再次启动加息。但在1994年至1995年上半年，美元指数出现了明显的下跌。主要原因是，在这段时间，美元收益率低于其他发达经济体和新兴经济体，且美国国债收益率波动较大。

1995年下半年至2002年年初，美元经历了长达约6年的牛市。在这一时期，最主要的驱动因素是，互联网的飞速发展带来美国科技股疯狂上涨。股市上涨的财富效应使得整个宏观经济受益。经济的平稳向上运行，使得发达经济体中央银行认为维持大量的黄金储备不再成为必要，20世纪90年代发达经济体中央银行持续抛售黄金，并在20世纪90年代末加大了抛售力度，金价再创阶段性新低。1997年7月的亚洲金融危机和1998年8月的卢布危机[②]使得新兴市场遭遇巨大打击，更加凸显了美股的吸引力。2000年9月，股市见顶，开始下跌，随后

---

① 欧洲汇率机制要求欧洲货币相互钉住，每一种货币只允许在一定范围内浮动，一旦超出了规定的汇率浮动范围，各成员国的中央银行就有责任通过买卖本国货币进行市场干预。英国在1992年处于经济衰退，需要降息和货币贬值刺激经济，但欧洲汇率机制制约了英国中央银行降息和英镑贬值。乔治·索罗斯（George Soros）等国际炒家做空英镑、做多德国马克，英国中央银行干预失败，被迫退出欧洲汇率机制。

② 在美联储加息、高额外债、固定汇率制等因素的共同作用下，1997年7月亚洲新兴经济体爆发金融危机，股市暴跌，楼市崩盘，多个经济体放弃固定汇率制。1998年8月，在亚洲金融危机和全球原油需求放缓的冲击下，俄罗斯爆发金融危机，俄罗斯政府宣布卢布贬值，主权债务违约。

美联储开始降息，黄金也触及历史底部，开始反弹。2001 年，"9·11"恐怖袭击事件加速了股市下跌。2002 年 3 月，美股已经回吐 1994 年以来近 70% 的涨幅，互联网泡沫彻底破灭。与此同时，美元开始狂泻，进入了另一轮长达近 10 年的熊市，而黄金则伴随着美元熊市和中国崛起带来的商品大牛市开启了一段波澜壮阔的上涨之旅（见图 2-33）。

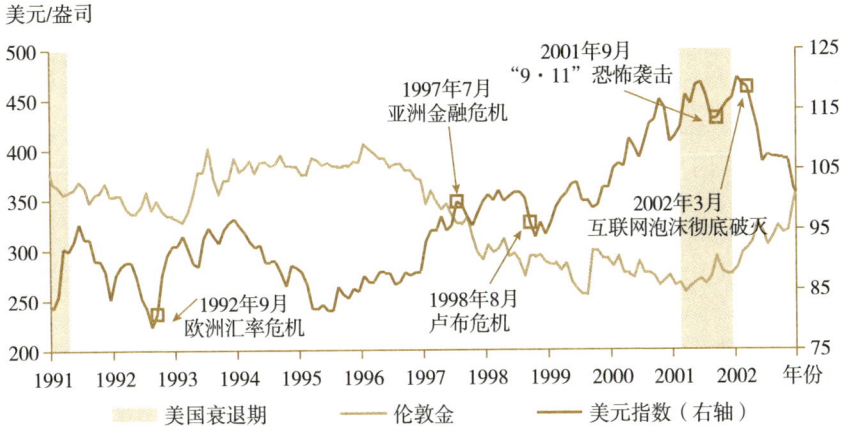

图 2-33 1991—2002 年美元指数与金价

资料来源：Macrobond，兴业研究。

## （四）新千年：新兴市场更受追捧

21 世纪初，美国、日本、中国的经济周期共振向上，尤其是日本出现"再城市化"和中国城市化水平提速，全球化加速，新兴市场资产受到追捧。新千年伊始，美国先后在阿富汗和伊拉克发起了旷日持久的"反恐战争"，导致政府财政支出再度恶化。尽管自 2003 年开始，美股牛市再次启动，但新兴市场更具活力，使得市场丧失了对美元和美元资产的兴趣，而对以中国为代表的海外新兴市场更感兴趣，资本大量流出美国。尽管美联储在 2004 年开始新一轮加息周期，但加息起点较低（1%），因而加息初期并未挽回美元颓势。2005年，美联储将利率提高到2%以上，美元短暂升值。然而，2006年年初，美联储考虑结束加息周期，同时市场预期欧洲中央银行将采取更为激进的加息路径。同年4月公布的G7会议声明称，中国等新兴经济体的汇率弹性将增大。虽然新兴市场货币并不在美元指数篮子中，但市场仍将此视为美元将贬值以修复经常账户逆差的信号。另外，2006年前后，欧洲和新兴经济体的经济增长也好于美国，有利欧元等非美货币升值。2006年4月，美元再度贬值，熊市一直持续到2008年7月——次贷危机爆发近一年后。与此同时，在21世纪第一个十年，中国经济的崛起带动商品以及黄金需求大增，全球化带来的低利率环境使得黄金比较优势显现，黄金持续受到追捧（见图2-34）。

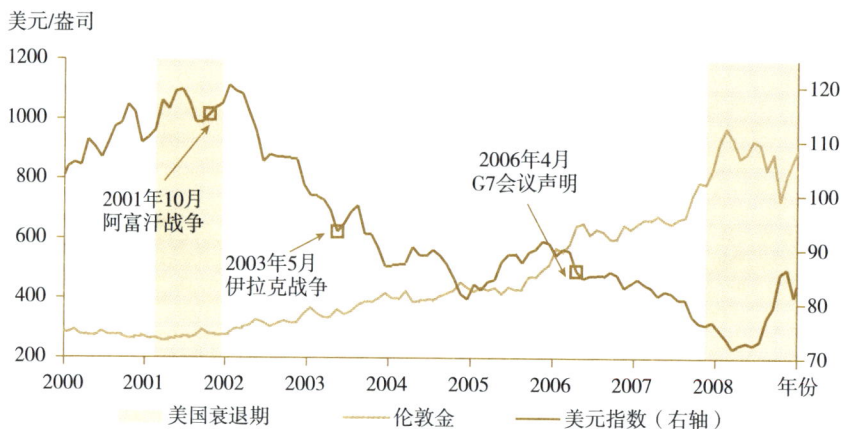

图 2-34　2000—2008 年美元指数与金价

资料来源：Macrobond，兴业研究。

## （五）次贷危机与后危机时代

2008年，次贷危机的影响蔓延到全球，美元指数大涨，黄金在

2008年下半年受流动性危机影响遭遇无差别抛售。2009年，罗伯特（Robert）和帕特里克（Patrick）认为，美元大涨的主要原因有四点：第一，海外股票遭到抛售，资金回流美国，购买国债避险；第二，新兴市场波动加剧，套息交易风险收益比下降，导致高息货币（主要是澳元、巴西雷亚尔等）遭抛售，美元、日元受到青睐；第三，美元需求旺盛，导致欧洲美元流动性紧张，LIBOR利率飙升，加速美元升值；第四，海外金融机构在次贷危机前大量借入美元投资美元资产，资产减记和偿债压力迫使这些金融机构锁定远期美元汇率对冲汇率风险。然而，"过度对冲"（overhedging）也强化了美元升值预期。而黄金遭遇无差别抛售，在美联储开启QE（量化宽松）政策以及货币政策利率降至0带来的全球流动性过剩下，牛市延续。

到2009年下半年，G10经济体经济数据有所改善，经济前景好转，恐慌情绪逐渐平复，市场风险偏好提升，美元指数回落。2010年上半年，欧洲债务危机的扩散再度引发市场恐慌，避险资金又一次青睐美元。2010年下半年开始，欧洲危机暂时平复，全球经济前景改善，金融市场趋于稳定，资金从美国流向其他经济体，尤其是新兴市场。美元指数下跌，进入盘整。2011年下半年，虽然欧元区给出了初步的欧债危机解决方案，但是缺乏具体的可操作细节，遭到市场质疑，欧元遭抛售，美元开启新一轮升值周期。与此同时，2011年过度的投机使得做多黄金的交易变得非常拥挤。伴随此轮美元开启升值周期，黄金十几年的上涨终告一段落，并在2013年美联储将要逐步减少资产购买规模的预期下破位加速下行，同时铜等大宗商品结束十几年牛市进入下行周期也是黄金牛市终结的重要原因。2014年年中，美元升值开始，全球和美国经济增长出现放缓迹象，美元再度被视为避险资产而出现升值。2014年9月，美联储正式退出QE政策，并着手货币政策正常化。在一年半的时间，美元指数升值超过20%，逼近100关口。不过，黄金在此之前已经率先调整，在 2014 年 9 月后一年半内的跌幅相对有限。

2015 年以来，美元指数主要受到相对经济基本面（相对 G7 其他经济体）、加息节奏、利率、海外风险事件等的影响，其间出现过较大波动，不过整体呈现震荡上行态势。2015—2016 年，美元指数总体震荡。2017 年，欧元区 GDP 增速阶段性高于美国，市场预期欧洲中央银行将开始加息推动欧元走强，美元指数阶段性快速下行。2018 年起，美国经济优势再起，美联储加息稳步推进，欧洲中央银行加息预期被证伪，美元指数重新开始走强并持续至 2020 年 3 月新冠疫情导致的美联储无限量 QE 政策之时。从黄金走势来看，2016 年年初触底后，在美联储 2018 年年底结束 2015—2018 年加息周期前，黄金整体维持震荡。2018 年第四季度，伴随美联储上一次加息周期近尾声，黄金启动新一轮牛市。2020 年，新冠疫情暴发后，美元指数走势与美元流动性放松和收紧息息相关，也受到美国相对欧洲基本面表现的影响，全球流动性的再一次泛滥推动金价创出历史新高。

为了应对 2000 年之后从未有过的顽固通胀，美联储在 2022 年快速加息、缩表，美元利率、汇率共振上行，双双突破震荡区间上沿；与此同时，欧洲深陷俄乌冲突带来的能源危机之中，市场加速抛弃欧系资产，进一步推升了美元指数。而逆全球化、全球债务周期末端以及高通胀环境共同支撑金价，金价并未出现明显下行，而是维持高位强势震荡，并于 2024 年创出历史新高。（见图 2-35）

美元/盎司

图2-35　2007年至2023年5月美元指数与金价

资料来源：彭博社，兴业研究。

## 二、美元指数、美债实际利率与金价关系再审视

通过美元指数周期的回顾，我们发现美元指数对金价的影响也不具有一致性，这一情况与美债实际利率类似。长时期来看，不同时段内美元指数和美债实际利率对金价的影响权重存在切换。我们将二者结合起来看，画面会更为清晰。根据金价波动，我们将1971年金价自由浮动后的走势划分为以下几段。

### （一）20世纪70年代：美元指数主导

在这段时期，金价共经历了两波快速上行，分别是1971年第三季度至1975年第一季度以及1975年第二季度至1980年第一季度。

1971年第三季度至1975年第一季度：金价经历了布雷顿森林体系解体后的第一波快速上涨，金价与短端实际利率相关性较弱，与长端实际利率呈负相关，与美元指数的负相关性最显著。这一时期可进一步划分为两个阶段。第一阶段是1971年第三季度至1973年第三季度。

20 世纪 60 年代初，美国经济增长缓慢，美联储采用宽松财政货币政策刺激经济恢复；20 世纪 60 年代中期，随着货币供应量上升，美国通胀压力加剧，1970 年首次出现滞胀。进入 20 世纪 70 年代后，联邦基金目标利率高于美国 CPI 同比，短端实际利率总体上行，长端实际利率震荡，金价则在布雷顿森林体系解体后伴随美元大贬值带来的一次性重估持续上行。不过，尼克松总统奉行"如果有必要，我们可以承受通货膨胀，但我们不能承受高失业率"的态度，阿瑟·伯恩斯（Arthur Burns）作为美联储主席也被政治压力裹挟，丧失了货币政策的独立性。1973 年，美联储在失业率上升后过快降息，加之 1973 年第四次中东战争和随之而来的石油禁运彻底引爆通胀，美国逐步进入了通胀失控阶段。第二阶段是 1973 年第三季度至 1975 年第一季度。在这段时期，通胀加速上行，而美联储的加息节奏却被高企的失业率掣肘，美联储短期加息后再度大幅降息，美国政策利率多数时候低于通胀，长短端实际利率均震荡下行，金价则继续上行。（见图 2-36）

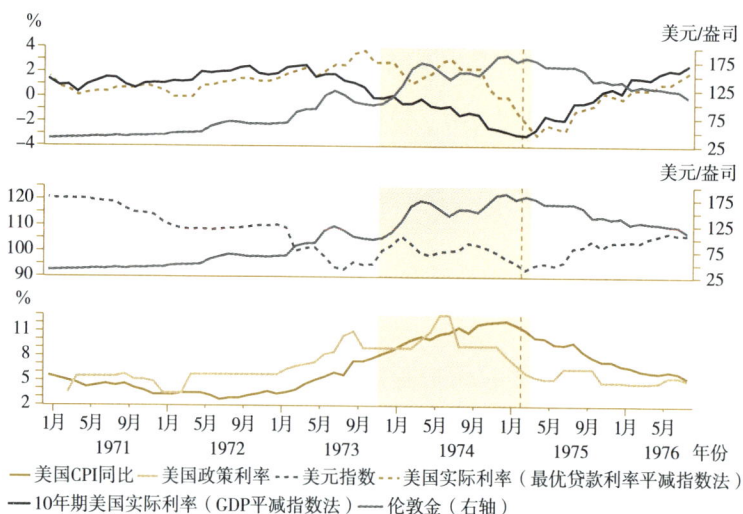

图 2-36  1971—1975 年的利率、美元、通胀与金价

资料来源：彭博社，兴业研究。

1975 年第二季度至 1980 年第一季度：1975 年年初，美国通胀因为基数效应以及经济衰退一度下行，但在 1976 年第三季度后随着经济回升通胀魅影再度显现，并且变得根深蒂固。长短端实际利率总体与金价一同上行，其中短端实际利率与金价的上行更为顺畅，呈现高度正向同步。长端实际利率整体上行，但主要的上行集中在 1975 年第一季度至 1976 年第三季度，这段时期政策利率相对于通胀仍然超调，此后长端实际利率小幅回落。1975—1980 年，长短端实际利率对金价解释力度均较低（短端实际利率与金价正相关，拟合系数较高，但利率和金价正相关不表示解释力度强），金价在长端实际利率上行和下行时的弹性不同。长端利率上行时，金价跌幅较小；长端利率下行时，金价涨幅巨大。在高通胀叠加这段时期，美联储主席威廉·米勒（William Miller）在加息上的温和态度重挫美元，共同推升金价，美元指数对金价有着较强解释力（见图 2-37）。

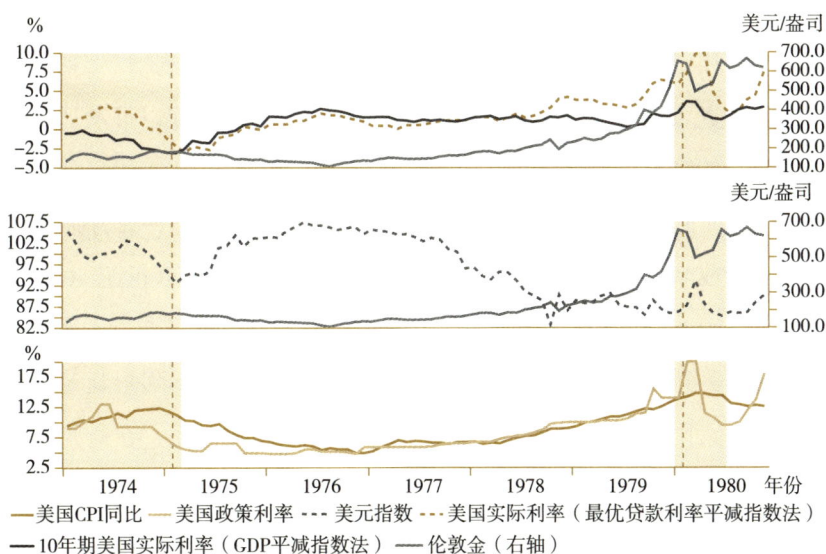

图 2-37　1975—1980 年的利率、美元、通胀与金价

资料来源：彭博社，兴业研究。

总体来看，1971—1980年，金价走势与美元美债的关系与当前有着一定的相似性：金价与短端实际利率总体共同上行，但在通胀上行快于基准利率的时候又阶段性呈现负相关（比如2021年5月至2022年年中）；虽然长端实际利率与金价负相关，但在长端实际利率上下行之时，金价弹性明显不同；美元指数则对金价影响力增强。从历史背景来看，20世纪70年代以及当下的高通胀时期，都伴随着美国产业政策的调整、能源战争、货币体系或大或小的变革以及新兴技术的萌芽。在这些大变革的背景下，黄金相较于无风险收益的比较优势或劣势这一因素让位于超主权货币属性，这或许是美元指数对金价影响权重提升的重要原因。

## （二）1980—1985年：长端利率开始影响金价，仍与美元指数负相关

20世纪70年代末至80年代初，受第二次石油危机影响，美国高通胀问题仍然持续，美国货币政策的摇摆也使得通胀问题变得更加顽固。1979年，沃尔克在当选美联储主席后，放弃"钉住利率"①的政策目标，以货币供应量作为新的货币政策中间目标，实施以抑制通胀为首要目标的紧缩性货币政策。同时，伴随着20世纪70年代美国与中东的外交斡旋和美国产业对外转移，美国经济在1980—1982年陷入短暂衰退后成功走出滞胀阴影，步入复苏正轨。吸取了20世纪70年代的教训，20世纪80年代初，美联储货币政策的调整明显滞后于通胀回落，彼时美元利率高企叠加大宗商品价格回落，巴西、阿根廷等大宗商品出口大国收入减少、国际收支条件和偿债能力恶化，在避险需求

---

① 20世纪六七十年代，美联储奉行凯恩斯主义经济政策，力图通过改变市场利率来影响总需求，最终影响社会经济活动，因此实行"钉住利率"的货币政策。主要操作目标是短期利率。操作方式是，当利率上升（下降）时，美联储通过公开市场购入（卖出）国债，使得利率下降（上升）到目标水平。

和高利率刺激下，大量美元回流美国推升美元指数。以 1982 年墨西哥宣布无力偿还外债为标志，拉美债务危机相继爆发，同期里根总统奉行非干预政策，导致美元指数持续上涨。在这段时期，抗通胀需求回落，叠加美国政策利率持续超调，金价回落，与长端实际利率负相关性明显修复，与美元指数继续呈现高度负相关，与短端实际利率相关性较低（见图 2-38）。

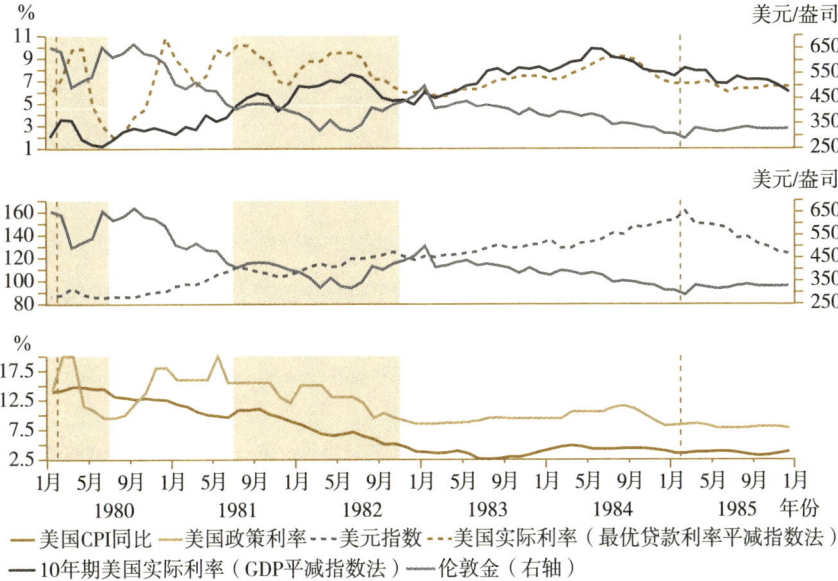

图 2-38　1980—1985 年的利率、美元、通胀与金价

资料来源：彭博社，兴业研究。

## （三）1985—2001 年：劳动生产力提升主导金价

　　20 世纪七八十年代的激进加息给美国制造业、服务业、农业都造成了沉重打击，巨额利息支出加重了美国政府债务负担，贸易赤字也急剧扩大。为了应对这一局面，1985 年 9 月，美国与联邦德国、法国、日本、英国签署了著名的《广场协议》，通过政府干预实现美元贬

值。1987年2月，《广场协议》签约国及加拿大、意大利签署了《卢浮宫协议》，终止了政府主导的美元贬值进程，并达成了削减赤字、减税等协定。1985—1987年，在美元大幅贬值期间，黄金仅出现小幅反弹，彼时美国通胀已经回落，加之劳动生产率的提升，使得黄金不再受到追捧。

1987年至1990年2月，美国劳动生产率提升，经济欣欣向荣，对美元指数的干预程度下降，美元指数基本跟随联邦基金利率趋势，呈现底部震荡态势。1990年2月海湾战争爆发前，油价短暂飙升，市场担忧石油危机重演，美元被抛售。1991年年初，美国率领的多国部队迅速取得胜利，油价回到战前水平，美元大幅反弹，5月以后再度跟随联邦基金利率下行。在此期间，金价维持弱势震荡。

在1985年至新千年的这段时期，金价整体维持低位震荡，小幅下行。从小波段来看，金价也会受长端实际利率以及美元指数的波动发生较显著波段行情，但幅度与20世纪七八十年代不可同日而语。长短端实际利率对金价解释力度均不强，长端略大于短端，金价在长短端实际利率上下行时弹性不同。长短端实际利率下行时，金价涨幅较小；而长短端实际利率上行时，金价跌幅较大。金价与美元指数全时段相关性较弱，分段来看仍呈现负相关，但不同波段拟合系数不同。在这段时期，信息电脑技术的进步对经济增长的拉动日益明显，美国劳动生产力提升。金价与制造业PMI（采购经理指数）新订单波动较为同步（滞后0—6个月的相关性差异不大）。在这一时期，黄金的货币属性和债券属性均较弱，与美国景气周期更为同步（见图2-39），这更多反映的是商品属性。关于商品属性的内容，我们将在本章第五节详述。

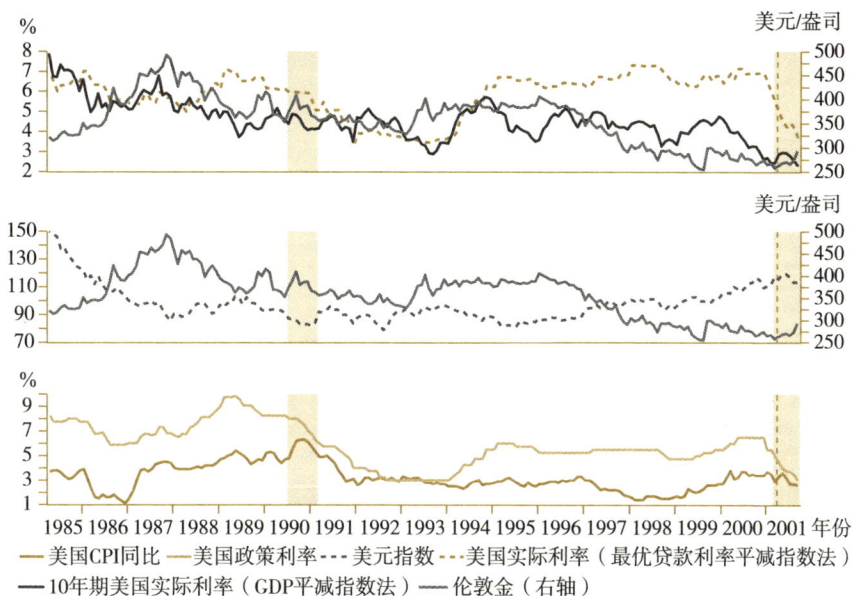

图 2-39　1985—2001 年的利率、美元、通胀与金价

资料来源：彭博社，兴业研究。

## （四）2008 年之后：债券属性占据主导

2004 年之后，特别是 2008 年之后，美国长端实际利率对金价的主导性日益凸显。在桥水基金创始人达利欧的定义中，2004 年是美国开始进入次贷前泡沫初期的时点。债务的持续累积使得无风险收益对金价的影响日益凸显，并且在 2008 年次贷危机后美联储的持续放水下影响加深，这一情况一直持续至 2021 年年中美国再度步入高通胀环境之前。新千年至 2008 年次贷危机前，美元指数与金价仍保持着较好的负相关性，同期大宗商品价格的上涨也支撑金价，但 2008 年后美元指数与金价的相关性明显下降。这与次贷危机后中央银行以及机构持续增持黄金，而同期美国经济相较于其他发达经济体整体具有比较优势，进而美元指数整体偏强势有关。在这段时期，债券属性主导金价（见

图 2-40 和表 2-9 )。

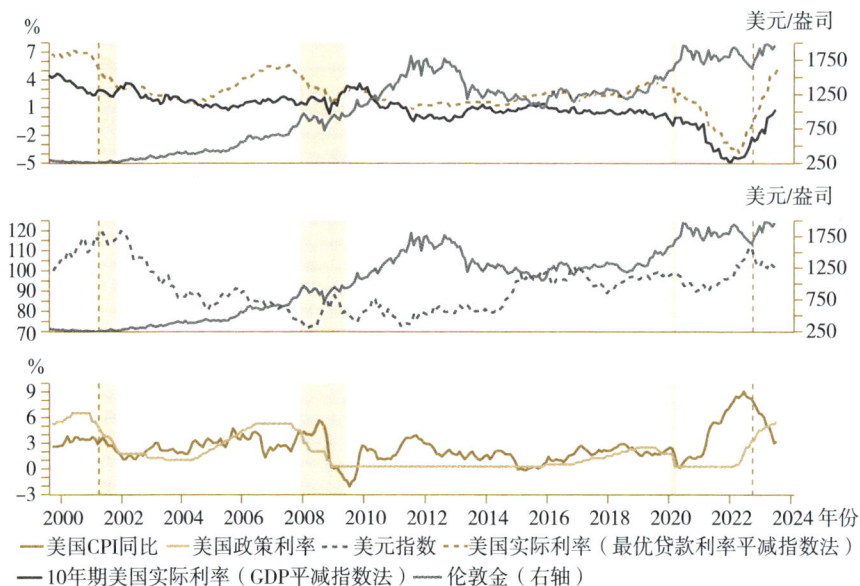

图 2-40　2001 年至 2023 年 7 月的利率、美元、通胀与金价

资料来源：彭博社，兴业研究。

## 三、对当下的启示

回顾历史，我们可以发现，美国长短端实际利率和美元指数对金价的影响在不同时期权重不同。当经济结构的调整以及货币体系或大或小的变革占据主导时，黄金往往会因为经济和政治动荡、超主权货币属性凸显受到追捧。在这一时期，金价相较于无风险收益的优势或劣势不占据主导地位，汇率因素占据上风，不过长端实际利率仍会阶段性对金价产生影响。当劳动生产率因为新技术的进步开始明显提升时，经济和政治平稳，持有黄金的需求下降，黄金的债券属性以及超

表 2-9 长短端实际利率、美元与金价分段拟合结果

| 样本区间 | 1971Q3—1975Q1 | | 1975Q2—1980Q1 | | 1980Q2—1985Q1 | | 1985Q2—1991Q1 | | 1991Q2—2001Q1 | | 2001Q2—2008Q3 | | 2008Q3—2021Q2 | | 2021Q3—2022Q3 | |
|---|---|---|---|---|---|---|---|---|---|---|---|---|---|---|---|---|
| 因变量：黄金 | 回归系数 | t值 | 回归系数 | t值 | 回归系数 | t值 | 回归系数 | t值 | 回归系数 | t值 | 回归系数 | t值 | 回归系数 | t值 | 回归系数 | t值 |
| 自变量：短端实际利率 | 3.72 | 0.60 | 40.92 | 9.06 | −16.83 | −3.39 | −51.50 | −6.24 | −14.38 | −5.05 | 64.30 | 4.21 | −136.58 | −5.65 | −45.26 | −2.86 |
| 常数项 | 93.65 | 8.29 | 139.30 | 11.51 | 529.19 | 14.96 | 702.61 | 14.01 | 421.22 | 25.14 | 279.23 | 5.08 | 1627.58 | 31.11 | 1706.25 | 43.34 |
| $R^2$ | 0.01 | | 0.59 | | 0.11 | | 0.36 | | 0.18 | | 0.17 | | 0.17 | | 0.35 | |
| Adjusted $R^2$ | −0.04 | | 0.57 | | 0.09 | | 0.34 | | 0.16 | | 0.15 | | 0.16 | | 0.25 | |
| 自变量：长端实际利率 | −25.03 | −9.44 | 20.75 | 1.51 | −32.75 | −11.00 | −8.42 | −1.49 | 22.83 | 3.97 | −114.12 | −3.90 | −192.33 | −13.98 | −36.63 | −1.36 |
| 常数项 | 112.58 | 25.01 | 183.16 | 8.76 | 606.19 | 32.73 | 435.34 | 14.25 | 242.24 | 9.86 | 717.29 | 11.97 | 1484.16 | 88.61 | 1666.12 | 15.42 |
| $R^2$ | 0.67 | | 0.04 | | 0.57 | | 0.03 | | 0.12 | | 0.15 | | 0.56 | | 0.11 | |
| Adjusted $R^2$ | 0.65 | | 0.00 | | 0.56 | | 0.00 | | 0.10 | | 0.13 | | 0.56 | | −0.02 | |

| 样本区间 | 1962Q1—1975Q1 | | 1975Q2—1980Q1 | | 1980Q2—1985Q1 | | 1985Q2—1991Q1 | | 1991Q2—2001Q1 | | 2001Q2—2008Q3 | | 2008Q3—2021Q2 | | 2021Q3—2022Q3 | |
|---|---|---|---|---|---|---|---|---|---|---|---|---|---|---|---|---|
| 因变量：黄金 | 回归系数 | t值 | 回归系数 | t值 | 回归系数 | t值 | 回归系数 | t值 | 回归系数 | t值 | 回归系数 | t值 | 回归系数 | t值 | 回归系数 | t值 |
| 自变量：美元指数 | −4.07 | −16.78 | −11.05 | −8.07 | −3.93 | −11.11 | −1.77 | −7.30 | −4.34 | −14.88 | −12.01 | −13.90 | −1.58 | −0.62 | −4.54 | −1.66 |
| 常数项 | 529.24 | 19.14 | 1278.91 | 9.59 | 889.75 | 21.21 | 572.00 | 22.72 | 747.82 | 27.09 | 1604.24 | 19.91 | 1492.25 | 6.63 | 2257.95 | 8.36 |
| $R^2$ | 0.75 | | 0.53 | | 0.68 | | 0.43 | | 0.65 | | 0.68 | | 0.00 | | 0.16 | |
| Adjusted $R^2$ | 0.74 | | 0.51 | | 0.66 | | 0.42 | | 0.65 | | 0.68 | | −0.01 | | 0.03 | |

资料来源：彭博社、兴业研究。

主权货币属性褪色，经济波动主导金价。当经济的持续发展使得累积的债务开始成为问题时，债券属性则主导金价，长端实际利率对金价解释力度明显提升，这也是次贷危机后市场最习以为常的关系。另外还有一种小概率的情况是，当通胀高企且货币政策相较于通胀滞后时，短端实际利率，也即通胀对金价的影响占据主导。

当下全球产业链重塑、货币体系多元化加速、政策利率已经追上通胀，超主权货币属性对金价的影响开始变得重要，要重视美元指数对金价的影响。而当前债务的高企，使得长端美债实际利率对金价仍有重要影响，但影响程度相较于次贷危机后时段下降。

### 第五节
### 产能周期

## 一、什么是产能周期

黄金作为大宗商品的一般等价物，其表现也会受到大宗商品产能周期的影响，这反映的是黄金的商品属性。相较于经济周期，产能周期是影响原油、铜等大宗商品价格走势最本质的因素。大宗商品产能周期可以划分为投资周期和开采周期，其划分依据参考美国经济分析局的存量资本平均使用年限。因为能源在有色等商品生产成本中占据可观的比例，同时以原油为原料生产的产品渗透在工农业生产以及日常消费的方方面面，我们发现用油气行业存量资本使用年限的数据来分析工业品价格波动大周期比用采矿业存量资本使用年限更好，同时也与宏观和金价大周期波动更为吻合。所以，本节所提及的产能周期均为油气行业产能周期。

在投资周期，存量资本使用年限从高点回落，表明企业加大资本投入，并上马新设备，存量资本平均使用年限缩短（见图 2-41）。在开采周期，存量资本使用年限低位回升，表明企业投资进度放缓，存量资本平均使用年限延长。

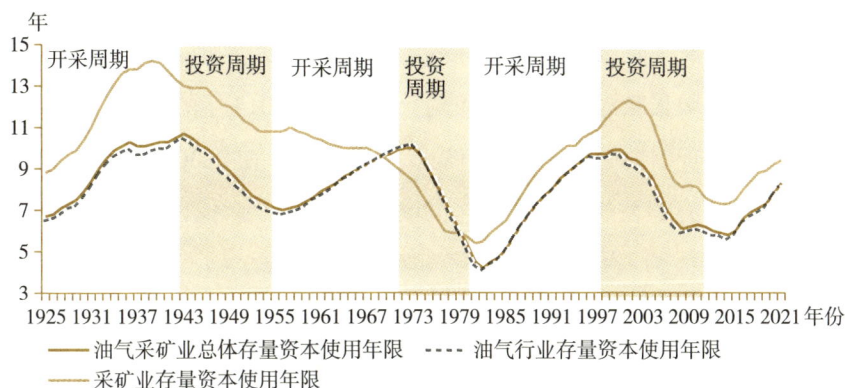

图 2-41　产能周期划分

资料来源：美国经济分析局，兴业研究。

　　过去三次完整的产能周期持续时间平均为 29 年，分别是 1925—1956 年（开采周期为 1925—1942 年，投资周期为 1943—1956 年）、1957—1982 年（开采周期为 1957—1971 年，投资周期为 1972—1982 年）和 1983—2014 年（开采周期为 1983—1999 年，投资周期为 2000—2014 年）。其中，投资周期持续时间为 10—14 年，开采周期持续时长为 14—17 年。在投资周期，原油等商品价格往往大幅上涨，进入超级上涨周期，价格不断上涨以刺激新的资本投入增加；在开采周期，此前的大量投资化为真实的产能而导致产能过剩，致使商品价格"跌跌不休"。从价格走势上来看，原油价格的高低点并不完全和投资周期与开采周期切换时点相吻合。原油等一次能源通常在开采周期结束前 2—3 年出现该轮产能周期价格低点，在投资周期结束前 3—4 年出现价格高点，呈现出价格变化领先于投资行为的特征。

单从数据上看，自 2015 年起，我们进入了新一轮的开采周期。从时间跨度上看，此时离进入新一轮商品超级上涨周期其实还相距甚远。但 2020 年之后油价的大幅上涨明显，表明油价已经进入了新的中枢抬升时期，该如何理解这一现象呢？我们可以从两个方面进行理解。

第一，前一轮投资周期实际持续时间短，投资强度低。单从存量资本使用年限最长至最短的时间划分，2000—2014 年的投资周期是百年来三轮投资周期中最长的。但需要注意的是，在 2000—2014 年的投资周期中，存量资本使用年限在 2008 年之后就基本不再下降。2008 年，这一数值为 5.9 年；2014 年，这一数值为 5.7 年。与传统原油不同，2000 年之后资本大量投入了高增长、高衰减的页岩油行业。当页岩油产量达到一定量值后，单是维持每年已有井的产量衰减就需要耗费大量的资金，所以 2009—2014 年进入了一个新增投资与已有产量衰减的平衡年代，这一现象在 1943—1956 年以及 1972—1982 年两轮投资传统原油的投资周期中是没有的。除了资本投资实际持续时间短，在 2000—2014 年的投资周期中，油气行业总体投资强度也不高。美国油气行业存量资本使用年限在 2000—2014 年只下降 4 年，不及 1943—1956 年以及 1972—1982 年两轮投资周期中 4.7 年以及 6.2 年的下降幅度。

第二，新冠疫情产生了一次性冲击。新冠疫情暴发后，沙特曾联合俄罗斯在 2020 年 3 月发动价格战，需求骤降叠加供给极度过剩使得 2020 年 4 月全球原油面临无处可装的窘境。在此背景下，2020 年 4 月 13 日，OPEC+（产油国联盟）宣布达成历史性减产协议，美国、巴西、挪威和加拿大等非 OPEC+ 成员也加入了自发减产队伍，史无前例的 2000 万桶 / 天的全球原油产量在此后两个月被削减。这一削减加剧了老旧油井产能的退出，因为部分老旧油井产能关停后就无法再度重启，这加快了原油市场资本投资不足问题的爆发。

从美国经济分析局在 2023 年 11 月公布的截至 2022 年油气行业以及采矿业存量资本使用年限来看，商品仍处于开采周期。从目前公布的油气行业投资计划来看，未来几年油气行业投资计划仅小幅增加。目前正处于能源大变革之中，尽管传统能源已经展现出投资不足的问题，资本仍无大量进入此行业的意愿，而是投向了新能源。从这个意义上说，当前我们已经进入新一轮广义的一次能源投资周期，而传统能源价格则会因为投资的匮乏而使得中枢维持高位。

## 二、产能周期中的金价表现

在产能周期，原油等大宗商品价格会出现剧烈波动。那么，从历史来看，产能周期中的金价表现又如何呢？

将 1925 年以来美国油气行业存量资本使用年限与金价进行对比，我们可以发现金价走势与产能周期呈负相关（见图 2-42），相关系数为 -0.46。1971 年，在布雷顿森林体系解体、金价自由浮动后，投资周期中的金价涨幅均非常可观，平均涨幅达到 287.60%。开采周期中的金价表现偏弱，不过平均来看仍是正收益，平均涨幅为 26.20%（见表 2-10）。这与原油等大宗商品价格在开采周期中普遍下跌形成对比。在投资周期，除了 2000—2014 年全球化分工带来的通胀中枢稳定，美国通胀中枢往往在投资周期中伴随商品价格的上涨而出现抬升（见图 2-43）。这使得黄金抗通胀属性以及商品属性凸显。在当前逆全球化趋势下，全球进入的新一轮广义一次能源投资周期也会使得海外通胀中枢整体抬升，通胀属性支撑金价。

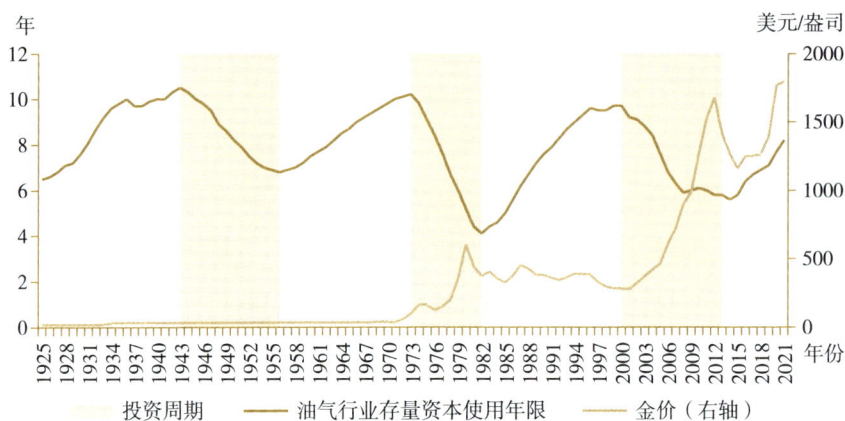

图 2-42　产能周期与金价走势

注：此处采用名义金价，以呈现金价在开采周期中整体小幅上涨的特征。
资料来源：美国经济分析局，彭博社，兴业研究。

表 2-10　产能周期与金价涨跌幅

| 产能周期 | 时间 | 黄金涨跌幅（%） | 涨跌幅平均（%） |
|---|---|---|---|
| 投资周期 | | | |
| | 1943—1956 | 3.37 | |
| | 1972—1982 | 521.93 | 287.60 |
| | 2000—2014 | 337.51 | |
| 开采周期 | | | |
| | 1925—1942 | 64.00 | |
| | 1957—1971 | 17.62 | |
| | 1983—1999 | −31.96 | 26.20 |
| | 2015—2021 | 55.15 | |

资料来源：美国经济分析局，彭博社，兴业研究。

　　从价格走势来看，金价与能源价格存在一定相似性。金价往往在开采周期结束前0—3年出现该轮产能周期价格低点，而在投资周期结束前1—3年出现该轮产能周期价格高点。

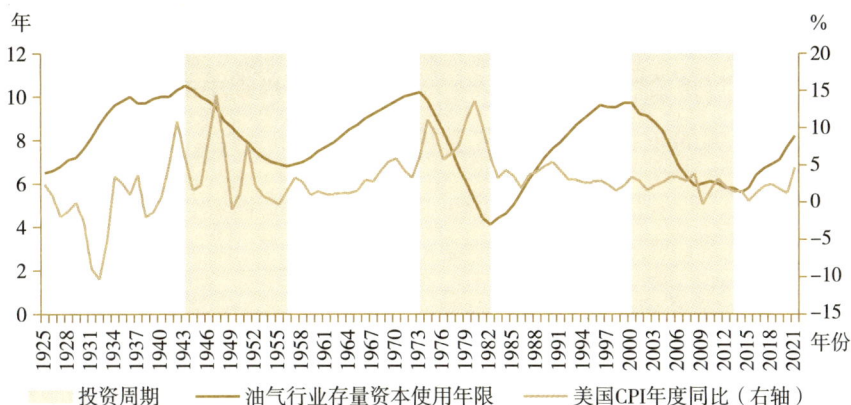

图 2-43　产能周期与美国年度 CPI 同比

资料来源：美国经济分析局，彭博社，兴业研究。

## 三、金价与其他大宗商品的关系

　　铜的月度可得数据始于 1928 年，我们测算了 1928 年以来黄金与铜和原油的滚动相关性。测算的结果证实，贵金属作为大宗商品的一般等价物，可能受益于大宗商品牛市而出现价格上涨，尤其是与以铜为代表的工业金属具有较强的相关性。这一相关性在 1971 年之后的两次黄金牛市（20 世纪 70 年代至 80 年代初，以及 21 世纪最初十年）中体现得较为明显，在 1985—2001 年金价低位震荡期也有体现，而在 1934 年金价一次性重估前后不显著。

　　1971 年之后，随着投资周期逐步运行，黄金与铜和原油的正相关性逐渐增强，直到投资周期峰值附近（存量资本使用年限最低值附近）黄金与二者的正相关性达到最高，逼近 0.8。在投资周期，黄金商品属性得到明显体现；在开采周期，黄金与原油的正相关性逐步下降，并逐渐转为弱负相关，直到在开采周期低谷附近（存量资本使用年限最高值附近）负相关性达到最强。不过，1970 年之后，在开采周期，黄金与铜也多呈现正相关。从绝对值角度对比，黄金与铜和原油在开采周期中的负相关性总体弱于黄金与二者在投资周期中的正相关性，其中黄金与铜的正相关性大于黄金与原油的正相关性（见图2-44和图2-45）。

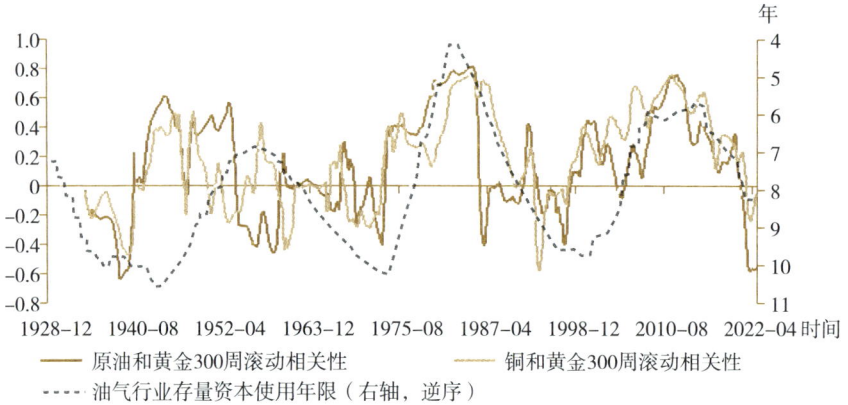

图 2-44　投资周期中，原油和铜与黄金正相关性提升

资料来源：美国经济分析局，彭博社，兴业研究。

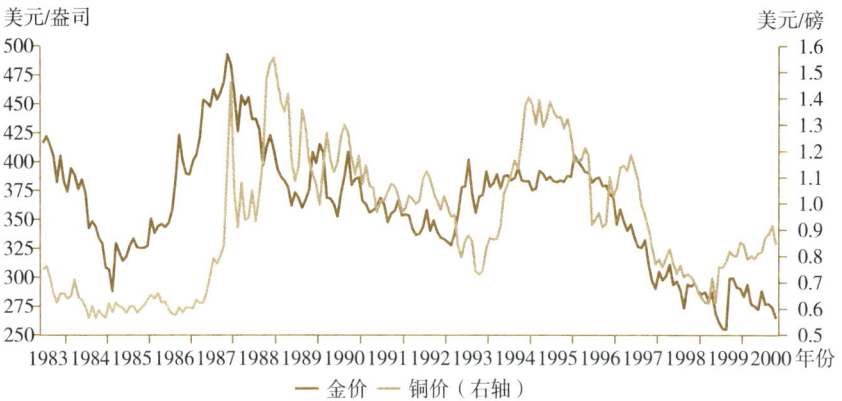

图 2-45　开采周期中的黄金与铜价

资料来源：美国经济分析局，彭博社，兴业研究。

对比 1928 年以来三次黄金牛市中的金价与铜价走势，我们可以发现以下三点。

第一，大萧条时期的铜价与金价存在背离，这也证明了当时黄金以货币属性和债券属性为主导，全球本位币危机和当时的债务危机推升了金价，黄金的商品属性很弱。在前文的滚动相关性测算中，大萧条之后黄金与铜滚动相关性的运行规律也与后两次存在差异。

第二，20 世纪 70 年代至 80 年代的金价上涨和铜价上涨高度同步。两次石油危机叠加日本房地产周期上行催生了大宗商品牛市，黄金表现出很强的商品属性。当然，彼时铜价和金价的上涨也都离不开布雷顿森林体系解体前后的全球本位币危机带来的美元大幅贬值。

第三，21 世纪最初十年的黄金牛市则比较复杂，2008 年之前是以黄金的商品属性为主导的，2008 年之后则是黄金的债券属性与商品属性叠加。21 世纪初，美国、日本、中国的经济周期共振向上，尤其是日本出现"再城市化"和中国城市化水平提速，叠加大宗商品投资周期，触发了新一轮商品超级周期。2008 年之后的全球流动性过剩，既带来了债券牛市，也带来了固定投资的快速回升和风险资产价格修复，使得商品牛市和债券牛市共生（见图 2-46）。

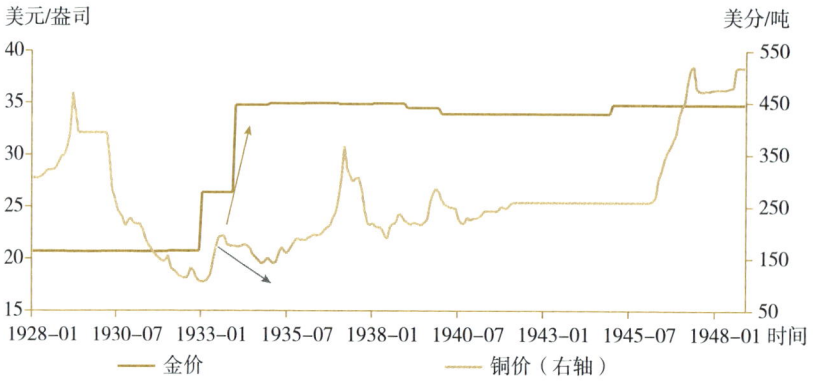

美元/盎司 美分/吨

1928–01 1930–07 1933–01 1935–07 1938–01 1940–07 1943–01 1945–07 1948–01 时间

金价 铜价（右轴）

a. 1934年金价重估

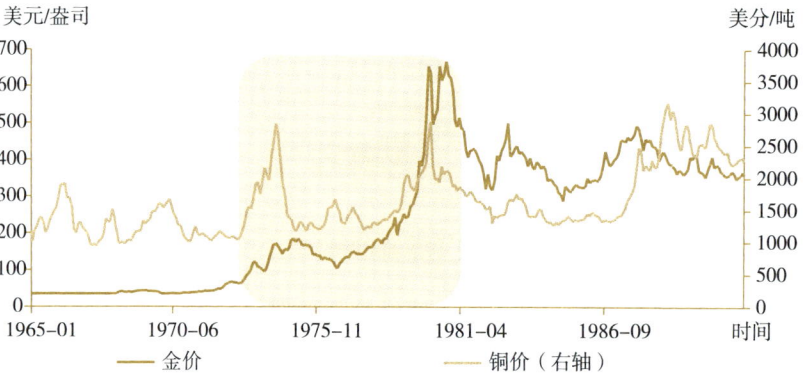

美元/盎司 美分/吨

1965–01 1970–06 1975–11 1981–04 1986–09 时间

金价 铜价（右轴）

b. 20世纪70年代至80年代黄金大牛市

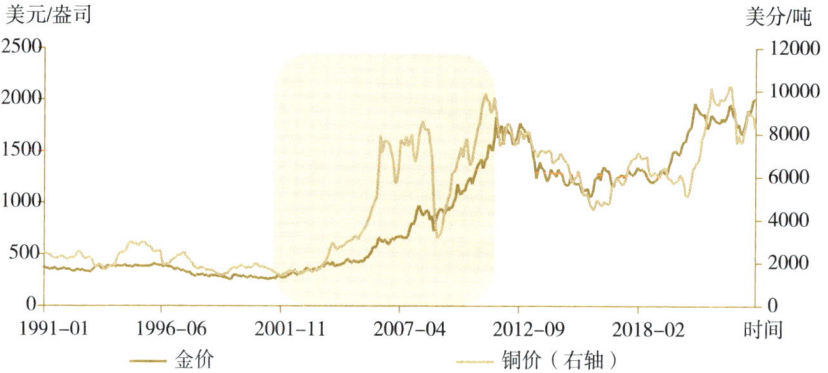

美元/盎司 美分/吨

1991–01 1996–06 2001–11 2007–04 2012–09 2018–02 时间

金价 铜价（右轴）

c. 21世纪最初十年黄金大牛市

图 2-46 三次黄金牛市的金价与铜价对比

资料来源：USGS，彭博社，兴业研究。

保卫财富：黄金投资新时代

# 经济周期

债务属性与债务周期的关系、货币属性随着货币周期的变迁，以及商品属性与产能周期的关系，都是影响金价大周期波动的本质性影响因素。

在金价的日常分析中，知道当前我们处于这些大周期的哪个阶段非常重要，因为这是决定金价强弱的根本。不过，这些周期跨度比较长，参考指标波动频率较低，所以在此基础上寻找一些短周期的波动影响因素十分必要，同时采用不同周期进行交互验证也对分析工作很有助益。1939 年，约瑟夫·熊彼特（Joseph Schumpeter）指出，宏观经济波动是 3 年左右的库存周期、10 年左右的朱格拉周期和 60 年左右的康波周期共同作用的结果。除了上述三种周期之外，库兹涅茨周期（15—20 年的房地产周期）也对经济运行存在影响。对于金融市场而言，3 年左右的库存周期对经济活动和金融市场短期波动的影响最为直接，其次是朱格拉周期。基于此，我们将逐一分析库存周期、朱格拉周期、库兹涅茨周期以及康波周期与金价的关系。

## 一、库存周期

库存周期也被称为基钦周期，最早是由英国经济学家约瑟夫·基钦（Joseph Kitchin）提出的约 40 个月的短期经济周期。1923 年，基钦对 1890—1922 年英国和美国的商业周期进行研究，发现美国和英国的银行清算收入、商品价格和利率都呈现出 40 个月左右的周期性变化。虽然单个周期长度可能不等于 40 个月，但一个低于平均的周期之后通常有一个高于平均的周期（反之亦然），所以 2—3 个周期的平均长度非常接近 40 个月。虽然在 1914—1922 年，受第一次世界大战的影响，单个周期的长度发生了异常的偏离，但 1890—1922 年，周期的平均长度为 40 个月左右（见表 2-11）。

表 2-11　美国与英国的库存周期

| | | 1890—1913年 | | 1890—1922年 |
|---|---|---|---|---|
| | | 单个周期的长度（年） | 相邻3个周期的长度（年） | 周期平均长度（年） |
| 银行清算收入 | 美国 | 2.65—4.25 | 2.94—3.75 | 3.29 |
| | 英国 | 2.50—4.00 | 3.00—3.75 | 3.30 |
| 商品价格 | 美国 | 2.41—4.67 | 3.19—4.00 | 3.31 |
| | 英国 | 2.33—4.87 | 3.22—3.90 | 3.28 |
| 利率 | 美国 | 2.67—4.25 | 3.03—3.72 | 3.32 |
| | 英国 | 2.83—4.16 | 3.03—3.69 | 3.37 |

资料来源：Kitchin，J.，Cycles and trends in economic factors，Review of Economic Statistics，1923。

基钦在文章中着重统计周期变化规律，没有讨论周期波动的驱动因素。1941 年，梅茨勒（Metzler）用库存变化解释了这种短周期波动，认为厂商总是倾向于将库存与销售之间的比例维持在合意水平。因此，库存和销售的不同变动形成了四个周期性阶段：当需求最初出现改善时，工业企业收入增速提高，带动产成品库存增速放缓，库存出现了被动去化，这一阶段可称为"被动去库存"。随着库存的去化，企业为了满足日益增长的需求和维持合意的库存水平，决定加快生产，库存出现了主动增长，这一阶段可称为"主动补库存"。然而，需求不能无止境地扩张。当需求的扩张遇到瓶颈时，工业企业收入增长放缓，但企业调整生产规模的速度相对较慢，库存开始被动积累，这一阶段可称为"被动补库存"。最后，当企业意识到需求不足，开始降低生产规模和合意库存水平时，库存会出现主动去化，这就是"主动去库存"的阶段。（见图 2-47）

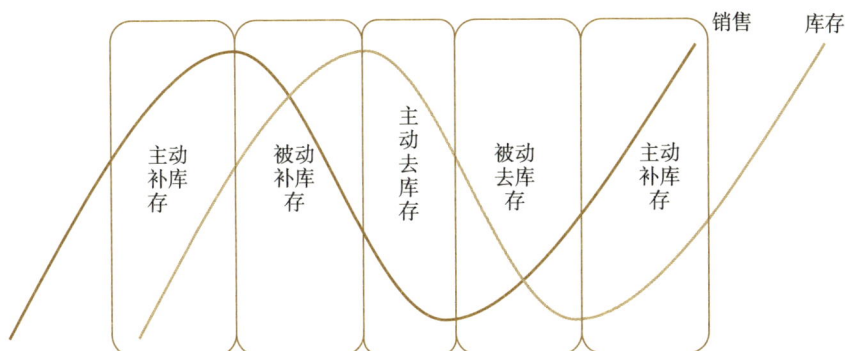

图 2-47　库存周期

资料来源：兴业研究。

库存周期的划分指标目前并没有统一标准，业界多用工业企业产成品、存货数据的同比变动作为周期判断指标，存货同比上升为补库存阶段，存货同比下降为去库存阶段。根据梅茨勒的库存周期理论，为了进一步区分被动与主动阶段，我们采用美国库存总额同比和销售总额同比来划分美国的库存周期。当二者同步向上时，这一阶段定义为主动补库存；当二者同步向下时，这一阶段定义为主动去库存；当库存同比向上而销售同比向下时，这一阶段定义为被动补库存；当库存同比向下而销售同比向上时，这一阶段定义为被动去库存。

从 1994 年 4 月至 2023 年 4 月的数据来看，美国一共经历了约 10 轮库存周期。其中，完整的库存周期有 9 轮，分别是 1996 年 4 月至 1998 年 9 月，1998 年 10 月至 2002 年 2 月，2002 年 3 月至 2003 年 6 月，2003 年 7 月至 2007 年 3 月，2007 年 4 月至 2009 年 6 月，2009 年 7 月至 2013 年 4 月，2013 年 5 月至 2015 年 11 月，2015 年 12 月至 2020 年 3 月，2020 年 4 月至 2023 年 4 月。这 10 个库存周期的平均时长为 35.9 个月或 3 年，与基钦发现的 40 个月左右的周期长度较为接近。其中，被动去库存、主动补库存、被动补库存和主动去库存的平均持续时长分别为 7.0 个月、10.4 个月、7.8 个月和 10.7 个月，补库存平均时长为 18.2 个月，去库存平均时长为 17.7 个月，二者较为接近。（见图 2-48、表 2-12）。

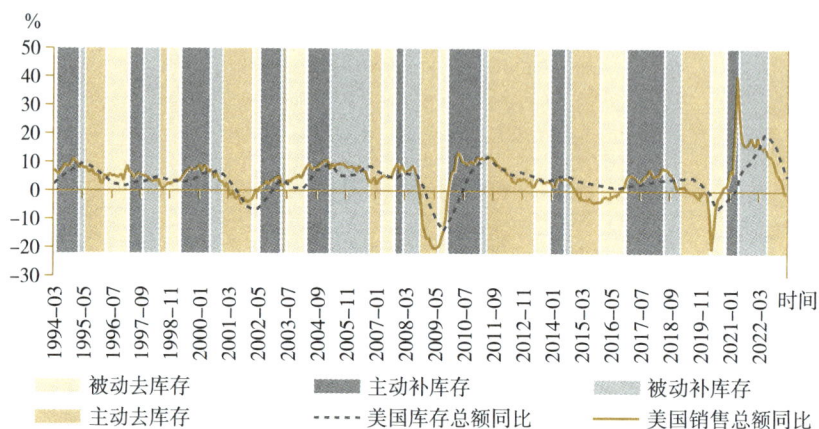

图 2-48　库存周期平均长度

注：图中横坐标为每月月末，数据截至 2023 年 4 月。

表 2-12　库存周期平均长度

| 库存周期 | 被动去库存 | （个月） | 主动补库存 | （个月） | 被动去库存 | （个月） | 主动补库存 | （个月） |
|---|---|---|---|---|---|---|---|---|
| 1 | | | 1994/4—1995/2 | 11 | 1995/3—1995/5 | 3 | 1995/6—1996/3 | 10 |
| 2 | 1996/4—1997/2 | 10 | 1997/3—1997/9 | 7 | 1997/10—1998/5 | 8 | 1998/6—1998/9 | 4 |
| 3 | 1998/10—1999/3 | 6 | 1999/4—2000/5 | 14 | 2000/6—2000/11 | 6 | 2000/12—2002/2 | 15 |
| 4 | 2002/3—2002/5 | 3 | 2002/6—2003/3 | 10 | 2003/4—2003/5 | 2 | 2003/5—2003/6 | 2 |
| 5 | 2003/7—2004/3 | 9 | 2004/4—2005/2 | 11 | 2005/3—2006/9 | 18 | 2006/10—2007/3 | 6 |
| 6 | 2007/4—2007/9 | 5 | 2007/10—2008/1 | 4 | 2008/2—2008/9 | 8 | 2008/10—2009/6 | 9 |
| 7 | 2009/7—2009/10 | 4 | 2009/11—2011/2 | 16 | 2011/3—2011/5 | 3 | 2011/6—2013/4 | 23 |
| 8 | 2013/5—2013/11 | 7 | 2013/12—2014/6 | 7 | 2014/7—2014/9 | 3 | 2014/10—2015/11 | 14 |
| 9 | 2015/12—2016/11 | 12 | 2016/12—2018/5 | 18 | 2018/6—2019/1 | 13 | 2019/2—2020/3 | 14 |
| 10 | 2020/4—2020/10 | 7 | 2020/11—2021/4 | 6 | 2021/5—2022/6 | 14 | 2022/7— | 10 |
| 平均 | 7 | | 10.4 | | 7.8 | | 10.7 | |
| | 补库存：18.2 个月 | | 去库存：17.7 个月 | | 完整库存周期：35.9 个月或 3 年 | | | |

资料来源：Wind，兴业研究。

从库存周期中的金价变化来看，1994 年 4 月至 2023 年 4 月，被动去库存、主动补库存、被动补库存和主动去库存四个阶段的金价平均涨幅为 6.05%、5.97%、3.71% 和 3.67%，上涨概率分别为 66.67%、60.00%、60.00% 和 70.00%。相较于原油、铜等大宗商品在被动去库存和主动补库存阶段上涨概率明显更高（被动去库存、主动补库存、被动补库存和主动去库存四个阶段的油价上涨概率分别为 77.78%、100.00%、60.00% 和 40.00%），金价在库存周期不同象限中的上涨概率差异不大。在被动去库存和主动补库存阶段，商品属性带动金价上涨，而在被动补库存和主动去库存阶段，金价也会因为避险需求和债券属性的增加而上涨，甚至主动去库存阶段的金价上涨概率最高。

具体来看，2008 年 10 月至 2009 年 6 月的主动去库存阶段正处于金融危机时期，金价在区间内上涨 4.38%，油价下跌 34.62%。2019 年 2 月至 2020 年 3 月以及 2022 年 7 月至 2023 年 4 月的主动去库存阶段，分别面临新冠疫情冲击以及美国疫后复苏过后的经济回落阶段，伴随国际政治局势动荡以及美国高通胀，金价分别上涨 20.01% 和 10.59%，同期油价下跌 62.79% 和 27.71%（见图 2-49、表 2-13）。

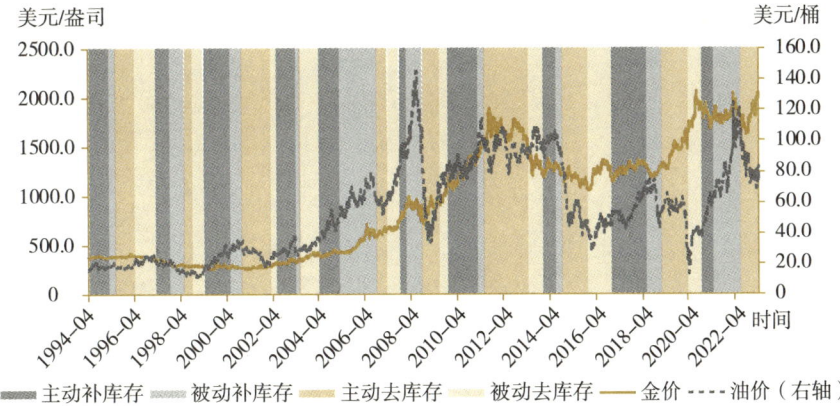

图 2-49　库存周期与金价、油价

注：图中数据截至 2023 年 4 月。

表 2-13 库存周期与金价、油价

| 库存周期 | 被动去库存 | 金价涨跌幅(%) | 油价涨跌幅(%) | 主动补库存 | 金价涨跌幅(%) | 油价涨跌幅(%) | 被动补库存 | 金价涨跌幅(%) | 油价涨跌幅(%) | 主动去库存 | 金价涨跌幅(%) | 油价涨跌幅(%) |
|---|---|---|---|---|---|---|---|---|---|---|---|---|
| 1 | | | | 1994/4—1995/2 | -4.06 | 25.02 | 1995/3—1995/5 | 2.46 | 2.16 | 1995/6—1996/3 | 2.79 | 13.66 |
| 2 | 1996/4—1997/2 | -8.36 | -5.45 | 1997/3—1997/9 | -7.72 | 4.33 | 1997/10—1998/5 | -12.41 | -28.23 | 1998/6—1998/9 | 1.32 | 6.18 |
| 3 | 1998/10—1999/3 | -5.72 | 3.84 | 1999/4—2000/5 | -2.52 | 73.09 | 2000/6—2000/11 | -0.55 | 16.58 | 2000/12—2002/2 | 8.71 | -35.72 |
| 4 | 2002/3—2005/2 | 9.96 | 13.48 | 2002/6—2003/3 | 1.47 | 22.25 | 2003/4—2003/5 | 10.29 | -1.99 | 2003/6—2003/5 | -5.28 | 2.13 |
| 5 | 2003/7—2004/5 | 23.68 | 18.45 | 2004/4—2005/2 | 2.17 | 44.71 | 2005/3—2006/5 | 38.07 | 21.57 | 2006/10—2007/5 | 10.72 | 4.71 |
| 6 | 2007/4—2007/9 | 12.11 | 23.97 | 2007/10—2008/1 | 23.73 | 12.36 | 2008/2—2008/9 | -4.26 | 16.50 | 2008/10—2009/6 | 4.38 | -34.62 |
| 7 | 2009/7—2009/10 | 12.52 | 14.65 | 2009/11—2011/2 | 35.38 | 21.02 | 2011/3—2011/5 | 8.42 | 5.91 | 2011/6—2013/4 | -4.53 | -9.54 |
| 8 | 2013/5—2013/11 | -14.49 | -0.19 | 2013/12—2014/6 | 6.19 | 13.79 | 2014/7—2014/5 | -8.93 | -13.75 | 2014/10—2015/11 | -12.01 | -54.20 |
| 9 | 2015/12—2016/11 | 10.41 | 17.51 | 2016/12—2018/5 | 10.89 | 36.99 | 2018/6—2019/1 | 1.77 | -19.49 | 2019/2—2020/5 | 20.01 | -62.79 |
| 10 | 2020/4—2020/10 | 14.33 | 76.13 | 2020/11—2021/4 | -5.85 | 77.74 | 2021/5—2022/6 | 2.22 | 66.97 | 2022/7— | 9.54 | -28.88 |
| 平均涨幅 | | 6.05 | 18.04 | | 5.97 | 33.13 | | 3.71 | 6.62 | | 3.56 | -19.91 |
| 上涨概率 | | 66.67 | 77.78 | | 60.00 | 100.00 | | 60.00 | 60.00 | | 70.00 | 40.00 |

资料来源：Wind，兴业研究。

## 二、朱格拉周期

朱格拉周期最早是由法国医生、经济学家克里门特·朱格拉（Clèment Juglar）提出的时长为 7—11 年的经济周期。1862 年，朱格拉在《论法国、英国和美国的商业危机以及发生周期》一书中通过分析法国、英格兰和美国的价格、利率和金属储备等大量时间序列数据后发现经济运行中存在 7—11 年的周期波动。朱格拉认为，危机或恐慌的存在并不是一种独立的现象，而是社会经济运动繁荣、危机与萧条三个阶段中的一个，三个阶段的交替形成了周期现象。危机的种子在繁荣阶段就早已种下，由投机行为推动的信贷周期是危机与繁荣交替的起源。熊彼特在其 1939 年的著作《经济周期》中指出存在与正弦波四个阶段相对应的 9 年投资周期，并将其称为朱格拉周期，称赞朱格拉是第一个用利率、价格和银行数据的变化证实周期或潜在波动存在的人。与朱格拉不同的是，熊彼特认为周期是由中等规模的技术创新驱动的。企业通过技术创新扩大生产，带来经济扩张。随着新老企业过度投资，销售利润不及预期，企业主动减少投资生产，经济增长变缓。后来的研究者们也已经普遍接受了朱格拉周期是投资周期的解释，所以朱格拉周期也被称为投资周期。泰莱科特（Tylecote）在《世界经济的长波：从历史角度看当前危机》一书中总结道：在经济繁荣的顶点，固定资产投资可能过度扩张，导致产能过剩；在经济的低谷，固定资产投资可能过度收缩；而在经济的顶点与低谷之间，这是缓慢的资产调整过程。

从投资角度来看，朱格拉周期可由设备投资增速、设备投资对GDP的同比拉动或者资本开支增加的情况等指标来观测。以美国为例，选取美国GDP中私人投资总额以及私人投资总额中的设备投资总额作为观测指标，我们可以发现在20世纪80年代美国完成对外产业转移之前，设备投资的同比波动较为剧烈。在那之后，美国已经经历四轮完整的投资周期，时长为8—11年。因此，美国符合朱格拉周期的特征（见图2-50）。

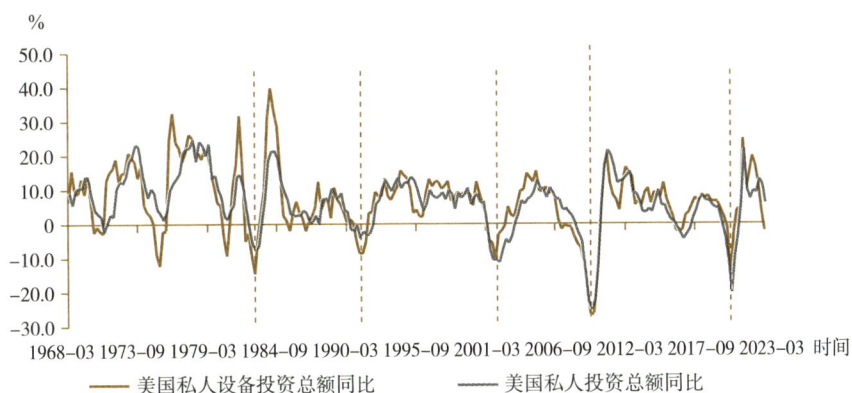

图2-50　美国朱格拉周期划分

资料来源：Wind，兴业研究。

20世纪60年代末至80年代初，美国经济结构进入调整期，新兴行业的设备投资需求逐渐旺盛，另一些行业则面临竞争和减产等问题。同时，在布雷顿森林体系解体、石油危机等背景下，美国的经济政策经历多次重大调整。在这些因素的共同作用下，美国的设备投资额同比波动较大。

20 世纪 80 年代以来，四轮完整的朱格拉周期如下。

第一轮周期自 1982 年第四季度至 1991 年第一季度，长约 9 年。随着美国经济结构调整完毕，通胀率降低，企业投资意愿自 1982 年后再次步入复苏，以美国、欧洲国家为主的贸易自由化蓬勃发展，将朱格拉周期再次推向繁荣。1990 年，虚拟经济衰退带动实体经济下行，朱格拉周期再次进入下行期。

第二轮周期自 1991 年第一季度至 2001 年第四季度，长约 10 年。以信息技术为代表的科技进步，催生了新经济在全球的扩张。技术更迭、产业升级推动行业迅速成长，新兴行业投资热潮推升朱格拉周期又一次进入繁荣。2000 年之后，美国互联网泡沫破裂挫伤美国股市，企业投资疲软，朱格拉周期触底。

第三轮周期自 2001 年第四季度至 2009 年第二季度，长约 8 年。进入 21 世纪后，美国经济强劲复苏，中国也加入了 WTO，并融入全球化。全球产业链迎来新一轮变革，美国制造业投资扩张，设备加速更新换代，带动了新一轮朱格拉周期扩张。直到 2008 年次贷危机席卷全球，美国生产遭受重创，朱格拉周期触底。

第四轮周期自 2009 年第二季度至 2020 年第二季度，长达 11 年。金融危机过后，各国政府开始采取政策刺激。美联储大放水，带动制造业投资明显增加，美国经济进入新一轮朱格拉周期。2019 年，此轮周期进入尾声，新冠疫情加速了出清。

自 2020 年下半年起，随着新冠疫苗接种推进，全球经济秩序恢复，消费需求逐渐恢复加固了企业对经济好转的预期，带动新一轮企业投资以及设备更新。近几年，美国私人投资中的建筑投资大量上升，引发市场关注。以往来看，设备投资的同比变化往往领先于建设投资同比变化，参考 2008 年开启的朱格拉周期中建筑投资的同比高点，当前（2023 年）建筑投资的增加或许仍能持续一段时间。

按照美国私人投资总额同比的变化，我们简单地将每轮投资周期划分为上行和下行两个阶段。在上行阶段初期，企业的产能利用情况开始回暖，投资降幅逐步收窄，后期随着产能和盈利水平进一步恢复，企业投资同比转正且呈现快速增长趋势，直至触顶，上行阶段结束。当企业扩大生产到一定程度后，盈利能力开始下降，此时固定资产投资调整反应较慢，投资水平继续增长，但增幅下降，朱格拉周期进入下行阶段。此后，产能过剩使得企业开始调整投资计划，投资增长转负直至触底，下行阶段结束。（见图 2-51、表 2-14）

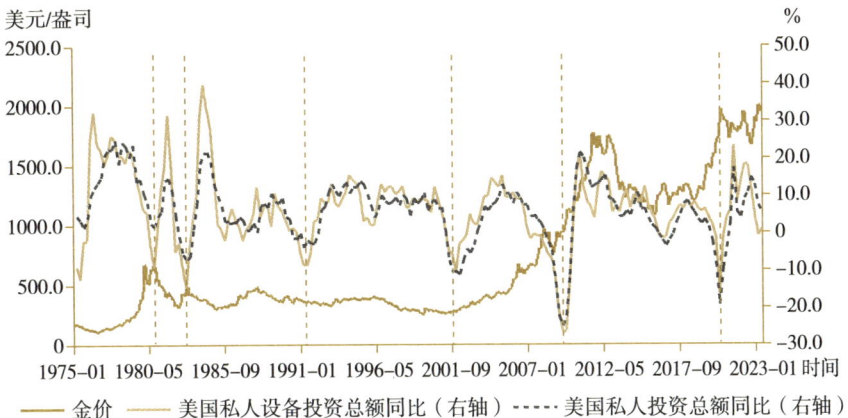

图 2-51　朱格拉周期与金价

注：图中数据截至 2023 年第一季度。

可以发现，在 20 世纪 80 年代美国制造业大量对外转移之前，金价与私人投资同比呈现较为明显的反向波动，且投资周期波动较为剧烈，间隔时间也没有当前规律。（见图 2-52）在设备投资上行阶段，金价普遍下跌。1975 年第一季度至 1984 年第二季度，在三次投资上行期中，金价普遍下行；而在投资下行期中，金价普遍上行，对经济周期波动的响应较高。此后，金价走势与朱格拉周期波动相关性明显下降，没有较强的规律。值得注意的是，随着 2018 年之后特朗普开启的美国制造业回流浪潮，2019 年之后金价与美国私人投资同比又开始呈现一定的反向波动特征，这对经济波动的响应再度提升。

表 2-14　朱格拉周期与金价

| 投资周期 | 上行阶段 | | 下行阶段 | |
|---|---|---|---|---|
| | 时间 | 金价涨跌幅（%） | 时间 | 金价涨跌幅（%） |
| 1968Q1—1980Q3 | 1968Q1—1977Q4 | 368.86 | 1977Q4—1980Q3 | 304.21 |
| 1980Q3—1982Q4 | 1980Q3—1981Q3 | −35.70 | 1981Q3—1982Q4 | 4.49 |
| 1982Q4—1991Q1 | 1982Q4—1984Q2 | −16.73 | 1984Q2—1991Q1 | −4.41 |
| 1991Q1—2001Q4 | 1991Q1—1994Q2 | 8.88 | 1994Q2—2001Q4 | −28.78 |
| 2001Q4—2009Q2 | 2001Q1—2005Q1 | 54.61 | 2005Q1—2009Q2 | 118.60 |
| 2009Q2—2020Q2 | 2009Q2—2010Q3 | 39.86 | 2010Q3—2020Q2 | 35.28 |
| 2020Q2— | 2020Q2—2021Q2 | −0.28 | 2021Q2— | 12.04 |

资料来源：Wind，兴业研究。

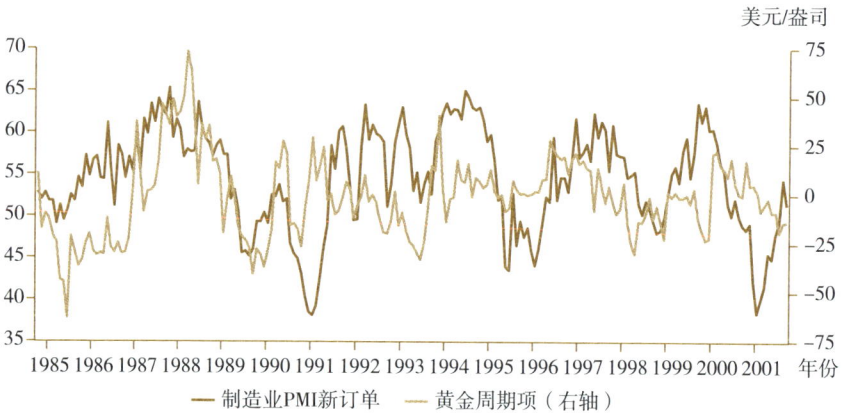

图 2-52　美国制造业 PMI 新订单与黄金周期项

资料来源：彭博社，兴业研究。

# 三、库兹涅茨周期

库兹涅茨周期是由美国经济学家、1971 年诺贝尔经济学奖得主西蒙·史密斯·库兹涅茨（Simon Smith Kuznets）在《生产和价格的长期波动》一书中提出的为期 15—25 年的经济周期。库兹涅茨通过分析 19 世纪至 20 世纪初的美、英、德、法、比利时等国 50 年来工业品和农产品的数量和价格变动，发现主要资本主义国家存在着 15—25 年的长期波动。这种长周期的形成与人口增长率的变动、铁路和建筑业的兴衰密切相关，且这种波动在美国的许多经济活动中，尤其是建筑业中，表现较明显，所以库兹涅茨周期也被称为建筑业周期或房地产周期。

我们所熟知的房地产周期可以从价格与投资两个维度进行观察。从实际房价维度来看，美国房地产存在着强弱周期交替出现的特点。强周期即实际房价出现大幅上涨，一般始于康波回升期或繁荣期，通常持续 30 年左右；弱周期即实际房价大致稳定或围绕中枢水平波动，一般始于康波萧条期或衰退期，持续 20 年左右。强弱周期的出现在一定程度上反映了康波周期不同阶段财富效应的差异，即在回升期或繁荣期，社会财富的积累反映在房地产价格更大幅度的上涨上。

房地产周期通常包含 2—3 个投资周期，价格周期尾部通常与 7—11 年投资周期下行重叠，但房价见底时间可能晚于投资周期底部。2020 年新冠疫情后，美国投资周期已重置。不过，在美联储快速紧缩之下，2022 年投资增速出现了明显下滑。从历史经验来看，这通常会引发经济周期调整，实际房价也会出现相应回调。但根据房地产下行期与投资周期下行期重合的历史经验，本轮价格强周期的终结可能需要等待至本轮投资周期的终结。（见图 2-53）

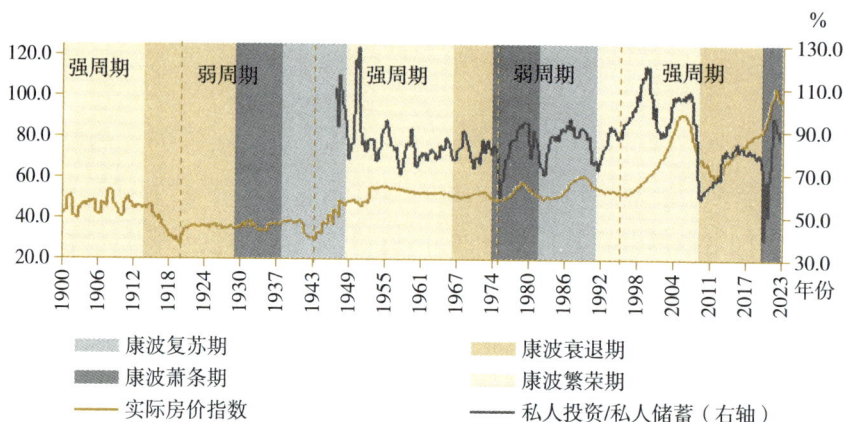

图 2-53 康波周期与美国房地产周期

资料来源：Macrobond，兴业研究。

从销售、空置率、价格三个维度，房地产周期的演进大致可以分为四个阶段。一是出清期。在经历衰退后，市场信心尚未恢复，尽管空置率见顶回落，但销售量持续下降，房价仍在探底。二是复苏期。市场信心开始回升，空置率进一步下降或保持低位，销售回暖，房价也开始回升。三是供给过剩期。空置率与销售量同步上升，房价加速上涨，市场出现泡沫。四是衰退期。空置率持续上升，销售量、价格坍塌，往往引发经济衰退。（见图 2-54）

20 世纪 80 年代的婴儿潮，使得房地产需求非常旺盛，同时也带来高通胀。美联储持续收紧货币政策，抑制需求，加剧了房地产销售的短期波动。上述情况与当前情况非常类似。自次贷危机后的 2011 年第三季度以来，美国空置率持续下降，同时房地产销售回升，这个时期属于典型的复苏期。2021 年之后，在财政转移支付资金逐步耗尽、房价高企、房贷利率飙升等因素共同作用下，美国新屋销售量在 2021 年第一季度后见顶回落，房价则在 2022 年第二季度后见顶回落。然而，空置率一直维持在低位，表明市场需求依然旺盛，只是高企的购房成

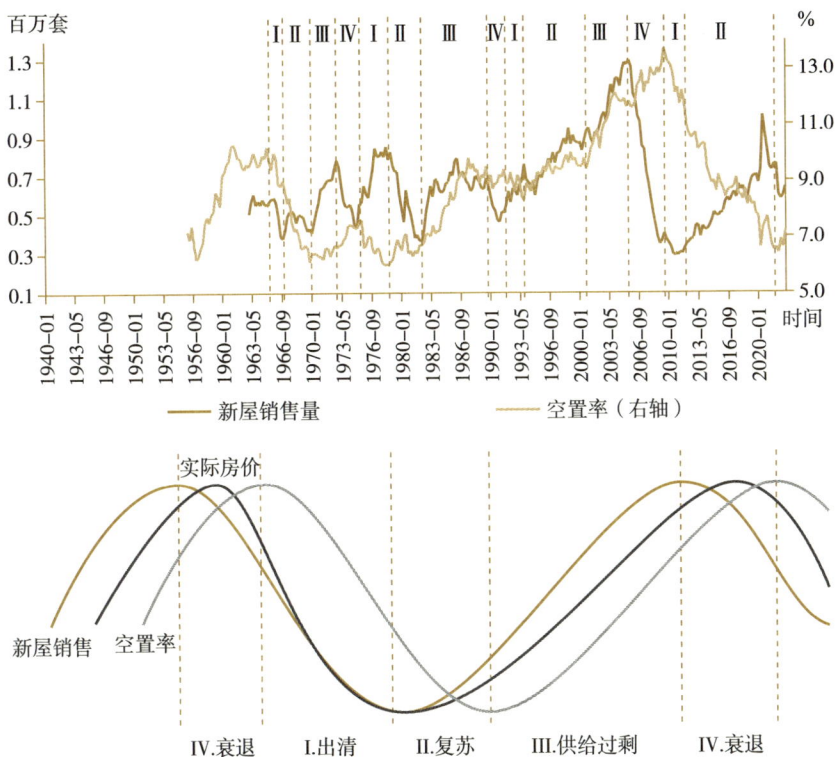

图 2-54　美国房地产周期四阶段

资料来源：Macrobond，兴业研究。

本暂时抑制了需求。当前房地产市场进入类似 20 世纪 80 年代的非典型扩张期——低空置率、销售下滑、实际房价转跌，但这一趋势在 2022 年年末出现逆转迹象。

从房地产周期中的金价表现来看，自 1968 年以来，美国经历了四轮房地产周期，分别是 1968 年第一季度至 1975 年第二季度、1975 年第二季度至 1991 年第三季度、1991 年第三季度至 2009 年第三季度以及 2009 年第三季度至今。从这四个阶段来看，在房地产周期的出清和供给过剩阶段，金价上涨概率均为 100%，平均上涨幅度分别为

29.05% 和 52.02%；在房地产周期的复苏和衰退阶段，金价上涨概率分别为 75% 和 66.67%，平均上涨幅度为 15.30% 和 94.53%。在所有细分阶段，仅 1989 年第三季度至 1991 年第三季度、1993 年第四季度至 2000 年第三季度两个区间内的金价下跌，这与当时全球化带来的黄金投资需求低迷以及发达经济体中央银行持续售金有较大关联（本章第八节会进行详述）。当前我们刚进入房地产周期的供给过剩阶段，这是金价上涨概率最高的阶段。2022 年第一季度至 2024 年第一季度金价上涨 12.17%，低于以往周期中的金价涨幅。（见图 2-55、表 2-15）。

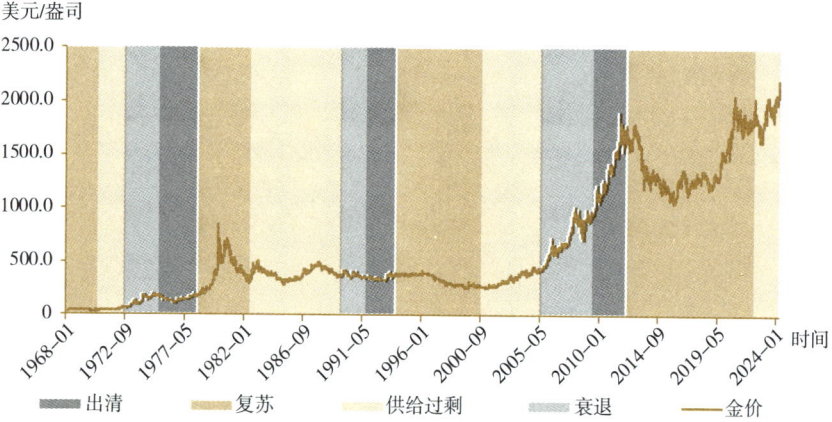

图 2-55　美国房地产周期与金价

注：图中数据截至 2024 年第一季度。

表 2-15　美国房地产周期与金价

| I.出清 | | II.复苏 | | III.供给过剩 | | IV.衰退 | |
|---|---|---|---|---|---|---|---|
| 时间 | 金价涨跌幅（%） | 时间 | 金价涨跌幅（%） | 时间 | 金价涨跌幅（%） | 时间 | 金价涨跌幅（%） |
| | | 1968Q1—1970Q2 | 0.88 | 1970Q2—1972Q3 | 80.90 | 1972Q3—1975Q2 | 158.96 |
| 1975Q2—1978Q2 | 10.11 | 1978Q2—1982Q2 | 73.45 | 1982Q2—1989Q2 | 15.43 | 1989Q3—1991Q3 | -3.17 |
| 1991Q3—1993Q4 | 10.07 | 1993Q4—2000Q3 | -29.95 | 2000Q3—2005Q2 | 59.73 | 2005Q2—2009Q3 | 127.81 |
| 2009Q3—2012Q1 | 66.96 | 2012Q1—2022Q1 | 16.82 | 2022Q1— | 12.17 | | |

资料来源：Macrobond，Wind，兴业研究。

## 四、康波周期

### （一）什么是康波周期

康波周期是 1962 年由俄国经济学家尼古拉·康德拉季耶夫（Nikolai Kondratiev）提出的 50—60 年的长经济周期。对长周期的最早期研究是在 19 世纪末，俄国人亚历山大·帕尔乌斯（Alexander Parvus）发现经济生活中的价格可能存在 50 年左右的长周期。1913 年，荷兰经济学家范·盖尔德林（van Gelderen）提出经济发展中的大循环，其周期是 60 年。1919—1922 年，俄国经济学家康德拉季耶夫在《战时和战后时期的世界经济和经济波动》一书中提出了长波假设，并在《大经济循环》一书中指出价格、工资、利率等基本经济指标展现出约 55 年的周期性波动。他将长周期分为上升和下降阶段，对应经济快速增长和慢速增长。学术界将康德拉季耶夫作为长波理论的创建者，并把长波命名为"康德拉季耶夫周期"，也称"康波周期"或"长周期"。

康德拉季耶夫对长波的特征进行了初步描述。第一，在长波的上升期，繁荣年份较多；而在长波的下降期，萧条年份较多。第二，在下降期，农业通常会经历显著而长期的萧条。第三，在下降期，生产技术和通信方面通常会出现许多重要的发明，但通常只有在下一个长期上升阶段开始时才能得到大规模的应用。第四，在上升期开始时，黄金生产通常会增加，世界市场由于新兴国家，尤其是以前的殖民地被同化而扩大。第五，正是长波上升阶段，也就是经济力量扩张的高度紧张时期，通常会发生极具灾难性的广泛战争和革命。

关于康波周期的划分，康德拉季耶夫指出了 18 世纪末至 19 世纪经历的两轮周期，后来的学者又继续总结出第一次世界大战之后的三轮周期。不过，这类周期划分的开始和结束阶段是一个区间范围，且只区分了上行和下行两个阶段（见表 2-16）。目前，受到广泛认可的康波周期划分方法是荷兰经济学家杜因提出的，他用全球或全球主要经济体的工业生产、GNP（国民生产总值）等数据来刻画康波周期。他列出了资本主义发展以来的前四次康波周期，分别是 1782—1845 年、1845—1892 年、1892—1948 年以及 1948—1973 年（第四轮的萧条期），同时还将周期进一步划分为繁荣、衰退、萧条和复苏四个阶段。他认为，一个康波周期中会嵌套 5—6 个朱格拉周期，每隔 50—60 年会出现一轮全球经济增长缓慢的朱格拉周期，即康波的萧条期，萧条之后康波周期将依次经历复苏、繁荣和衰退。繁荣期可以持续约 20 年，相当于两个朱格拉周期，而其他三个阶段的长度在历史上只限于一个朱格拉周期。当增长部门达到成熟时，衰退期可能又延长 6—10 年。下降期在历史上持续约 20 年，其中萧条期占 8—11 年。

表 2-16　早期康波周期阶段划分

| 长波周期 | 长波阶段 | 起始期 | 结束期 |
|---|---|---|---|
| 第一轮 | 上行 | 18世纪80年代末或18世纪90年代初 | 1810—1817 |
| | 下行 | 1810—1817 | 1844—1851 |
| 第二轮 | 上行 | 1844—1851 | 1870—1875 |
| | 下行 | 1870—1875 | 1890—1896 |
| 第三轮 | 上行 | 1890—1896 | 1914—1920 |
| | 下行 | 1941—1928/1929 | 1939—1950 |
| 第四轮 | 上行 | 1939—1950 | 1968—1974 |
| | 下行 | 1968—1974 | 1984—1991 |
| 第五轮 | 上行 | 1984—1991 | 2008—2010? |
| | 下行 | 2008—2010? | ? |

注：第一轮和第二轮为康德拉季耶夫划分，其余为后继学者划分。
资料来源：科罗塔耶夫（Korotayev）和齐列斯（Tsirel，2010）。

那么，是什么驱动了这种长达 50—60 年的经济波动呢？杜因给出了答案：创新。

杜因认为，创新的生命周期可以分为四个阶段：引进、增长、成熟和下降。

在引进阶段，产品创新的数量很多，但我们对潜在需求的性质知之甚少。

在增长阶段，产品创新的数量减少了，但是消费者的接受程度增加了。在销售额增长的同时，技术也逐渐标准化。

在成熟阶段，市场聚焦于可以节约劳动的工艺创新，差异化产品之间的竞争增加。

在下降阶段，销售额下降，人们试图通过技术变化来避免市场饱和，并继续进行可以节约劳动的工艺创新。

从创新倾向来看，杜因将创新分为四类：导致新行业创立的主要产品创新、现有行业的主要产品创新、现有行业的工艺创新和基本部门（如钢铁或炼油）的工艺创新。当吸收了大量创新成果的新行业快速增长时，康波周期将进入上升期，新的市场被开拓出来。随着新兴行业的快速增长将康波周期推向繁荣期，经济中的总需求明显上升，乐观情绪蔓延，基础设施（包括交通、通信等为全部行业服务的基础设施和为主导行业服务的特定基础设施）的投资增加，激励钢铁和能源等基本部门进行工艺创新。当进入康波衰退期时，市场趋于饱和，企业开始通过差异化的产品和兼并来维持竞争力，创新的倾向最低。在康波萧条期，迫于经济增长放缓、市场饱和的压力，现有行业开始进行劳动节约型的工艺创新和产品创新，通过节约成本来维持利润，此时容易出现垄断局面。

因此，我们可以看到，每一轮康波周期的上升期都伴随着技术变革和新兴行业的崛起。

在第一轮康波周期（1782—1845 年），蒸汽机的改良与推广使棉纺织业获得了高速的发展。

在第二轮康波周期（1845—1892年），炼钢技术的进步带来了钢铁工业和铁路的兴起。

在第三轮康波周期（1892—1948年），电力、汽车和化学工业蓬勃发展。

在第四轮康波周期（1948—1991年），电子计算机、航天、原子能等领域取得重要突破。

在第五轮康波周期（1991年以来），信息技术的发展深刻改变了生产与生活的组织形式。而当新兴行业的市场趋于饱和、增长放缓时，康波周期就进入下降期。

值得一提的是，重要技术的革新与应用通常跨越国境，因此康波周期是全球性的经济周期。

我们按照杜因的划分方法，以美国和全球固定资产投资为依据，同时参考周金涛对第五轮康波的划分，将这一划分拓展至今。2019年，我们已经进入新一轮康波萧条期，而康波萧条期往往是新技术的涌现阶段（见图2-56、表2-17）。

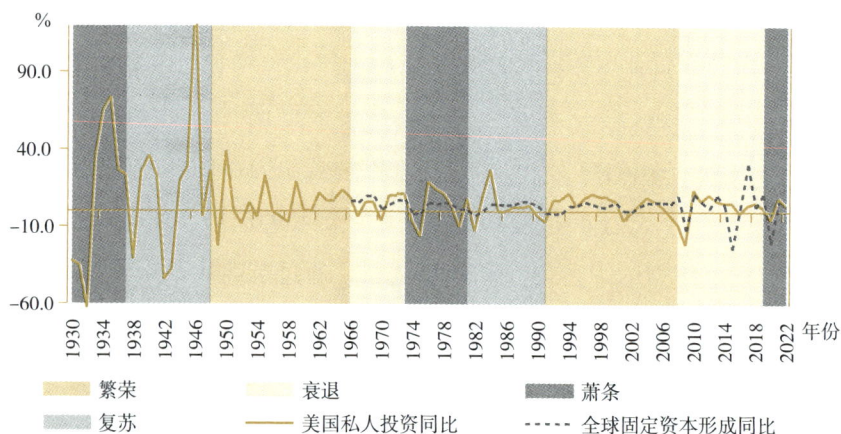

图2-56　康波周期的划分

表 2-17　康波周期的划分

| 康波周期（主导技术创新） | 繁荣1 | 繁荣2 | 衰退 | 萧条 | 复苏 |
|---|---|---|---|---|---|
| 第一波（纺织工业和蒸汽机技术） | 1782—1792 | 1792—1802<br>（战争1802—1815） | 1815—1825 | 1825—1836 | 1836—1845 |
| 第二波（钢铁和铁路技术） | 1845—1856 | 1856—1866 | 1866—1872 | 1872—1883 | 1883—1892 |
| 第三波（电气和重化工业） | 1892—1903 | 1903—1913<br>（战争1913—1920） | 1920—1929 | 1929—1937 | 1937—1948 |
| 第四波（汽车和电子计算机） | 1948—1957 | 1957—1966 | 1966—1973 | 1973—1981 | 1981—1991 |
| 第五波（信息技术） | 1991—2001 | 2001—2008 | 2008—2019 | 2019— | |

注：1973 年前的划分来自杜因，1981—2001 年划分来自周金涛。
资料来源：杜因（1983），兴业研究。

在康波周期繁荣阶段，经济基本面向好，市场投资意愿强烈，所有部门的需求都在扩张，经济往往呈现高增速与低通胀相伴的特征。这可以解释为新技术提高了生产效率，且高增长没有引发资源约束。随着新技术对生产率的提升边际递减，资源约束效应显现，价格上升，康波周期进入衰退期，经济在前期通常表现为高增长引发高通胀，后期经济增速放缓，可能表现为滞胀，比如 1973—1981 年和 2008—2019年全球工业生产和 GDP 增长出现了不同程度的放缓。在康波萧条期，典型特征是产能过剩，全球经济增长通常会放缓，呈现通缩与滞胀反复的局面，不过新技术开始萌芽，比如 1872—1883 年（其间出现了1873 年全球经济危机，同时电气化技术快速发展）、1929—1937 年（其间发生了大萧条）和 1973—1981 年（其间出现了严重的滞胀，信息化技术快速发展）。在复苏阶段，随着企业对经济预期的逐步改善，生产投资逐步增加，居民需求逐步释放，经济增长会有所回升。从萧条向复苏的过渡通常要经历 10 年以上时间，其间可以看到新兴经济体的复兴，比如 20 世纪八九十年代的"亚洲四小龙"。

## （二）康波周期与金价

从康波周期角度来看，历史上金价的趋势性上涨基本发生在衰退期和萧条期，金价在过去三轮萧条期的上涨概率更是 100%，而在回升期和繁荣期表现不佳。在康波的复苏和繁荣期，经济基本面向好，实体增长动力充足，市场风险偏好上升，黄金避险需求明显下降，而且黄金可能无法满足投资者的保值需求（与通胀相比，所以下文采用不变价）。康波周期进入衰退以及萧条期后，过去几十年经济快速增长累积的矛盾开始显现，黄金避险需求开始明显增加。在党的二十大报告中，"我国发展进入战略机遇和风险挑战并存、不确定难预料因素增多的时期"的表述，准确刻画了当前宏观大环境的变化。全球经济自 2019 年起开始进入康波萧条期，即技术创新周期末端，这一周期往往持续十余年之久，也就是说康波萧条期可能要到 2030 年左右才会结束，这也与美国国会预算办公室大幅下调美国政府杠杆率的时点相近。康波萧条期的典型特征是：该轮技术周期中的代表技术对全球经济增长的拉动进入瓶颈期，全球进入切存量蛋糕时代，区域动荡以及地缘政局博弈加剧，主要经济体往往会存在较为严重的债务问题，传统投资品种收益率下降，同时新的技术开始萌芽。每当此时，黄金超主权货币属性就会得以体现，金价在康波萧条期中表现亮眼。历史上，康波萧条期的金价上涨概率为 100%，这是黄金长牛走势中的主升浪阶段（见图 2-57、表 2-18）。

我们在前文提及黄金三大属性影响的转变，这些变化其实与康波周期的切换存在一定关联。从康波层面而言，金价波动更显著的1970—1982 年属于康波萧条期，2002—2008 年则由康波繁荣期转入衰退期，2019 年前后则经历了康波衰退期转入萧条期。历史上，康波衰退期和萧条期是金价波动加大、更容易出现大幅上涨的时期。

美元/盎司

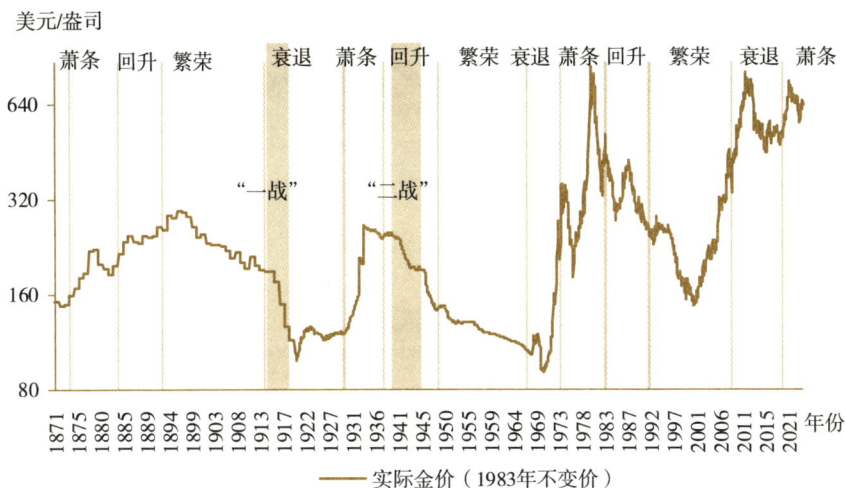

图 2-57　康波周期与金价

表 2-18　康波周期与金价

| 繁荣 | | 衰退 | | 萧条 | | 回升 | |
|---|---|---|---|---|---|---|---|
| 时间 | 金价涨跌幅（%） | 时间 | 金价涨跌幅（%） | 时间 | 金价涨跌幅（%） | 时间 | 金价涨跌幅（%） |
| 1892—1913 | -27 | 1913—1929 | 13 | 1873—1883 | 33 | 1883—1892 | 32 |
| 1948—1966 | -26 | 1966—1973 | 116 | 1929—1937 | 101 | 1937—1948 | -40 |
| 1991—2008 | 64 | 2008—2019 | 35 | 1973—1982 | 103 | 1982—1991 | -45 |
| | | | | 2019—2023.6 | 24 | | |

资料来源：兴业研究。

　　计算 HP 滤波[①]后的金价周期项和 CPI 周期项、制造业 PMI 新订单的相关性，我们可以发现各时期相关性存在显著差异。

　　1973—1982 年和 2019 年以来同属康波萧条期，相关性模式类似，金价与制造业 PMI 新订单高度负相关，且制造业 PMI 新订单领先金价4—6 个月。不过，1973—1982 年，金价与 CPI 高度正相关；但 2020

------

① 　经济学中常见的一种时间序列经济数据平滑处理方法。

年以来，二者高度负相关。产生差异的原因可能是，在 20 世纪 80 年代沃尔克当选美联储主席前，通胀处于失控状态，市场丧失了对美联储货币政策的信心，同时美元指数也持续承压走低。2022 年之后，美联储较及时地修正了货币政策，利率开始快速追赶通胀，同时美元指数在强力加息支持下大幅走强。此时，黄金显现出强烈的货币属性，即美元的终极替代。

1983—2000 年，金价与制造业 PMI 新订单波动较为同步（滞后 0—6 个月的相关性差异不大），同时领先于 CPI 周期项。在这一时期，黄金的货币属性较弱，与美国景气周期同步，更多呈现的是商品属性。2000—2019 年，金价滞后于制造业 PMI 新订单，与 CPI 基本同步。

综上，随着进入康波萧条期，黄金的货币属性再度增强，与美国经济周期的反向关系再度显现，可以有效对冲美国经济下行或衰退风险；反之，在美国经济上行期，金价将受到抑制。

## 第七节
### 套息交易的影响

前面的章节聚焦于不同属性以及不同周期对金价的影响，在本章最后两节，我们将从另外的角度去审视金价，聚焦于交易层面以及金融市场对金价的影响。黄金套息交易曾一度对金价走势有着重要影响，近些年黄金套息交易量有所下降。不过，作为曾经影响金价的重要因素，我们仍需厘清其与金价走势的关系，以及在何种环境下套息交易会再度成为影响金价的重要因素。我们将回顾黄金套息交易的发展历程，分析黄金套息交易与中央银行行为、金价以及息差的关系。

# 一、黄金套息交易

## （一）定义

　　黄金套息交易是从传统的黄金租赁交易发展而来的。在黄金租赁活动中，中央银行、国际储金银行（Bullion Bank）[1]和黄金开采商扮演着不同的角色。交易的起因往往是开采商或珠宝商等出于融资或风险对冲的目的，向中央银行借出金库中闲置的黄金。银行扮演着中介的角色，他们一方面为黄金开采商向中央银行租借黄金增信，另一方面代表黄金开采商在市场上出售所借来的黄金。最终，黄金开采商将销售所得用于投资矿山开发、购买器材等，开采黄金以偿还中央银行的黄金债务（见图 2-58）。

步骤1：生产商期初借金　　　　　　步骤2：生产商到期还金

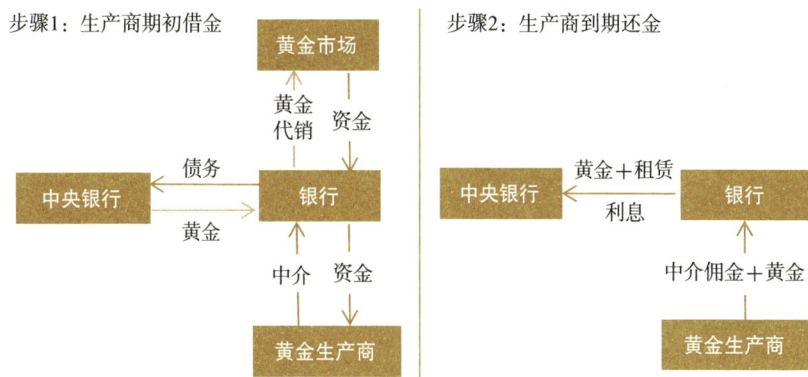

图 2-58　黄金租赁交易图解

资料来源：迪米特里·斯佩克（Dimitri Speck），兴业研究。

　　套息交易是指，通过借入低利率的资金，并将其投资在更高回报

---

① 往往只有国际储金银行才有资格从中央银行那里借到黄金，以 J. P. 摩根公司（后来的摩根大通）、汇丰银行和德意志银行这样的国际性大银行为代表。

资产上的交易方式。举一个经典的案例：以 1 年期利率 4% 的成本借入英镑，然后通过投资墨西哥元获得 1 年期利率 11% 的回报，假设汇率平稳并排除其他因素干扰，7% 的差额就是可预期利润。除了跨币种套息交易之外，黄金作为最重要的商品之一，同样可以进行套息交易。简单来说，交易者以黄金租赁利率从中央银行借入黄金，然后将出售黄金所得的资金投资于其他更高收益的资产，例如货币市场或国债市场。到期时，交易者出售高收益资产、回购黄金并向中央银行偿还黄金（见图 2-59）。

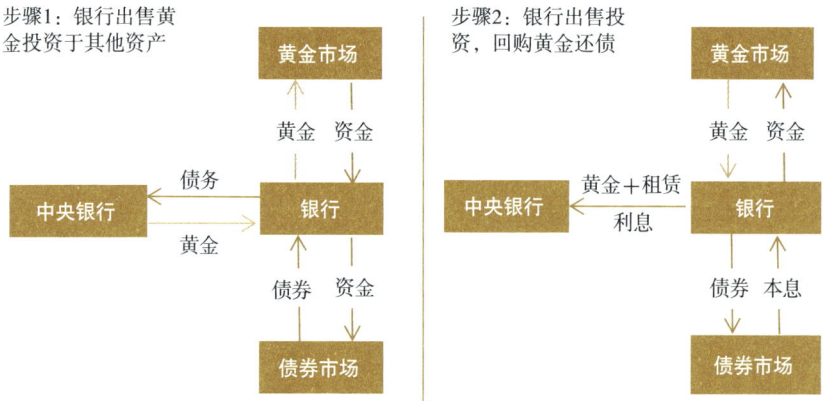

步骤1：银行出售黄金投资于其他资产

步骤2：银行出售投资，回购黄金还债

图 2-59　黄金套息交易图解

资料来源：迪米特里·斯佩克，兴业研究。

## （二）历史

1971 年，布雷顿森林体系解体后，金价开始自由浮动。虽然黄金不再是传统意义上的货币，但依然是非常重要的官方储备，且在主导国的信用出现危机时仍会展现出超主权货币属性。各国中央银行持有大量黄金储备，如何"安全"且"有效益"地储存黄金也成为重要命题。与其无息持有黄金且占用库存成本，中央银行选择通过黄金租赁或黄金掉期来解决该难题，这两种交易方式也就构成了黄金套息交易的基础。

黄金套息交易大多数发生在伦敦金银市场协会，该市场是一个场外交易市场，因而关于套息交易中涉及的黄金租赁量并无公开数据可查。本书采用迪米特里·斯佩克在《黄金卡特尔》一书里对 1980—2012 年全球黄金租赁量所做的估计。对于 2012 年之后数据缺失的时段，我们采用黄金生产商对冲累积量来辅助分析。我们在本节开篇提到，银行最初是黄金租赁交易中的中介角色，承载着黄金开采商的套期保值对冲需求向中央银行租赁黄金。因此，我们可以认为，全球黄金租赁总量由生产商的套期保值需求和银行的套息交易需求支撑。不论是黄金租赁交易还是黄金套息交易，生产商与银行都面临相同的租赁利息与到期还金需求，不难得出二者的租赁量很可能保持高度同步。通过对 1980—2012 年全球黄金租赁量与生产商套期保值累计量统计分析，我们发现二者相关系数高达 93%，因此采用生产商套保量进行辅助分析是合理的（见图 2-60 和图 2-61 ）。

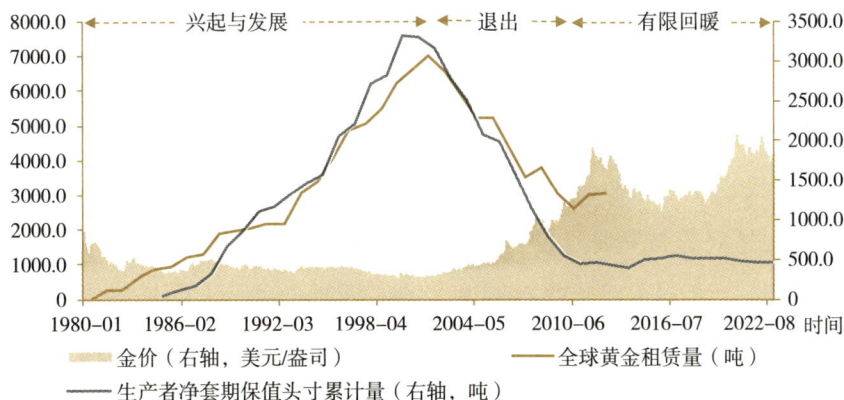

图 2-60　全球黄金租赁量、黄金生产商套期保值累计量与金价

资料来源：迪米特里·斯佩克，世界黄金协会，兴业研究。

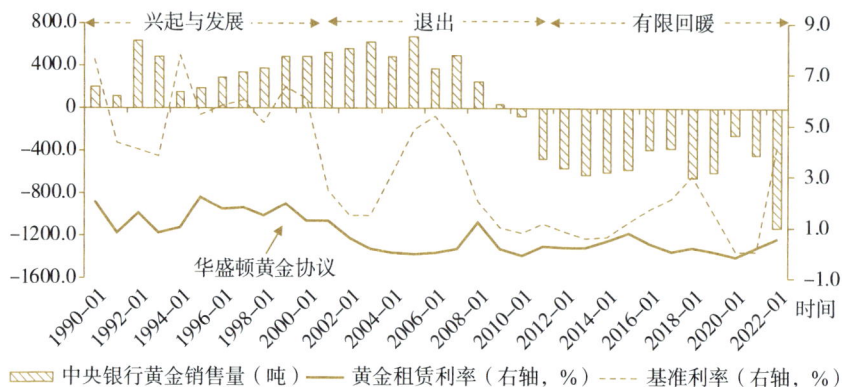

图 2-61　中央银行在黄金套息交易不同发展时期的角色转变

注：基准利率（LIBOR 在 2021 年 10 月 1 日之后改用 SOFR 期限利率对照；黄金租赁利率在 2014 年 12 月 31 日之前采用伦敦金银市场协会在《黄金租赁利率的透明度》中提出的黄金租赁中间利率 = LIBOR –（GOFO + 19BP），2014 年 12 月 31 日之后使用彭博社提供的黄金租赁利率（伦敦金银市场协会，1997）。

资料来源：伦敦金银市场协会，彭博社，世界黄金协会，兴业研究。

　　租赁交易作为黄金套息交易的基础，开始时间大约在 1980 年。黄金租赁量在 2000 年左右达到峰值，而后逐步回落，在 2010 年之后有限回升。在黄金套息交易潮起潮落的过程中，作为黄金租赁的主要借出方，中央银行直接影响着可供套息的黄金供应量的变化。结合中央银行的角色转变及黄金租赁量的变化，我们可以将黄金套息交易的发展进程划分为三个阶段。

　　一是兴起与发展阶段（1980—2000 年）。1980 年，金价一路攀升至峰值，此后进入漫长的 20 年回落期，同时全球化开始快速发展。在一个有利于套息交易成长的长期熊市，大量黄金抛售套现。在此期间，中央银行是著名的黄金卖家，许多西欧中央银行扩大了对贷款、掉期和其他衍生工具的使用，致使黄金租赁量逐步上升。1980 年开始，黄金租赁量缓慢上升。1990 年之后，黄金套息交易逐渐火热，这与彼时金价弱势已成共识、主权国家的货币利率居高不下以及更重要的全球进入平稳发展期有关，低廉的黄金租赁利率创造了巨大的潜在套息空间。整体而言，20世纪90年代，金价维持弱势，同期活跃的黄金套息交易又增加了市场供应，此间黄金租赁利率整体维持在1%以上的较高水平。1990—2000年，黄金租赁利率均值为1.43%。

二是退出阶段（2001—2010年）。1999年年末的《华盛顿黄金协议》（CBGA）是一个重要拐点。该协议约定，15家欧洲中央银行同意将之后五年的售金量限制在每年400吨以内，减少黄金租赁和衍生活动。此后，2001年的"9·11"恐怖袭击、互联网泡沫破灭以及美元步入长期熊市，进一步助推金价。黄金套息交易商的对冲账簿受到冲击，一些公司不得不进行财务重组。各交易方逐渐退出套息交易，纷纷交割黄金头寸，回购黄金现货对冲，这进一步加剧了金价上涨。2000年起，黄金生产商的对冲量逐年下降，市场上黄金租赁需求与黄金租赁利率也逐渐走低。12个月的黄金租赁利率在1999年后连续六年持续下降，并在2004年首次下降至负利率水平。

三是有限回暖阶段（2011年之后）。2011年以来，各国中央银行一直是黄金的净买家，同时黄金租赁利率维持低位。尽管如此，伴随金价2011年年末进入熊市，一些交易者也重返套息市场，但黄金套息交易头寸整体小于1980—2000年，持续时间也更短。在此期间，金价与主要汇率套保后的利差保持同步（见图2-62）。不过，2018年之后的套息交易量再度下降。过去十年，黄金租赁利率在-1%至1%之间波动，自2022年以来出现明显抬升。这与全球由低通胀时代步入高通胀时代、由低息时代步入高息时代有关。

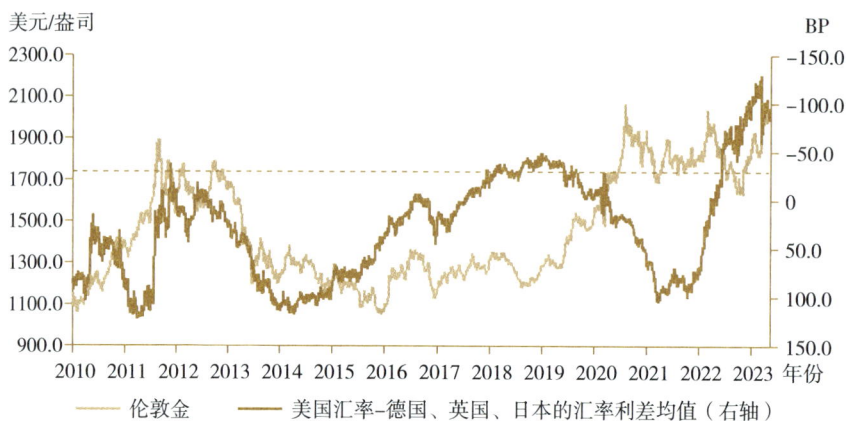

图 2-62　伦敦金与美国汇率-德国、英国、日本的汇率套保后利差

资料来源：Macrobond，兴业研究。

## 二、黄金套息交易影响因素

### （一）定性分析

我们从前文的分析可以看出，黄金套息交易主要受两方面因素影响。

一个因素是投资资产回报与黄金租赁成本之间的差值，这通常以基准利率[①]和黄金租赁利率之差衡量（见图 2-63）。在传统的黄金租赁业务中，银行仅能获得租借黄金的中介业务收入，但廉价的黄金租赁成本催生了套息交易。银行从中央银行借入黄金，在市场上出售，并不再将收益转移给黄金开采商，而是投资于收益率更高的资产，进而获取套息收益。因而，基准投资回报率与黄金租赁利率之差（以下简称"息差"）决定了市场平稳条件下的套利空间。

---

① 基准利率采用 LIBOR，后改用 SOFR。本文后续计算中以 12 个月期利率计算，2021 年 10 月 1 日前采用的 LIBOR 12M 利率，2021 年 10 月 1 日后全部采用芝加哥商品交易所（CME）公布的 SOFR 12M 期限利率。

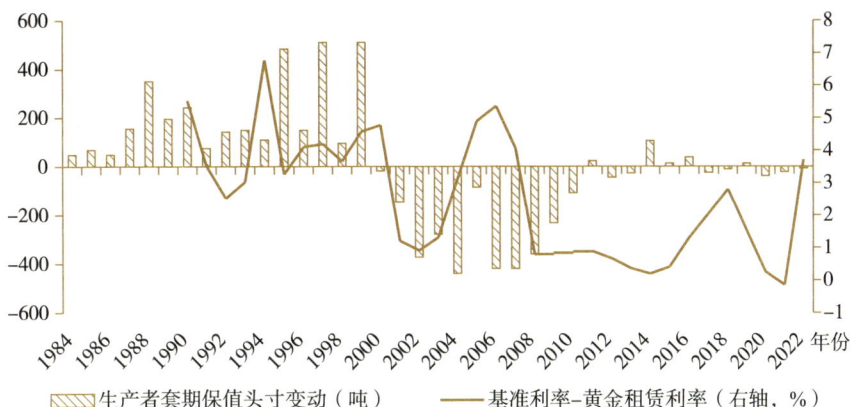

图 2-63　生产者套期保值头寸净变动与息差空间

资料来源：彭博社，世界黄金协会，兴业研究。

　　假设银行构造无风险套利组合：期初时，一家银行向中央银行租赁一笔黄金，它选择抵押黄金获得贷款，并立即出借给他人。到期时，该银行回收出借资金及利息，偿还黄金抵押贷款，回收黄金偿还中央银行，并付出相应的租赁利息费用。该套利活动属于在无风险的状态下进行，根据无套利定价原理，期初状态等于期末状态。因此，该银行付出黄金租赁成本（GLR）和黄金抵押贷款利息（GOFO），获得资金出借收益（LIBOR/SOFR），最终不难得出该交易的无套利公式为：

$$GLR = LIBOR/SOFR - GOFO$$

　　GOFO[①] 为黄金远期利率，是黄金对美元的掉期利率。银行如果拥

---

① GOFO 由其做市商成员（加拿大丰业银行、高盛公司商品部、加拿大皇家银行、摩根大通、法国兴业银行、汇丰银行和瑞银集团）提供，代表了做市商会员用掉期借出黄金换美元的利率。GOFO 平均值（GOFO mean）提供了黄金掉期利率的国际标准值。它的作用是提供了黄金利率掉期交易和黄金远期利率协议的基准。GOFO 期限一般有 1 个月、2 个月、3 个月、6 个月和 1 年，所以黄金租赁期限最多为 1 年。

有黄金并想借入美元，那么可以使用黄金作为抵押品来获得贷款，其中 GOFO 便是该贷款的利率。因为 GOFO 类似于黄金抵押贷款利率，所以它往往小于无担保的基准利率。该指标是黄金掉期、远期和租赁定价的国际基准，由伦敦金银市场协会每日伦敦时间上午 11 点在其官方网站公布。伦敦金银市场协会于 1989 年 7 月 17 日开始引用 GOFO，并于 2015 年 1 月 30 日停止。GLR 为黄金租赁利率，是银行借入黄金的成本。

另一个因素是金价走势。黄金套息交易融资贷款是以黄金计价的，黄金的市场价格决定到期还金时回购黄金金额的大小（见图 2-64）。如果金价下跌，那么银行在归还黄金时需要支付的金额小于贷款金额；如果金价上涨，银行就会面临损失。银行租赁中央银行的黄金在到期时的价格越低，套息交易的利润也就越大。所以，黄金套息交易只有在黄金价格预计保持稳定或下跌时才有意义。在复杂情况下，银行也会考虑选择期货或者远期合约等方式锁定未来交易价格。

图 2-64　生产者套期保值净头寸与金价变动

资料来源：彭博社，兴业研究。

因此，当投资资产回报率与黄金租赁利率之间的套息走阔，并伴随着金价走势下跌时，这是黄金套息交易的好时机。

## （二）定量测算

关于以上两个因素，我们可以采用计量模型来分析其对黄金套息交易的影响，考虑到黄金租赁利率在 1989 年年中后才出现，我们将研究周期设定为 1990—2022 年。对比整个样本期（1990—2022 年）和三个子样本期（1990—2000 年、2001—2010 年和 2010—2022 年），我们分析以上两个因素对于黄金套息交易活跃程度以及套息交易利润的影响。

### 1. 黄金套息交易活跃程度与金价及息差的关系

为了研究黄金套息活跃程度与金价及息差之间的关系，我们构建如下回归公式：

$$NPH_t = \alpha + \beta_1 \Delta GP_t + \beta_2 ( BIR_t - GLR_t ) + \in_{t,\ t+1}$$

其中，$NPH_t$ 为 $t$ 时刻生产商套期保值净头寸变动或黄金租赁量变动；$\Delta GP_t$ 为过去一年的金价波动幅度，代表套息者依据金价过去表现对未来金价走势的预期；（$BIR_t$–$GLR_t$）为 $t$ 时刻基准利率与黄金租赁利率之间的息差。

回归结果表明，不论在哪个时期，金价走势都是影响市场上套息交易活跃程度的首要因素（见表 2–19）。回归所得 $\Delta GP_t$ 的系数 $\beta_1$ 明显大于息差系数 $\beta_2$，并且前者显著度明显优于后者。虽然金价走势与息差之间可能存在一定程度的多重共线性，但是我们从回归结果可以看出金价走势对套息交易活跃程度的解释力度明显更大。

整体而言，金价走势总是与套息交易活跃程度呈负相关，息差走阔有利于激发黄金套息交易的市场活力。金价走势因素的 $\Delta GP_t$ 的系数 $\beta_1$ 长期为负数，表现出金价上涨会对套息交易造成削弱。息差系数 $\beta_2$ 在总样本中表现为正，在 2000 年之后表现为负。这主要还是因为近 20 年来金价整体较为强势，息差影响较为次要，黄金套息交易与息差间关系减弱。

表 2-19　实证分析黄金套息交易活跃程度与金价及息差的关系

| 1990—2022 | | | | | |
|---|---|---|---|---|---|
| | coef | std.err | t-stat | p-value | R squared |
| constant | 0.5588 | 0.0300 | 18.6040 | 0.0000 | |
| GP | −0.4826 | 0.0740 | −6.5340 | 0.0000 | |
| BIR−GLR | 0.1396 | 0.0660 | 2.1190 | 0.0380 | 0.4030 |
| Panel A：2011—2022 | | | | | |
| | coef | std.err | t-stat | p-value | R squared |
| constant 1 | 0.4724 | 0.0100 | 49.5350 | 0.0000 | |
| $GP_1$ | −0.0386 | 0.0350 | −1.1170 | 0.2690 | |
| $BIR_1-GLR_1$ | −0.0171 | 0.0250 | −0.6750 | 0.5030 | 0.0350 |
| Panel B：2001—2010 | | | | | |
| | coef | std.err | t-stat | p-value | R squared |
| constant2 | 0.9456 | 0.0780 | 12.0740 | 0.0000 | |
| $GP_2$ | −0.5945 | 0.1480 | −4.0230 | 0.0000 | |
| $BIR_2-GLR_2$ | −0.1773 | 0.1120 | −1.5820 | 0.1170 | 0.1780 |
| Panel C：1990—2000 | | | | | |
| | coef | std.err | t-stat | p-value | R squared |
| constant3 | 0.6072 | 0.1020 | 5.9340 | 0.0000 | |
| $GP_3$ | −0.7749 | 0.2420 | −3.1990 | 0.0020 | |
| $BIR_3-GLR_3$ | 0.0950 | 0.1550 | 0.6140 | 0.5400 | 0.0840 |

资料来源：伦敦金银市场协会，世界黄金协会，兴业研究。

### 2. 套息交易利润空间与金价及息差的关系

对于金价与息差究竟是如何影响银行套息的利润空间，进而作用至交易市场的活跃程度的，我们借鉴鲍尔（Baur）的利率平价模型构建如下回归公式：

$$\Delta FGP_t = \alpha + \beta(\, BIR_t - GLR_t) + \in_{t,\,t+1}$$

其中，$\Delta FGP_t$ 表示未来一年到期时的金价涨跌幅，为套息者一年后实际到期时还金的收益率；（$\text{BIR}_t - \text{GLR}_t$）为 $t$ 时刻 1 年期基准利率与黄金租赁利率之间的息差；$\alpha = 0$，$\beta = 1$，表示该未覆盖利率平价公式（UIP）[1]成立，黄金套息交易在该阶段内不亏不盈。该公式通过分析息差与金价变动间的关系，进一步解读二者对利润空间（$\text{BIR}_t - \text{GLR}_t - \Delta\text{FGP}_t$）的影响。

结果表明：第一，银行套息所得利润基本由金价走势驱动；第二，黄金套息交易作为中央银行管理金价的工具，在 2000 年之后逐渐淡出（见表 2-20）。

表 2-20　1 年期黄金价格涨跌幅与息差的回归分析

| | coef | std.err | t-stat | p-value | R squared |
|---|---|---|---|---|---|
| **1990—2022** | | | | | |
| constant | 0.0739 | 0.0030 | 26.7440 | 0.0000 | |
| BIR-GLR | −0.5857 | 0.0850 | −6.9190 | 0.0000 | 0.0060 |
| **Panel A：2011—2022** | | | | | |
| constant1 | −0.0406 | 0.0040 | −11.5620 | 0.0000 | |
| $\text{BIR}_1 - \text{GLR}_1$ | 8.0372 | 0.3240 | 24.7890 | 0.0000 | 0.1790 |
| **Panel B：2001—2010** | | | | | |
| constant2 | 0.1690 | 0.0050 | 34.8140 | 0.0000 | |
| $\text{BIR}_2 - \text{GLR}_2$ | 0.9187 | 0.1580 | 5.8090 | 0.0000 | 0.0130 |
| **Panel C：1990—2000** | | | | | |
| constant3 | 0.0501 | 0.0050 | 9.8330 | 0.0000 | |
| $\text{BIR}_3 - \text{GLR}_3$ | −1.7805 | 0.1100 | −16.1460 | 0.0000 | 0.0860 |

资料来源：伦敦金银市场协会，世界黄金协会，兴业研究。

从三个子样本回归结果来看，$\beta$ 系数绝对值都大于 1，证明金价走

---

[1]　未覆盖利率平价理论通常是指两国之间的利率差异将等于同期货币汇率的相对变化。这里指的是基准利率与黄金租赁之间的利率差异将等于同期黄金价格的相对变动。

势对利润的影响足以覆盖利率差异。此外，$\alpha \neq 0$ 证明平价公式并不成立，市场存在有套利机会的可能。对银行黄金套息交易到期收益率初步估算，得出其利润空间与黄金价格走势高度相关，二者的相关系数高达 −0.998，绝对值显著高于息差与利润率走势间的相关系数 0.25。相比于黄金价格 1 年期内的波动幅度在 −30%—70% 的高度波动，息差往往较为平稳地维持在 0—10% 之间，因此交易者更关注黄金价格走势所带来的冲击。

从整体样本回归结果来看，$\beta$ 系数由 2000 年前的负值转为 2000 年之后的正值，且正值呈现扩大之势，表明 20 世纪 90 年代息差走阔往往伴随黄金价格下跌，而 21 世纪的息差走阔往往伴随黄金价格上涨，这种表现在近 10 年尤为明显。美联储前主席格林斯潘说过："中央银行随时准备在价格上涨时大量租赁黄金。"中央银行试图干预黄金价格，若希望其下行，就会通过直接销售或黄金租赁间接销售的方式影响市场。2000 年以前，中央银行释放出大量黄金以供租赁交易，于是套息交易活跃程度增加，黄金销售增多，黄金价格下行；但 2010 年之后，中央银行转为净购金（见图 2-65）。

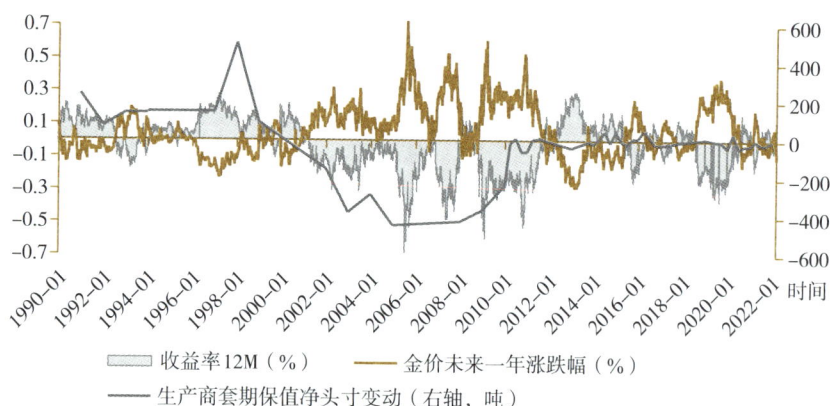

图 2-65 黄金套息交易收益率一览图（粗略估计）

注：收益率 = 基准利率 − 黄金租赁利率 − 1 年期黄金价格收益率。
资料来源：世界黄金协会，兴业研究。

## 三、总结

2000 年前后，黄金套息交易的活跃程度存在较大差异，与金价走势以及中央银行在黄金市场上的行为存在较大关联。总体而言，1990—2000 年，信息技术革命快速推进，全球化蓬勃发展，中央银行以净售金为主，市场上可供租借的黄金充裕，同时金价低迷也提供了黄金套息交易发展的土壤。进入 21 世纪，金价的强势上涨扭转了套息交易得以盈利的底层逻辑，套息交易量开始下降。2011 年以后，金价步入熊市，使得套息交易再度回归，金价与主要经济体汇率套保后的息差高度同步。不过，次贷危机后，新兴经济体中央银行持续购金，市场上可供租借的黄金量整体较 1990—2000 年下降，2011 年之后的黄金套息交易规模不可与 20 世纪 90 年代同日而语。2018 年年底，金价重返牛市，叠加逆全球化趋势下中央银行购金量的增加，套息交易量再度回落。

展望未来，在逆全球化以及去美元化趋势下，中央银行大量购金，套息交易或仍将低迷一段时间，表明金价感受到来自套息交易的压力有限。

### 第八节
## 金融市场与实物市场

在前面几节，我们分析了黄金的超主权货币属性、债券属性和商品属性，以及这三大属性与货币体系变迁、美元指数、债务周期和产能周期的关系，同时我们分析了黄金价格在库存周期、朱格拉周期、康波周期等经济周期和库兹涅茨周期中的表现，并讨论了套息交易与黄金价格的关系。本节我们将焦点转向金融市场指标（日度、周度）、机构和零售客户（CFTC 持仓以及黄金 ETF）以及中央银行购金行为等，进一步完善黄金价格监测体系。

## 一、风险溢价

美债利率、美元指数都是可以用来拟合黄金价格的高频定量指标，模型拟合中的拟合值与实际价格表现的差值就是残差。在实际应用中，残差并不是一个无意义的项，通常存在均值回归特征，是与技术摆动指标一起可以用来观测黄金价格短期运行是否会面临阶段性反向修正风险的重要参考依据，我们将其定义为风险溢价。

从美债实际利率来看，2004—2021 年年中，用 10 年期美债实际利率拟合黄金价格效果良好。10 年期美债实际利率模型风险溢价在此期间总体呈现均值回归走势，同时具有很强的周期性意义（见图 2-66）。我们分析了库存周期不同阶段黄金风险溢价的表现。总体而言，在库存周期四个阶段中的主动补库存阶段，黄金风险溢价均值最高；而在被动补库存阶段，黄金风险溢价均值最低（见图 2-67）。

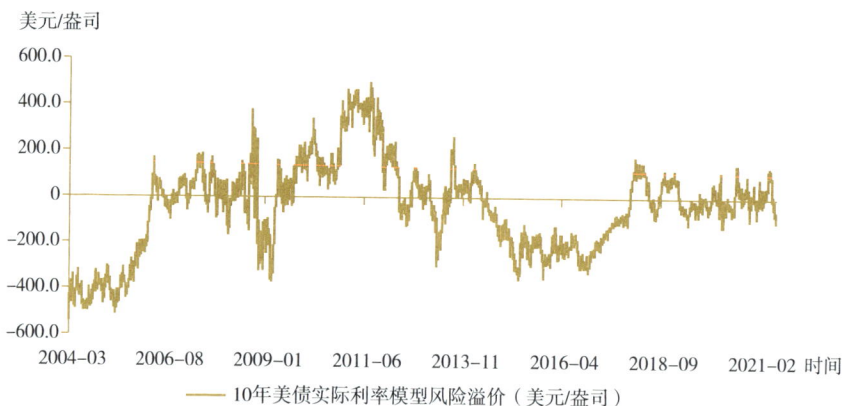

图 2-66　10 年期美债实际利率风险溢价（2004—2021 年年中）

资料来源：彭博社，兴业研究。

| 被动去库存 | （个月） | 区间变动 | 均值 |
|---|---|---|---|
| 2007-04—2007-09 | 5 | 33.62 | 133.62 |
| 2009-07—2009-10 | 4 | 31.84 | 14.92 |
| 2013-05—2013-11 | 6 | 270.97 | −21.86 |
| 2015-12—2016-11 | 12 | 28.66 | −124.81 |
| 2020-04—2020-10 | 6 | 34.35 | 51.94 |
| 均值 | | 79.89 | 10.76 |
| **主动补库存** | **（个月）** | | |
| 2007-10—2008-01 | 4 | −172.24 | 26.95 |
| 2009-11—2011-06 | 20 | 267.91 | 213.85 |
| 2013-12—2014-06 | 7 | −68.76 | 13.19 |
| 2016-12—2018-05 | 18 | 301.63 | 17.27 |
| 2020-10—2021-06 | | 65.79 | 25.37 |
| 均值 | | 78.87 | 59.32 |
| **被动补库存** | **（个月）** | | |
| 2005-03—2006-09 | 18 | 332.68 | −122.38 |
| 2008-02—2008-09 | 8 | 256.56 | −37.81 |
| 2014-07—2014-09 | 3 | −3.73 | −85.52 |
| 2018-06—2019-01 | 12 | 44.78 | 158.52 |
| 均值 | | 157.57 | −21.80 |
| **主动去库存** | **（个月）** | | |
| 2006-10—2007-03 | 6 | 31.91 | 99.60 |
| 2008-10—2009-06 | 9 | −196.34 | −41.53 |
| 2011-07—2013-04 | 20 | −561.88 | 32.40 |
| 2014-10—2015-11 | 14 | −104.55 | −110.75 |
| 2019-02—2020-03 | 13 | −155.49 | 102.96 |
| 均值 | | −197.27 | 16.53 |

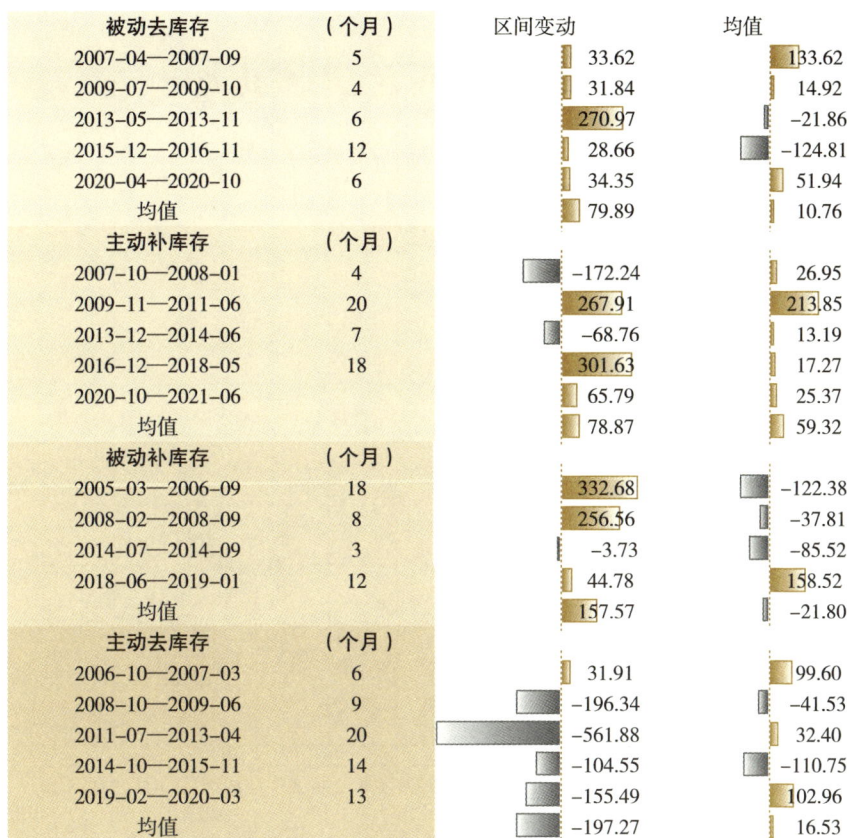

图 2-67　黄金风险溢价与库存周期

注：单位为美元／盎司。

资料来源：彭博社，兴业研究。

从美元指数来看，其与黄金价格长期相关性不稳定。不过，自俄乌冲突爆发以来，黄金与美元指数的负相关性明显提升，这表明全球货币体系多元化加速背景下黄金超主权货币属性凸显。我们将美元指数与 10 年期美债实际利率一起作为因变量进行拟合，发现 2022 年 4 月至 2023 年年中拟合效果较好。在模型风险溢价超过 1 个标准差特别是 2 个标准差时，黄金价格走势均会出现阶段性反弹或调整，不过反弹或调整幅度仅靠风险溢价无法界定，这与背后大背景关联性更强（见图 2-68）。

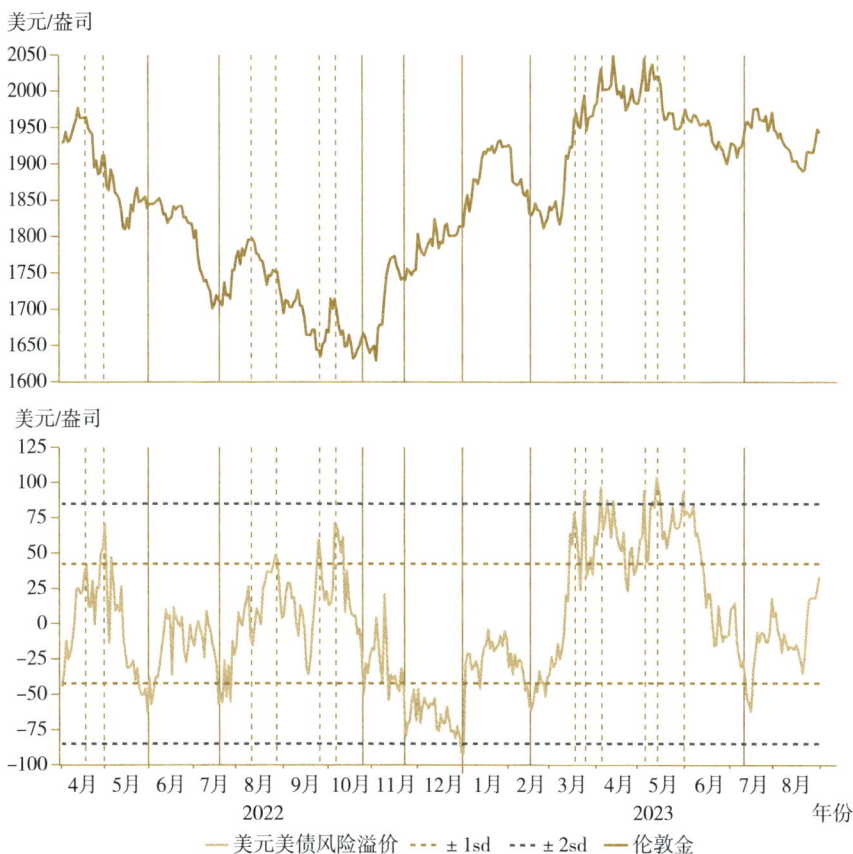

图 2-68　美元美债模型风险溢价与伦敦金

注：竖的实线为美元美债风险溢价低于负 1 个标准差，竖的虚线为美元美债风险溢价高于正 1 个标准差。

资料来源：彭博社，兴业研究。

## 二、CFTC 持仓报告

### （一）定义和类别

  CFTC 持仓报告是指美国商品期货交易委员会于美国东部时间每周五 15：30，也就是北京时间每周六凌晨 3：30（夏令时）或 4：30（冬令时）例行公布的持仓数据。该报告反映的是期货交易所截至当周周二收盘时的持仓头寸。CFTC规定期货交易所的结算会员和期货经纪商每天必须向其提交持仓报告，公布持仓报告的目的是提高市场的透明度，防止某个交易商的头寸过大而操纵市场。黄金期货是杠杆交易品种，对参与者专业度有着较高的要求，故而黄金期货参与者多以机构和产业等专业投资者为主。

CFTC公布的黄金市场的参与者主要有以下几类。

一是生产商／贸易商／加工商／用户：此类别主要为现货商，具有现货背景，使用期货进行风险对冲。

二是掉期交易商：此类别主要进行商品掉期交易，在期货市场上使用期货合约来对冲掉期上的风险。在掉期交易中，掉期交易商的对手方可能是投机商，比如对冲基金，也可能是传统的生产商／贸易商。因此，理论上，我们很难讲掉期交易商主要是投机还是套保，先前的持仓报告都将掉期交易商归为"商业"类别。2008年9月，CFTC有关报告曾建议从"商业"移除掉期交易商，而将其单列为一个新的类别进行公布。

三是管理基金：此类别主要包括注册商品交易顾问（CTA）、注册商品基金经理（CPO）或者CFTC认证的未注册基金，这些一般都为投机商。

四是其他可报告头寸：指其他不可分类为以上三类交易商类别的可报告性的头寸。

五是非报告头寸：指"不值得报告"的头寸，即分散的小规模投机者。

其中，第一类（生产商／贸易商／加工商／用户）＋第二类（掉期交易商）目前仍被称为商业头寸；第三类（管理基金）＋第四类（其他可报告头寸）通常被称为非商业头寸。而所有类别持仓（包括非报告头寸等）的总和为总持仓。

## （二）如何运用持仓进行分析

那么，如何用以上的持仓数据进行价格分析呢？首先，我们需要梳理几类持仓的含义。

一是总持仓：指所有类别的多头或空头的合计值。该指标主要度量的是市场的投资热情和投资信心，有些投资者将其视作人气指标。从历史来看，黄金期货总持仓量领先、同步或滞后走势兼而有之。总体来看，领先和同步关系出现频率高于滞后。如果总持仓能够提前出现向上拐点，则黄金价格上涨的持续性往往较好。

二是非商业净持仓：主要指管理基金净头寸。基金是市场趋势的追逐者和推动者，一般通过跟踪基金净持仓的变化趋势来判断近期期价可能的变动方向和风险情况。

三是商业净持仓：主要指生产商及贸易商的净头寸。与基金在期货市场低买高卖以追求利润最大化不同，生产商及贸易商作为风险管理机构要求损失最小化。在分析时，关注商业净持仓，可以使我们从一个角度了解生产商及贸易商对自己经营产品未来价格走势的判断。

在日常分析中，要关注非商业/基金净头寸（见图 2-69）以及商业/生产商净头寸（见图 2-70）的变化。通常，非商业/基金净头寸高点以及商业/生产商净头寸低点对应黄金价格阶段性高点，但不同时期净持仓的高低点存在较大差异。而且，近些年来，金融市场的蓬勃发展也带来了持仓量的水涨船高，所以我们更应关注的是持仓比例的变化，而且应将非商业以及商业持仓的差异也计入考量。

其实，在很早之前，《以交易为生》这本书就指出，一位商品交易员发明了一种算法公式，将持仓数据转化为比率指标，这一指标恰好可用来衡量商业与非商业持仓的背离程度。

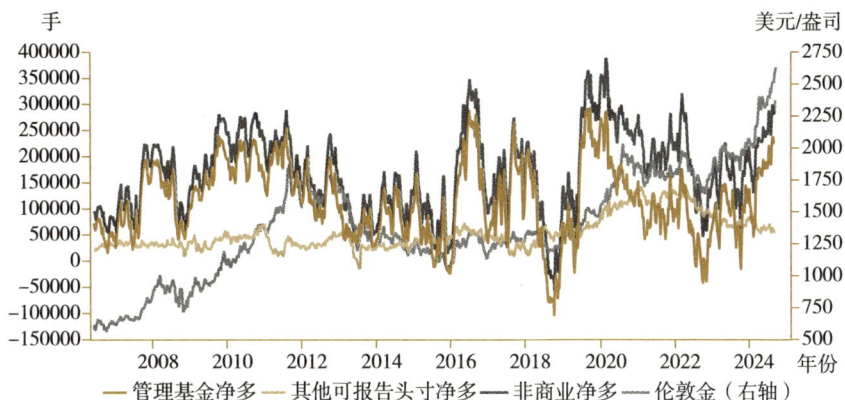

图 2-69　非商业持仓与伦敦金

资料来源：彭博社，兴业研究。

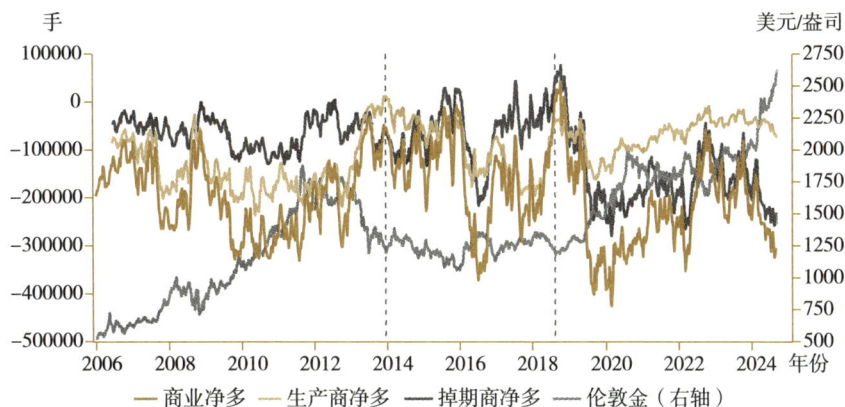

图 2-70　商业持仓与伦敦金

资料来源：彭博社，兴业研究。

这一比率指标被称为 COT 指数，这个比率指数从 0 至 100% 之间取值，算法如下：

COT 指数 =（目前净额 − 最小净额）÷（最大净额 − 最小净额）

目前净额 = 当前商业与投机净仓位之间的差额

最小净额 = 指定时期内商业与投机净仓位的最小差额

最大净额 = 指定时期内商业与投机净仓位的最大差额

常用做法是与过去三年的最高值、最低值进行比较。

当 COT 指数上升超过 90% 时，这意味着交易者处于极端看多状态，代表买进信号；而当 COT 指数下降低于 10% 时，这意味着交易者处于极端看空状态，代表卖出信号。COT 指数越接近 0 或 100% 的极端值，行情反转的信号就越强烈。在波段分析中，这个指标可以作为投资者尝试开仓做多或做空的依据之一，结合符合自身交易特点的仓位管理，往往能提高交易胜率（见图 2-71）。

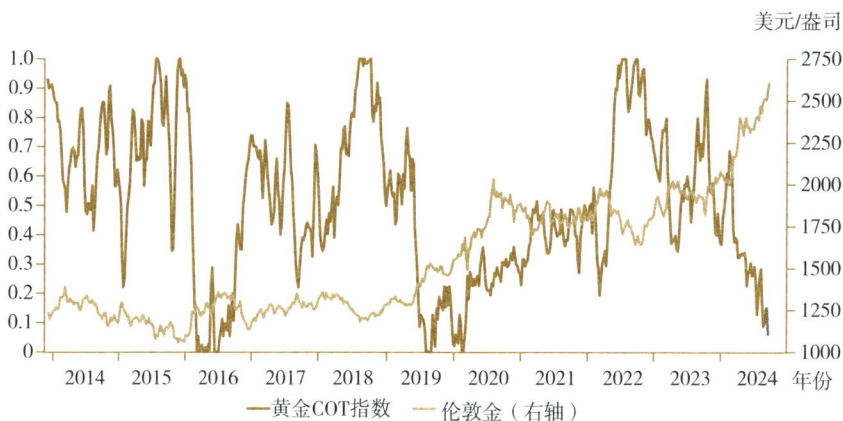

图 2-71 黄金 COT 指数与伦敦金

资料来源：Macrobond，兴业研究。

## 三、黄金 ETF

与黄金期货是杠杆交易品种、多以机构和产业等专业投资者参与为主不同，黄金 ETF 主要是面向零售客户的无杠杆交易品种。机构和产业等专业投资者对于黄金价格走势的认知从群体层面而言优于零售客户，对于黄金价格未来走势有着指引和发现的作用，往往在黄金价格单边走势逻辑驱动较为明确时才会有明显的加减仓行为。与之相较，黄金 ETF 的流向并不能很好地预测黄金价格未来的走势，只是跟随黄金价格变化，多数时候，其拐点落后黄金价格拐点。所以，在黄金 ETF 出现大量流入时，投资者反而需提高警惕，这可能预示着黄金价格阶段性上涨行情已经接近尾声；反之亦然，当黄金价格低迷且黄金 ETF 流出时，投资者也不必过度悲观，需结合其他因素综合判断，看看期待中的黄金价格向上拐点是否临近（见图 2-72）。

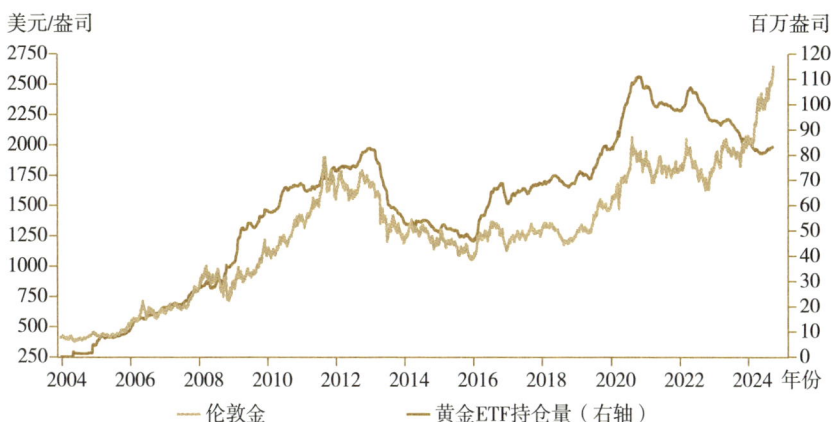

图 2-72　黄金 ETF 持仓量与伦敦金

资料来源：Macrobond，兴业研究。

## 四、中央银行购金

全球中央银行是黄金市场的重要参与者，其黄金储备的变化存在战略性和战术性两个特征，对不同周期的黄金价格走势也具有参考意义。就战略性而言，全球中央银行黄金储备的变化往往与宏观大背景变化以及黄金价格大拐点来临有关；就战术性而言，全球中央银行黄金储备的变化则呈现一定的高抛低吸特征。

分别从发达经济体和新兴经济体来看，在布雷顿森林体系建立后，中央银行对黄金热情有增无减，发达经济体中央银行持续增持黄金储备，这一情况一直持续至1965年。伴随着经济增长，黄金在工业中使用的增长速度已经超过了新的生产量，叠加1966—1967年苏联拒绝向世界黄金市场提供黄金以及1967年中东的"六天战争"，1967年的黄金市场供需变得十分紧张。同时，1967年11月17日，英镑一次性贬值14.3%，引发更多的纸币兑换成黄金，进一步加剧黄金市场的紧张。1967年11月20日至27日，市场兑换了64.1亿美元黄金，其中美国占了59%，发达经济体黄金储备快速下降。

为了保持人们对美元的信心，美国政府采取措施从三方面保护美元：第一，总统再次承诺保证35美元兑换1盎司黄金；第二，为了预防产生新的竞争性货币结盟，财政部部长和政府当局通过各种途径说服其他国家同意维持现有的体制和汇兑比例；第三，财政部部长要求美国国会通过减少支出和增加税收一整套计划来平衡国际支付，恢复和重建对美元的信心。

在美国政府救市措施宣布之后，国际金融市场表面上恢复到了风平浪静，但是马上又受到了更严重的打击。1967年12月11日至15日，市场又起波澜，黄金库损失5.48亿美元黄金，联邦德国、意大利、荷兰、瑞士等黄金库成员国提出退出干预伦敦黄金市场。美国尽力补充黄金来满足扩展的世界经济对黄金的需求，稳定黄金市场。但投机商越来越相信美元将无法支撑下去，美国和其他国家将被迫提升黄金价格，它们"赌博式"地疯狂买进黄金。其他国家对以美元作为储备的信心也越来越不足。危机在 1968 年 3 月终于爆发。时任美国财政部部长亨利·福勒（Henry Fowler）在 3 月 4 日向总统汇报时说："经过一段时间的平静之后，黄金总库在一周之内流失了 1.23 亿美元黄金，其中在星期五就流失了 0.88 亿美元，今天已经损失了 0.53 亿美元，在这周的余下时间里，我们将面临更多的流失。"3 月 8 日，国家安全顾问沃尔特·罗斯托（Walt Rostow）汇报："黄金总库遭受了第三次最大流失，达到了 1.79 亿美元。"政府对投机已经失去了控制。3 月 13 日，黄金流失 2 亿美元。联邦储备委员会主席威廉·马丁（William Martin）警告他们的欧洲同行，美国将关闭黄金市场。3 月 14 日，黄金的流失量达到了近 4 亿美元。为了避免更大的损失，美国要求英国在周五，即 3 月 15 日关闭伦敦黄金市场，邀请黄金总库成员国中央银行行长周末到华盛顿商量对策。

G10 的华盛顿会议达成了《华盛顿黄金协议》。第一，黄金交易实行"双重价格机制"，即由中央银行控制的以 35：1 交易的官方市场，根据需求决定价格面向投机商和工业的私人市场。第二，废除黄金准备金制度，直接增加市场上流通的黄金数量，所有国家将在冻结黄金和维持美元价值的承诺下保持黄金库存。第三，特别提款权出现。通过"纸黄金"的形式来满足日益扩张的世界经济对通货的需求，各国将"纸黄金"存储在国际货币基金组织，通过特别提款权的形式来稳定本国通货，利用实际黄金和美元来完成国际结算。《华盛顿黄金协议》的最后签字标志着 1968 年"黄金危机"的结束。1969 年，发达经济体中央银行黄金储备一度小幅增加，不过 1970 年的情况再度恶化，黄金储备继续流出，这一流出一直持续至布雷顿森林体系解体后的第二年，之后直到 20 世纪 80 年代末，全球黄金储备总量维持平稳。

进入 20 世纪 90 年代，随着宏观经济波动减小，许多欧洲经济体政府认为，中央银行持有黄金储备的机会成本过高，开始抛售部分黄金储备，1990—1997 年出售了约 1918 吨，这部分占到发达经济体中央银行黄金储备量的 7.5%。这些销售使得黄金价格开始迅速下降。1999 年 5 月，英国政府宣布将于 1999 年第二季度至 2002 年第一季度卖出一半的黄金储备，致使黄金价格降至 20 年来低点，约为每盎司 250 美元。鉴于这次中央银行清算对黄金价格产生的负面影响，15 家欧洲经济体中央银行于 1999 年 9 月 26 日在华盛顿签署了中央银行黄金协议，开始限制中央银行的年销售额。发达经济体中央银行售金在 2009 年之前仍然持续，2009 年之后不再抛售黄金，2020 年之后开始明显增持。更值得注意的是，2008 年金融危机之后，大多数发展中经济体黄金储备持续增加，经济危机的后续影响和波动的汇率促使发展中经济体购入更多的黄金储备资产（见图 2-72）。2022 年年初，俄乌冲突爆发后，新兴市场经济体中央银行更是大量增持黄金。2022 年以来，中国的黄金增持量位居首位，中央银行购金提供了 2022 年下半年以来黄金价格的坚实支撑（见图 2-73）。

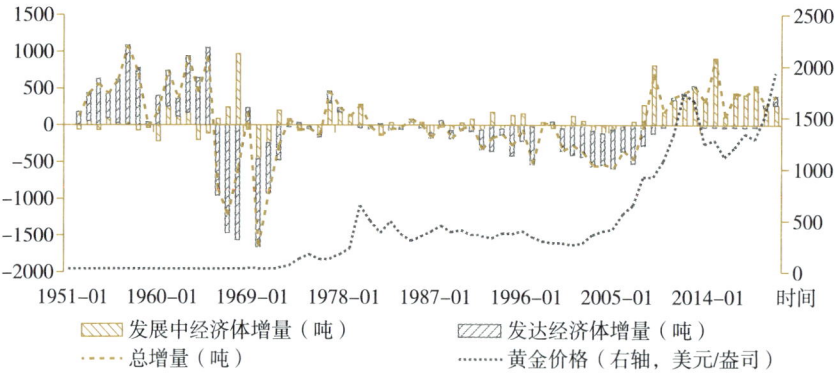

图 2-72　发展中与发达经济体黄金储备年度增量与伦敦金

资料来源：Macrobond，兴业研究。

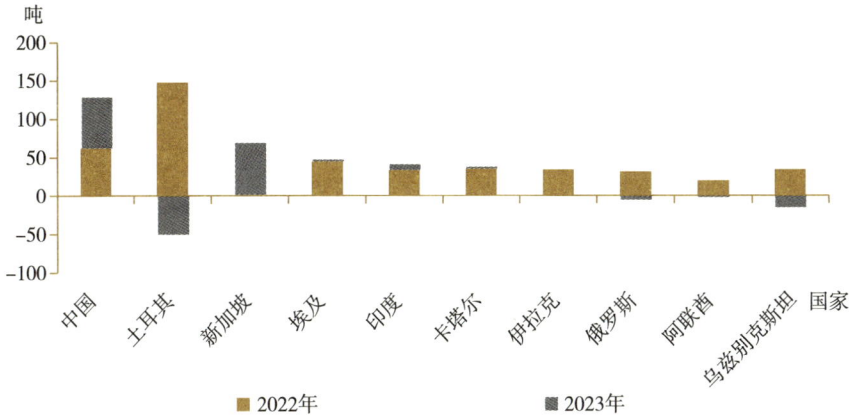

图 2-73 2022 年和 2023 年前十位购金中央银行年度变动

资料来源：国际货币基金组织，兴业研究。

分国别来看（2002 年开始的国别数据），在 2014 年中国货币发行不再锚定外汇储备后，中国中央银行购金更多呈现战略性特征，而且几乎不抛售。2015 年 7 月至 2016 年 10 月，当黄金价格底部以及人民币重估压力较大时，中国中央银行持续购金；2018 年 12 月至 2019 年 9 月，当黄金价格开启本轮大牛市之时，中国中央银行也持续购金；2022 年之后，中国中央银行净购金，大周期底部信号较为强烈（见图 2-74）。除中国外，其余经济体中央银行净购金量与黄金价格走势存在一定的反向关系，更多呈现战术性特征。（见图 2-75）比如，土耳其在 2022 年持续购金，而在 2023 年 3—4 月连续两个月售金，这对应了 2023 年 5 月之后黄金价格的短期调整；而土耳其中央银行在 2023 年第三季度后再度净购金，也对应了 2023 年 10 月初之后的黄金价格快速反弹。

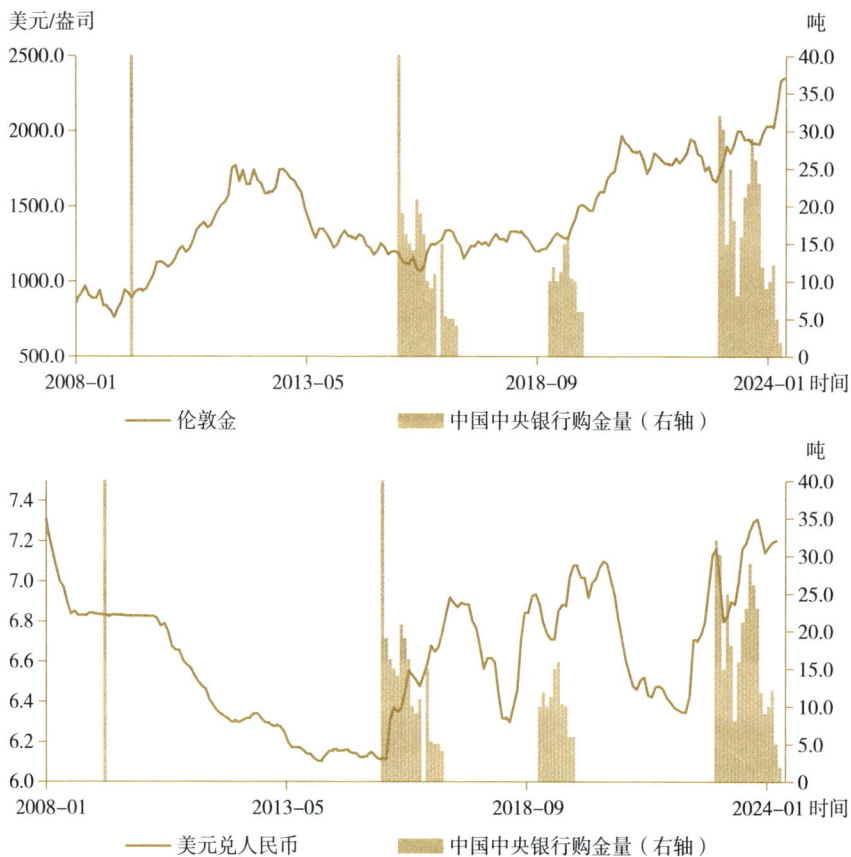

图 2-74　黄金价格、美元兑人民币与中国中央银行购金量

注：2009 年 4 月公布的购金量为 454.1 吨，于 2003—2009 年购入；2015 年 6 月公布的购金量为 604.3 吨，于 2009—2015 年购入。数据量级较大，未在图中完整显示。

资料来源：国际货币基金组织，兴业研究。

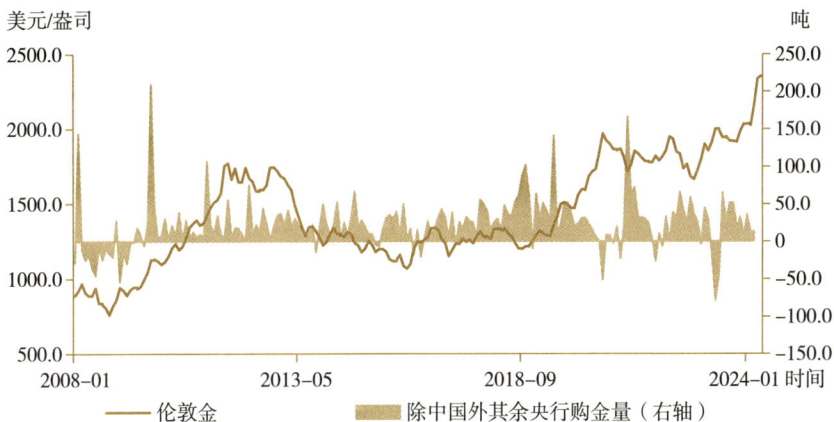

图 2-75　除中国外其余中央银行购金量与黄金价格

注：2022 年下半年至 2023 年年底，国际货币基金组织统计的中央银行购金量与世界黄金协会统计数据有较大差异，趋势相同。

资料来源：国际货币基金组织，兴业研究。

第三章

**比价与价差**

黄金和白银是传统的避险资产，长期来看，二者走势存在很高的相关性，我们首先分析金银比走势的规律以及影响因素，并在此基础上分析银价走势的影响因素。此后，我们选取了两个传统大宗商品——原油和铜——进行分析，这两个商品属于风险资产。理论上，金油比和金铜比在一定程度上反映了市场的风险偏好，我们将对此进行分析。最后，我们聚焦于贵金属市场的境内外价差以及贵金属曲线。

第一节

## 金银比：经济晴雨表

　　虽然黄金和白银长期走势类同，但是在阶段性走势中，二者的幅度和方向也会出现较大的偏离。比如，在 2020 年 2 月至 3 月的贵金属价格下跌过程中，白银跌幅比黄金跌幅高出 24%，相应地，金银比也在 2020 年 3 月 18 日上涨至 127.2 以上，创出历史新高。不过，2020 年 8 月至 2021 年 2 月，黄金价格下跌 10%，而白银价格上涨 6%。白银价格重新快速跑赢黄金，金银比高位回落（见图 3-1）。作为贵金属领域最重要的比价指标，金银比是衡量白银相对黄金是否更具投资价值的通用指标。本文将首先探讨金银比中枢结构性变化的演变及驱动因素，进而讨论金银比周期性波动的规律及驱动因素。

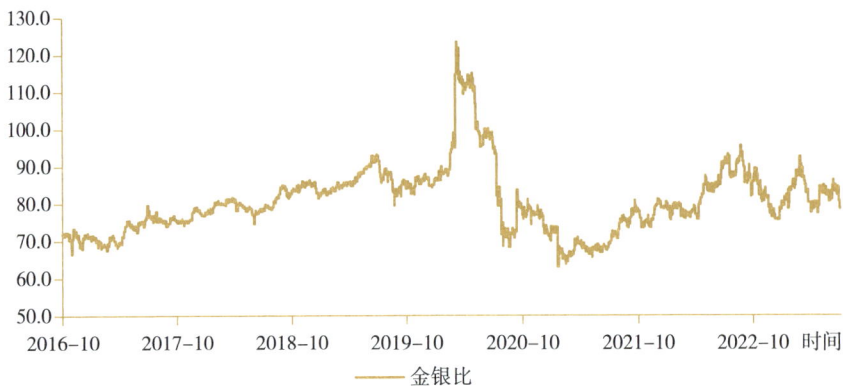

图 3-1　2016 年来金银比走势

资料来源：彭博社，兴业研究。

## 一、金银比中枢的结构性抬升

从可得数据来看，20 世纪之前，金银比相对恒定，基本恒定于 15。进入 20 世纪之后，金银比开始出现剧烈波动，中枢抬升。19 世纪末至 20 世纪 20 年代，金银比由此前的 15 逐步抬升至 40，中枢位于 28。而在 20 世纪 20 年代至 80 年代，金银比波动区间进一步扩大为 15—100，中枢抬升至 45。20 世纪 80 年代之后，金银比上限极值由于新冠疫情影响提升至 127.2，同时波动下限逐步抬升至 40，中枢抬升至 68（见图 3-2）。

总体而言，数百年来，金银比中枢整体呈现抬升之势。这不禁引发我们的疑问：金银比中枢结构性变化的主因是什么？要搞清楚这个问题，我们需要研究金银比的历史。

　　　　　　　　　　　　　　保卫财富：黄金投资新时代

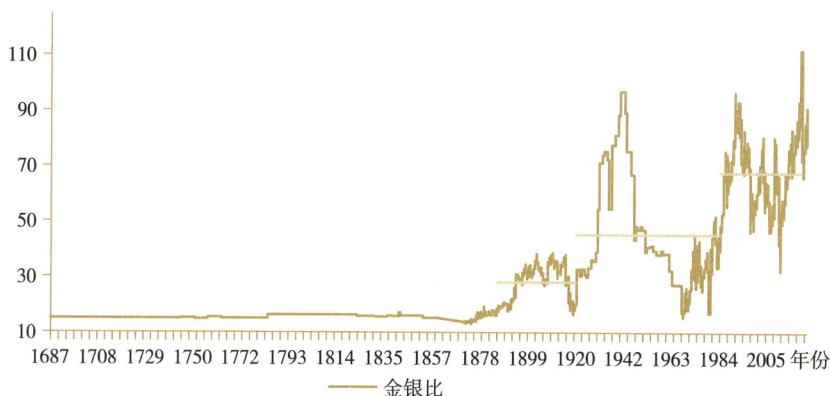

图 3-2　金银比历史走势

资料来源：彭博社，兴业研究。

## 二、金银比的历史

### （一）古代高价期

天然银多半是和金、汞、锑、铜或铂成合金，天然金几乎总是与少量银成合金。由于人们最初取得银的量很少，因而它的价值比金还高。在大约公元前 1780—前 1580 年，古埃及王朝的法典中规定，银的价值是金的两倍。因为当时的古埃及盛产黄金，而白银非常依赖进口。马克思在《政治经济学批判》中也讲道："……而银的开采却以矿山劳动和一般比较高度的技术发展为前提。因此，虽然银不那么绝对稀少，但是它最初的价值却相对地大于金的价值。"随着进口白银逐渐增多，古埃及的金银比也逐步提升。

黄阿明在《明代货币比价变动与套利经济》一文中提及，1492 年以前，当中国、印度两国的金银比还是 5 的时候，欧洲的金银比就已达到了 11 或 12，这是因为中原地区银矿相对稀少（相对欧洲银矿产量占比而言）。所以，中国金银比在较长时间维持在 4—7 的水平，直到清乾隆年间才达到 15 的水平。而在欧美地区，随着美洲频繁发现银矿，1519—1650 年，欧洲的金银比从 11 上涨到 15.5。在金银均作为货币的这段时期，金银比的波动与二者产量的相对变动存在较为密切的关联。

## （二）近代动荡期

1785 年，美国宣布实行银本位制，但实际上这是金银并行的复本位制。1792 年，美国铸币法案明确规定黄金和白银的兑换比率为 15。不过，1834 年，美国新的铸币法案建议调整金银比为 16。此后南北战争爆发，美国发行绿背纸币，取消金银复本位制，这直接导致了美国通胀水平比战前上涨 1 倍以上。战后，美国举国上下都希望恢复到商品本位制。当时，欧洲各国已从 1870 年起陆续放弃金银复本位制，转身拥抱金本位制，此时的金银比价已远高于 1834 年制定的 16 的标准。1873 年，美国推出的铸币法案删除了美元同白银的兑换标准，强行去白银货币化，推行金本位制。金银比从 1873 年的 16 一路上涨到 19 世纪末的 30。在白银货币属性逐渐退去后，黄金相比白银多了一层货币属性的溢价，金银比中枢出现了几个世纪以来首次的实质性抬升。

## （三）现代炒作期

进入 20 世纪，国际金本位制在建立之后屡经颠簸，而白银似乎成了被遗忘的角落。20 世纪 30 年代，中国放弃银本位制，成为世界上最后一个放弃银作为货币的国家。这进一步加剧了白银在国际储备和贸易中地位的下滑。1910 年，每盎司黄金的价格是每盎司白银价格的 38 倍左右，这一数字到 1930 年提升到近 63 倍，到 1940 年则提升到近 100 倍。

20 世纪 60 年代以后，金本位制难以维持，货币自由浮动只是时间问题，通货膨胀的阴影日益明显。由于各国政府禁止个人持有黄金，希望购买贵金属保值的投资者只能选择白银。到了1970年，黄金与白银的比价降低到了23倍。在商品市场大牛市的背景下，许多交易商和银行家把大笔资本投入了商品期货和现货投机，期货价格反过来影响了现货。在黄金和白银产量大大提高、国际市场流动性很强的20世纪70年代，美国的期货交易商近乎垄断了世界白银市场，并促使白银价格飞涨。到了1979年年底，白银价格突破40美元/盎司。黄金和白银的比价下跌到14倍左右，创下20世纪以来新低。

1980年1月21日，白银涨到了它的历史最高价——50.35美元/盎司。在短短12个月里，银价上涨了8倍；从1970年算起，银价上涨了25倍。但在白银价格达到50美元/盎司之后不久，纽约商品交易所颁布了一条临时规定：即日起，禁止建立新的白银期货合约，只允许旧合约的平仓。这意味着，垄断者再也无法从期货市场上买进任何白银，而且白银期货合约的总数只会不断减少，谁都无法通过大量买入或卖出白银来操纵价格。1980年3月25日，白银价格出现大幅度下跌，白银价格崩溃。金银比也在此后出现了长达十年之久的趋势性回升。

从整体来看，在世界主要国家转为采用金本位制以及布雷顿森林体系存续这段时期，金银比出现了较为剧烈的波动。从白银不再作为储备货币，同时资金对白银的抛弃以及对黄金的追捧推升金银比，到金银比高到一定极值引发资金情绪的逆转带来金银比的快速回落，金银比处于16—100的波动区间。20世纪70年代，布雷顿森林体系解体与资金对白银的炒作并存。在这十年里，金银比整体呈现震荡，低点仍接近16。

### （四）当代波动期

20世纪80年代后，金银比中枢相对20世纪初前80年又出现了抬升。最大的特征是金银比底部区间的抬升，这与20世纪80年代国际货币基金组织宣布白银不再计入官方储备有很大关联。这进一步削弱了白银的货币金融属性，促发了金银比中枢的上行。1980 年，白银逼仓事件结束，金银比在此后的 40 年围绕 68 的中枢进行区间震荡。2020 年，新冠疫情暴发，对经济造成严重冲击的担忧飙升，市场开始预期美联储降息，美元指数遭遇抛售，美债和黄金受到追捧。在此期间，避险属性带动黄金上行，而对需求的担忧压制白银，白银价格小幅下跌，金银比开始上行。2020 年 3 月 6 日的 OPEC 大会改变了同年 2 月下旬后的市场交易逻辑。当日，第 178 届 OPEC 特殊大会以及 OPEC 与非 OPEC 联合会议结束，未就延长减产达成一致意见。此前达成的减产协议将于 2020 年 3 月底结束，之后各国产量将不受减产协议约束。OPEC+ 自 2016 年联合减产以来，首次出现谈判破裂的情况。OPEC 谈判破裂加之 2020 年 4 月沙特增产的预期，带动 3 月 6 日和 3 月 10 日两个交易日原油下跌超 30%，原油波动率大幅飙升，带动全球股市、汇市债市波动率一同大幅飙升，美元流动性紧张加剧，彼时除美元外，所有资产均因为波动率的急剧飙升而被众多直接或间接锚定波动率的基金大量抛售，而市场容量更小、工业属性更强的白银跌幅显著大于黄金，带动金银比日内创下 127.2 的历史新高。2020 年 3 月 16 日凌晨 5 时，美联储继 2020 年 3 月 3 日紧急降息后再度紧急降息，宣布将联邦基金利率的目标区间降至 0—0.25 个百分点，并启动达 7000 亿美元新一轮 QE；3 月 19 日，美联储和英国中央银行、加拿大中央银行、日本中央银行、欧洲中央银行、瑞士中央银行采取协调行动，通过"常设美元流动性互换协议"增加流动性供应，流动性危机渐渐平息，美元指数见顶回落，美债黄金触底走强，金银比创下历史新高后回落；3 月 23 日，美联储宣布继续购买国债和按揭抵押债券（MBS），规模是"无上限"，美股市场也终于触底反弹。虽然新冠疫情带动金银比创出历史极值，但在极端事件平息后，金银比依旧体现出了均值回归特性。

## 三、金银比中枢结构性变化影响因素

整体来看，截至 19 世纪末，在金银均作为货币的年代，金银比基本由各国官方定价，比价波动与当时金银的产量波动关联较大。而在 19 世纪末白银不再作为官方货币后，金银比波动增大，中枢出现了几千年来的实质性抬升。此后，金银比与金银产量的多寡已几乎无关联。而 20 世纪 80 年代中期，在白银作为官方储备的属性也被消除后，金银比中枢出现了百年来的又一次抬升。各国政府对黄金以及白银货币属性和储备属性的定义似乎是影响金银比中枢波动的本质性因素。在此情况下，如果目前黄金和白银的货币属性和储备属性不发生改变，则未来金银比中枢大概率仍处于 20 世纪 80 年代中期以来的水平。（见图 3-3、表 3-1）长期来看，对于金银比的中枢，我们需要关注全球货币体系多元化以及国际货币体系的微妙转变，此外官方数字货币的发展亦值得关注。

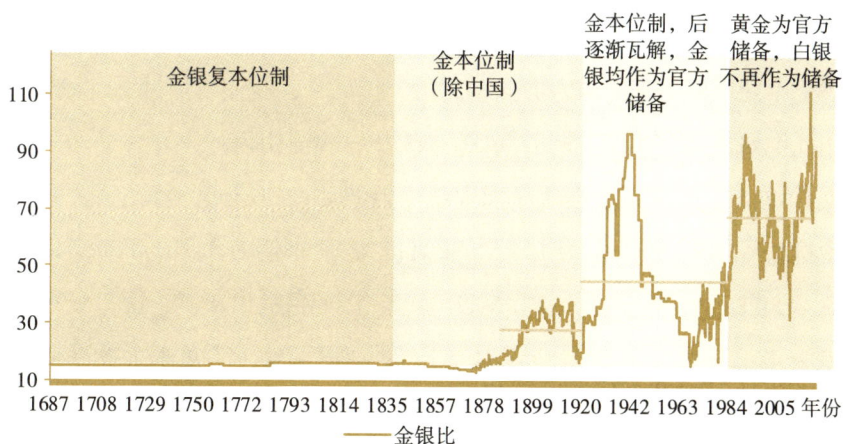

图 3-3　1687—2005 年金银比走势演变

表 3-1　金银比历史走势演变

| 时间 | 金银比 | 备注 |
|---|---|---|
| 公元前（银本位制） | 1/2 | 国家规定比例，较为恒定 |
| 15—16世纪（金银复本位制） | 中国、印度为5欧洲为11 | 国家规定比例，较为恒定 |
| 17—19世纪中叶（金银复本位制） | 15—16 | 国家规定比例，较为恒定 |
| 19世纪末至20世纪20年代（金本位制，除中国） | 15—40，中枢45 | 世界主要国家基本均抛弃白银作为货币 |
| 20世纪20年代至70年代末（金本位制，后逐渐瓦解） | 15—100，中枢45 | 20世纪30年代，中国是最后一个抛弃银本位制的国家，此后金银均不再作为货币，但均为官方储备 |
| 20世纪80年代中至今 | 40—127，中枢68 | 20世纪80年代中期，国际倾向基金组织宣布白银不再作为官方储备 |

资料来源：Wind，兴业研究。

## 四、金银比周期性波动规律

各国政府对于黄金以及白银货币属性和储备属性的认定是影响金银比中枢结构性演变的本质因素。现行金银比中枢形成于 20 世纪 80 年代中期白银不再作为官方储备之后。接下来，我们将探讨 20 世纪 80 年代中期以来金银比波动的周期性规律以及影响因素。

1984 年以来，金银比呈现围绕中枢波动、均值回归特征。金银比中枢为 67.85，最大值为 123.5（收盘价），最小值为 31.5。正 1 个标准差为 80.8，负 1 个标准差为 54.9，正 2 个标准差为 93.7，负 2 个标准差为 42。在统计时段内，67.7% 的时间金银比处于正负 1 个标准差区间，97.56% 的时间金银比处于正负 2 个标准差区间（以上统计数据截至 2023 年 7 月）。当金银比波动至正负 1 个标准差区间外时，回归所需时间跨度较大，从数日至数年不等。而当金银比波动至正负 2 个标准差区间外时，最大回归时长为 58 个交易日，短则为数个交易日。（见

图 3-4）

图 3-4　金银比和标准差

资料来源：Wind，兴业研究。

　　从金银比密度分布图来看，金银比密度出现在 70—75 区间的频数最高（见图 3-5）。

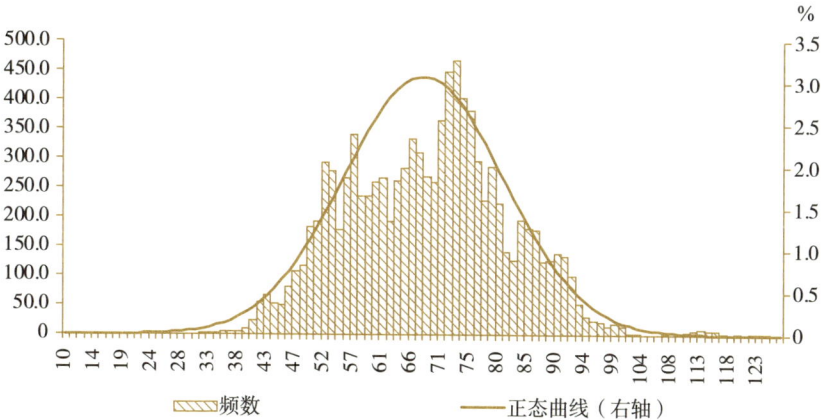

图 3-5　金银比密度分布图

资料来源：Wind，兴业研究。

## 五、金银比与大类资产的关系

在分析金银比周期性变化影响因素前，我们分析一下金银比与大类资产的关系，因为金银比与大类资产相关性的切换时点与后文提到的金银比周期性影响因素阶段性变化存在密切关联。我们选取标普 500 指数、美元指数、10 年期美债收益率、联邦基金目标利率、WTI 原油、LME 铜以及 AUDJPY（澳元兑日元）等与金银比走势进行比较。

以 2000 年为界，金银比与美元指数在 2000 年之前呈现较为同步的反向走势，在 2000 年之后则呈现一定的正相关性。LME 铜、WTI 原油与金银比走势在 2000 年之前的联动性较低，在 2000 年之后则呈现明显的反向走势。（见图 3-6）

以 2011 年为界，1990—2011 年，金银比与标普 500 指数呈现较为完美的反向走势，但 2011 年之后，规律被破坏。同样，2011 年前后，走势相关性发生明显变化的还有联邦基金目标利率。2011 年之前，金银比与美国联邦基金目标利率反向同步性较强；2011 年之后，走势则明显分化。10 年期美债收益率在 2011 年前与金银比整体也呈现反向波动。而作为衡量风险偏好指标之一的 AUDJPY 与金银比的走势虽总体呈现一定的反向性，但关系不显著。（见图 3-7）

接下来，我们分别测算金银比与以上资产在 1984—2023 年、1984—2000 年、2000—2011 年和 2011—2023 年的相关性矩阵。相关性矩阵呈现与时间序列图表类似的观察结果。

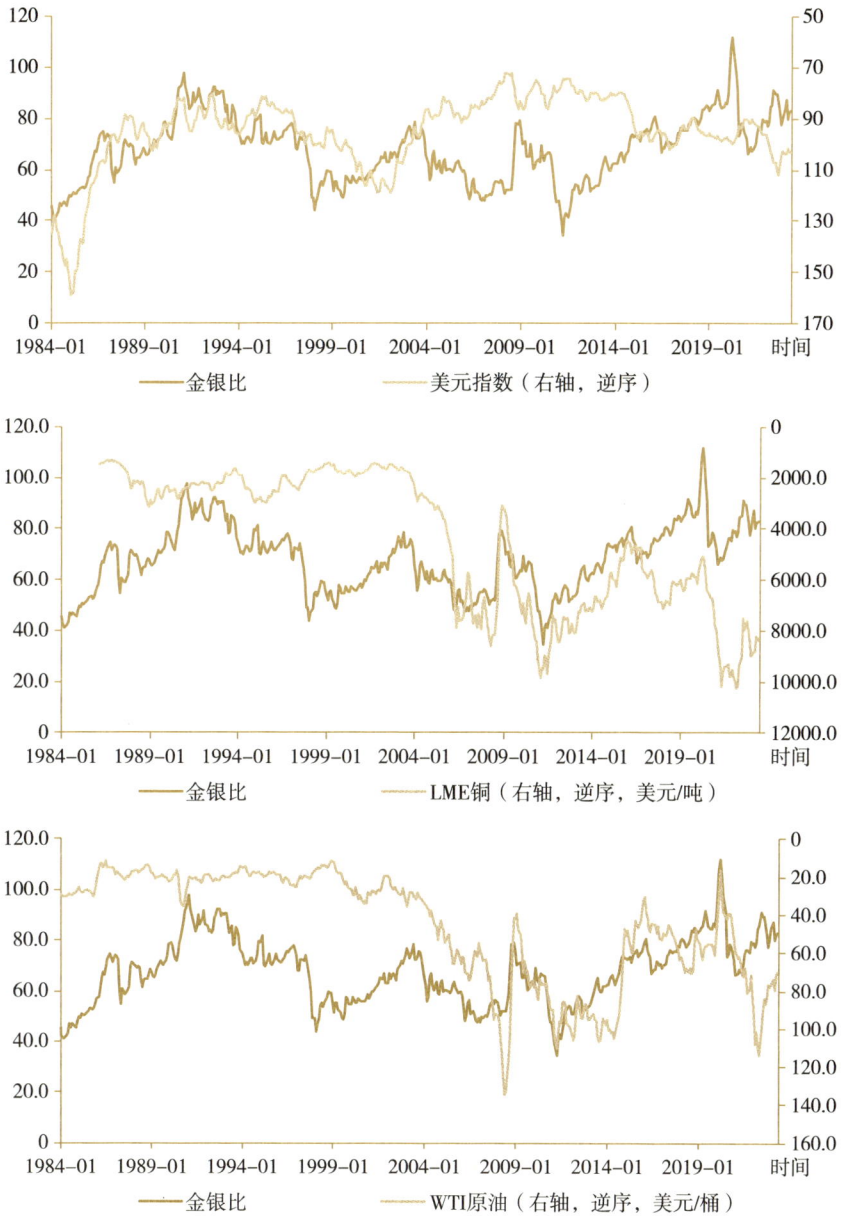

图3-6 金银比和大类资产走势表现（以2000年为变动节点）

资料来源：Wind，兴业研究。

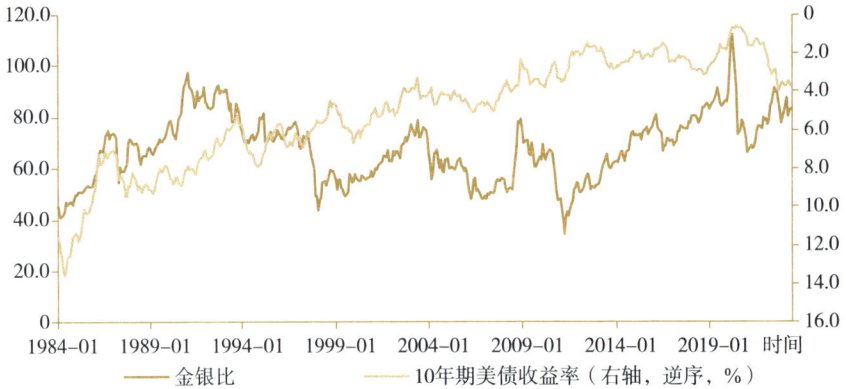

图 3-7 金银比和大类资产走势表现（以 2011 年为变动节点）

资料来源：Wind，兴业研究。

　　　　　　　　　　　　　　　　保卫财富：黄金投资新时代

1984—2000 年，金银比与美元指数的负相关性达 –0.69，但二者在 2000 年之后逐渐转为正相关。LME 铜和金银比的相关性系数在 1984—2000 年为 0.39，二者在 2011 年之后转变为负相关，相关性系数为 –0.39。金银比与 WTI 原油的负相关性在 2000 年之后逐步增强。单独测算标普 500 指数与金银比在 1990—2011 年的相关性系数同样为 –0.86，呈现高度负相关性。2000—2011 年，金银比与联邦基金目标利率的负相关性为 –0.6 左右——其绝对值高于金银比与 10 年期美债收益率的负相关性（–0.39）绝对值，但 2011 年之后，二者的负相关性系数减弱。金银比与 AUDJPY 在每个时段均呈现负相关，负相关性在 2011 年之后有所减弱。（见表 3–2）

　　通过前文的分析，我们可以发现，2000 年和 2011 年是金银比与大类资产相关性发生变化的两个重要时点。2000 年之后，金银比与 LME 铜、WTI 原油负相关性明显增强，或与整个市场金融化程度提高有关。而 2011 年之后，金银比与标普 500 指数和联邦基金目标利率相关性的显著变化，则需要进一步寻找原因。考虑到标普 500 指数和联邦基金目标利率均与经济周期存在关联，或许我们需要从这个角度寻找答案。

## 六、金银比周期性波动影响因素

　　考虑到数据的高频性以及全局性，我们在此选用 OECD（经济合作与发展组织）工业产出来表征工业经济周期的变化。

### （一）金银比与工业生产总体呈现负相关性

　　从历史上看，金银比与 OECD 工业产出同比呈现出较为明显的反向走势。1984 年以来，二者的相关性系数为 –0.32。不过，分时段来看，二者相关性差异较大，按相关性中枢不同主要可以划分为四个时段。

表 3-2　金银比与大类资产相关性矩阵

| 相关性（全时段） | 金银比 | 伦敦金 | 伦敦银 | 标普500指数 | 美元指数 | 10年期美债收益率 | LME铜 | WTI原油 | 联邦基金目标利率 | AUDJPY |
|---|---|---|---|---|---|---|---|---|---|---|
| 金银比 | 1.00 | 0.16 | −0.16 | 0.26 | −0.12 | −0.17 | −0.13 | −0.21 | −0.18 | −0.29 |
| 伦敦金 | 0.16 | 1.00 | 0.93 | 0.81 | −0.30 | −0.75 | 0.89 | 0.75 | −0.66 | −0.17 |
| 伦敦银 | −0.16 | 0.93 | 1.00 | 0.63 | −0.36 | −0.68 | 0.90 | 0.82 | −0.63 | −0.10 |
| 标普500 | 0.26 | 0.81 | 0.63 | 1.00 | −0.10 | −0.73 | 0.70 | 0.54 | −0.56 | −0.31 |
| 美元指数 | −0.12 | −0.30 | −0.36 | −0.10 | 1.00 | 0.50 | −0.44 | −0.43 | 0.49 | 0.55 |
| 10年期美债收益率 | −0.17 | −0.75 | −0.68 | −0.73 | 0.50 | 1.00 | −0.71 | −0.63 | 0.90 | 0.64 |
| LME铜 | −0.13 | 0.89 | 0.90 | 0.70 | −0.44 | −0.71 | 1.00 | 0.89 | −0.58 | 0.10 |
| WTI原油 | −0.21 | 0.75 | 0.82 | 0.54 | −0.43 | −0.63 | 0.89 | 1.00 | −0.60 | −0.09 |
| 联邦基金目标利率 | −0.18 | −0.66 | −0.63 | −0.56 | 0.49 | 0.90 | −0.58 | −0.60 | 1.00 | 0.57 |
| AUDJPY | −0.29 | −0.17 | −0.10 | −0.31 | 0.55 | 0.64 | 0.10 | −0.09 | 0.57 | 1.00 |

全时段

| 相关性 | 金银比 | 伦敦金 | 伦敦银 | 标普500指数 | 美元指数 | 10年期美债收益率 | LME铜 | WTI原油 | 联邦基金目标利率 | AUDJPY |
|---|---|---|---|---|---|---|---|---|---|---|
| 金银比 | 1.00 | 0.29 | −0.77 | −0.19 | −0.69 | −0.36 | 0.39 | −0.14 | −0.51 | −0.49 |
| 伦敦金 | 0.29 | 1.00 | 0.32 | −0.60 | −0.30 | 0.27 | 0.29 | −0.06 | 0.18 | −0.04 |
| 伦敦银 | −0.77 | 0.32 | 1.00 | −0.28 | 0.54 | 0.63 | −0.15 | 0.22 | 0.63 | 0.59 |
| 标普500 | −0.19 | −0.60 | −0.28 | 1.00 | −0.29 | −0.71 | −0.34 | −0.29 | −0.46 | −0.55 |
| 美元指数 | −0.69 | −0.30 | 0.54 | −0.29 | 1.00 | 0.68 | −0.62 | 0.44 | 0.57 | 0.89 |
| 10年期美债收益率 | −0.36 | 0.27 | 0.63 | −0.71 | 0.68 | 1.00 | 0.41 | 0.61 | 0.81 | 0.85 |
| LME铜 | 0.39 | 0.29 | −0.15 | −0.34 | −0.62 | 0.41 | 1.00 | 0.33 | 0.35 | 0.10 |
| WTI原油 | −0.14 | −0.06 | 0.22 | −0.29 | 0.44 | 0.61 | 0.33 | 1.00 | 0.42 | 0.62 |
| 联邦基金目标利率 | −0.51 | 0.18 | 0.63 | −0.46 | 0.57 | 0.81 | 0.35 | 0.42 | 1.00 | 0.75 |
| AUDJPY | −0.49 | −0.04 | 0.59 | −0.55 | 0.89 | 0.85 | 0.10 | 0.62 | 0.75 | 1.00 |

1984—2000年

| 相关性 | 金银比 | 伦敦金 | 伦敦银 | 标普500指数 | 美元指数 | 10年期美债收益率 | LME铜 | WTI原油 | 联邦基金目标利率 | AUDJPY |
|---|---|---|---|---|---|---|---|---|---|---|
| 金银比 | 1.00 | −0.41 | −0.60 | −0.76 | 0.33 | −0.08 | −0.63 | | −0.33 | −0.48 |
| 伦敦金 | −0.13 | 1.00 | 0.96 | 0.05 | −0.74 | −0.76 | 0.84 | 0.79 | −0.52 | 0.38 |
| 伦敦银 | −0.37 | 0.96 | 1.00 | 0.16 | −0.77 | −0.57 | 0.91 | 0.83 | −0.27 | 0.57 |
| 标普500 | −0.83 | −0.04 | 0.16 | 1.00 | −0.08 | 0.58 | 0.37 | 0.31 | 0.79 | 0.45 |
| 美元指数 | 0.21 | −0.76 | −0.77 | −0.08 | 1.00 | 0.61 | −0.80 | −0.82 | 0.31 | −0.77 |
| 10年期美债收益率 | −0.39 | −0.69 | −0.57 | 0.58 | 0.61 | 1.00 | −0.38 | −0.42 | 0.78 | −0.21 |
| LME铜 | −0.51 | 0.83 | 0.91 | 0.37 | −0.80 | −0.38 | 1.00 | 0.90 | −0.03 | 0.77 |
| WTI原油 | −0.41 | 0.78 | 0.83 | 0.31 | −0.82 | −0.42 | 0.90 | 1.00 | −0.10 | 0.76 |
| 联邦基金目标利率 | −0.63 | −0.44 | −0.27 | 0.79 | 0.31 | 0.78 | −0.03 | −0.10 | 1.00 | 0.06 |
| AUDJPY | −0.51 | 0.45 | 0.57 | 0.45 | −0.77 | −0.21 | 0.77 | 0.76 | 0.06 | 1.00 |

2000—2011年

| 相关性 | 金银比 | 伦敦金 | 伦敦银 | 标普500指数 | 美元指数 | 10年期美债收益率 | LME铜 | WTI原油 | 联邦基金目标利率 | AUDJPY |
|---|---|---|---|---|---|---|---|---|---|---|
| 金银比 | 1.00 | 0.01 | −0.76 | 0.64 | 0.83 | −0.10 | −0.39 | −0.59 | 0.48 | −0.27 |
| 伦敦金 | 0.01 | 1.00 | 0.60 | 0.53 | 0.04 | −0.19 | 0.69 | 0.26 | 0.19 | −0.17 |
| 伦敦银 | −0.76 | 0.60 | 1.00 | −0.23 | −0.64 | −0.03 | 0.71 | 0.59 | −0.25 | 0.02 |
| 标普500指数 | 0.64 | 0.53 | −0.23 | 1.00 | 0.69 | −0.02 | 0.32 | −0.20 | 0.47 | −0.11 |
| 美元指数 | 0.83 | 0.04 | −0.64 | 0.69 | 1.00 | 0.08 | −0.30 | −0.56 | 0.57 | −0.13 |
| 10年期美债收益率 | −0.10 | −0.19 | −0.03 | −0.02 | 0.08 | 1.00 | 0.23 | 0.44 | 0.58 | 0.52 |
| LME铜 | −0.39 | 0.69 | 0.71 | 0.32 | −0.30 | 0.23 | 1.00 | 0.66 | 0.03 | 0.22 |
| WTI原油 | −0.59 | 0.26 | 0.59 | −0.20 | −0.56 | 0.44 | 0.66 | 1.00 | −0.08 | 0.49 |
| 联邦基金目标利率 | 0.48 | 0.19 | −0.25 | 0.47 | 0.57 | 0.58 | 0.03 | −0.08 | 1.00 | 0.03 |
| AUDJPY | −0.27 | −0.17 | 0.02 | −0.11 | −0.13 | 0.52 | 0.22 | 0.49 | 0.03 | 1.00 |

2011—2023年

资料来源：Wind，兴业研究。

1984 年 1 月至 2000 年 12 月：二者负相关性较为显著，相关性系数为 –0.57，有 61.6% 的月份滚动相关性系数为负。

2001 年 1 月至 2011 年 12 月：二者总体呈现负相关性，相关性系数为 –0.36，高达 99% 以上的月份滚动相关性系数为负。

2012 年 1 月至 2019 年 12 月：二者负相关性较为不显著，相关性系数为 –0.07，有 25% 的月份滚动相关系数为负。

2020 年 1 月至 2023 年 6 月：二者负相关性较为显著，相关性系数为 –0.62，有 95% 的月份滚动相关性系数为负。

而这四个时段正好与我们前文观察的 2000 年和 2011 年两个重要时间节点划分相同，特别是 2011 年前后负相关性显著程度的变化（见图 3-8）。

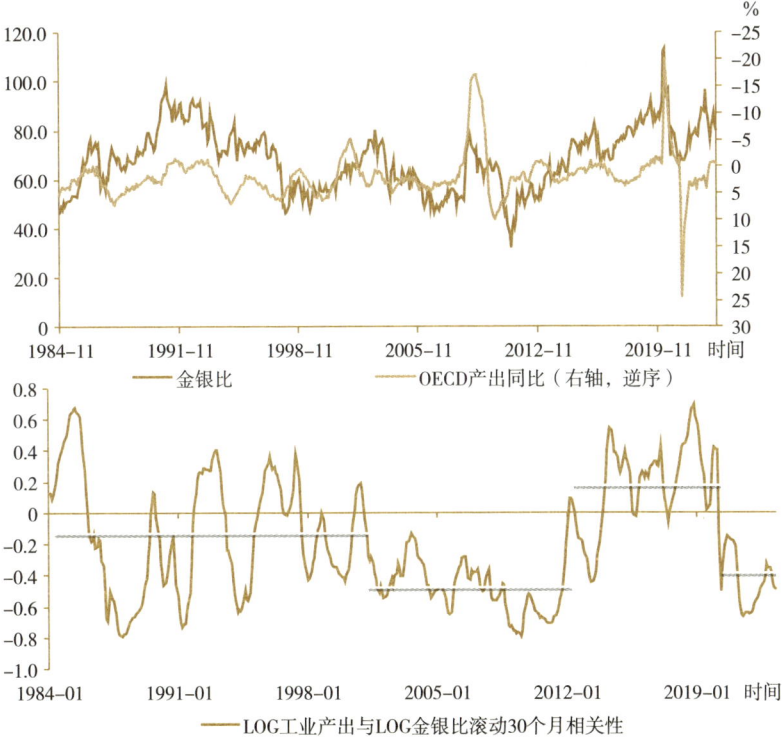

图 3-8　金银比与 OECD 工业产出同比

资料来源：香港环亚经济数据有限公司（CEIC），兴业研究。

金银比与OECD工业产出同比整体呈现出负相关性，与二者的需求属性有关。工业需求占据白银55%的需求，但是仅占黄金10%的需求（见图3-9）。所以，整体而言，在经济上行期，工业需求明显增加，白银价格更为受益。白银价格涨幅通常超过黄金价格，金银比在此时往往走低。而在经济下行期，工业属性明显下降，白银价格相对黄金价格而言更受拖累，此时金银比往往走高。这也能够解释2011年之前金银比与标普500和联邦基金目标利率的完美反向关系。

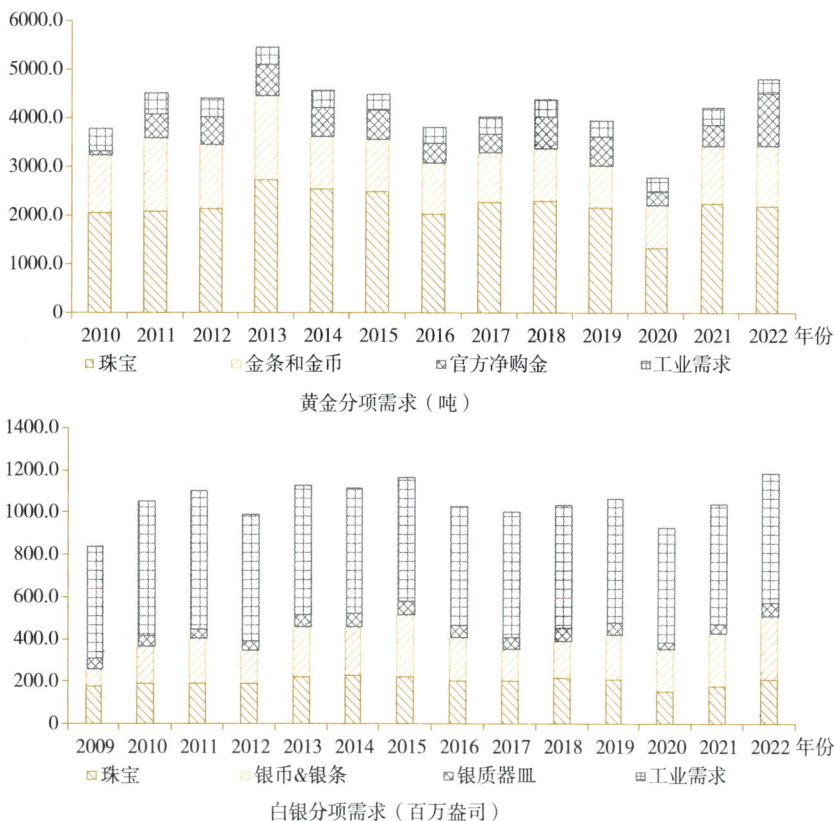

黄金分项需求（吨）

白银分项需求（百万盎司）

图3-9 黄金和白银分项需求

资料来源：黄金矿业服务公司（GFMS），兴业研究。

如果按照 1984 年以来 OECD 工业产出同比的阶段性高低点来划分经济上行和下行时段，我们就会发现统计规律较为显著。为了研究月度级别的金银比走势与工业产出同比变动方向的异同，我们将工业产出同比高低点的划分细分到了每个小波段。我们可以发现，1984 年以来，除六个时段外，金银比的变动都与同时段工业产出同比变动呈反向关系。而在这六个例外的时段当中，金银比变动与同时段工业产出呈现同向关系。（见表 3–3）

表 3–3　工业产出上行和下行期金银比变动

| 经济上行期 | 持续时间（个月） | 工业产出同比变动（%） | 金银比变动 | 经济下行期 | 持续时间（个月） | 工业产出同比变动（%） | 金银比变动 |
|---|---|---|---|---|---|---|---|
| 1982年10月至1984年2月 | 16 | 13.07 | -0.93 | 1984年2月至1986年11月 | 33 | -8.27 | 31.56 |
| 1986年11月至1988年1月 | 14 | 7.47 | -2.71 | 1988年1月至1991年8月 | 43 | -8.80 | 21.61 |
| 1991年8月至1992年4月 | 10 | 2.46 | -6.78 | 1992年4月至1993年3月 | 11 | -2.30 | 2.36 |
| 1993年3月至1994年12月 | 21 | 8.30 | -8.41 | 1994年12月至1995年10月 | 10 | -5.29 | -6.84 |
| 1995年10月至1998年1月 | 27 | 4.03 | -22.13 | 1998年1月至1998年12月 | 11 | -5.24 | 8.13 |
| 1998年12月至2000年4月 | 16 | 5.79 | -2.70 | 2000年4月至2001年11月 | 7 | -11.25 | 11.29 |
| 2001年11月至2002年11月 | 12 | 8.81 | 5.42 | 2002年11月至2003年5月 | 6 | -3.31 | 8.76 |
| 2003年5月至2004年4月 | 11 | 3.80 | -16.86 | 2004年4月至2005年5月 | 13 | -2.50 | -7.75 |
| 2005年5月至2006年8月 | 15 | 2.71 | -7.40 | 2006年8月至2009年4月 | 32 | -21.78 | 23.87 |
| 2009年4月至2010年5月 | 13 | 27.11 | -6.54 | 2010年5月至2013年1月 | 31 | -10.94 | -12.85 |
| 2013年1月至2014年1月 | 12 | 4.32 | 11.91 | 2014年1月至2015年11月 | 22 | -3.35 | 10.95 |
| 2015年11月至2017年12月 | 25 | 3.95 | 0.71 | 2017年12月至2020年4月 | 28 | -23.86 | 36.48 |
| 2020年4月至2021年4月 | 12 | 44.35 | -44.69 | 2021年4月至2023年4月 | 12 | -24.88 | 11.25 |

资料来源：彭博社、兴业研究。

## （二）金银比与工业产出负相关性的违背

经过上文的分析，我们知道工业需求对金银比有着长期的影响。总体来看，金银比与工业产出同比呈现负相关性。但是，在某些时段，金银比与工业产出同比并不呈现负相关性，而呈现出一定程度的同向性。

在按滚动相关性来划分的四个大时段，2012—2019 年的金银比与工业产出同比整体负相关性最不显著。

我们按工业产出划分经济上行期和下行期，在 1994 年 12 月至 1995 年 10 月、2001 年 11 月至 2002 年 11 月、2004 年 4 月至 2005 年 5 月、2010 年 5 月至 2013 年 1 月、2013 年 1 月至 2014 年 1 月和 2015 年 11 月至 2017 年 12 月六个时段，金银比与工业产出同比整体呈现同向波动。接下来，我们分别讨论这两种方法划分出的相关性异常段。

### 1. 白银供给过剩的压制与回归

从四个大时段来看，2012—2019 年，金银比与工业产出的相关性发生了显著的变化，金银比与工业产出同比负相关性明显下降到将近 0 的水平。而 2020 年之后，金银比与工业产出同比负相关性恢复显著水平。

我们可以发现，2010—2018 年，白银供给相对其主要需求（工业需求）的过剩程度明显扩大，而同时段黄金供给相对其主要需求保持平稳（见图 3–10）。工业需求的低迷，伴随着显性 COMEX 白银库存的持续快速累积，使得白银价格长期遭受压制（见图 3–11）。在此情况下，白银价格阶段性的上行主要受到投机需求的主导。所以，2010 年之后，当工业产出下行，避险需求明显上升时，相比黄金，白银会因为价廉更受青睐，金银比下行。最典型的时段是 2010 年 7 月至 2011 年 4 月，同样 2016 年 3 月至 8 月、2019 年 7 月至 9 月和 2020 年 3 月至 9 月金银比的下行也是如此。但当工业产出上行，总体避险需求下降时，人们则更多选择黄金作为常备避险工具，白银遭受抛弃，金银比上行。

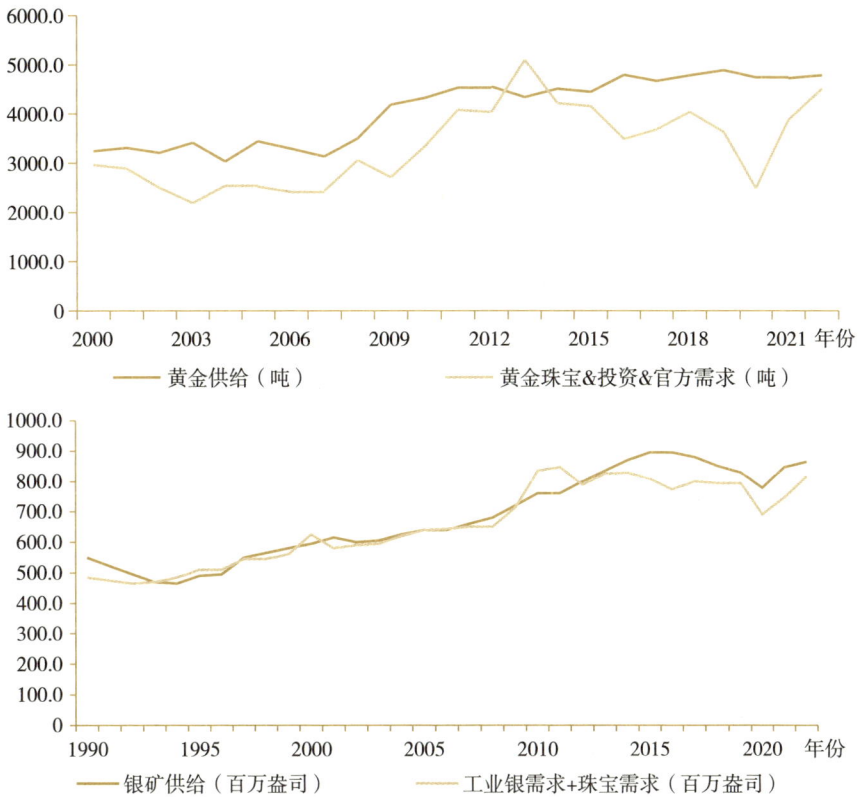

图 3-10　金银供给与其主要需求

资料来源：黄金矿业服务公司，兴业研究。

　　在新冠疫情之前，传统大宗商品的投资已经低迷多年，新冠疫情加速了老旧产能的出清，使得传统大宗商品过去十几年投资低迷带来的新增产量不足问题开始显现；叠加新冠疫情后海外中央银行的"直升机撒钱"措施和疫情后自然恢复需求，2020 年之后，白银工业需求明显回升，银矿供给相对白银主要需求过剩程度明显下降，金银比也重回与 OECD 工业产出同比的负相关。

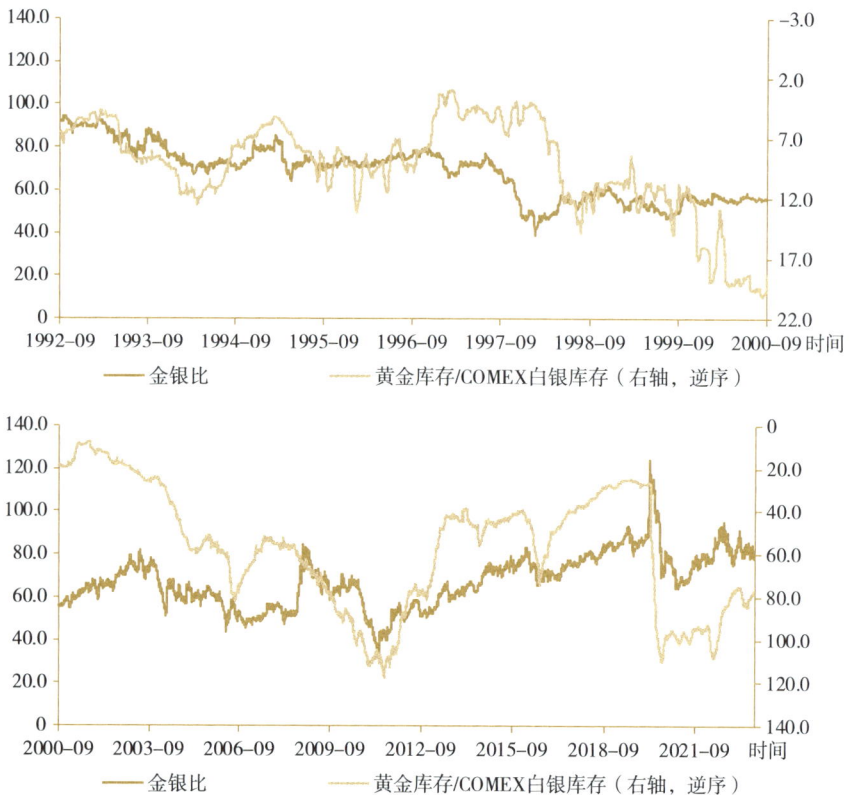

图 3-11　金银 COMEX 黄金和白银库存比

资料来源：彭博社，兴业研究。

### 2. 贵金属的投机炒作与疯狂抛售

我们按工业产出同比划分经济上行期和下行期，在 1994 年 12 月至 1995 年 10 月（时段 1）、2001 年 11 月至 2002 年 11 月（时段 2）、2004 年 4 月至 2005 年 5 月（时段 3）、2010 年 5 月至 2013 年 1 月（时段 4）、2013 年 1 月至 2014 年 1 月（时段 5）和 2015 年 11 月至 2017 年 12 月（时段 6）六个时段，金银比与工业产出同比整体呈现同向波动。而细究这六个时段的背景，我们会发现除了时段 1，其余五个时段背离几乎均与金银的投机炒作有关。

时段 2 处于 20 世纪 90 年代末黄金被东西方世界集体抛售结束后的价格猛烈回升期，金银比在 1999 年之后出现持续三年的回升。

时段 3 处于 2003 年经济上行期之后的时期，白银价格在经历了投机炒作后猛烈回落。白银价格从 2003 年 10 月 10 日的 4.86 美元 / 盎司快速上涨到 2004 年 4 月 2 日的 8.29 美元 / 盎司，在六个月时间上涨 71%。之后，2004 年 4 月，工业产出开始下行，工业需求下降。这一预期的反转导致了白银价格快速下跌，金银比过快上升，并偏离中枢。这一原因导致以 2004 年 4 月为起点计算的金银比价格较高，故而金银比在时段 3 逐渐回落至中枢水平，所以才出现了工业产出同比和金银比同向波动。

时段 4 包含了 2010 年 11 月至 2011 年 4 月这段欧美债务危机、白银的避险需求和投资需求被市场过度炒作，导致白银价格暴涨、金银比快速走低的时期。

时段 5 和时段 6 处于 2012 年之后金银比与工业产出同比相关性相较此前呈现大逆转的时期。但除此之外，在 2011 年白银价格爆炒过后，白银供给过剩问题凸显，加上摩根大通操纵期现货、人为压低白银价格，致使金银比出现了长达十年的趋势性回升。故而，在时段 5 和时段 6，金银比也整体呈现上行态势。（见表 3-4）

## 七、总结

根据分析，我们可以得出以下结论。

第一，黄金以及白银货币属性和储备属性是金银比中枢结构性变化的本质因素。如果目前黄金和白银的货币属性和储备属性不发生改变，则未来金银比中枢大概率仍处于 20 世纪 80 年代中期以来的水平。

表 3-4　工业产出与金银比关系异常期

| 背离的时段 | 背景 |
| --- | --- |
| 1994年12月至 1995年10月 | 金银比长期横盘震荡，只不过按时间划分，该时段金银比与工业产出同比呈现反向。 |
| 2001年11月至 2002年11月 | 1998年前后，黄金经历了一段时间的集中抛售。亚洲金融危机使得亚洲家庭被迫抛售黄金。同时，西方发达国家经济风险波动下降，使得西方中央银行认为，将持有黄金作为对冲尾部风险的工具已不再必要，黄金遭遇抛售。金银比在黄金疯狂抛售结束后于1999年出现三年趋势性回升。 |
| 2004年4月至 2005年5月 | 白银价格在经历了2003年经济上行期的投机炒作后，其涨幅在六个月内超过70%。直到2004年4月进入工业下行期，白银的供需关系出现反转，白银价格快速下跌。与此同时，以2004年4月为起算点的金银比价格提升过高，偏离中枢，在之后的时间段逐渐回落。 |
| 2010年5月至 2013年1月 | 受欧美债务危机的影响，白银的避险需求和投资需求被市场过度炒作，白银价格在2011年4月超过49美元/盎司，一度接近历史最高点。相应地，金银比在2011年4月降至31.5，为21世纪以来最低。 |
| 2013年1月至 2014年1月 | 2011年，白银价格在爆炒之后回落，金银比出现长达十年的回升期。同时，摩根大通在2012年后慢慢开始购买实物期现同时搞操纵，人为压低白银价格。不过，2020年，摩根大通被CFTC和DOJ（美国司法部）联手起诉。须注意，这或许是金银比长周期向下回归中枢的一个拐点。 |
| 2015年12月至 2017年12月 | |

资料来源：彭博社，兴业研究。

第二，工业经济周期的波动影响金银比的周期性波动，整体与金银比呈反向波动。2011—2019 年，白银供给极度过剩，金银比与工业经济周期的反向波动关系被破坏。不过，2020 年之后，传统大宗商品新增产量不足问题开始显现，叠加新冠疫情后海外中央银行的"直升机撒钱"措施和疫情后自然恢复需求，白银工业需求明显回升，银矿供给相对白银主要需求过剩程度明显下降，金银比也重回与 OECD 工业产出同比的负相关。

第三，投机炒作是金银比与中枢出现极度偏离的主要原因。而偏离因素的根本性消失，往往会带来金银比向均值长达数年的回归。

## 第二节
## 白银的两大属性及其影响

在分析了黄金价格以及金银比走势影响因素的背景下，我们再来审视银价走势的影响因素。2021 年以来，汽车的电气化、5G 技术的普及以及政府对绿色基础设施发展的支持持续提升白银实货需求，同期白银供给增量有限，但 2024 年之前，白银价格并未出现市场期待的单边上行现象（市场期待白银实货需求的大幅提升拉动白银价格）。能源转型带动白银价格上涨的逻辑并未兑现，这是因为市场忽略了白银的投机需求。工业需求和投资需求对白银走势都有着重要的影响，不过二者影响的方面存在差异。关于此，我们将在本节展开分析。

### 一、2022 年白银实物供需缺口达 20 年来新高

2022 年，矿山白银产量同比下降 520 万盎司，回收银产量同比增长 530 万盎司，白银新增供给与 2021 年持平（见图 3–12）。2022 年，秘鲁白银产量下降幅度最大，原因是社会动乱造成 2021 年第四季度秘鲁最大的初级银矿——乌丘查夸银矿采矿暂停。此外，澳大利亚和玻利维亚白银产量也出现下降。不过，这些产量损失在很大程度上被墨西哥、阿根廷、俄罗斯等地方白银产出的增加抵消。

2022 年，全球实物白银需求同比增长 18%，需求量达到 12.4 亿盎司新高。除影像外，实物投资、工业等每个领域的需求都创下新高。（见图 3–13）

第一，工业需求增长 5%，需求量为 5.56 亿盎司。尽管全球宏观经济低迷、消费电子产品需求疲软，但汽车的电气化、5G 技术的普及以及政府对绿色基础设施发展的支持克服了宏观经济的逆风困境，提

升了工业需求（见图 3-14）。

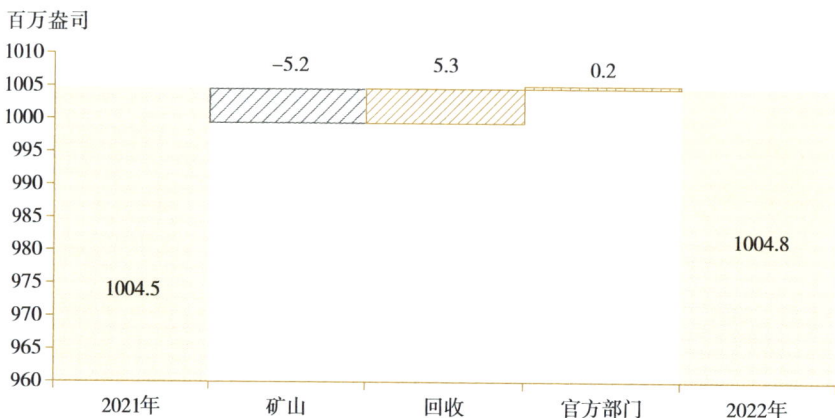

图 3-12　2022 年全球白银产量变化

注：2021 年和 2022 年数据为当年净增量，矿山、回收以及官方部门为 2022 年同比增量。
资料来源：世界白银协会（Silver Institute），兴业研究。

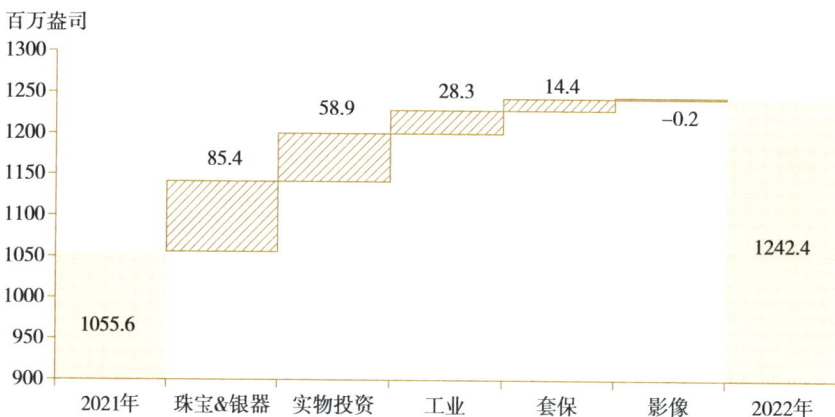

图 3-13　2022 年全球白银实物需求变化

注：2021 年和 2022 年数据为当年净增量，珠宝＆银器、实物投资、工业、套保以及影像为
2022 年同比增量。
资料来源：世界白银协会，兴业研究。

　　　　　　　　　　　　　保卫财富：黄金投资新时代

百万盎司

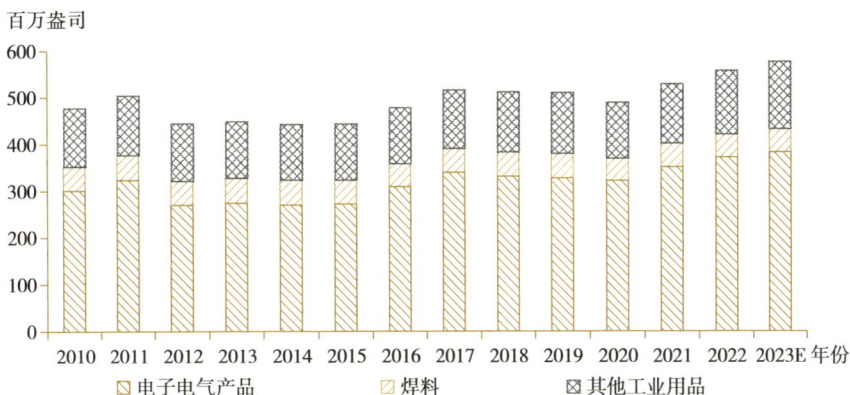

图 3-14　2022 年白银工业需求创历史新高

资料来源：世界白银协会，兴业研究。

第二，银首饰和银器需求分别增长 29% 和 80%，需求量分别为 2.34 亿盎司和 0.74 亿盎司。印度是全球白银首饰、银器需求增长的主要贡献者。根据世界白银协会的数据，2022 年印度的白银首饰和银器需求接近 2021 年的 1.4 倍。白银需求的增长主要来自利用低银价补充 2020 年和 2021 年降低的库存。

第三，实物投资需求增长 22%，需求量为 3.32 亿盎司，创下历史新高。2022 年，全球不确定性高企，比如高通胀、俄乌冲突、经济衰退的担忧等，实物银投资需求快速增长。（见图 3-15）正如党的二十大报告中所言，"我国发展进入战略机遇和风险挑战并存、不确定难预料因素增多的时期"，宏观不确定性的高企支撑实物投资需求。

总体来说，2022 年全球白银市场连续第二年出现短缺，实物供应缺口为 2.37 亿盎司，高出 2021 年的 5110 万盎司 3 倍。2022 年，白银实物供需缺口是 20 多年来最大的一年。更值得注意的是，2021 年和 2022 年，白银实物供需缺口总和超过了此前 11 年累计供给过剩的程度。（见图 3-16）

百万盎司

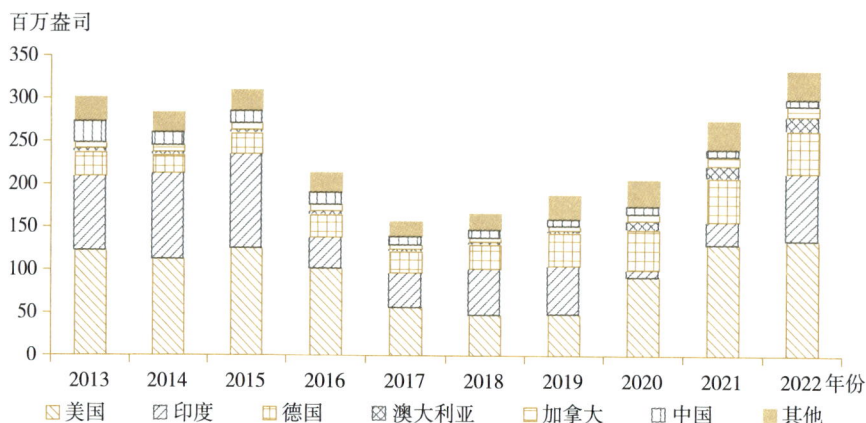

图 3-15　银条、银币投资需求

资料来源：世界白银协会，兴业研究。

图 3-16　白银实物供需缺口

资料来源：金属聚焦公司（Metals Focus），兴业研究。

## 二、不可忽视的白银投机需求：白银投机需求同比变动大于实物新增需求同比增量

2022 年，在如此大的白银实物供需缺口下，银价并未出现大涨，

这与 2022 年黄金价格缺乏单边上涨行情下的白银投机需求低迷有关（见图 3-17）。2022 年，白银 ETF 持有量下降 1.26 亿盎司。

图 3-17 白银总供需缺口与银价

资料来源：金属聚焦公司，兴业研究。

从绝对量来看，白银实物需求新增量级明显大于白银 ETF 需求。2022 年，白银实物新增需求为 12.4 亿盎司，其中工业需求占据一半（见图 3-18）。这也是近几年市场喜欢用能源转型带来工业需求增长进而拉动银价的主要原因。但需要注意的是，对白银价格产生影响的是，每年白银实物新增需求同比增量与白银 ETF 需求变动之和。当前白银 ETF 需求每年的波动量级与白银新增实物需求同比增量基本持平，在白银价格上涨预期强烈的年份，白银 ETF 需求变动明显大于白银实物新增需求同比增量（见图 3-19）。如果计入白银 ETF 需求变动，则2022 年白银总需求同比零增长。未来需要等到白银工业新增需求同比波动量级明显超过白银 ETF 需求波动之时，单独考虑能源转型拉动白银价格的逻辑才可能成立，在此之前，白银单边价格还是跟随黄金价格，而白银工业属性的波动则主要体现在金银比上。我们在本章第一节已经进行过详细分析，白银的工业属性主要从两个视角来看：一是工业周期视角，二是白银黄金相对供需缺口视角。

百万盎司

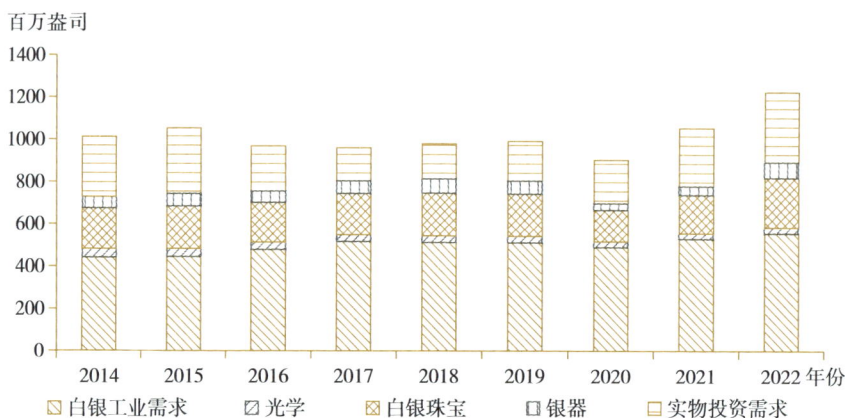

图 3-18　白银实物需求构成

资料来源：金属聚焦公司，兴业研究。

百万盎司

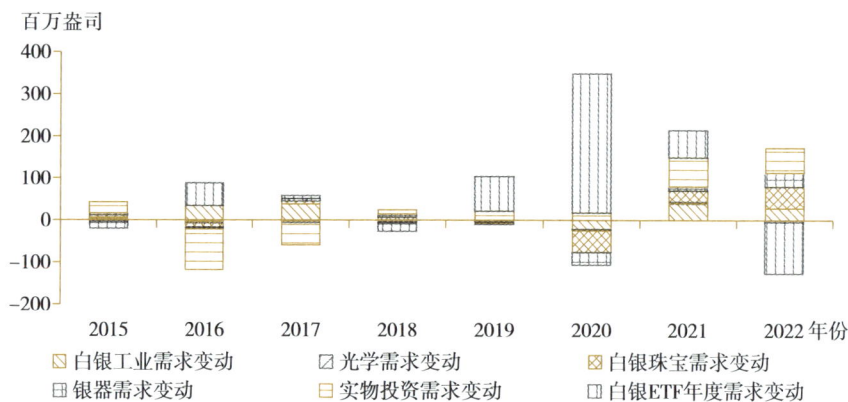

图 3-19　白银需求同比变动

资料来源：金属聚焦公司，兴业研究。

## 三、白银开启牛市的条件

近几年，市场充满着能源转型能拉动白银出现新一轮牛市的期盼，不过白银价格在 2024 年之后才震荡走高。根据我们前面内容的分析，当前白银 ETF 需求变动明显大于白银实物新增需求同比增量，所以目前白银牛市的开启需要黄金引领牛市。2024 年以来，黄金价格屡创新高，或许白银的牛市也可以期待。

第三节

# 金油比与金铜比：风险度量衡？

我们在本章第一节已经探讨过金银比走势和影响因素。从结构性来看，货币属性变迁带来金银比近千年的结构性抬升；从周期性来看，金银比与 OECD 工业产出同比存在较好的反向波动关系，虽然不同时段的相关性存在变化。

金油比和金铜比，作为同样耳熟能详的商品比值，且理论上在一定程度上反映了市场的风险偏好，存在着怎样的波动规律呢？金油比和金铜比与主要资产以及经济指标之间存在什么样的关联呢？金油比又能否像人们所以为的那样预示危机呢？接下来，我们将进行分析。

## 一、三种比值走势对比

考虑数据可得性以及有效性，我们采用 1971 年布雷顿森林体系解体后的金油比、金铜比以及金银比数据进行分析。

从走势上看，三种商品比值存在均值回归特征，截至 2024 年 9 月，三种比值均处于历史波动区间偏上端区域（见图 3-20 至图 3-23）。

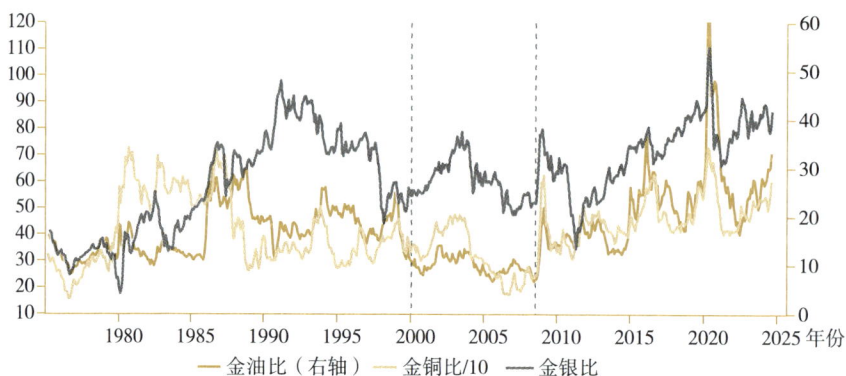

图 3-20　金油比、金铜比与金银比

资料来源：Macrobond，兴业研究。

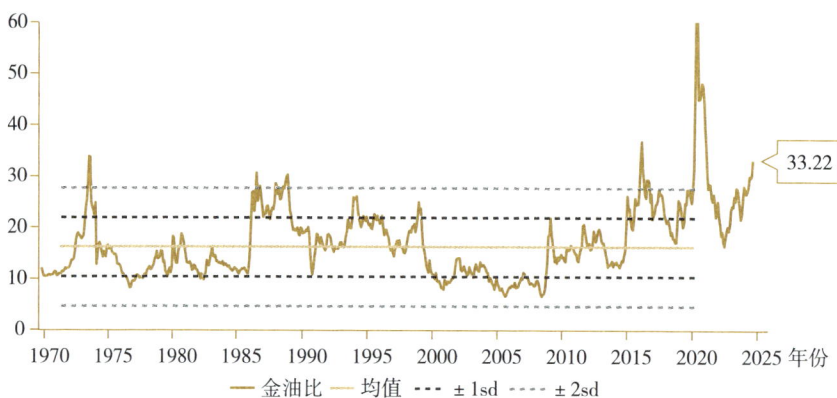

图 3-21　金油比标准差

注：每种商品比值标准差计算均考虑宏观大环境变化而选择最合适测试时段。金油比剔除了2020 年 4 月油价不理性暴跌时段。

资料来源：Macrobond，兴业研究。

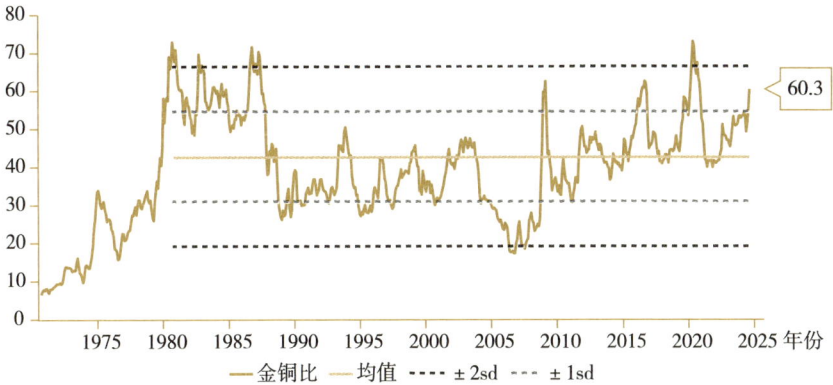

图 3-22　金铜比标准差

注：每种商品比值标准差计算均考虑宏观大环境变化而选择最合适测试时段。金铜比选择 1980 年黄金价格自由浮动后一次性重估完成时点。

资料来源：Macrobond，兴业研究。

图 3-23　金银比标准差

注：每种商品比值标准差计算均考虑宏观大环境变化而选择最合适测试时段。金银比选择 1984 年白银不再拥有储备属性时点。

资料来源：Macrobond，兴业研究。

其中，金油比和金铜比走势更为同步，且都呈现一定的脉冲式上行特征，二者在 2000 年之后同步性较 2000 年前增强，在 2008 年之后更是几乎呈现同步波动。金银比与其余二者走势同步性略弱，不过2000年之后，从波段来看，三者也呈现同步波动态势。三者的滚动相关性同样证明了这一观点。在观察时段内，金铜比和金油比滚动相关性一直为正，2000年之前相关性围绕0.2上下波动，2000年之后正相关性稳步上升，2008年之后更是大幅抬升，2024年9月维持在0.65附近。金铜比、金油比与金银比的相关性正负并存，2000年之后逐步转正。这一变化可以理解为，随着21世纪初中国入世全球化加速，不同资产影响因素趋同；2008年之后，全球进入大放水阶段，不同资产影响因素同质化加深，美联储货币政策以及中国刺激政策成为这一时期最重点关注的因素。

从密度分布来看，金油比和金铜比均呈现右偏分布，其中金油比右厚尾特征非常显著，即使剔除掉2020年4月油价的不理性暴跌，右厚尾特征也没有明显变化（见图3-24和图3-25）。原油市场存在较为明显的政治博弈，供给端经常被当作不同阵营对抗的政治武器，这可能是金油比波动比金铜比更为极端的重要原因。金银比在70—75的分布概率最高。

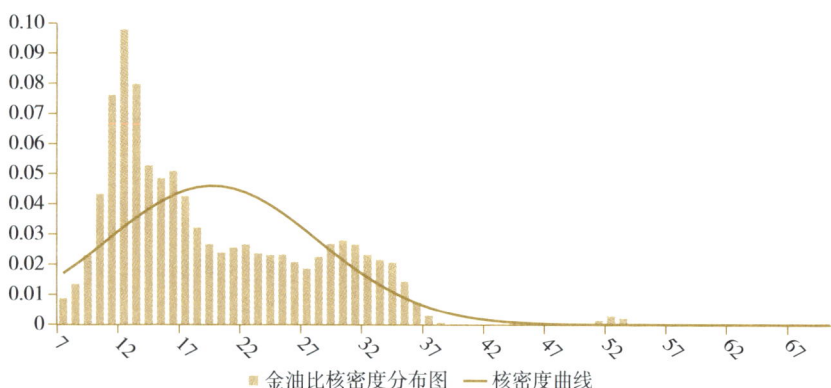

图3-24　金油比核密度分布图

资料来源：彭博社，兴业研究。

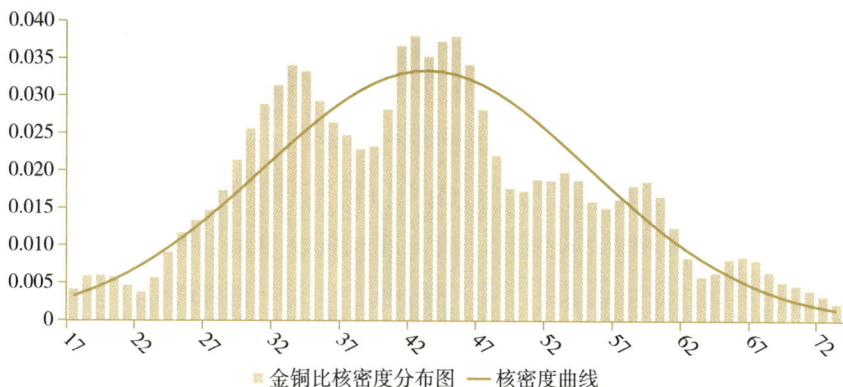

図3-25　金铜比核密度分布图

资料来源：Macrobond，兴业研究。

从属性上看，铜以及原油属于风险资产，黄金属于避险资产，白银在大方向上跟随黄金，但因为白银工业需求占比超过50%，故而白银在需求端也与铜和原油一样受工业周期的影响。所以，金油比和金铜比理论上在一定程度上反映了市场的风险偏好，同时风险偏好也与工业周期和利率环境存在关联。黄金价格和白银价格做比值后，退除金融属性，留下白银的工业属性，而这在理论上反映了工业周期。

## 二、商品比值与金融市场、经济表现的关联

我们选取10年期美债利率、美元指数、VIX指数（波动率指数）和工业产出指数作为衡量金融市场和经济周期性表现的主要指标，分析它们与金油比、金铜比的关系，并与金银比与金融市场和经济指标之间的关系进行对比。

从走势上看，三种商品比值与金融市场以及经济指标的关系多数均呈现出2000年之后同步性或者反向同步性增强的情况。从10年期

美债利率来看，1990 年之后，金油比、金铜比与 10 年期美债利率波动开始变得同步，不过波动幅度和方向仍存在明显差异；2008 年之后，波动幅度和方向（反向）开始明显趋同。金银比与 10 年期美债利率波动方向（反向）阶段性相同，不过幅度仍存在明显差异。

从美元指数来看，相较于其他三个指标，美元指数与三种商品比值的同步性波动特征最弱，其中与金铜比同步性相对最好，与金油比最弱，与金银比在 2000 年之后也呈现一定的同步波动性（同向）。

从 VIX 指数来看，金铜比和金油比的脉冲性特征与 VIX 指数特征相似，金银比阶段性地也会与 VIX 指数一同飙升。

从工业产出指数来看，金铜比与工业产出同比全时段同步性最好，金油比和金银比则在 2000 年之后与工业产出同比同步性增强。

从全时段相关性来看，工业产出指数以及 10 年期美债利率与三种商品比值负相关性较强，不过其中金银比与 10 年期美债利率弱相关。VIX 指数与三种商品比值正相关，美元指数与三种商品比值整体相关性最弱。（见表 3–5）

表 3–5　1971—2023 年度同比相关性矩阵

|  | 金铜比 | 金银比 | 金油比 | VIX指数 | 工业产出指数 | 美元指数 | 10年期美债利率 |
|---|---|---|---|---|---|---|---|
| 金铜比 | 1.00 | 0.38 | 0.60 | 0.48 | −0.66 | 0.32 | −0.53 |
| 金银比 | 0.38 | 1.00 | 0.13 | 0.31 | −0.42 | 0.25 | −0.12 |
| 金油比 | 0.60 | 0.13 | 1.00 | 0.32 | −0.64 | 0.17 | −0.64 |
| VIX指数 | 0.48 | 0.31 | 0.32 | 1.00 | −0.29 | 0.16 | −0.30 |
| 工业产出指数 | −0.66 | −0.42 | −0.64 | −0.29 | 1.00 | −0.19 | 0.48 |
| 美元指数 | 0.32 | 0.25 | 0.17 | 0.16 | −0.19 | 1.00 | 0.03 |
| 10年期美债利率 | −0.53 | −0.12 | −0.64 | −0.30 | 0.48 | 0.03 | 1.00 |

资料来源：Macrobond，兴业研究。

从滚动相关性来看，根据金融市场以及经济指标不同特征，我们选取 10 年期美债利率、美元指数、VIX 指数月度环比与商品比值月度环比进行滚动相关性测算，选取工业产出指数年度同比与商品比值年度同比进行滚动相关性测算。结果显示，从 10 年期美债利率来看，2000 年之后，金油比和金银比与 10 年期美债利率滚动负相关性持续增强，直到 2021 年，负相关性增强有所放缓，这与海外利率环境切换大背景吻合。截至 2024 年 9 月，二者与 10 年期美债利率滚动相关性分别为 –0.67 和 –0.59。金银比与 10 年期美债利率一直呈现较弱的负相关。（见图 3-26）

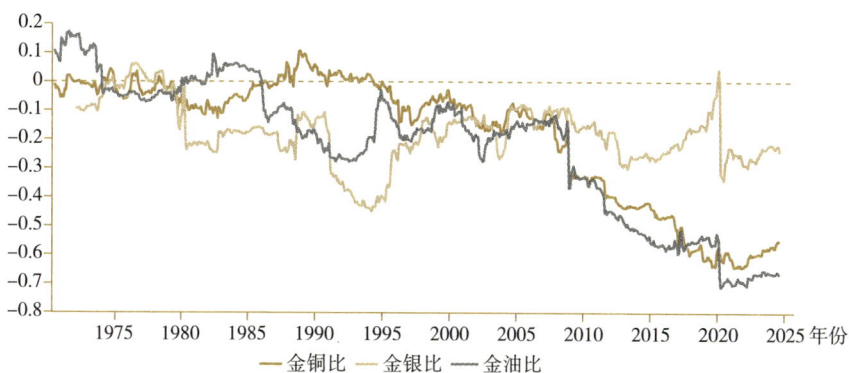

图 3-26 10 年期美债利率与商品比值月度环比滚动相关性

资料来源：Macrobond，兴业研究。

从美元指数来看，三种商品比值与美元指数滚动相关性一直围绕 0 摆动，相关性未见明显增强（见图 3-27）。

从 VIX 指数来看，2008 年之后，三种商品比值与 VIX 指数正相关性均明显增强，其中金油比滚动相关性上升最为稳定，这或许也是市场认为高金油比往往伴随着经济危机或风险事件的结果（见图 3-28）。

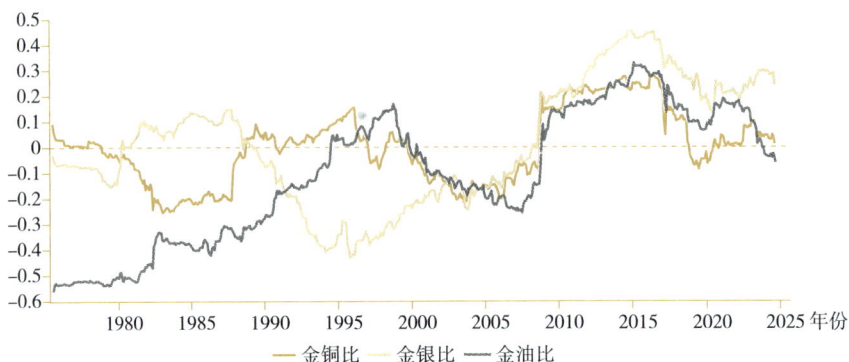

图 3-27　美元指数与商品比值月度环比滚动相关性

资料来源：Macrobond，兴业研究。

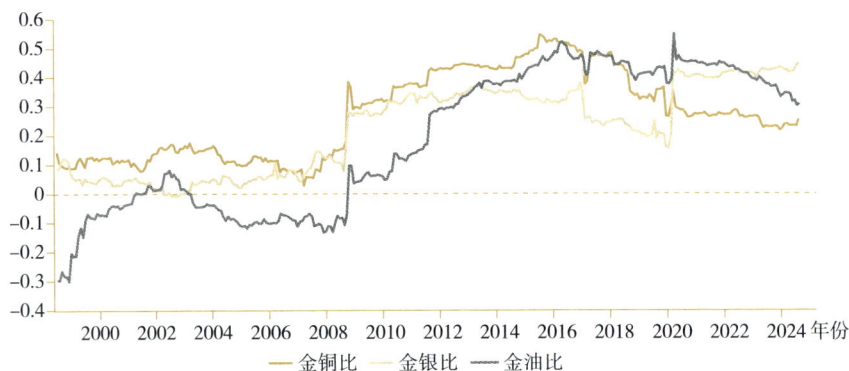

图 3-28　VIX 指数与商品比值月度环比滚动相关性

资料来源：Macrobond，兴业研究。

从工业产出指数来看，2000 年之后，金铜比与工业产出指数同比维持较强的负相关性，金油比、金银比与工业产出指数同比的滚动相关性正负皆有，不过总体呈现较为明显的负相关（见图 3-29）。在本章第一节中，我们已经详细探讨了金银比与工业产出同比相关性不同时段存在变化的原因，这里不再赘述。

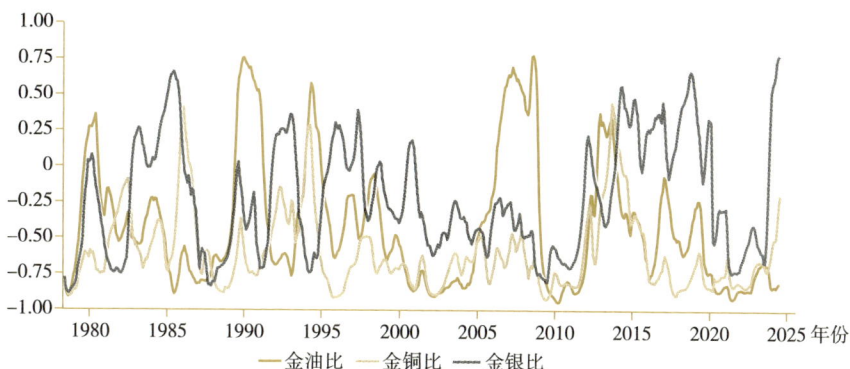

图 3-29　工业产出同比与商品比值同比滚动相关性

资料来源：Macrobond，兴业研究。

## 三、金油比能否预示危机

从历史来看，金油比大幅飙升往往伴随着地缘政治风险或者金融危机，所以人们通常认为，金油比是一个预示危机的良好指标。事实是否确实如此呢？下文将就此展开分析。

### （一）危机的界定

回顾 1971 年以来的金油比，粗略看来，这一指标每次超过 20 警戒水平（市场通常认为的警戒标准，在定量测算上也接近我们在"三种比值走势对比"部分中测算的排除 2020 年极端情况下的金油比正 1 个标准差），似乎都伴随着经济危机或风险事件的发生，比如两次石油危机、拉美货币危机、亚洲金融危机、互联网泡沫、次贷危机、欧债危机、全球新冠疫情等（见图 3-30）。不过严格来说，历史上很多年份会发生一些或大或小的危机，只凭一些耳熟能详的危机事件判定其与金油比的关系未免有些片面。所以，在分析金油比与危机的关系之前，我们需要量化各年份发生危机的数量。

图 3-30　金油比与重大事件

资料来源：彭博社，Wind，兴业研究。

### 1. 危机的文献研究

各种文献中提及的危机通常包括汇率危机、银行业危机以及主权债务危机，这是在实际情况中经常会相互关联的三种危机。汇率危机与银行业危机经常呈现伴生状态。当二者同时发生时，银行危机的发生通常早于汇率危机，而汇率危机的爆发又会加剧银行业危机。在汇率危机加剧银行业危机的情况下，政府可能介入提供银行债务担保，收购银行受损资产或者注资，这会危害公共财政。如果代价足够大的话，这些救助措施就容易引发第三种危机——主权债务危机。当然，债务危机也可能源于简单的财政透支，而不一定源于某个金融部门的崩溃。只不过，一旦债务危机出现的话，汇率危机和银行业危机也大概率会跟随。

汇率危机的界定通常采用弗兰克尔（Frankel）和罗斯（Rose）设定的标准——名义汇率（兑美元汇率）一年内贬值超过25%，同时贬值率较上一年度高出 10 个百分点 ①。拉文（Laeven）和瓦伦西亚（Valencia）将银行危机定义为满足两个条件的事件：第一，银行体系出现显著的财务困境迹象，比如银行挤兑、银行体系损失或银行清算；第二，政府为应对银行业的重大损失而采取了重大政策干预。首次同时满足两个条件的年份就是银行业危机。他们在该系列文章中提供了1970—2017 年全球 151 次银行危机、236 次货币危机和 74 次主权债务危机的数据库。莱因哈特和罗戈夫将主权债务危机定义为外部和内部两种情况。外部债务危机是指未能在到期日（或指定的宽期限内）支付本金/利息，或以更不利的条件进行债务重组。内部债务危机涉及冻结银行存款、强制将外币存款兑换为当地货币。

基于上述三种危机的定义，皮埃尔 – 奥利弗（Pierre-Olivier）和奥伯斯法尔德（Obstfeld）整理了发达经济体和新兴经济体在 1973—2010 年发生的三种危机数量。从文章中的统计结果来看，1973—2010年，发达经济体和新兴经济体共发生 292 次危机，其中发达经济体发生了 64 次，新兴经济体发生了 228 次。货币危机、系统性银行业危机及主权债务危机分别发生 134 次、81 次和 77 次，危机高发期集中在1982—1983 年、1990 年、1997—1998 年以及 2008 年四个时间段，而且在此期间，主权债务危机只发生在新兴市场国家（希腊于 2013 年和2018 年发生主权债务危机，属于发达经济体）。我们结合拉文和瓦伦西亚的数据库以及上述三种危机的定义，补充了 1970—1972 年和 2011—

---

① 经历货币大幅贬值的国家往往会有高水平的通货膨胀，从而导致更高的贬值预期，所以要求汇率的变化必须比前一年变化至少高出 10 个百分点。

2023 年三种危机发生的次数[①]（见图 3-31 至图 3-33）。

次

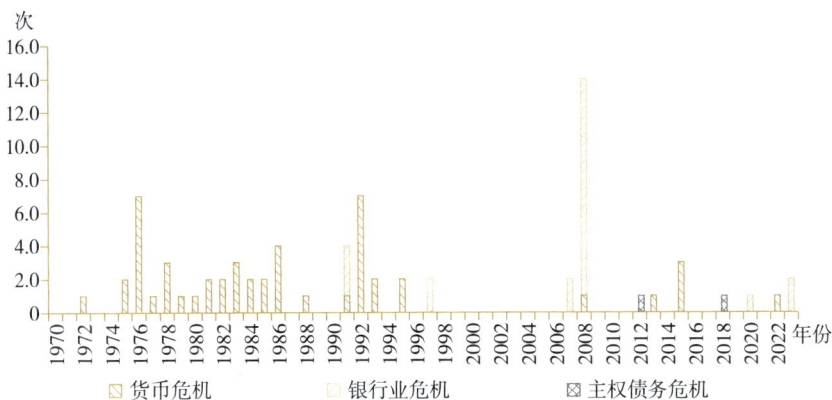

图 3-31　1970—2023 年发达经济体危机次数

资料来源：皮埃尔－奥利弗和奥伯斯法尔德（2011），拉文和瓦伦西亚（2020），兴业研究。

次

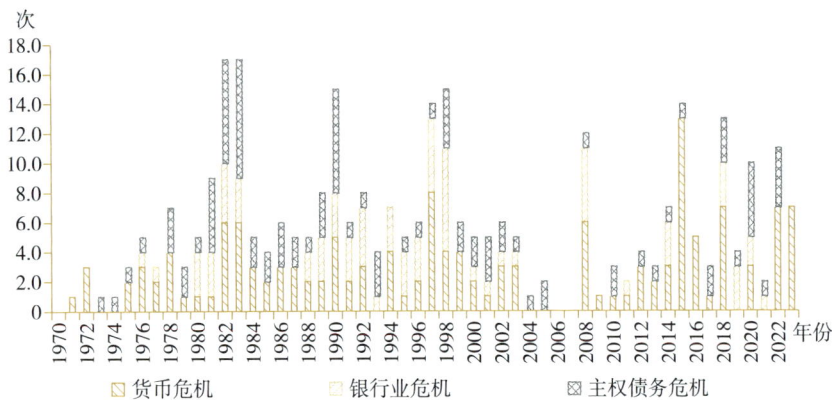

图 3-32　1970—2023 年新兴经济体危机次数

资料来源：皮埃尔－奥利弗和奥伯斯法尔德（2011），拉文和瓦伦西亚（2020），兴业研究。

---

① 对于系统性银行危机以及主权债务危机的界定，因为通常缺乏高频以及公开可得的数据来观测，而更多的只能以事件来界定，所以界定起来存在较大的难度，事件发生时点和持续时长也难以精确。因此，我们的统计会与实际情况存在偏差。

　　保卫财富：黄金投资新时代

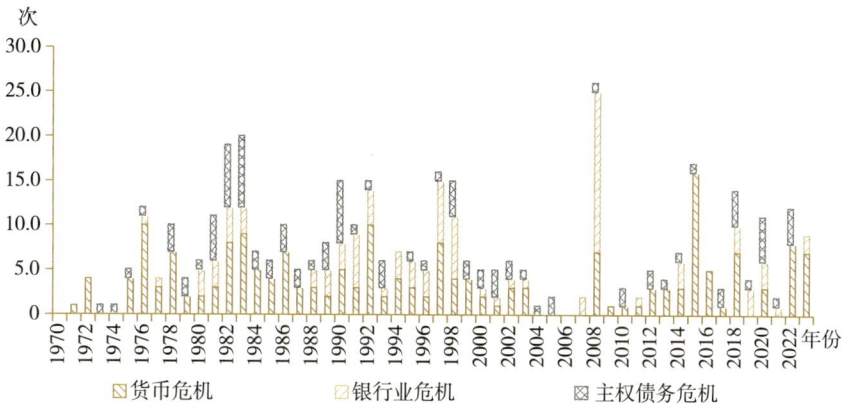

图 3-33　1970—2023 年全球经济体危机次数

资料来源：皮埃尔－奥利弗和奥伯斯法尔德（2011），拉文和瓦伦西亚（2020），兴业研究。

　　阮氏（Nguyen）等人扩展了拉文和瓦伦西亚的系统性银行危机数据库，改进主权债务危机识别方法并参考加拿大银行信用评级评估小组（CRAG）的主权违约数据库，得到更广泛的主权债务违约数量，还通过提高阈值以及同时使用平均汇率和期末汇率改进得到新的货币危机识别方法。因为危机识别的方法有差异，所以我们将同时参考二者的统计结果进行交互验证。阮氏等人最终统计得到 206 个国家在 1950—2019 年发生的 414 次货币危机、151 次系统性银行危机和 200次主权债务危机。1950—1970 年的危机发生数量均在 10 次以下，20世纪 70 年代末至 90 年代末是危机发生次数最多的时期，1970—2019年的危机高发期与前述统计较为一致，但识别出的危机次数更多（见图 3-34）。

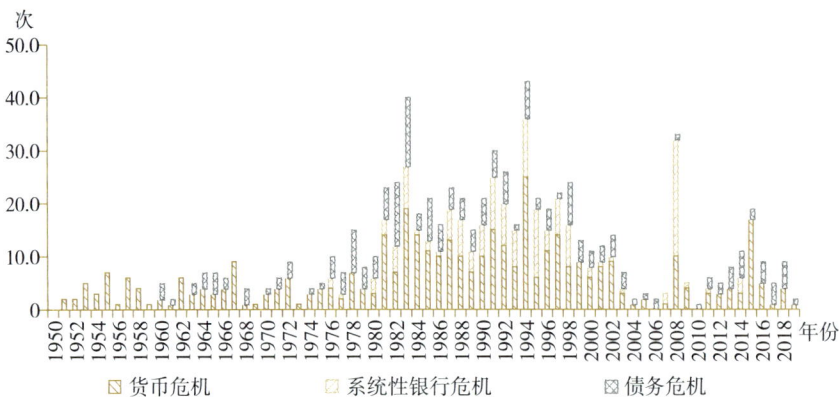

次

图 3-34 1950—2019 年全球经济体危机次数

资料来源：阮氏等人（2022），兴业研究。

### 2. 危机的历史背景

1971—1983 年：在这段时间，危机高发期主要在 1976 年和 1982—1983 年。20 世纪 70 年代，布雷顿森林体系解体后，全球金融一体化进程开启，欧美商业银行加大了对拉美地区的放贷规模。其间两次石油危机爆发，加剧了西方国家的滞胀问题，以英国为代表的多个发达经济体在 1976 年左右发生货币危机。同时，美联储的紧缩货币政策从 1979 年一直持续到 1982 年，使得大量资金流出拉美地区，以 1982 年墨西哥宣布无力偿还债务为标志，阿根廷、巴西、智利和古巴等众多拉美国家相继爆发严重的主权债务危机，由此引发货币危机和银行业危机。

1984—2000 年：整体来看，20 世纪 80 年代中期至 90 年代末是全球经济体危机的频发期。20 世纪 80 年代末至 90 年代初，受储贷危机爆发以及海湾战争影响，美国经济陷入衰退。苏联解体后，俄罗斯陷入债务危机。同时，以芬兰、挪威和瑞典为代表的北欧国家通过加息手段抑制前期形成的房价和股市泡沫，引发北欧银行业危机。据阮氏等人的统计，1994 年发生了最多的货币危机（25 次），广为人知的是墨西哥比索危机和土耳其里拉危机。此外，更多货币危机发生在非洲国家，主要原因是法郎区成员国因自身经济形势趋于恶化而被迫做出非洲法郎汇率贬值的决定。1997 年，亚洲金融危机爆发，在日本、韩国和泰国等国家和地区掀起货币危机。

2001—2010 年：2000 年以后，国际环境趋好，在全球化加速下，全球经济体增长普遍良好。美国经济较高增长，欧盟经济回升，受亚洲金融危机影响较大的国家和地区经济恢复明显，以中国为代表的新兴经济体开始腾飞，直至 2007 年都是全球经济体危机的低发期。在 2008 年金融危机期间，全球有 20 多个经济体爆发了银行业危机。在 2009 年金融危机过后，以希腊为代表的部分欧洲国家积累了大量无力偿还的负债，由此引发欧洲主权债务危机。

2011—2023 年：2011—2014 年是危机的低发期，只在少数新兴经济体间发生了货币危机。2014 年，东乌战争爆发，俄罗斯和乌克兰陷入货币危机和银行业危机。2015—2016 年，世界经济增速放缓，发达经济体回升势头减弱，新兴市场与发展中经济体增速下滑，以原油为代表的大宗商品价格暴跌，由此引发了拉美新兴经济体，以俄罗斯和土耳其为代表的欧洲新兴经济体，以及以加拿大、澳大利亚和新西兰为代表的发达经济体的货币贬值潮，安哥拉、巴西和哈萨克斯坦等资源出口国相继发生货币危机。2018 年，美联储加息加快，美债收益率和美元汇率走强，以阿根廷、土耳其和巴西为代表的国家外债水平高、资本大规模外流，由此引发货币危机，阿根廷和土耳其还进一步发生银行业危机。2020 年，新冠疫情暴发，全球经济体债务水平显著升高，主权债务风险加剧，发生主权债务违约的国家数量也有所增加。2022 年以来，俄乌冲突爆发，叠加疫后经济复苏缓慢，通胀高企，以阿根廷、乌克兰、俄罗斯和白俄罗斯为代表的国家先后发生货币危机和主权债务违约。2023 年以来，随着美联储加息力度不断提升，美欧银行业危机出现。

## （二）危机与金油比的关系

在定量分析了汇率危机、银行业危机以及主权债务危机的情况下，我们将分析 1971 年之后金油比与危机发生的关系。从走势来看，1997 年之后，金油比飙升与危机发生的相关性更好；而 1997 年之前，金油比飙升与危机发生的相关性相对较差。（见图 3-35）接下来，我们重点分析 1997 年之后的情况。

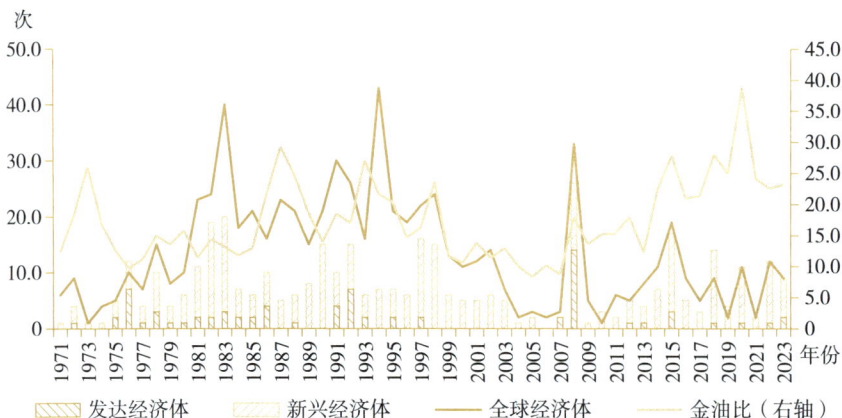

图 3-35　1970—2023 年金油比与危机发生次数

资料来源：皮埃尔 - 奥利弗和奥伯斯法尔德（2011），拉文和瓦伦西亚（2020），阮氏等人（2022），Macrobond，兴业研究。

1997—2000 年，黄金和原油价格前期同步下降，后期同步上升，金油比呈现先升后降的趋势。全球经济体危机高发期集中在 1997 年下半年至 1998 年年初。1997 年 7 月，泰铢大幅贬值，引发亚洲金融危机，在此后下半年内，马来西亚、印度尼西亚、韩国等众多新兴经济体相继发生货币危机和银行业危机，日本一系列银行和证券公司相继破产，直至 1998 年 4 月印度尼西亚与国际货币基金组织达成新的经济改革方案，东南亚汇市危机才暂时平息。在此期间，金油比超过 20 警戒线的时间段为 1998 年 3 月 10 日至 3 月 20 日、1998 年 6 月 9 日至 8 月 31 日、1998 年 10 月 9 日至 1999 年 3 月 12 日，金油比超过警戒值的时间点略滞后于危机高发期且持续时间较短（见图 3-36）。

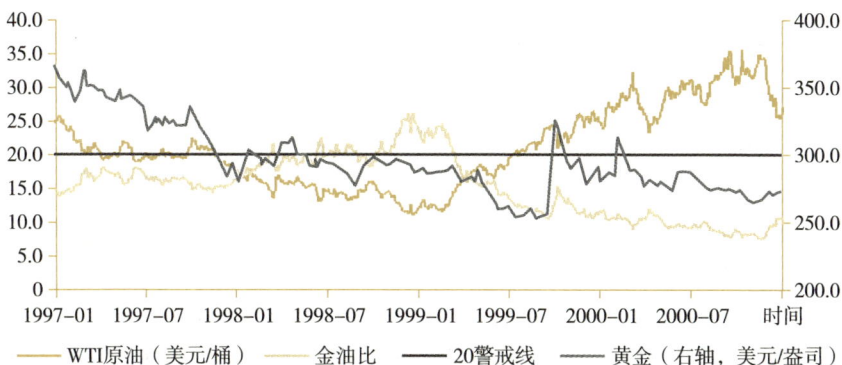

图 3-36　1997—2000 年金油比表现

资料来源：Wind，兴业研究。

2001—2009 年，黄金和原油价格整体同步上升，其间在 2006—2007 年和 2008—2009 年经历两次较为显著的回调。2000—2007 年是全球经济体危机的低发期，金油比大部分时间处在低位。2007 年下半年，受次贷危机影响，美国和英国首先发生银行业危机。2008 年 9 月，雷曼兄弟破产引发全球恐慌，次贷危机演变成全球性的金融危机，当年在全球范围内发生了最多次数的银行业危机。金油比于 2008 年 10 月之后开始快速上升，在 2008 年 12 月 18 日至 12 月 30 日、2009 年 2 月 2 日至 3 月 5 日两个时段内升至 20 警戒线以上。2009 年中期之后，全球股市回暖，主要经济体恢复增长，金融危机的影响逐渐减弱，金

油比回调至 20 警戒线以下。金油比超过警戒值的时间点同样滞后于危机爆发时点。（见图 3-37）

图 3-37　2001—2009 年金油比表现

资料来源：Wind，兴业研究。

2010 年之后，全球风险事件频发，油价和黄金价格波动较大，金油比超过 20 警戒线的时间段明显增多。2009 年 12 月 8 日，全球三大评级公司相继下调希腊主权信用评级，欧洲主权债务危机率先在希腊爆发。自 2010 年起，欧洲其他国家也开始陷入危机，整个欧盟都受到债务危机困扰。随着多项措施的推出，自 2012 年开始，一系列积极迹象集中涌现：一是危机国家的国债收益率大幅下行，二是主权违约风险大幅下降，三是市场恐慌情绪明显缓解，四是欧元大幅走强，五是欧洲股市有所反弹。欧债危机开始缓和。从走势来看，金油比在 2011 年 8 月之后开始明显上升，直至 2011 年 10 月 5 日都处于 20 警戒线以上。自 2012 年起，随着各国经济逐渐显出平稳势头，黄金价格高位回落带动金油比降至 20 警戒线以下。自 2014 年年底开始，伴随着页岩油产量大爆发以及沙特有意大量增产，油价暴跌带动金油比快速飙升突破 20 警戒线，此后金油比鲜少回落至 20 警戒线以下。从事件来看，2014

年 3 月至 2015 年年初，在克里米亚事件期间，俄乌两国首先发生货币危机；2015 年 8 月至 2016 年，全球外汇市场掀起贬值潮，多国相继发生货币危机；2018 年，美联储加息加快，外债水平较高的新兴市场国家再度引发货币危机和银行业危机；2020 年之后，受新冠疫情以及国际政治环境影响，这段时间是新兴经济体危机的相对高发期。

2010 年之后，金油比长期处于 20 警戒线以上，使得 20 这个阈值的意义有所失效。同时，从金油比飙升与危机发生关系来看，虽然金油比阶段性峰值仍与年度危机数的阶段性高点相对应，但仍不具备领先性，而且 2020 年之后金油比整体围绕 20 警戒线波动，与近两年新兴经济体危机频发也开始出现背离。（见图 3-38）

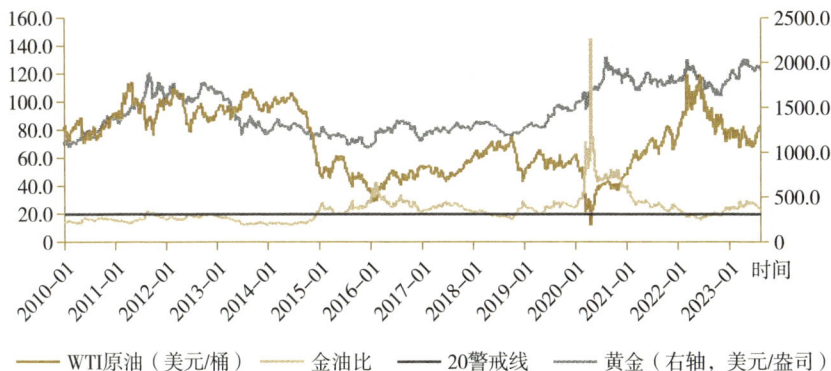

图 3-38 2010 年至 2023 年 8 月金油比表现

资料来源：Wind，兴业研究。

通过对 1997 年以来金银比飙升超过 20 警戒线与危机发生关系的研究，我们发现金油比的飙升更像是金融市场情绪在危机高潮或者中后期的一种极端宣泄，并没有领先性。而金油比在 1997 年之后与危机发生较为同步，本质上也是因为金油比与 VIX 指数的波动变得更为同步。这与不同资产在 21 世纪初中国全球化进程加速情况下的影响因素趋同，以及不同资产在 2008 年之后全球进入大放水阶段的影响因素同质化加深有关。而近几年，金油比与 VIX 指数波动开始变得不再同步以及与危机发生数量同步性变差，也是逆全球化阶段不同资产影响因素开始分化带来的现象。

## 第四节
## 黄金境内外价差

长期来看，境内外黄金价格走势趋同，但短期存在较大偏差。其中，偏离最为显著的就是 2020 年 3 月至 4 月、2020 年 7 月至 8 月以及 2023 年 9 月黄金境内外价差的两次大幅境内折价和一次大幅境内溢价。前两次偏离创出有记录以来最低值，第三次偏离则创造出有记录以来最高值。（见图 3-39）我们将在本文讨论黄金境内外价差走势的统计规律以及背后的影响因素，并探讨 2020 年和 2023 年极端异常情况的发生背景。

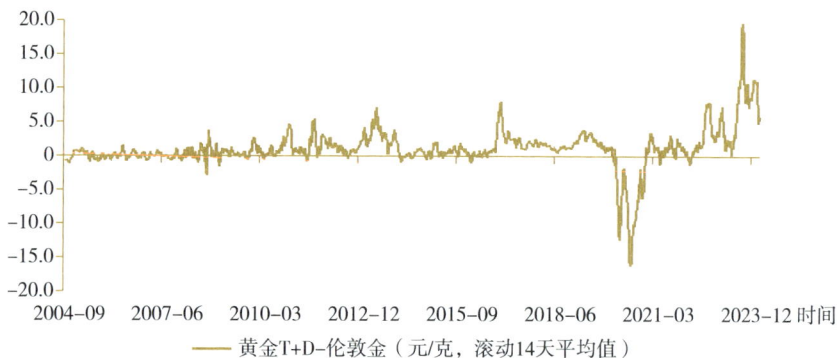

图 3-39　2004 年至 2024 年 3 月黄金境内外价差走势

资料来源：Wind，兴业研究。

## 一、黄金境内外价差的统计规律

我们采用国内黄金 T+D 上市的 2004 年 9 月 27 日作为起始点，选取黄金 T+D（计价单位为元 / 克）、伦敦金（计价单位为美元 / 盎司）的日度收盘价以及 USDCNY（美元兑人民币）即期汇率收盘来计算黄金境内外价差。按照金衡盎司（1 盎司等于 31.1035 克）[①] 的标准进行换算，计算黄金境内外价差。

黄金境内外价差 = 黄金 T + D – 伦敦金 / 31.1035 × 美元兑人民币收盘价

从可得数据来看，2004 年至 2024 年 3 月，黄金境内外价差并未呈现出明显的周期性变化。2004 年至 2024 年 3 月，黄金境内外价差中枢为 1.14 元 / 克，最大值为 28.17 元 / 克（发生在 2023 年 9 月 14 日），最小值为 –25.72 元 / 克（发生在 2020 年 8 月 12 日）。正 1 个标准差为 4.17 元 / 克，负 1 个标准差 –2.43 元 / 克；正 2 个标准差为 8.27 元 / 克，负 2 个标准差为 –6.00 元 / 克（见图 3–40）。在统计时段，83.51% 的时间黄金境内外价差处于正负 1 个标准差区间，94.12% 的时间黄金境内外价差处于正负 2 个标准差区间。

从结构性变化来看，黄金境内外价差呈现出波动区间逐渐扩大的现象，这一结构性的变化在 2009 年和 2020 年前后变化尤为显著。2009 年之前，黄金境内外价差极少偏离至正负 2 个标准差区间之外，偏离至正负 1 个标准差之外后会迅速在数日之内回归。不过，2009 年之后，黄金境内外价差波动明显加大。2009 年之后，黄金境内外价差处于 2 个标准差之外的时段主要发生在 2011 年 8—12 月、2013 年 5—

---

[①] 金衡盎司与克的换算标准，与一般通常所说的盎司与克的换算标准不同。

12 月、2016 年 11—12 月、2020 年 3—9 月以及 2022 年 9 月至 2024 年 3 月。2009—2022 年，除了 2020 年，每一年黄金境内外价差处于正负 2 个标准差以内的时间均超过 90%，不过，在 2023 年和 2024 年 1—3 月，这一比例均降至 90% 以下（见表 3-6）。我们可以看到，黄金境内外价差波动扩大通常与黄金牛熊切换相关，2011 年 9 月是上一轮黄金牛市的顶点，2013 年是美联储宣布 Tapering（缩减资产购买）后黄金开始走熊的起点，2016 年是黄金熊市结束并进入新的牛市酝酿期的起点，2020 年是黄金大牛市阶段性暂歇的时点。所以，单纯从 2022 年 9 月之后黄金境内外价差波动加剧的情况来看，彼时黄金有进入牛市酝酿期的迹象，2024 年以来黄金价格屡创新高也印证了这一点。

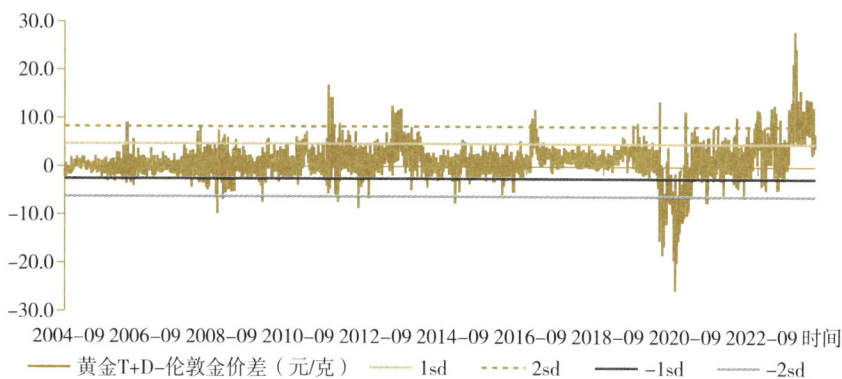

图 3-40 2004 年至 2024 年 3 月黄金境内外价差历史走势

资料来源：Wind，兴业研究。

自 2015 年 "8·11" 汇改至 2020 年新冠疫情前，是黄金境内外价差波动最为稳定的一段时期，黄金境内外价差基本处于 −2—5.4 元 / 克区间窄幅波动，仅数个交易日收于 −5 元 / 克之下，且均在第二个交易日快速反弹（见图 3-41）。不过，黄金境内外价差的波动在 2020 年 3 月之后迅速增大。2020 年至 2024 年 3 月，黄金境内外价差有 24.00%

的时间处于 2 个标准差之外，最低时达 –7.2 个标准差，最高时接近 8 个标准差。

表 3-6　黄金境内外价差分布概率

| 年份 | 1个标准差之内天数 | 2个标准差之内天数 | 1个标准差之内占比 | 2个标准差之内占比 |
|---|---|---|---|---|
| 2005 | 233 | 236 | 98.73% | 100.00% |
| 2006 | 226 | 234 | 96.17% | 99.57% |
| 2007 | 229 | 235 | 97.45% | 100.00% |
| 2008 | 195 | 236 | 81.59% | 98.74% |
| 2009 | 223 | 236 | 94.09% | 99.58% |
| 2010 | 224 | 237 | 94.51% | 100.00% |
| 2011 | 189 | 228 | 80.08% | 96.61% |
| 2012 | 216 | 232 | 92.31% | 99.15% |
| 2013 | 180 | 225 | 77.92% | 97.40% |
| 2014 | 225 | 237 | 94.54% | 99.58% |
| 2015 | 226 | 238 | 94.96% | 100.00% |
| 2016 | 202 | 231 | 84.87% | 97.06% |
| 2017 | 233 | 239 | 97.49% | 100.00% |
| 2018 | 234 | 236 | 99.15% | 100.00% |
| 2019 | 219 | 235 | 92.41% | 99.16% |
| 2020 | 66 | 122 | 28.21% | 52.14% |
| 2021 | 201 | 233 | 84.45% | 97.90% |
| 2022 | 173 | 222 | 73.62% | 94.47% |
| 2023 | 84 | 160 | 35.74% | 68.09% |
| 2024 | 8 | 23 | 13.79% | 39.66% |

注：统计数据截至 2024 年 3 月 28 日。

资料来源：Wind，兴业研究。

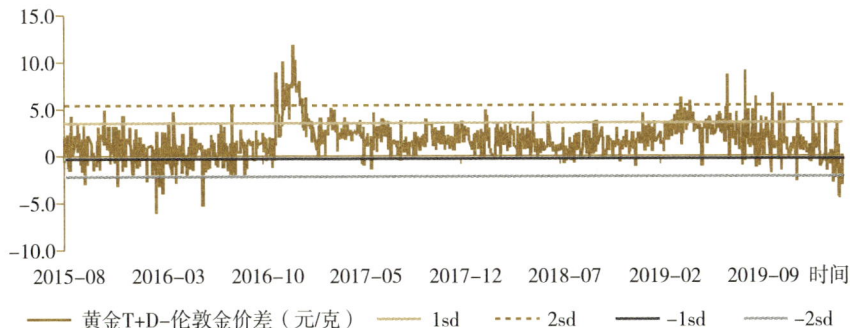

图 3-41　2015 年 8 月至 2020 年 3 月黄金境内外价差历史走势

资料来源：Wind，兴业研究。

从黄金境内外价差的密度分布图来看，正负价差分布相对均衡，略微呈现负偏态、左厚尾的特征（见图 3-42）。

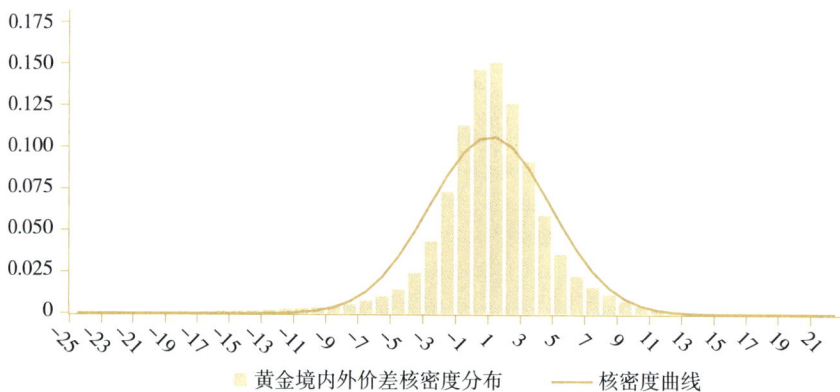

图 3-42　黄金境内外价差核密度分布图

资料来源：Macroband，兴业研究。

## 二、黄金境内外价差影响因素

### （一）波动率

黄金境内外价差与黄金波动率日度级别的相关性不高。从年度级别来看，黄金境内外价差的异常波动与波动率存在一定的负相关性。

我们将 2005 年至 2024 年 3 月每年黄金境内外价差出现在正负 1 个标准差之内的概率与当年黄金历史波动率均值做散点分布图。从全时段来看的话，负相关性相对不显著。不过，如果不计入 2020 年、2023 年及 2024 年 1—3 月的情况下，黄金境内外价差出现在正负 1 个标准差之内的概率与当年黄金历史波动率存在一定负相关性，线性回归结果显示 $R^2$ 等于 0.0917（计入 2020 年、2023 年以及 2024 年 1—3 月，则 $R^2$ 下降至 0.0132），如图 3-43 所示。而如果仅考虑 2010—2019 年宏观相对低波动低通胀的年份，则线性回归结果 $R^2$ 提升至 0.6528。随着 2020 年以来全球进入宏观高波动年代，境内外价差波动与波动率的相关性有所下降，而这在 2020 年和 2023 年黄金价格进入较大周期拐点之时表现更为明显。

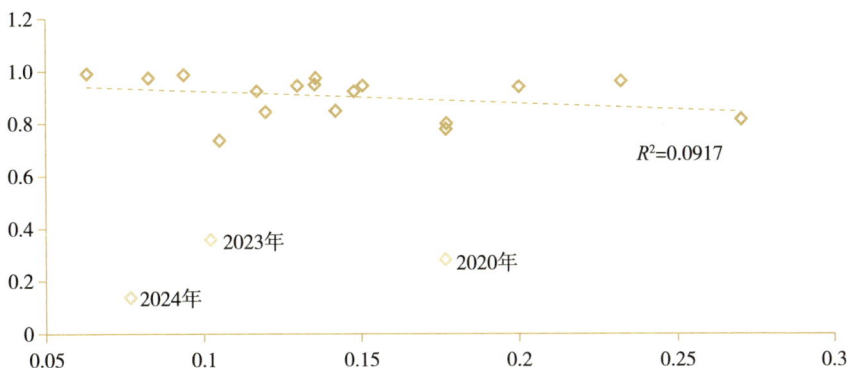

图 3-43　黄金境内外价差与历史波动率散点图

注：横轴为黄金年度历史波动率均值，纵轴为当年黄金境内外价差处于 1 个标准差以内的概率。
资料来源：Wind，兴业研究。

相较于黄金波动率，黄金境内外价差与 VIX 指数的负相关性更好，这可能是由于 VIX 指数反映市场风险偏好变化的敏感性更佳。2005 年至 2024 年 3 月，每年黄金境内外价差出现在正负 1 个标准差之内的概率与当年 VIX 指数均值做散点分布图，线性回归结果显示 $R^2$ 等于 0.2695（见图 3-44）。这表明，若当年金融市场出现较大波动，则当年黄金境内外价差呈现异常波动的概率更高（见图 3-45）。

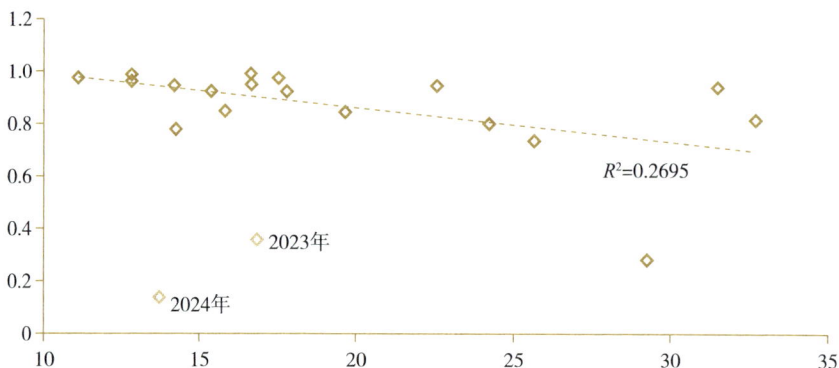

图 3-44　黄金境内外价差与 VIX 指数散点图

注：横轴为 VIX 指数年度均值，纵轴为当年黄金境内外价差处于 1 个标准差以内的概率。
资料来源：Wind，兴业研究。

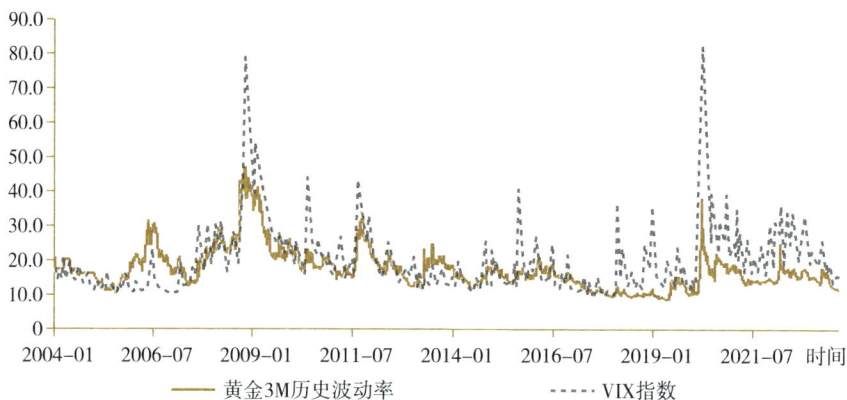

图 3-45　2004 年 1 月至 2024 年 3 月黄金 3M 历史波动率与 VIX 指数走势

资料来源：Wind，兴业研究。

## （二）人民币汇率和黄金价格

通常，影响黄金境内外价差的是人民币汇率预期，所以我们采用美元兑人民币 3 个月期风险逆转期权来进行分析。风险逆转期权数值增大表明美元兑人民币升值预期增强，反之则表明美元兑人民币贬值预期增强。在黄金价格方面，我们采用伦敦金价格进行分析。

从历史来看，黄金境内外价差与美元兑人民币风险逆转期权走势存在同步性，不过在 2017 年之后，同步性变弱。滚动相关性结果同样显示，2011—2017 年，境内外价差与美元兑人民币风险逆转期权整体呈现出正向性，相关性高时可以达到 0.8；但在 2017 年之后，二者相关性有所下降。随着汇率弹性上升以及资本管制逐渐放松，汇率预期对黄金境内外价差的影响下降（见图 3-46）。在黄金境内外价差偏离正负 2 个标准差集中出现的时段，境内外价差与美元兑人民币风险逆转期权的正相关性多数时段内增强（见图 3-47）。

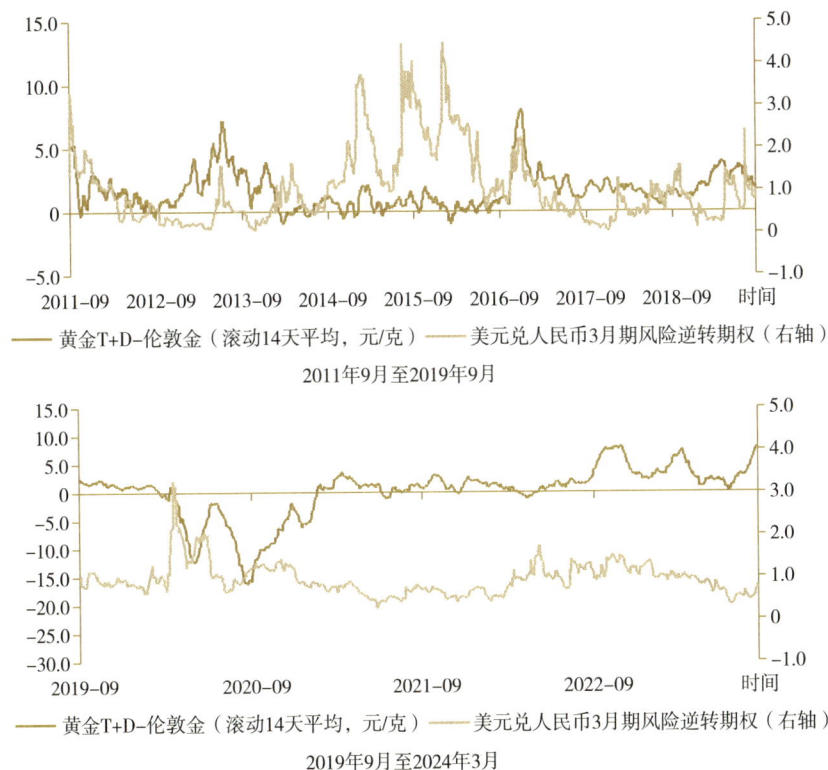

黄金T+D-伦敦金（滚动14天平均，元/克）　　美元兑人民币3月期风险逆转期权（右轴）

2011年9月至2019年9月

黄金T+D-伦敦金（滚动14天平均，元/克）　　美元兑人民币3月期风险逆转期权（右轴）

2019年9月至2024年3月

图 3-46　黄金境内外价差与美元兑人民币风险逆转期权

资料来源：彭博社，兴业研究。

图 3-47　黄金境内外价差与美元兑人民币风险逆转期权滚动相关性

注：阴影区域为区间内黄金境内外价差多次超过正负 2 个标准差区域的时段。

资料来源：Marcoband，兴业研究。

同时，我们还可以发现，2011 年至 2024 年 3 月，黄金境内外价差与伦敦金整体呈现出负向同步性（见图 3-48）。滚动相关性结果显示，二者负相关性基本稳定，负相关性阶段性可以高达 –0.9。而且，在黄金境内外价差偏离正负 2 个标准差集中出现的时段，其与伦敦金的负相关性均持续增强（见图 3-49）。

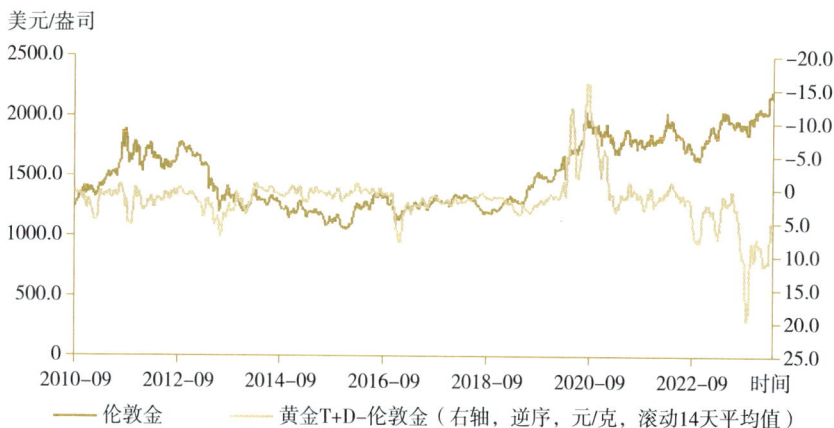

图 3-48　伦敦金和黄金境内外价差

资料来源：Wind，兴业研究。

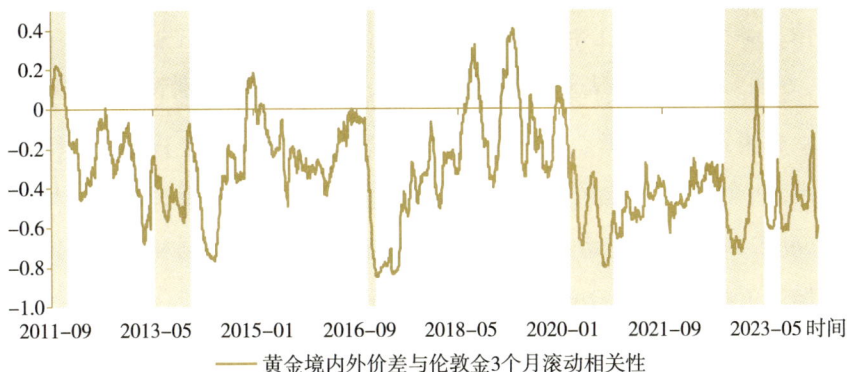

图 3-49 伦敦金和黄金境内外价差滚动相关性

注：阴影区域为区间内黄金境内外价差多次超过正负 2 个标准差区域的时段。
资料来源：Wind，兴业研究。

我们采用 2011 年至 2024 年 3 月黄金境内外价差作为因变量，将美元兑人民币 3 个月期风险逆转期权以及伦敦金作为自变量，进行多元回归。结果显示，多元回归结果的 $R^2$ 为 0.44，其中伦敦金的解释权重为美元兑人民币风险逆转期权的 2 倍。

### （三）黄金供需的影响

除了波动率、人民币汇率走势以及黄金价格走势外，黄金市场供需状况也对黄金境内外价差走势有着重要影响，这一影响在 2020 年和 2023 年均有较为明显的体现。

2020 年 3 月，黄金境内外价差首次跌破 –10 元/克，引发市场哗然。美欧以及亚太地区的供需差异是造成 2020 年第二季度境内黄金大幅折价的重要原因。

珠宝和零售需求（金条、金币）是黄金最大的需求构成，黄金实物需求最大的需求国是中国和印度，欧美国家则是黄金 ETF 投资需求的主力军。2020 年第一季度，亚太地区（不含日本和中国香港、中国台湾）珠宝需求同比下滑 185.9 吨，第二季度的这一数据为同比下降 191.6 吨，同期美欧珠宝需求虽有下滑，但下滑量仅分别为 4 吨和 19.8 吨。在零售需求方面，2020 年第一季度，亚太地区（不含日本和中国香港、中国台湾）金条、金币需求同比下滑 59.03 吨，第二季度同比下滑 99.57 吨，而美欧金条、金币需求在 2020 年第一季度和第二季度分别增长了 33.8 吨和 52.6 吨。

地区对比更为鲜明的是黄金 ETF 的投资需求。2020 年第一季度，亚太地区（不含日本和中国香港、中国台湾）黄金 ETF 投资需求增长 16.64 吨，第二季度增长 17.36 吨，而同期欧美黄金 ETF 投资需求同比分别增长了 201.30 吨和 492.00 吨。

三类需求合计，2020 年第一季度，亚太地区（不含日本和中国香港、中国台湾）黄金需求下滑 203.41 吨，第二季度下滑 222.54 吨，而同期欧美黄金需求分别增长 290.00 吨和 612.40 吨。从历史来看，发达市场与新兴市场季度黄金需求同比变动与当季黄金境内外价差存在较为明显的反向性（见图 3-50）。

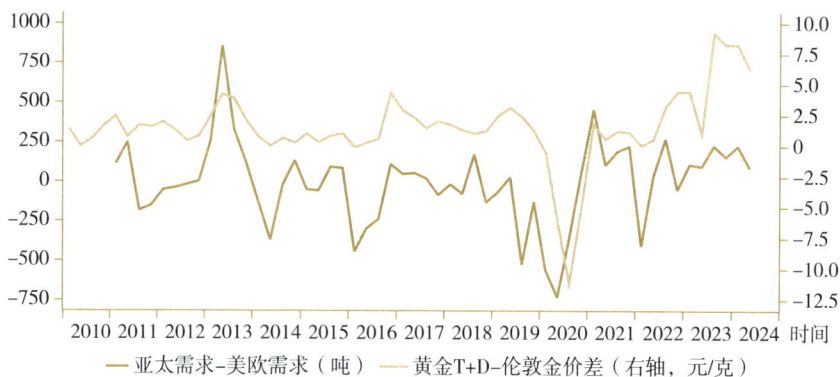

图 3-50　黄金需求地区差异与境内外价差

资料来源：世界黄金协会，Wind，兴业研究。

供给下降和运输受限也是造成 2020 年第二季度境内黄金大幅折价的重要因素（见图 3-51）。2020 年第二季度，全球黄金产量同比下降 67 吨，与之相比，影响更大的是三四月份新冠疫情导致的全球航空运输的暂停。从全球黄金产地来看，亚太地区为全球主要黄金产地，而全球 70% 的黄金加工是由瑞士四家大型精炼厂完成的。2020 年 3 月，瑞士三大黄金精炼厂瓦尔坎比（Valcambi）、帕姆普（PAMP）及阿戈尔 – 贺利氏（Argor-Heraeus）受新冠疫情影响暂时停止生产，加之航空禁运使得黄金无法运送至美国 COMEX 黄金交割库，致使黄金出现短缺，黄金市场 EFP 报价在 2020 年 3—4 月出现大幅飙升。而在此后，因为 COMEX 此前溢价过大，大量有交割资格的参与者将黄金实货运往 COMEX 交割库，造成 COMEX 黄金库存飙升。

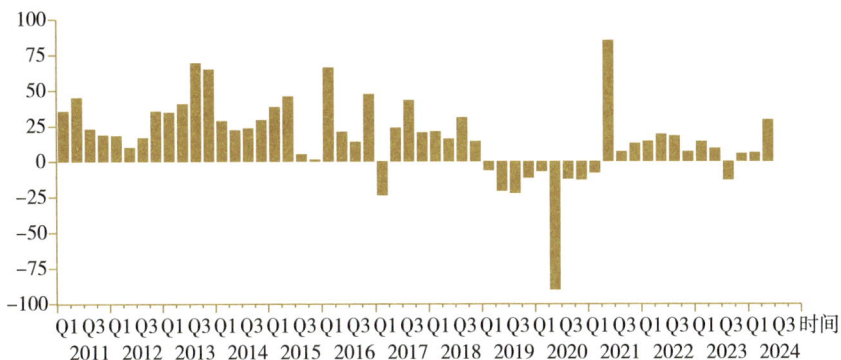

图 3-51　全球黄金产量同比变动

注：黄金产量单位为吨。

资料来源：世界黄金协会，兴业研究。

而 2023 年黄金境内外价差走扩，则跟国内阶段性供给偏紧存在关联。我们可以发现，在剔除中央银行购金后，2015 年之后，国内黄金进口量出现了结构性的下行。总体而言，国内黄金进口量与美元兑人民币走势呈现负相关（见图 3-52）。不过，在美元兑人民币走高但绝对水平仍较为合意的时候，黄金进口量也会与美元兑人民币一同上升，比如 2022 年年初。2022 年下半年，随着美元兑人民币突破 7 整数关口，国内黄金进口量快速下降，2023 年年初之时有过一段时期回升，但在 2023 年 6 月之后再度快速回落。

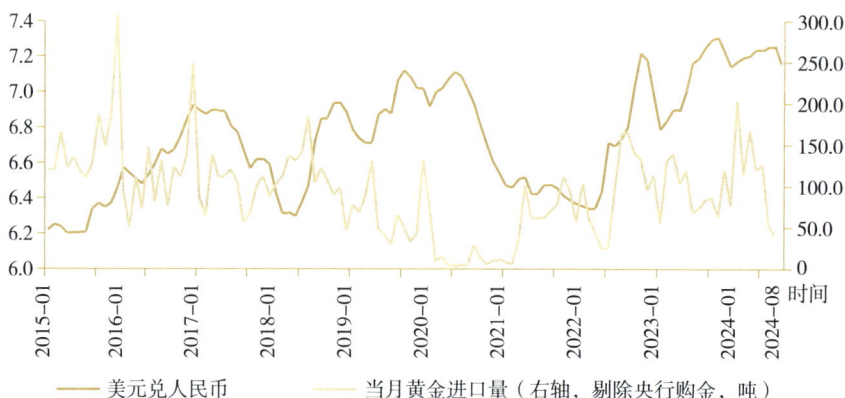

图 3-52　国内黄金进口量与美元兑人民币

资料来源：海关总署，兴业研究。

　　黄金境内外价差与国内黄金进口量呈现出一定同步性（见图 3-53）。我们可以理解为，随着国内相较于国外溢价的扩大，国内机构进口黄金意愿增强，而当黄金进口量增加时，境内外价差也会随之收敛。2023 年年中之后，这一走势开始分化，尽管境内外价差走高，但国内黄金进口量持续维持低位，加之 6 月之后上海黄金交易所黄金出库量也维持低位（见图 3-54），进而使得内盘黄金溢价持续扩大。2023年 9 月中旬，内盘黄金溢价日内最高达到 32 元 / 克，此后有所回落。

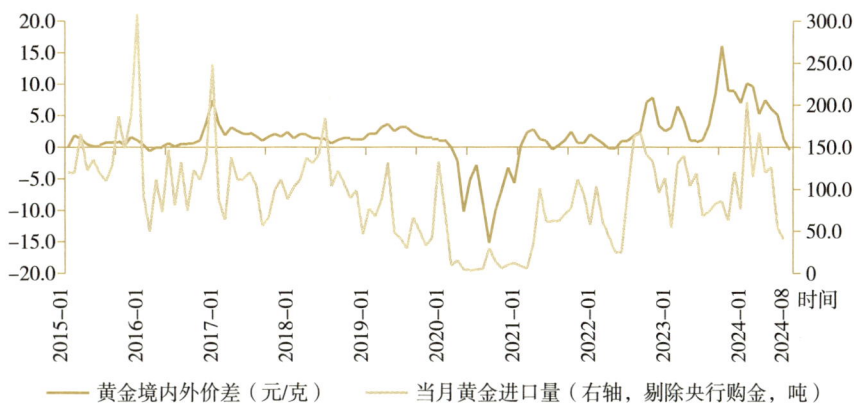

图 3-53　国内黄金进口量与境内外价差

资料来源：海关总署，兴业研究。

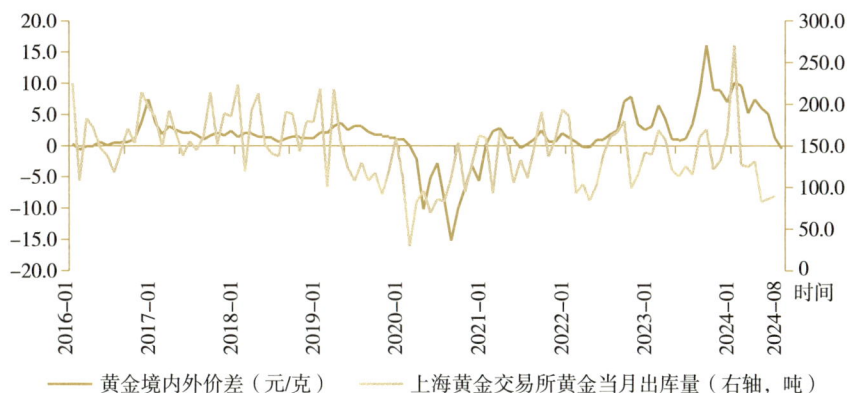

图 3-54　上海黄金交易所黄金出库量与黄金境内外价差

资料来源：Wind，兴业研究。

## 第五节
# 白银境内外价差

除了黄金境内外价差，白银的境内外价差走势也值得关注（见图3-55）。在本章第二节，我们讨论过白银单边价格走势当前最主要的还是跟随黄金，工业需求变化则主要影响金银比价波动。所以，理论上说，白银境内外价差走势的影响因素应该与黄金类似。不过，从实际情况来看，白银境内外价差波动特点与黄金也存在一些不同。在本节中，我们主要讨论白银境内外价差波动的规律，并简要探讨其与波动率、人民币汇率和白银价格的关系。

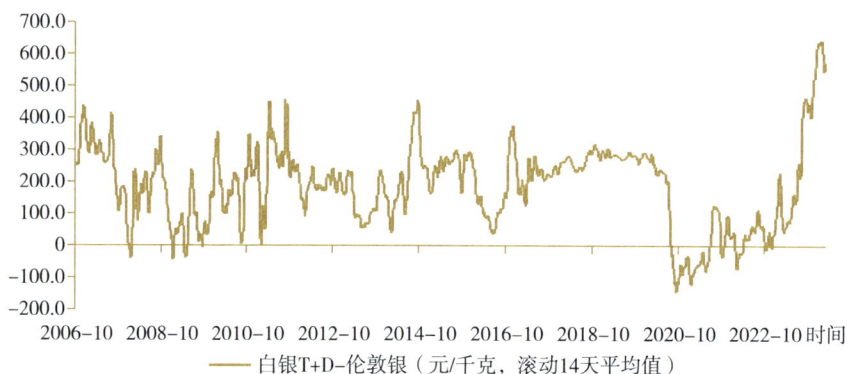

图 3-55　2006 年至 2024 年 3 月白银境内外价差走势

资料来源：Wind，兴业研究。

## 一、白银境内外价差的统计规律

我们采用国内白银 T+D 上市的 2006 年 10 月 30 日作为起始点，选取白银 T+D（计价单位为元 / 千克）、伦敦银（计价单位为美元 / 盎司）的日度收盘价以及 USDCNY 即期汇率收盘价来计算白银境内外价差，按照金衡盎司（1 盎司等于 31.1035 克）的标准进行换算，计算白银境内外价差。

$$白银境内外价差 = 白银 T+D - 伦敦银 /31.1035 × 美元兑人民币收盘价 × 1000$$

从可得数据来看，2006 年至 2024 年 3 月，白银境内外价差同样没有明显的周期性变化，出现在 0 以上的时期较多。不过，与黄金境内外价差波动逐渐扩大不同，白银境内外价差反而在 2011 年之后出现了一段时间较为明显的收敛。2006 年 10 月 30 日至 2024 年 3 月，白银境内外价差中枢为 187.08 元 / 千克，上限在 500 元 / 千克徘徊，2010—2011 年的触及次数较多[1]，下限在 −200 元 / 千克徘徊，2020 年以及 2021 年均曾触及。正 1 个标准差为 327.46 元 / 千克，负 1 个标准差为 46.71 元 / 千克；正 2 个标准差为 467.83 元 / 千克，负 2 个标准差为 −93.67 元 / 千克（见图 3−56）。在统计时段，73.72% 的时间白银境内外价差处于正负 1 个标准差区间，95.46% 的时间白银境内外价差处于正负 2 个标准差区间（见表 3−7）。

对于结构性变化而言，白银境内外价差在 2011 年之前波动较为剧烈，在 −150—500 元 / 千克区间频繁波动。2011 年之后，白银境内外价差进入了一段波动较为平稳的时期。2020 年，白银境内价格曾一度折价，不过此后境内外价差修复，逐渐回归至新冠疫情前波动区间。2011 年之前，市场对白银的炒作时有发生，而这一炒作在 2010—2011

---

[1]　极端异常值的出现受境内外白银合约收盘时间不同的影响，所以在此的描述我们以上限、下限替代极大值、极小值。

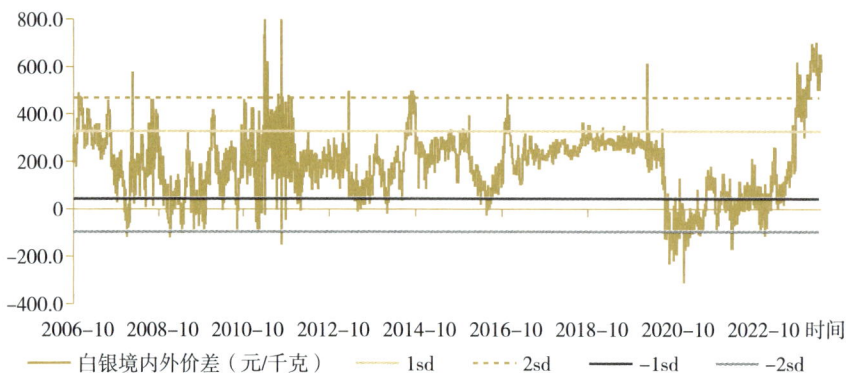

图 3-56  2004 年至 2024 年 3 月白银境内外价差历史走势

资料来源：Wind，兴业研究。

表 3-7  白银境内外价差分布概率

| 年份 | 1个标准差之内天数 | 2个标准差之内天数 | 1个标准差之内占比 | 2个标准差之内占比 |
|---|---|---|---|---|
| 2007 | 162 | 233 | 68.94% | 99.15% |
| 2008 | 187 | 236 | 78.57% | 99.16% |
| 2009 | 135 | 233 | 56.96% | 98.31% |
| 2010 | 200 | 237 | 84.39% | 100.00% |
| 2011 | 151 | 221 | 63.98% | 93.64% |
| 2012 | 228 | 234 | 97.44% | 100.00% |
| 2013 | 209 | 230 | 90.48% | 99.57% |
| 2014 | 184 | 233 | 77.31% | 97.90% |
| 2015 | 233 | 237 | 98.31% | 100.00% |
| 2016 | 196 | 237 | 82.35% | 99.58% |
| 2017 | 236 | 239 | 98.74% | 100.00% |
| 2018 | 229 | 236 | 97.03% | 100.00% |
| 2019 | 230 | 237 | 97.05% | 100.00% |
| 2020 | 146 | 196 | 62.13% | 83.40% |
| 2021 | 66 | 214 | 27.73% | 89.92% |
| 2022 | 84 | 230 | 35.74% | 97.87% |
| 2023 | 135 | 207 | 57.45% | 88.09% |

资料来源：Wind，兴业研究。

年表现得最为突出。彼时受欧美债务危机的影响，白银的避险需求和投资需求被市场过度炒作，国内外白银价格均出现大幅上涨。白银价格在 2011 年 4 月超过 49 美元 / 盎司，一度接近历史最高点，与黄金的比值在 2011 年 4 月降至了 31.5，为进入 21 世纪以来最低。白银炒作带来价格剧烈波动，同样也带来白银境内外价差的剧烈波动。2011 年，白银价格在爆炒之后回落，进入了漫长的回落期。同时，摩根大通在 2012—2013 年慢慢开始购买实物、期现，同时搞操纵，人为压低白银价格，白银价格波动率持续回落，白银境内外价差波动也明显收敛，收敛至 50—350 元 / 千克波动区间。不过，2020 年，市场波动率的急剧扩大带来了白银境内外价差波动的扩大；而在 2023 年，白银境内外价差同样出现了系统性的走高。

从白银境内外价差的密度分布图来看，白银境内外价差出现在 220—320 元 / 千克的频数最高（见图 3–57）。

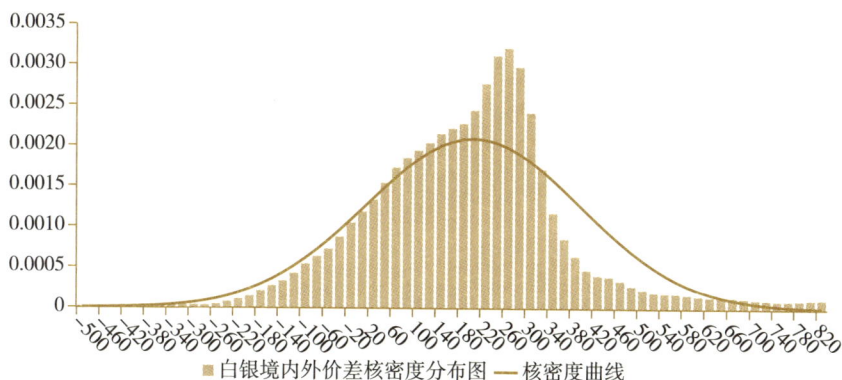

图 3-57　白银境内外价差核密度分布图

资料来源：Macroband，兴业研究。

## 二、白银境内外价差影响因素

### （一）波动率

不同于黄金境内外价差与黄金波动率日度级别相关性不高，2007年至2024年3月，白银境内外价差与白银波动率日度频率数据存在一定负相关性，线性回归结果显示 $R^2$ 等于0.07（见图3-58）。从年度级别来看，白银境内外价差与白银波动率的负相关性较日度级别提升。2007年至2024年3月，每年白银境内外价差出现在正负1个标准差之内的概率与当年白银隐含波动率均值做散点分布图，线性回归结果显示 $R^2$ 等于0.1936，与该概率和当年 VIX 指数均值回归结果类似。白银的工业属性使得其对市场风险偏好变化的敏感性较黄金更强，这或许是白银境内外价差对市场波动率变化更为敏感的原因。

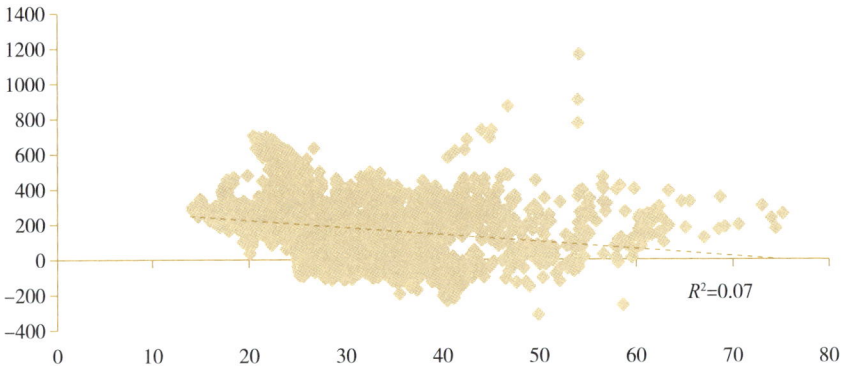

图3-58　白银境内外价差与白银隐含波动率散点图

资料来源：Macroband，兴业研究。

从时间序列走势来看，白银境内外价差确实与白银隐含波动率存在负相关性，这一负相关性在2011年之后变得较为明显（见图3-59）。自2020年以来，白银境内外价差与白银隐含波动率的负相关性进一步加强（见图3-60）。

白银T+D-伦敦银（元/千克，滚动14天平均值）　　白银3个月隐含波动率（右轴）

2006年至2024年3月

白银境内外价差（元/千克）　　白银3个月隐含波动率（右轴，逆序）

2020年至2024年3月

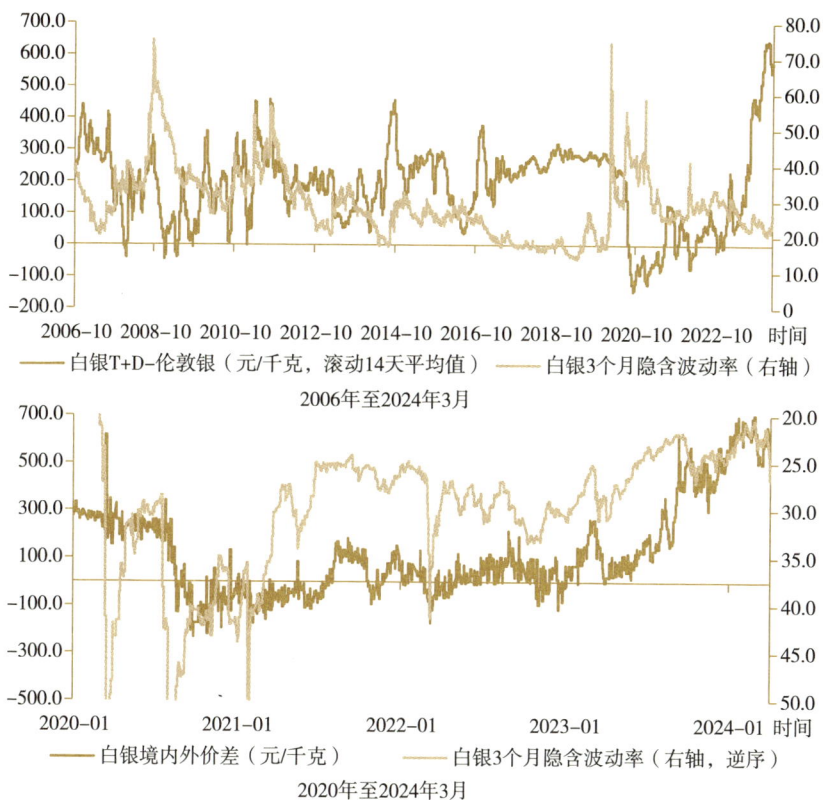

图 3-59　白银境内外价差与白银隐含波动率

资料来源：彭博社，兴业研究。

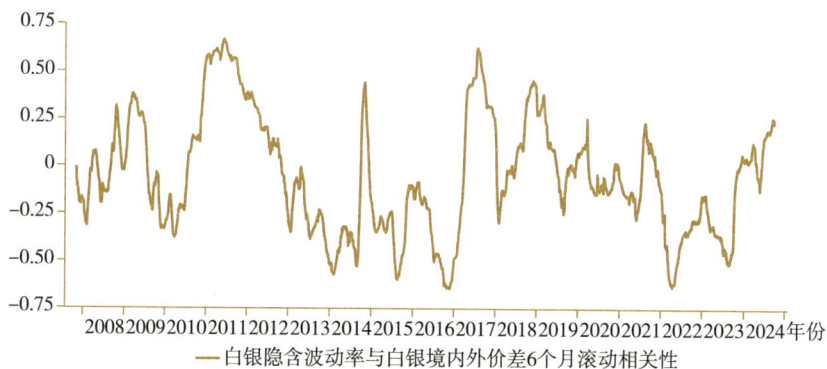

白银隐含波动率与白银境内外价差6个月滚动相关性

图 3-60　白银境内外价差与白银隐含波动率滚动相关性

资料来源：彭博社，兴业研究。

## （二）人民币汇率和银价

从历史来看，白银境内外价差与美元兑人民币风险逆转期权走势同步性不明显（见图 3-61），这与黄金境内外价差在 2017 年之前与美元兑人民币风险逆转期权存在同步性截然不同。滚动相关性结果同样显示，白银境内外价差与美元兑人民币风险期权的负相关性出现时段甚至略多于正相关性出现时段（见图 3-62）。

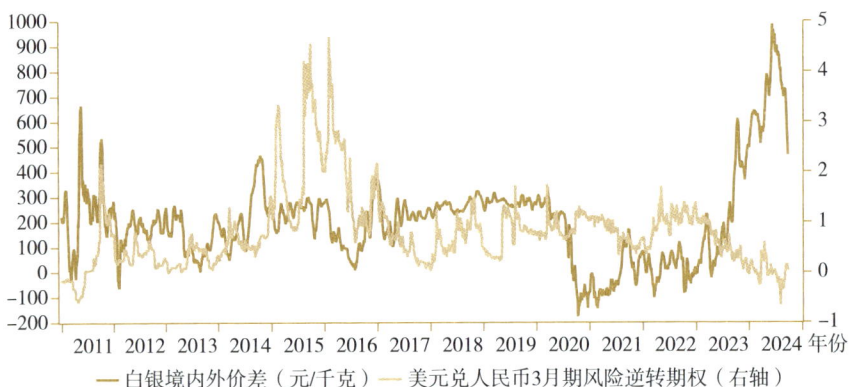

图 3-61　白银境内外价差与美元兑人民币风险逆转期权

资料来源：彭博社，兴业研究。

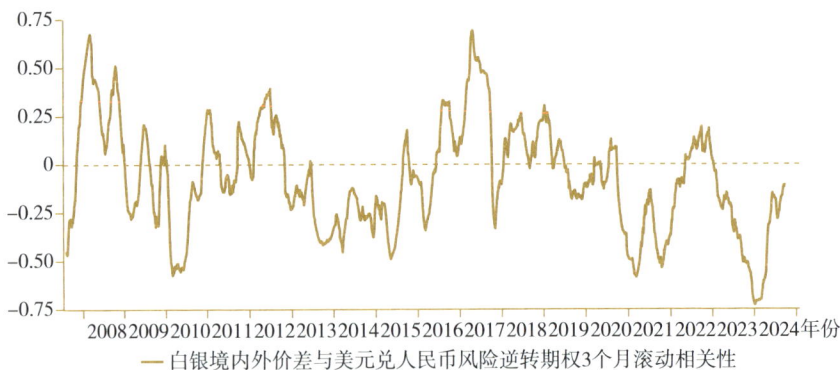

图 3-62　白银境内外价差与美元兑人民币风险逆转期权滚动相关性

资料来源：Marcoband，兴业研究。

与之相较，白银境内外价差与伦敦银在 2012 年之后整体呈现出负向同步性（见图 3-63）。滚动相关性结果显示，二者负相关性基本稳定，负相关性阶段性可以高达 –0.95（见图 3-64）。

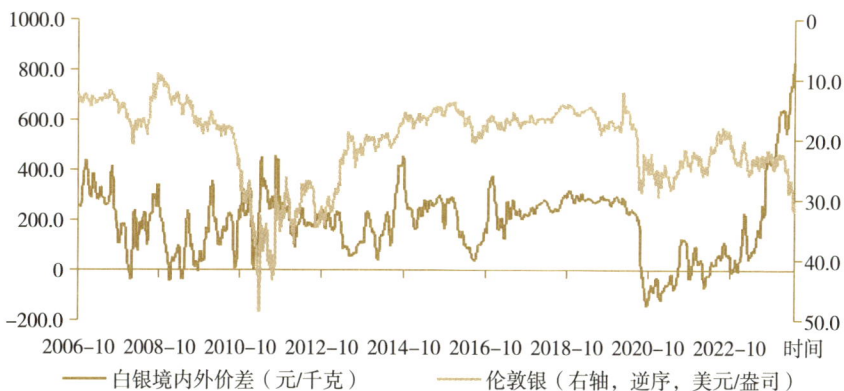

图 3-63　伦敦银和白银境内外价差

资料来源：Wind，兴业研究。

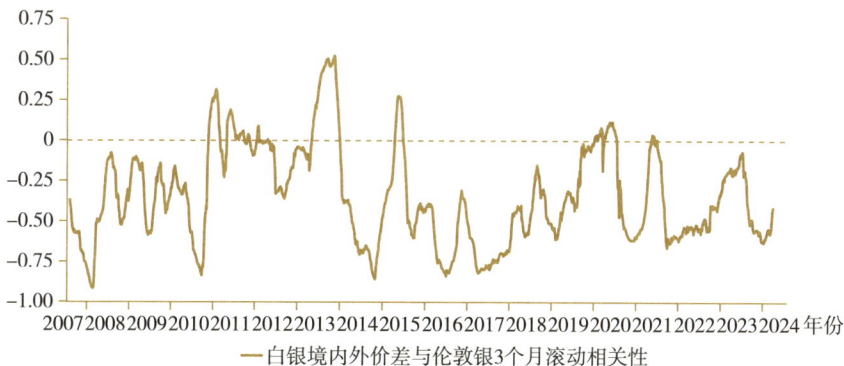

图 3-64　伦敦银和白银境内外价差滚动相关性

资料来源：Wind，兴业研究。

我们采用 2012 年至 2024 年 3 月白银境内外价差作为因变量，将美元兑人民币 3 个月期风险逆转期权、伦敦银、白银隐含波动率作为自变量，进行多元回归。多元回归结果显示 $R^2$ 等于 0.39，其中伦敦银的解释权重为美元兑人民币风险逆转期权的 5 倍，白银隐含波动率解释权重为美元兑人民币风险逆转期权的 3 倍。这表明，人民币汇率预期对白银境内外价差的影响权重远小于伦敦银和白银波动率。

我们该如何理解银价和白银隐含波动率均与白银境内外价差呈现负相关性的现象呢？与多数资产不同，白银和黄金的波动率往往在价格上涨时快速放大，而非下跌之时。然而，海外品种的投资性更强，伦敦银往往在市场风险偏好好转时涨幅更大，在市场风险偏好下跌时的跌幅也更大，故而呈现出白银境内外价差走势与银价以及白银隐含波动率均反向波动的现象。不过，如果我们将白银隐含波动率从之前的多元回归方程中去除，则拟合 $R^2$ 出现下降，同时银价解释权重也下降。所以，即使银价和白银隐含波动率均与白银境内外价差呈现负相关，我们仍认为保留二者同时作为自变量是必要的。因为白银隐含波动率除了受白银走势影响，也与全市场风险偏好变化有关，这能体现全市场风险偏好变化对白银境内外价差走势的影响。

## （三）白银供需

白银市场供需状况对白银境内外价差走势也存在重要影响。

从白银需求来看，工业需求占据了白银需求的一半，其次是实物投资需求（银条和银币）和珠宝需求，这三者分别占据了 2022 年全球白银实物需求的 44.8%、26.8% 和 18.8%。与之相较，2022 年，黄金的珠宝需求、实物投资需求（金条和金币）分别占据黄金需求的 44.6% 和 23.9%。此外，2022 年，中央银行购金占 22.9%。因为黄金珠宝和实物投资需求占据黄金需求的绝对比重，所以在黄金境内外价差研究中，我们发现了亚太和欧美黄金需求差与黄金境内外价差走势非常同步，不同区域黄金珠宝和实物投资需求的差异对黄金境内外价差有着重要影响。那么，对于白银而言，需求的区域分布以及与境内外价差的关系又是怎样的呢？

从白银工业需求来看，亚太工业需求高于欧美工业需求。2022年，欧美和亚太分别占白银工业需求的39.30%和58.10%。我们分经济体来看，美国、中国和印度是前三个工业需求国。从白银实物投资需求来看，欧美实物投资需求明显更高。2022年，欧美和亚太分别占据白银实物投资需求的58.55%和26.06%。美国、印度和德国是前三大白银实物投资需求国。从白银珠宝需求来看，亚太占绝对权重。2022年，亚太和欧美分别占据白银珠宝需求的70.71%和21.69%。

从与白银境内外价差的关系来看，在白银实物投资上，亚太与欧美需求的地区差异与白银境内外价差关系好于白银工业需求和珠宝需求地区差异（见图3-65和图3-66）。相关性测算显示，白银实物投资需求地区差异与白银境内外价差相关性最高，相关系数达到0.901，白银工业需求地区差异与白银境内外价差的相关系数为0.3117，白银珠宝需求地区差异与白银境内外价差相关性最低，相关系数为 -0.019。从逻辑上说，虽然白银工业需求绝对量占据一半，但变化相对平稳，而投资需求则主要与价格有关，故而与白银境内外价差关系最佳。白银珠宝需求绝对量占比相对较小，或许这是它与白银境内外价差关系较差的原因。

总体而言，相较于黄金境内外价差，白银境内外价差对市场波动率以及价格变化更为敏感，与二者均呈现反向波动，而对人民币汇率预期则反应不大。2011年，当白银炒作结束后，白银价格以及波动率都出现过较长一段时间的下降，故而白银境内外价差波动开始收敛。从实物影响层面讲，虽然白银工业需求占据一半，但是其波动相对平稳，而对价格更为敏感的投资需求则对白银境内外价差影响最为显著。

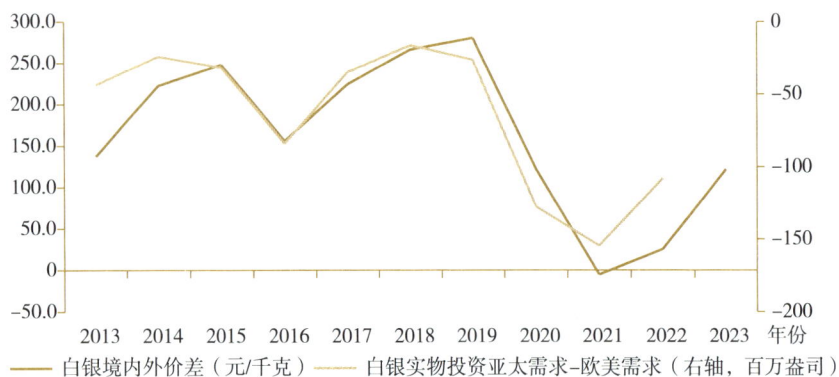

图 3-65　白银境内外价差与投资需求地区差异

资料来源：世界白银协会，兴业研究。

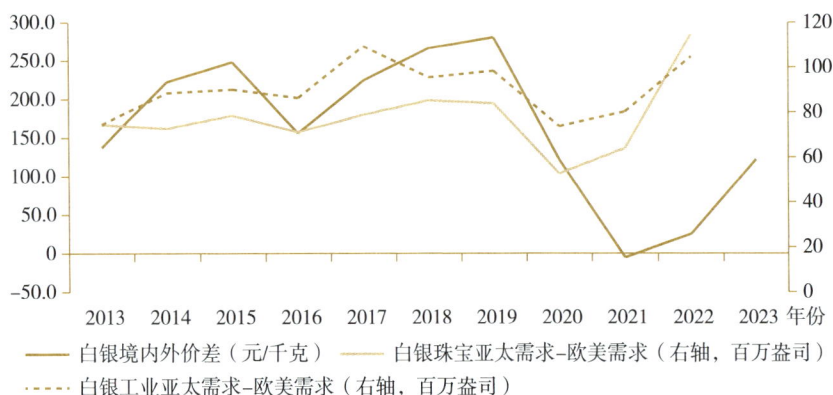

图 3-66　白银境内外价差与工业、珠宝需求地区差异

资料来源：世界白银协会，兴业研究。

保卫财富：黄金投资新时代

## 第六节
# 贵金属曲线的含义

远期价格理论定价是即期价格加上持有成本，是远期市场为当前交易的远期合约提供的交割价格。对于商品而言，决定远期价格的主要因素是资金成本以及仓储费用。不过，从黄金的分析框架来看，其定价影响因素更类似于金融资产而非实物资产，所以资金成本对黄金远期价格的影响更为重要。在实际应用中，通常将一年后黄金价格与当前黄金主力合约的差值和当前黄金主力合约做比值，我们将这一比值视为黄金较为重要的一种远期曲线价格。同时，对于白银而言，我们也可用类似方法计算白银的 1 年期远期曲线。

黄金 1 年期曲线 =（COMEX 黄金 1 年期合约 – COMEX 黄金主力合约）/ COMEX 黄金主力合约

白银 1 年期曲线 =（COMEX 白银 1 年期合约 – COMEX 白银主力合约）/ COMEX 白银主力合约

通常，1 年期黄金或白银的远期曲线可以视为持有黄金或白银能够获得的 1 年期隐含利率（见图 3-67 和图 3-68）。当黄金或白银远期曲线隐含利率大于美国 1 年期市场利率〔2021 年 10 月 1 日前采用 IRS（利率掉期）1 年期利率，2021 年 10 月 1 日后采用芝加哥商品交易所公布的 SOFR 1 年期利率〕时，投资者倾向于在 COMEX 交割库中增加黄金或白银库存以获得美国 1 年期黄金或白银远期曲线隐含利率；但是，当 1 年期黄金或白银远期曲线隐含利率小于美国 1 年期市场利率时，COMEX 黄金或白银库存倾向于下降，投资者就会转而去寻找更具性价比的投资。相较而言，在 1996 年开始的统计时段，白银库存对利差整体均存在响应，而黄金库存对利差的响应则在 2000 年以后才变得显著。随着 2020 年以后 1 年期黄金和白银远期曲线隐含利率相较于美国 1 年期市场利率溢价的收敛，以及 2022 年低于美国 1 年期市场利率，COMEX 黄金和白银库存总体呈下降态势（见图 3-69 和图 3-70）。

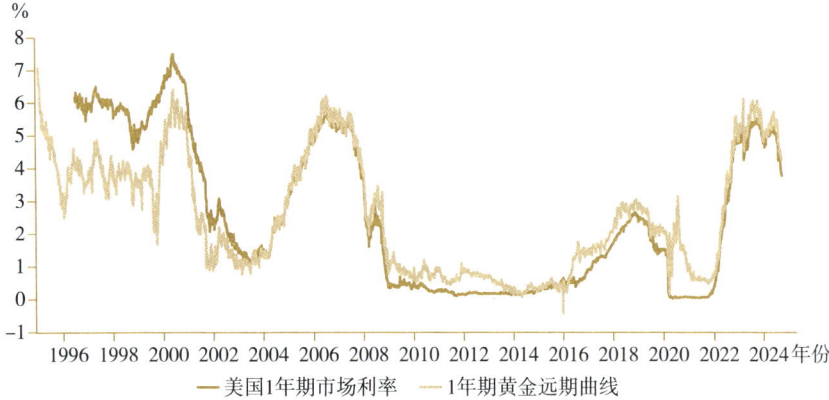

图 3-67　美国 1 年期市场利率与 1 年期黄金远期曲线

资料来源：Macrobond，兴业研究。

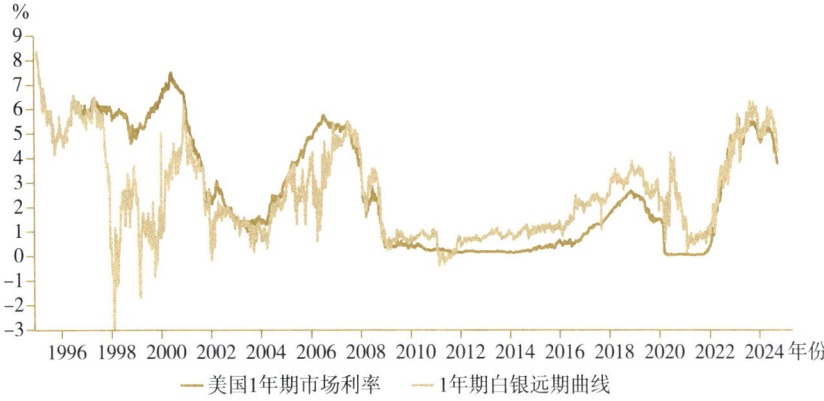

图 3-68　美国 1 年期市场利率与 1 年期白银远期曲线

资料来源：Macrobond，兴业研究。

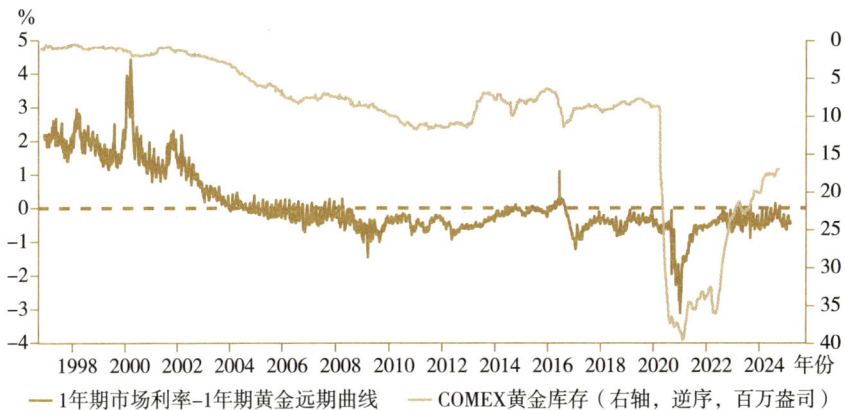

图 3-69　利差与 COMEX 黄金库存

资料来源：Macrobond，兴业研究。

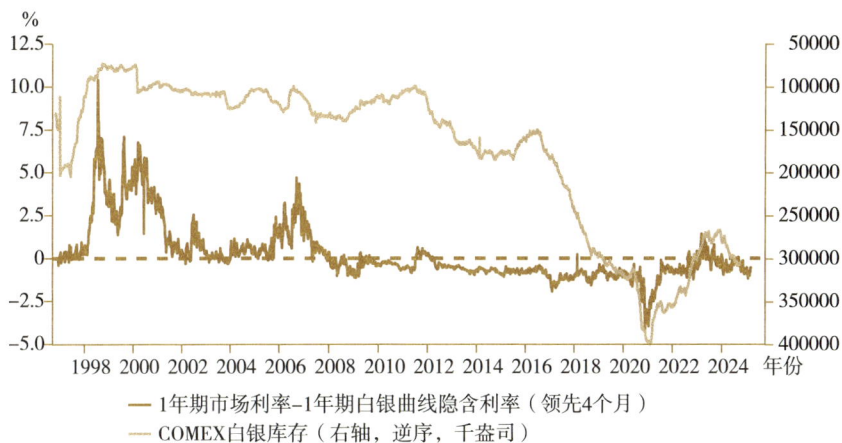

图 3-70　利差与 COMEX 白银库存

资料来源：Macrobond，兴业研究。

第四章

# 黄金在资产配置中的应用及可投资标的

历史已经证明了黄金需求的长盛不衰。我们将在本章首先分析珠宝、零售、黄金 ETF 等不同黄金需求，以及美国、欧洲、亚太、中东等不同区域黄金需求增长特征，在此基础上探究黄金在资产配置中的作用。黄金之所以深受投资者喜爱，一方面是因为持有黄金能够给投资者提供绝对收益，另一方面是因为持有黄金能够对冲股票市场的波动，降低整体投资组合的波动。不过，即使投资者意识到需要在资产组合中配置一些黄金，配置多大的比例以及选择何种投资工具也是不同类别投资者急需厘清的问题，我们将在本章后两节进行讨论。

第一节
## 黄金财富市场现状及前景

　　黄金是资产组合中的重要一员。黄金的耐用性、便携性、可分割性和内在价值，都决定了其被人类青睐，以及在当今全球财富配置中的重要地位。随着新材料的发现和许多新资产（比如加密货币）的出现，黄金作为资产配置的地位依然不可动摇。世界黄金协会与标普旗下金融分析服务公司 Coalition Greenwich（格林威治联盟）在 2021 年第三季度发起的一份针对全球近 500 家大型机构的调查显示，大约 1/5 的机构在其投资组合中配置了黄金，而且计划在未来几年继续增持黄金（见图 4-1）。在资产管理规模超过 100 亿美元的机构中，黄金配置很常见。目前来看，在近几年全球宏观波动加大以及货币体系多元化加速的背景下，各国中央银行以及民众确实增加了黄金的购买，并且这一趋势仍将持续。基于黄金在财富管理市场的重要地位以及近几年配置热情的高涨，我们将在本节聚焦全球黄金财富市场现状以及前景。

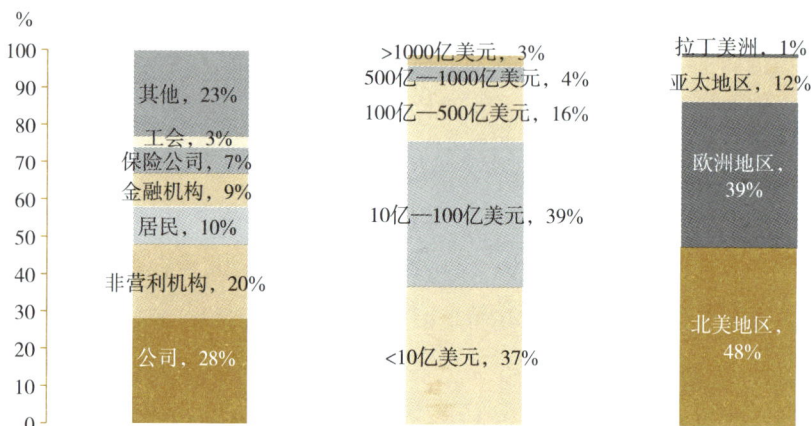

图 4-1　世界黄金协会调查对象分类

资料来源：世界黄金协会，Coalition Greenwich，兴业研究。

## 一、黄金不同需求的增长特征

黄金的资产配置需求与经济体人均 GDP 密切相关。珠宝、零售（金条、金币）以及黄金 ETF 三大类需求，随着国民经济的发展呈现不同的变动特征。

### （一）珠宝需求

从海外经验来看，在人均 GDP 达到 2 万美元之前，随着经济增长，人们可支配的财富水平增加，投资黄金珠宝的需求也会随之增加。但是，当人均 GDP 达到 2 万—3 万美元时，不同经济体人均黄金珠宝需求往往会出现拐点，我们称之为"驼峰效应"。2022 年，中国人均

GDP 为 12741 美元，距离经验拐点尚有较大差距。从黄金珠宝实际销售情况来看，2023 年，虽然人民币计价的黄金价格屡次创出历史新高，国内珠宝需求仍呈现同比正增长，凸显珠宝需求的增长潜力。随着国内经济由高速增长期进入平稳增长期，年轻人对铂金、钻石等的追捧热情有所降温，加之近些年国内黄金在营销策略和数字体验方面的突破，年轻人对黄金饰品的喜爱度明显增加，这将给予中国未来珠宝需求坚实支撑。

## （二）零售需求

与珠宝需求不同，海外金条和金币等零售需求并没有呈现出随着人均 GDP 增加到一定程度后反而下降的"驼峰效应"。从美国 2000 年以来的数据来看，美国零售需求总体呈现增长态势，虽然 2010 年之后零售需求的增幅有所放缓，但在宏观不确定性高企的时候，零售需求会明显激增，而且与黄金价格呈现同向波动，从而表现出一定的避险和投资属性。从国内来看，金条和金币零售需求是仅次于珠宝需求的第二大需求，自 2023 年以来（数据截至 2024 年第二季度）也呈现同比正增长态势，且增幅呈扩大之势。

## （三）黄金 ETF 需求

欧美黄金 ETF 需求自 2003 年黄金 ETF 问世后快速增长，相比较而言，亚洲等新兴经济体占比较大的区域参与度偏低（见图 4-2）。黄金 ETF 需求有两个特征：一是总体呈现持续增长态势，二是与黄金价格走势正向波动。虽然金条、金币和黄金 ETF 都具有投资属性，且在 2020 年之前较长一段时间，其需求都与黄金价格呈现正向波动，但黄金 ETF 需求波动性和投机性比金条、金币等零售需求更为显著。不过，随着近几年全球宏观不确定性的增加，二者表现明显分化。2020 年 8

月以后，黄金价格陷入了一段时间的高位震荡，此后黄金 ETF 开始流出。虽然 2022 年第四季度黄金开始单边上涨，但因为美国政策利率维持高位，黄金 ETF 一直持续流出至 2024 年 5 月。之后美联储降息预期快速升温，黄金 ETF 也重新获得资金流入。值得注意的是，在 2021 年至 2024 年 5 月黄金 ETF 持续净流出的情况下，因为逆全球化和宏观不确定性高企，全球金条、金币需求仍持续增长。

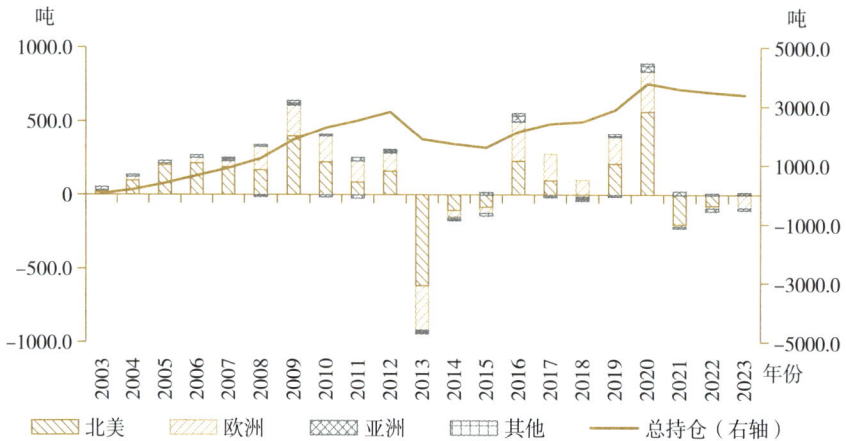

图 4-2　黄金 ETF 需求分区域年度净变动及总持仓情况

注：数据截至 2023 年 7 月。

资料来源：世界黄金协会，兴业研究。

## 二、不同区域黄金需求变迁

### （一）美国

从可得数据来看，2000 年之后（美国人均 GDP 在 1987 年和 1997 年分别达到 2 万美元和 3 万美元），美国珠宝需求总体呈现下降态势，而金条、金币等零售需求以及黄金 ETF 需求则呈现增长态势，其中以黄金 ETF 需求增长最为迅猛。

从实物需求来看，美国黄金珠宝需求占比从 2001 年的 94.2% 下滑到 2022 年的 47.6%（实物需求占比仅对比珠宝和零售、科技、中央银行购金等未计入本节的百分比统计），金条、金币等零售需求占比从 2001 年的 5.8% 上升到 2022 年的 52.4%，实物需求中金条、金币等零售需求占比稳步提升。在政治经济不确定性较大的年份，黄金零售需求往往会激增。2021 年和 2022 年，北美金条、金币需求远超过去 10 年平均水平，呈现爆发性增长态势。2023 年上半年，北美金条、金币需求在 2022 年高基数的情况下继续同比正增长。从主要需求总体来看，美国黄金 ETF 需求占比年度变动非常大，从年度黄金 ETF 需求净增量为当年实物黄金需求 3 倍到年度黄金 ETF 净流出量为当年实物黄金需求 3.29 倍兼而有之，美国黄金 ETF 需求的年度变动对当年美国黄金总需求变动影响很大（见图 4-3）。

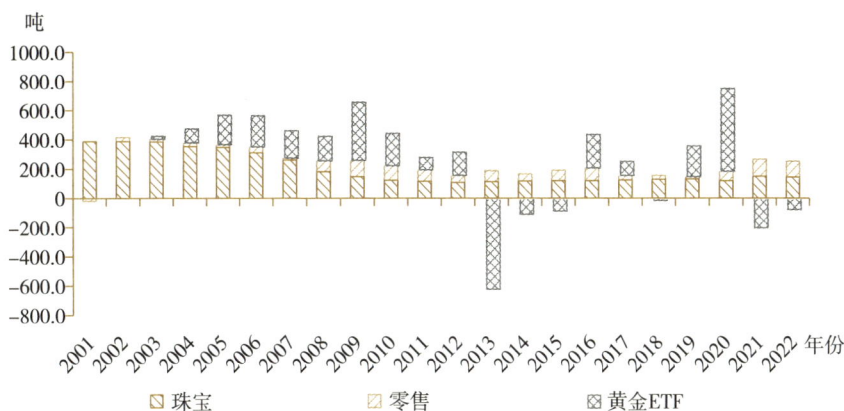

图 4-3　美国珠宝、零售和黄金 ETF 需求变动

资料来源：Wind，世界黄金协会，兴业研究。

## （二）欧洲（不含独联体经济体）

欧洲可得连续数据始于 2010 年，与美国类似，欧洲珠宝需求近些年来整体呈现下滑态势（欧盟经济体人均 GDP 在 2003 年和 2007 年分别达到 2 万美元和 3 万美元），珠宝需求占实物需求（在此仅讨论珠宝和零售需求）的比例从 2010 年的 26.9% 下降到 2022 年的 18.6%，金条、金币等零售需求占比从 2010 年的 73.1% 上升到 2022 年的 81.4%。与美国不同，即使计入黄金 ETF 需求在内，金条、金币等零售需求仍是欧洲黄金需求的主力。在世界黄金协会统计口径中，金库黄金（vaulted gold）等品种（类似于国内的积存金）统计在金条、金币项下。相较于美国黄金 ETF 需求的大幅波动，欧洲黄金 ETF 需求波动相对较小，欧洲年度黄金 ETF 需求净增量为当年实物黄金需求 1.1 倍到欧洲年度黄金 ETF 净流出量为当年实物黄金需求 88% 兼而有之（见图 4-4）。可见，相较于美国而言，欧洲人仍青睐挂钩实物黄金的投资类工具，这与不同区域人群的消费偏好有关。在欧洲，女王金币、鹰洋金币、加拿大枫叶金币和中国熊猫金币等，都非常受到当地人士的欢迎。2021 年和 2022 年，欧洲金条、金币需求也呈现快速增长态势。

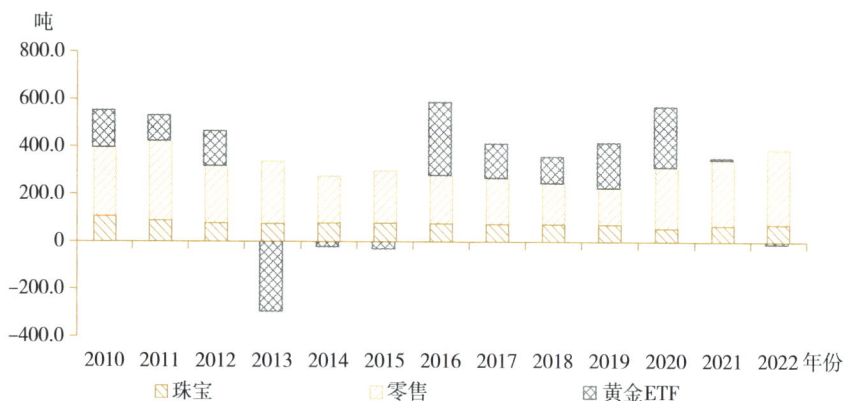

图 4-4　欧洲（不含独联体经济体）珠宝、零售和黄金 ETF 需求变动

资料来源：Wind，世界黄金协会，兴业研究。

## （三）亚太

亚太黄金需求在 2020 年出现过短暂的下滑，不过在 2021 年之后重回增长。与欧美相比，当前亚太实物需求仍然占据绝对权重（见图 4-5）。2014—2023 年，珠宝需求占实物需求的比例基本维持在 70% 左右，金条、金币需求的占比也相对平稳。计入黄金 ETF 需求在内，亚太黄金 ETF 需求占比自 2010 年以来在 -1.1% 至 1.9% 之间波动。亚太经济体多数仍属于新兴经济体，珠宝和金条、金币实物需求在相当长一段时间仍是民众接受度最高的品种。

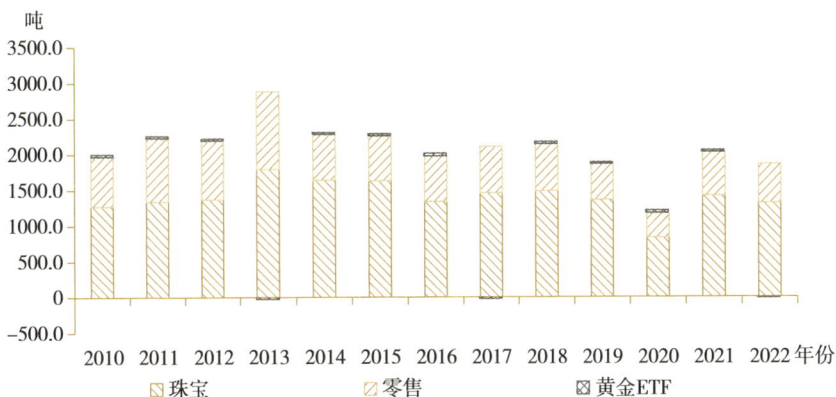

图 4-5　亚太地区珠宝、零售和黄金 ETF 需求变动

资料来源：Wind，世界黄金协会，兴业研究。

具体到中国来看，自 2000 年以来，中国黄金需求出现大幅增长，从 2000 年的 212.5 吨增长至 2022 年的 794.5 吨，年化增长率为 6.18%，与同期美国黄金需求持平，且波动较大。从国内的三项需求来看，珠宝需求绝对量仍占据大头。不过，随着金条、金币等零售需求以及黄金 ETF 需求近些年来的快速增加，珠宝需求占比有所下滑，从 2000 年的 96.8% 降至 2022 年的 75.3%，零售需求占比从 2000 年的 3.2% 上升至 2022 年的 27.5%，黄金 ETF 需求目前占比仍然较小。

从绝对量来看，国内三项需求未来仍有增长空间。

中国珠宝需求从 2000 年的 205.1 吨增长至 2022 年 598.2 吨，年化增长率为 4.97%。2022 年，中国人均 GDP 为 12741 美元，距离 2 万—3 万美元的"驼峰效应"拐点尚有很大距离。2019 年，世界黄金协会的调查显示，有 86% 的中国人考虑购买珠宝（其中 30% 的人过去从未购买过珠宝，另外 56% 的人过去购买过珠宝），随着年龄增长，购金意愿逐步增强（见图 4-6 和图 4-7）。

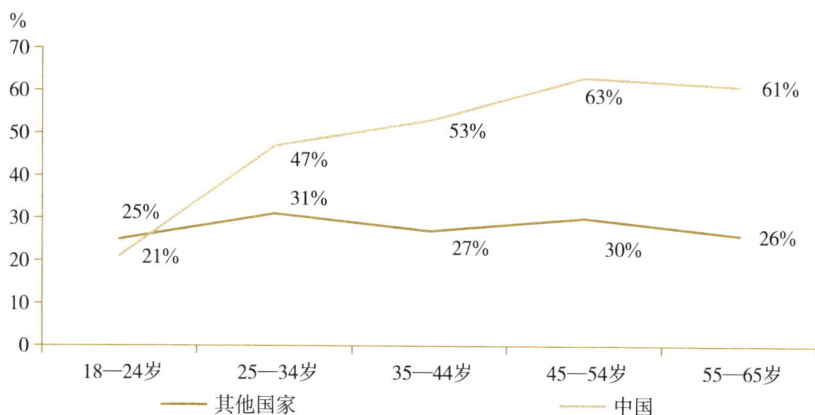

图 4-6　中国和其他国家 2019 年各年龄段购买黄金比例

资料来源：世界黄金协会，兴业研究。

我们可以注意到的是，随着近些年国内黄金在营销策略和数字体验方面有所突破，年轻人对黄金饰品的喜爱度明显增加。根据国际铂金协会联合凯度发布的《2021 年贵金属首饰消费调查》，Z 世代 [①] 女性

---

① Z 世代是一个网络流行语，也指新时代人群。Z 世代，也称为"网生代""互联网世代""二次元世代""数媒土著"，通常是指 1995—2009 年出生的一代人，他们一出生就与网络信息时代无缝对接，受数字信息技术、即时通信设备、智能手机产品等影响比较大。

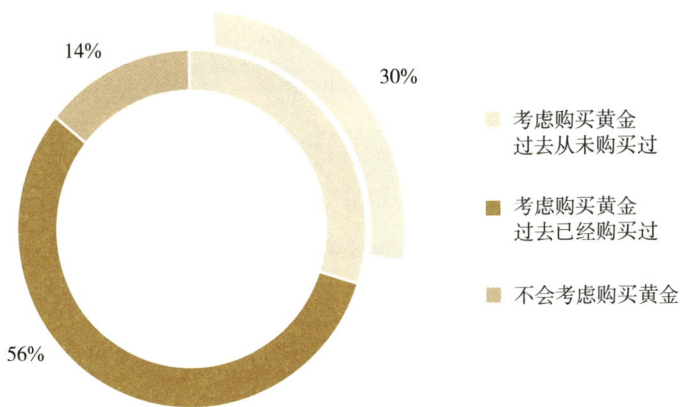

14%　　　　　　　30%

56%

考虑购买黄金
过去从未购买过

考虑购买黄金
过去已经购买过

不会考虑购买黄金

图 4-7　中国购买黄金意愿统计

资料来源：世界黄金协会，兴业研究。

获得的贵重首饰件单价在 2018—2020 年增长了 18%。该调查结果还表明，这些愿意购买首饰的年轻人和长辈们一样，偏爱黄金首饰。在最受 Z 世代女性偏爱的饰品材质中，黄金稳居第一，占比达到 50%，占比高出第二名玫瑰金 1 倍以上。Z 世代女性认为，黄金不仅珍贵，还可以体现身份地位，是结婚首饰的最佳选择。2020—2022 年，中国黄金消费因为新冠疫情防控措施受到一定程度抑制。2022 年年底，防疫政策优化；2023 年，中国黄金珠宝需求快速恢复。考虑到中国人均GDP 离经验拐点仍有较大差距，这意味着未来 5—10 年中国珠宝需求仍有明显的增长空间。

中国金条、金币零售需求从 2000 年的 6.9 吨增长至 2022 年的218.2 吨，年化增长率为 17%。参考欧美经验，金条、金币等零售需求在人均GDP 迈过"驼峰效应"拐点后仍呈现增长态势，未来中国金条、金币零售需求仍有较持久的增长性。除了中老年人对传统投资金条、金币品种的钟爱，随着珠宝厂商推出更贴近年轻人喜爱的产品，比如造型各异（爱心、圆珠、豆子、星星等多种造型）、重 1 克起的"金豆豆"产品，年轻人"攒金豆"也逐渐成为潮流。此外，除了传统的"金豆豆"，近年来黄金商家还顺势推出了"小金元宝""小玉米""金大米""小福袋"等多种造型的小克重黄金产品。在购买金豆的年轻人眼里，金豆比手工费高昂的金首饰更"划算"，很多人还会找各种"省钱攻略"来买金，将其视为一种理财的方式。在成长背景和当前大环境影响下，年轻人的消费观念更趋于务实，他们能够较为理性地看待自己的消费欲望，精打细算，量力而行，保持更加理性的生活方式。

中国黄金 ETF 上市于 2013 年。近十年来，中国黄金 ETF 需求整体增长缓慢，与欧美黄金 ETF 需求快速增长存在差异。不过，近些年来，国内 FOF（基金中的基金）配置黄金比例在加速，黄金正在被越来越多的公募 FOF 产品接纳。一方面，公募 FOF 市场在 2017 年之后的快速扩张以及产品数量的快速增长是黄金在 FOF 市场"音量"上升的基础；另一方面，越来越多的基金经理也意识到了黄金作为一项战略配置资产的重要性。未来机构增配黄金也是中国黄金需求的重要增长点。

### （四）中东国家、土耳其和俄罗斯

与亚太国家类似，中东国家、土耳其和俄罗斯的珠宝需求仍占据实物需求的一半以上。不过，不可忽视的是，自 2016 年以来，中东国家、土耳其和俄罗斯金条、金币投资需求占比持续上升。2022 年，中东国家、土耳其和俄罗斯金条、金币投资需求占比已经从 2016 年的 18.5% 上升至 43.5%。（见图 4-8）2023 年上半年，这一比例更是增长至 58.5%。除了美洲、欧洲和亚太外，其余地区黄金 ETF 投资需求通常合并统计。从其余地区黄金 ETF 投资总量来看，其变化量级还不及亚太地区。所以，我们可以推演，除了美洲和欧洲外，其余地区当前基本仍是黄金实物需求占据主导。

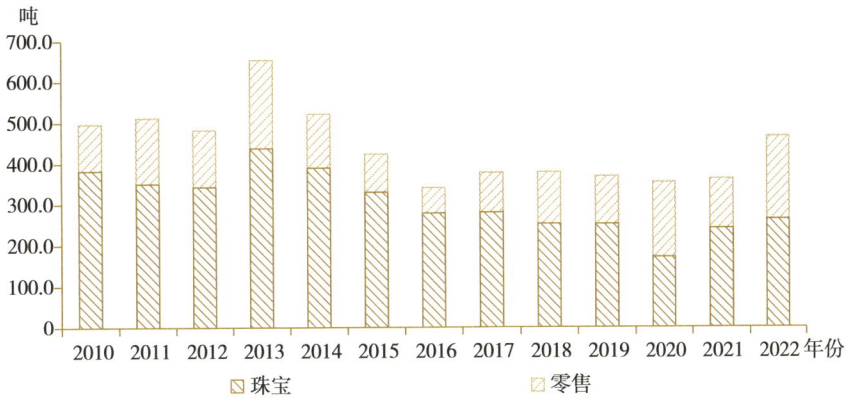

图 4-8　中东国家、土耳其和俄罗斯珠宝、零售需求变动

资料来源：Wind，世界黄金协会，兴业研究。

　　分经济体来看，自 2016 年以来，伴随黄金价格筑底，土耳其民众购买金条、金币热情高涨，相伴随的珠宝需求并没有随之上涨，近些年一直较为平稳。2020 年，在黄金价格大涨背景下，土耳其民众对金条、金币的需求更是创出新高。土耳其民众对金价的高度敏感以及高抛低吸特征与土耳其中央银行较为类似。在全球主要经济体中，土耳其中央银行对黄金的操作最为多元化，这一多元化的操作也影响到了民众对黄金走势的敏感度。2022 年，在俄乌冲突爆发的背景下，土耳其、俄罗斯以及埃及等经济体民众都显著增加了金条、金币的购买，凸显出全球宏观不确定性高企以及货币体系多元化加速背景下金条、金币需求，即黄金配置需求的激增。（见图 4-9 和图 4-10）而关于货币体系多元化对黄金需求的影响，我们将从另外一个视角（货币含金量）进行分析。

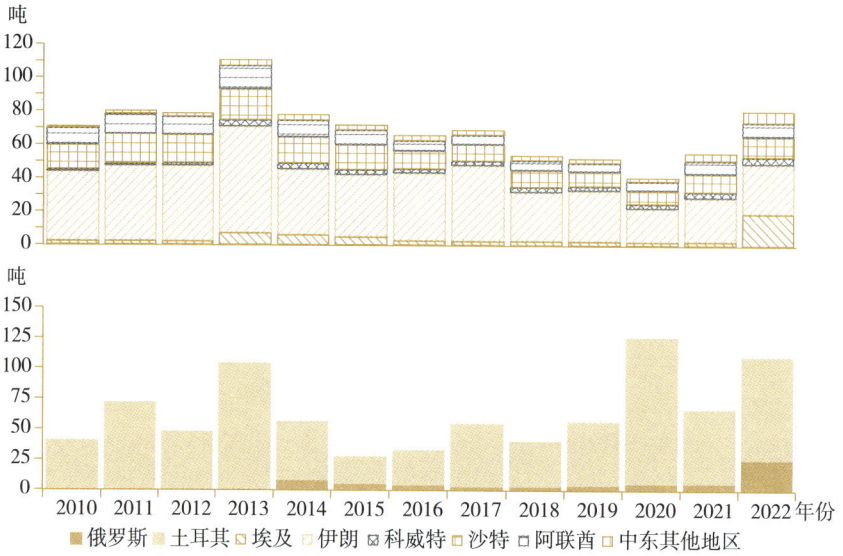

图 4-9　中东国家、土耳其和俄罗斯金条、金币零售需求变动

资料来源：Wind，世界黄金协会，兴业研究。

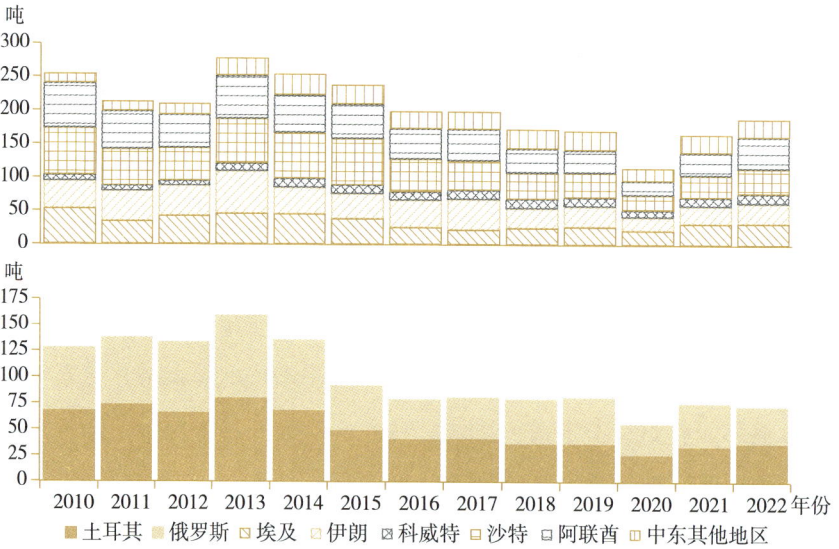

图 4-10　中东国家、土耳其和俄罗斯珠宝需求变动

资料来源：Wind，世界黄金协会，兴业研究。

## 三、货币含金量与大变革

我们在前文分析了不同类型黄金需求以及不同区域黄金需求的状况。总体而言，黄金 ETF 需求波动较大，其波动主要受黄金价格有没有单边上涨行情以及政策利率影响；金条、金币投资需求除了与黄金价格单边走势有关，更多的也与宏观波动有关。在宏观不确定性高企或者货币体系发生变革的情况下，即使黄金价格单边上涨行情缺位，金条、金币投资需求也会明显增加，而黄金珠宝需求则与居民收入增长存在密切关联。2018 年中美贸易摩擦，特别是 2022 年俄乌冲突后，宏观波动明显加大，全球金条、金币投资需求维持高位，2020 年开始全球金条、金币需求同比每年均维持正增长，而同期珠宝需求同比和黄金 ETF 需求年度表现则涨跌互现。在俄乌冲突爆发后，欧美对俄罗斯实施了一系列制裁，包括但不限于将多家俄罗斯银行排除在 SWIFT 体系之外、冻结俄罗斯美元外汇储备以及众多官员和富豪的资产等，这些行径让越来越多的经济体开始质疑将美元作为国际外汇储备的安全性。与此同时，俄罗斯开始要求不友好经济体通过卢布支付结算天然气以及其他大宗商品，并且持续按照 5000 卢布 / 克的价格购买黄金。2022 年，卢布兑美元汇率整体维持震荡。2022 年年中，卢布兑美元汇率还一度阶段性明显升值（见图 4-11）。这与 2014 年克里米亚事件后卢布兑美元汇率持续贬值存在巨大差异。差异背后一方面受到商品大周期不同（2014 年处于大宗商品开采周期，商品价格易跌难涨；而当前处于新一轮广义的一次能源投资周期中，国际大宗商品价格易涨难跌）的驱使，另一方面又不得不让人想起 20 世纪 70 年代建立的石油美元体系和金本位时代美元与黄金价格的固定价战略。除此之外，中东多国已经或者正在准备采用人民币与中国进行贸易结算。巴西也已经宣布与中国达成协议，不再使用美元作为中间货币，而是以本币进行贸易。同时，这些国家的中央银行也在近两年大量增加黄金储备。种种迹象表明，全球货币体系变革开始悄然发生，黄金作为超主权货币的作用开始显现并且受到追捧。

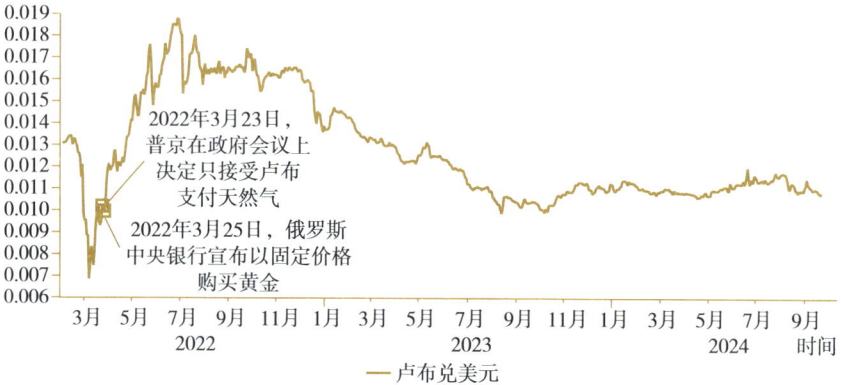

图 4-11　卢布兑美元变动

资料来源：Macrobond，兴业研究。

两百多年来，全球货币体系经历了 1819—1970 年的物本位时代，以及 1971 年至今的信用本位时代。国际货币体系演变简史表明，一旦最重要的经济体卷入战争，或中心国家长期实施以自我为中心的财政和货币政策，国际货币体系就会发生大变革。在本书第一章，我们已经详细介绍过 1971 年信用本位时代国际货币体系几次变革，分别是 1971—1973 年的纯美元本位制时代、1973—1984 年的浮动汇率体系时代、1985—1998 年的干预美元时代以及 1999 年至今的"中间范式"占主导而非完全的"布雷顿森林体系 II"时代。历史表明，当美国国内不存在严重通货膨胀时，美元威胁贬值或贬值是美国对外经济政策的重要部分，成为美国主宰国际货币体系的工具。但是，美国高通胀环境限制了这一机制，美国的高通胀使得美国需要施行以自我为中心的财政和货币政策，叠加俄乌冲突的影响，国际货币体系一次小的变革呼之欲出，而这可能将在较长一段时间内刺激中央银行以及民众的购金热情，从需求端支撑黄金价格。

货币含金量是指某个经济体的黄金储备和发行货币的比例。中央银行购金对稳定经济形势、预防尾部风险非常重要。在布雷顿森林体系解体前，各国需要通过立法程序确定其本位币所含的纯金量；在布雷顿森林体系解体后，虽然各国的货币实际上已经和黄金脱离关系，但是一个经济体的货币含金量依然具有一定的参考意义。自布雷顿森林体系建立到1965年，各地中央银行对黄金热情有增无减，持续增持黄金储备。不过，随着经济增长，黄金在工业中使用的增长速度超过了新的生产量，布雷顿森林体系难以为继。20世纪60年代末至70年代初，各地中央银行持续抛售黄金以平抑市场，但这一举措终告失败。在布雷顿森林体系解体后，各地中央银行购金量曾一度增加。但随着20世纪80年代后宏观经济波动减小、全球经济一片欣欣向荣，各地中央银行开始持续抛售黄金。直到2008年次贷危机后，各地中央银行才开始再度增持黄金，主要集中在新兴经济体。可见，高波动、低增长的宏观环境会促使中央银行增持黄金。目前，全球宏观不确定性维持高位，加之货币体系多元化加速，重新审视货币含金量这一概念恰逢其时。

从绝对量来看，截至2023年9月的数据显示，美国仍是全球黄金储备最多的经济体，其次为德国，俄罗斯在单个经济体中排名第五，中国排名第六（见图4-12）。从黄金储备占外汇储备比例来看，美国及多数欧元区主要经济体占比均超过50%，俄罗斯占比为24.6%，中国占比从2014年年中的1.05%上升至2023年9月的4%。2022年之后，多数经济体黄金占外汇储备比例均有一定程度上升。（见图4-13）考虑到数据可得性，我们分别分析1980年以来新兴和发达经济体黄金储备占名义GDP比例，以及2000年以来美国、欧元区、英国、日本、印度、俄罗斯以及中国的黄金储备占发行货币M2的比例、黄金储备占名义 GDP 的比例、黄金储备占中央银行总资产的比例，用以描述不同经济体的货币含金量水平。

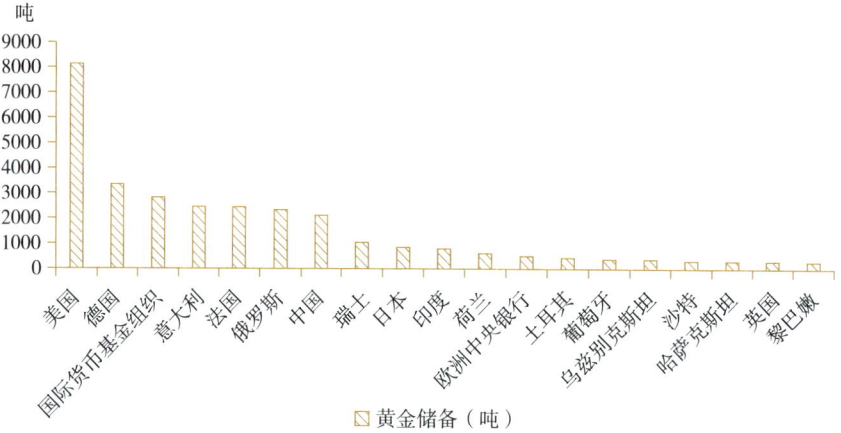

图 4-12　不同经济体或组织黄金储备（2023 年 9 月）

资料来源：世界黄金协会，兴业研究。

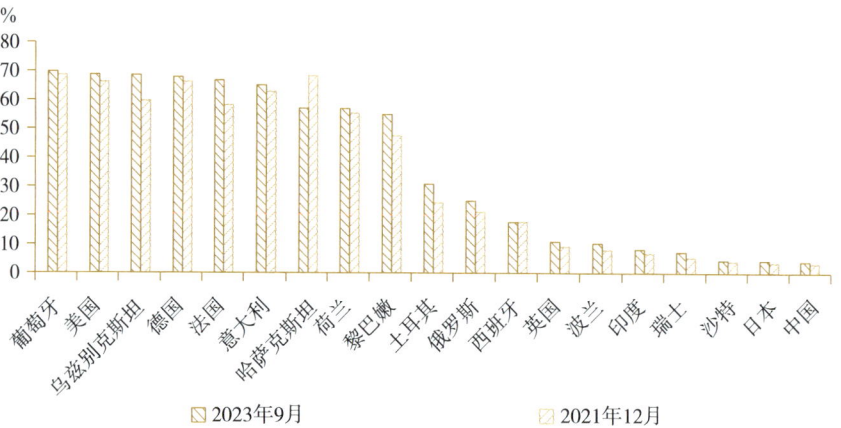

图 4-13　不同经济体黄金储备占黄金储备和外汇储备比例

资料来源：世界黄金协会，兴业研究。

## （一）新兴和发达经济体黄金储备占名义 GDP 比例

自 1980 年以来，新兴经济体和发达经济体黄金储备占名义 GDP 比重变化趋势相同，新兴经济体平均占比低于发达经济体，均值分别为 1.16% 和 1.93%。次贷危机之后，新兴经济体黄金储备快速增加，但其比例目前仍低于发达经济体占比。2022 年，二者比重分别为 1.51% 和 2.23%。2021 年和 2022 年，各地中央银行大量增持黄金，不过因为同期全球经济增长速度相对更快，所以黄金储备占 GDP 比重小幅下滑，但总体仍维持近几年高位。（见图 4-14）宏观经济高通胀高波动的背景能够促使新兴和发达经济体的黄金储备继续回升，将给予黄金明显的需求增量。如果新兴以及发达经济体黄金储备均回升至 20 世纪 80 年代初的占比，这将分别为黄金带来 11957 吨或 13375 吨的需求增量，分别相当于 2022 年全球黄金需求增量的 2.5 倍以及 2.8 倍。

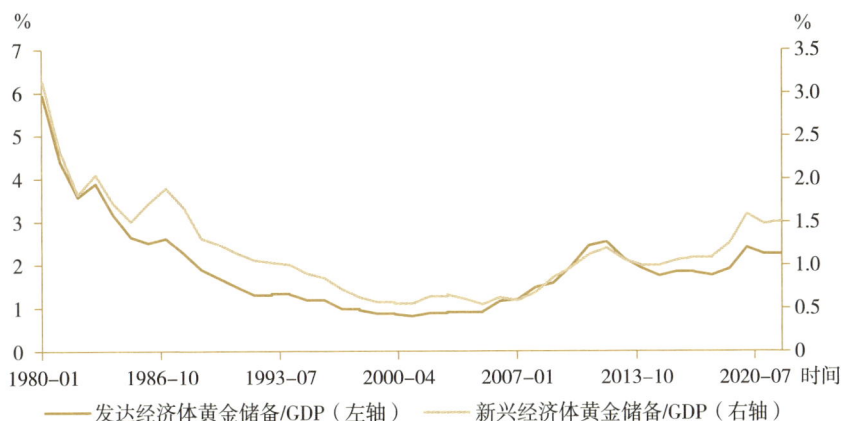

图 4-14　新兴和发达经济体黄金储备占名义 GDP 的比例

资料来源：国际货币基金组织，兴业研究。

## （二）不同经济体黄金储备占 M2 比例

截至 2023 年第二季度，在我们所考察的七个经济体中，俄罗斯黄金储备占发行货币 M2 比例最高，达到 14.96%；其次为印度、欧元区和美国，占比分别为 6.15%、3.68% 和 2.19%；而日本、英国和中国的黄金储备占 M2 比例较低，最新分别仅为 0.48%、0.45% 和 0.36%。

与俄罗斯黄金储备占 M2 持续上升不同，印度、欧洲中央银行和美联储的黄金储备占 M2 的比例在 2012 年第三季度达到顶峰后均有下降，并且仍未恢复到当年的水平。不过，自 2018 年以来，印度黄金储备占 M2 的比例回升幅度较美欧更为明显。日本中央银行、英国中央银行以及中国中央银行的黄金储备占 M2 的比例在 2012 年第三季度之后整体震荡，目前日本黄金储备占 M2 的比例已经超过 2013 年高点。近些年，中国的 M2 呈现快速增长态势，但我们可以发现，在 2015 年之后，中国中央银行黄金储备占 M2 的比例已经触底回升。自 2023 年以来，这一数值继续上升。（见图 4-15）

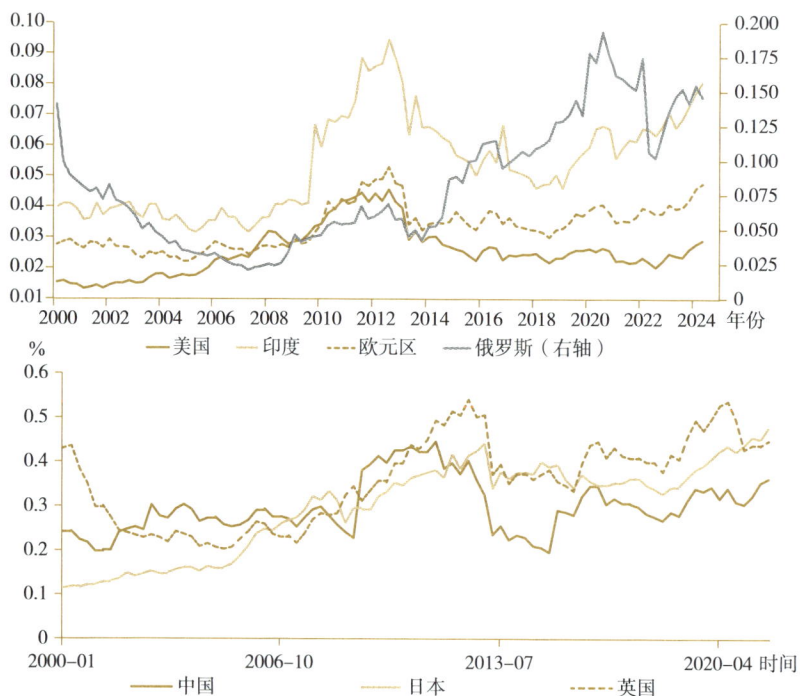

图 4-15　不同经济体黄金储备占 M2 的比例

资料来源：世界黄金协会，Macrobond，兴业研究。

## （三）不同经济体黄金储备占名义 GDP 比例

截至 2023 年第二季度，在我们所考察的七个经济体中，俄罗斯黄金储备占名义 GDP 比例最高，达到 32.4%；其次为欧元区和美国，占比分别为 20.3% 和 7.46%；印度、日本、中国和英国的黄金储备占 GDP 比例分别为 5.69%、5.18%、3.06% 和 2.27%。

2015 年之后，俄罗斯黄金储备占名义 GDP 比例大幅上升，并超过欧元区，日本黄金储备占名义 GDP 比例也呈现持续上升态势。2012 年之后，美国、英国黄金储备占名义 GDP 比例整体维持震荡，欧洲中央银行、印度和中国的黄金储备占名义 GDP 比例在 2018 年之后整体呈现回升态势。（见图 4-16）

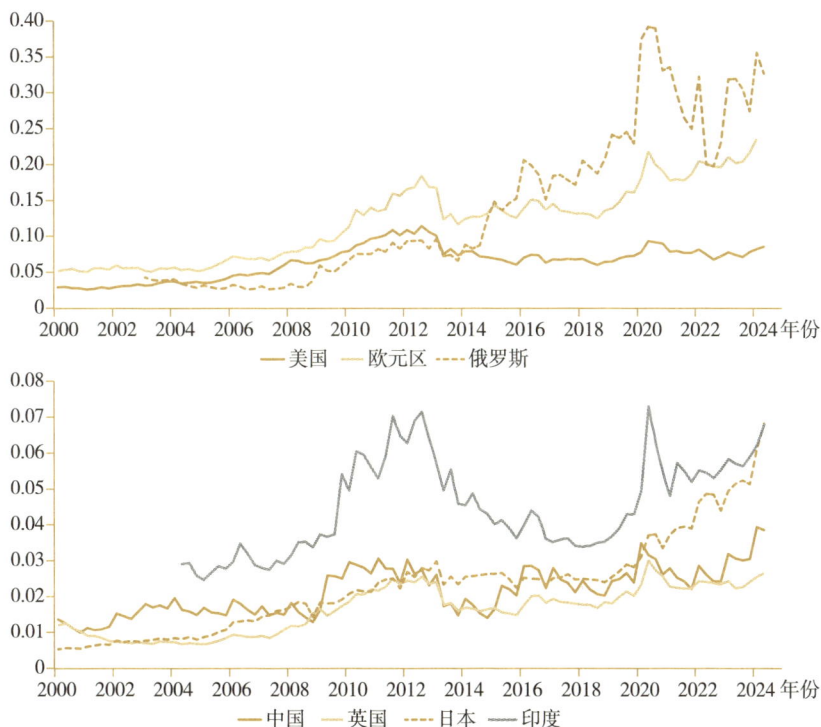

图 4-16　不同经济体黄金储备占名义 GDP 的比例

资料来源：世界黄金协会，Macrobond，兴业研究。

## （四）不同经济体黄金储备占中央银行总资产比例

由于次贷危机后 QE 购债大幅增加，因而在此之后，M2 其实已经并不能很好反映出整体货币量的影响。因此，我们使用黄金储备占中央银行总资产的指标进一步研究货币含金量的变动情况。

截至 2023 年第二季度，俄罗斯黄金储备占中央银行总资产比例仍呈现持续上升态势，为 22.25%。而采用黄金储备占 M2 比例以及黄金储备占名义 GDP 比例，在 2012 年之后占比尚能维持震荡或仅小幅下滑的美国、欧元区以及英国，无一例外出现了黄金储备占中央银行总资产比例快速下滑的现象。中国中央银行黄金储备占总资产的比例近几年小幅回升。具体来看，截至 2023 年第二季度，除俄罗斯外，欧元区、印度和美国占比相对较高，分别为 8.23%、6.41% 和 6.00%，中国、英国和日本的黄金储备占中央银行总资产比例分别为 2.25%、1.39% 和 1.03%。（见图 4-17）

总体来看，对比欧美发达经济体，多数新兴经济体中央银行黄金储备仍有增长空间。

## 四、海内外投资者现状

我们从两个数据来对比海内外市场投资者构成的差异。

在零售客户方面，2019 年世界黄金协会的一项针对全球超过 18000 人的调查（每三年进行一次，2022 年因故未举行）显示，近 50% 的人购买过黄金相关产品。而在欧美等发达国家，个人投资者投资黄金的比例明显低于中国、印度等国家。在低收入、中等收入以及高收入群体中，美国消费者在调查前 12 个月内购买过黄金相关产品的比例分别为 20%、25% 和 29%；而在中国，这个比例分别为 40%、60% 和 78%。（见图 4-18）

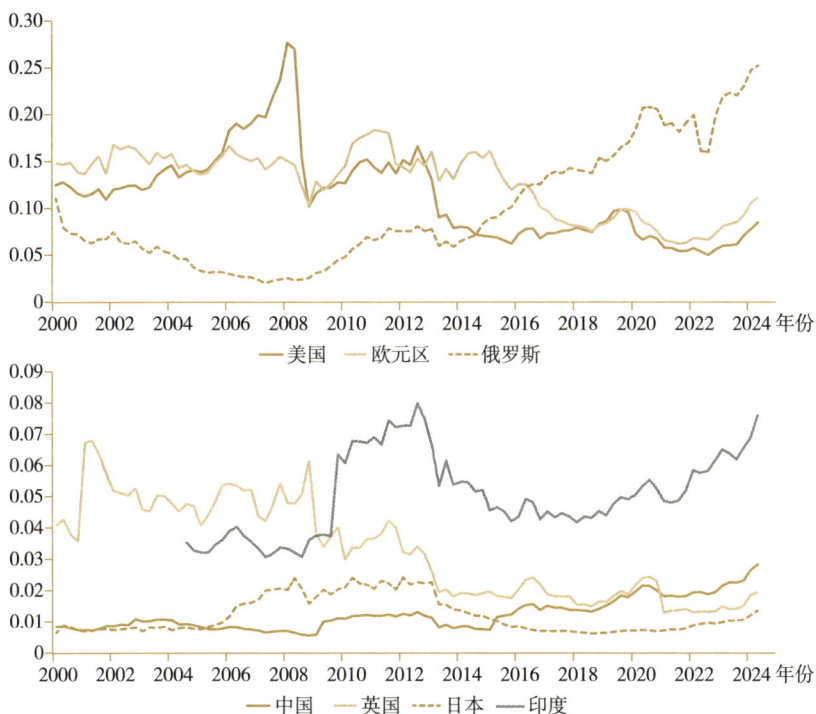

图 4-17 不同经济体中央银行黄金储备占中央银行总资产的比例

资料来源：世界黄金协会，Macrobond，兴业研究。

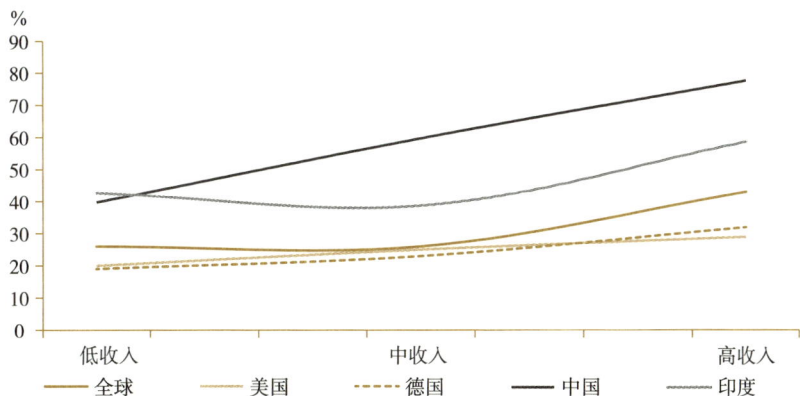

图 4-18 按不同收入群体划分的零售客户过去 12 个月购买过黄金产品的占比（2019 年）

注：横坐标为低收入、中等收入以及高收入，按照各自经济体收入标准进行划分。

资料来源：世界黄金协会，兴业研究。

在机构投资者方面，我们采用全球咨询公司韬睿惠悦旗下机构 Thinking Ahead Institute 所做的涵盖全球 22 个经济体、资产规模总量达到 56.58 万亿美元（占所研究 22 个经济体 GDP 总和的 76%）的 2021 年全球养老金财富配置报告来进行分析。该报告显示，包括黄金在内的另类资产在养老金配置中的占比从 2000 年的 7% 增长到 2021 年年底的 21%（见图 4-19）。从绝对量来看，在所有经济体中，美国养老金规模最大，占据了 22 个经济体养老金规模 62% 的比例。2021 年，美国养老金规模占到其 GDP 153% 的规模，而同期中国内地养老金规模仅占中国内地同期 GDP 的 2%，为所有统计经济体中最低。从增速来看，2011—2021 年，美国养老金规模占其 GDP 的比例从 98% 增长至 153%，英国养老金规模占其 GDP 比例从 94% 增长至 124%，日本养老金规模占其 GDP 比例从 60% 增长至 72%，中国内地养老金规模占 GDP 比例从 1% 增长至 2%。（见表 4-1）近十年，中国养老金增速仍显缓慢，随着人口老龄化加速，中国有着迫切地提升养老金规模的诉求。随着中国养老金资产管理规模增大，人们对黄金的配置需求也将随之增多。

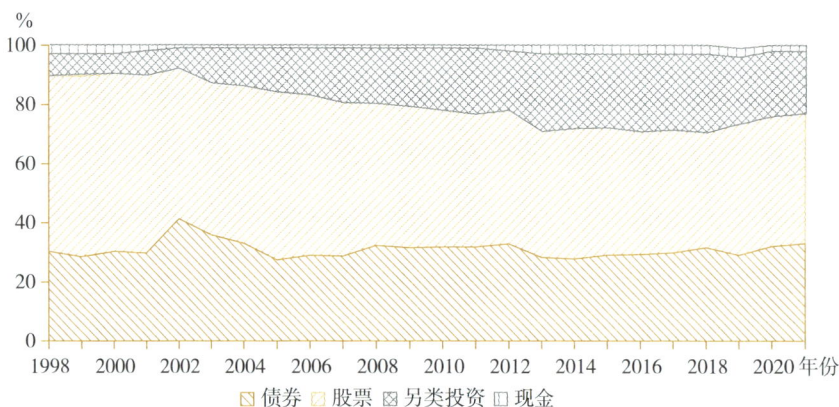

图 4-19　养老金不同产品持仓占比

资料来源：世界黄金协会，Coalition Greenwich，兴业研究。

表 4-1　2021 年 22 个经济体养老金规模及占各自经济体 GDP 的比例

| 国家（地区） | 总计（亿美元） | 资产/GDP（%） |
|---|---|---|
| 美国 | 35 011 | 152.60 |
| 英国 | 3 858 | 124.10 |
| 日本 | 3 683 | 72.20 |
| 加拿大 | 3 420 | 169.60 |
| 澳大利亚 | 2 777 | 172.40 |
| 荷兰 | 2 149 | 213.30 |
| 瑞士 | 1 271 | 156.70 |
| 韩国 | 1 004 | 55.10 |
| 德国 | 542 | 12.80 |
| 中国内地 | 365 | 2.20 |
| 芬兰 | 293 | 99.10 |
| 马来西亚 | 278 | 74.80 |
| 墨西哥 | 266 | 20.70 |
| 意大利 | 242 | 11.40 |
| 南非 | 223 | 53.80 |
| 中国香港 | 221 | 59.80 |
| 智利 | 207 | 62.60 |
| 巴西 | 200 | 12.10 |
| 爱尔兰 | 195 | 37.70 |
| 印度 | 171 | 5.80 |
| 法国 | 154 | 5.20 |
| 西班牙 | 44 | 3.10 |
| 合计 | 56 575 | 76.30 |

资料来源：世界黄金协会，Coalition Greenwich，兴业研究。

## 第二节
## 黄金在资产配置中的作用

　　长期收益优异以及能够显著改善投资组合收益，是国内外投资机构越来越倾向于将黄金纳入资产组合的原因，也决定了将黄金加入资产组合的必要性。

# 一、黄金长期表现以及与其他资产相关性

## （一）黄金长期表现优异

从长期来看，黄金收益超过大多数资产，能为投资者带来较为稳定的收益。我们比较了标普 500 指数、美元指数、原油、黄金、USDCNY、万得全 A、MSCI 新兴市场指数、美国 10 年期国债总收益指数以及中国国债指数以 2023 年 8 月倒推 5 年、10 年以及 15 年持有期的年化收益率。在这三种情形下，黄金在持有期内的年化收益率均为正。在持有期为 5 年的情况下，黄金年化收益率甚至超过标普 500指数。当持有期为 5 年、10 年和 15 年时，标普 500 指数的年化收益率分别为 8.92%、10.26% 和 8.54%，黄金的年化收益率分别为 11.76%、5.24% 和 6.50%（见图 4-20）。

图 4-20　各类资产 5 年、10 年和 15 年年化收益率

注：基准日期为 2023 年 8 月，分别倒推 5 年、10 年和 15 年计算各类资产年化收益率。
资料来源：彭博社，Wind，兴业研究。

## （二）黄金波动率较低

自 2004 年以来，黄金年化波动率均值为 16.47%。与股票指数相比，黄金波动率略高于标普 500 指数波动率的 15.80%，但低于万得全 A 和 MSCI 新兴市场指数波动率的 24.19% 和 17.74%，且在股票市场恐慌情绪较高的时期，黄金的波动率在通常情况下低于各类股票指数（见图 4-21）。与债券指数相比，黄金波动率高于美国 10 年期国债总收益指数波动率和中国国债指数波动率（见图 4-22）。与其他商品相比，黄金波动率远低于原油和铜（见图 4-23）。总体来说，黄金波动率低于大部分风险资产，略高于避险资产债券。

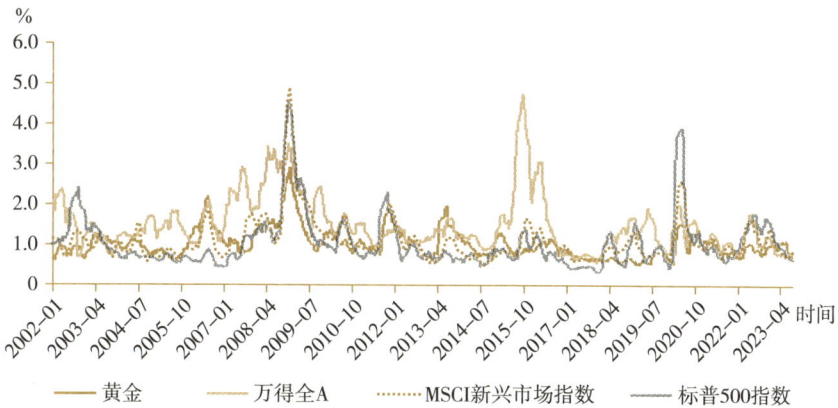

图 4-21　股票指数与黄金的 3 个月滚动波动率

资料来源：彭博社，Macrobond，Wind，兴业研究。

## （三）黄金与大类资产相关性

黄金与风险资产负相关，与避险资产正相关。2002 年至 2023 年 8 月，黄金与股票指数、债券以及商品走势的相关性有一定结构性变化。2013 年之前，黄金与股票指数、债券走势和商品走势多数时间均呈现正相关性。2013 年之后，黄金与股票指数和商品走势正相关性下降，并与股票指数转为多数时期负相关性，而与债券走势正相关性增

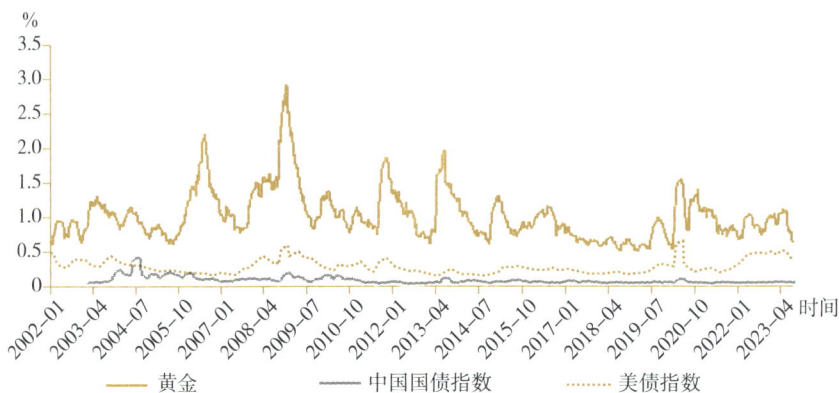

图 4-22　债券指数与黄金的 3 个月滚动波动率

资料来源：彭博社，Macrobond，Wind，兴业研究。

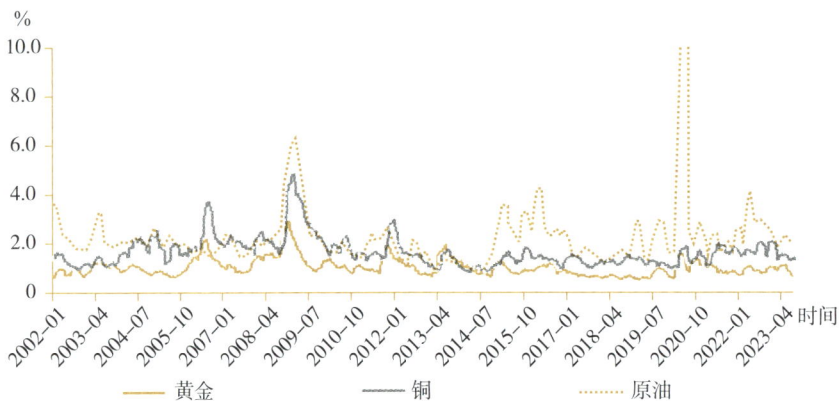

图 4-23　商品价格与黄金的 3 个月滚动波动率

资料来源：彭博社，Macrobond，Wind，兴业研究。

强。（见图 4-24 至图 4-26）这表明，随着全球进入后次贷时代、欧债危机爆发、新冠疫情暴发以及逆全球化加速，黄金的避险需求明显上升。自 2020 年以来，虽然黄金与股票指数负相关性有所下降，不过整体仍维持负相关。近年来，中国股市与美元兑人民币汇率走势受到外资流动的影响都较为显著。当外资阶段性流出时，上海金抗人民币贬值效果突出，同时对冲股市下行风险。

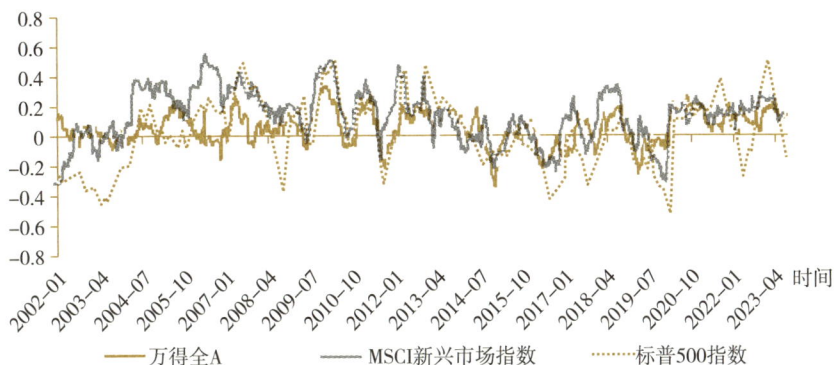

图 4-24　股票指数与黄金的 6 个月滚动相关性

资料来源：彭博社，Macrobond，Wind，兴业研究。

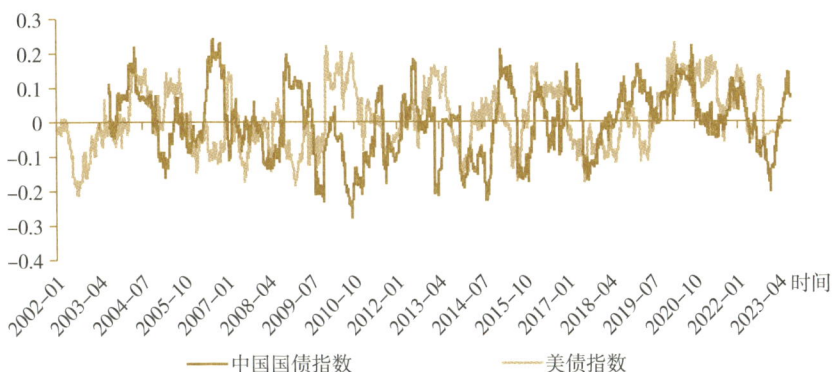

图 4-25　债券指数与黄金的 6 个月滚动相关性

资料来源：彭博社，Macrobond，Wind，兴业研究。

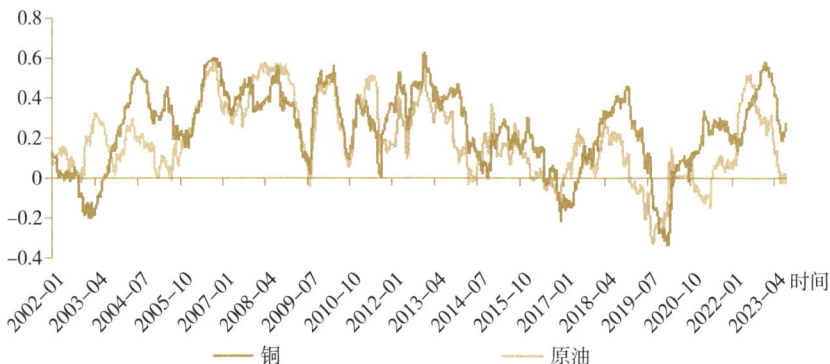

图 4-26　商品价格与黄金的 6 个月滚动相关性

资料来源：彭博社，Macrobond，Wind，兴业研究。

## 二、黄金能够改善投资组合收益

黄金能在投资组合中起到如下作用。

第一，黄金可以在市场恐慌情绪较高时分散中外投资组合中的风险。虽然长期来看，标普 500 指数的年化收益率高于黄金，但是在市场恐慌情绪较高时，黄金和标普 500 指数之间相关性多为负，黄金可以分散标普 500 指数崩盘的风险。自 1968 年以来（截至 2022 年），在标普 500 指数回撤超过 15% 的 12 段时间，黄金上涨的概率达到 67%，平均上涨 8.04%，中位数为 10.36%。特别是，随着全球通胀中枢较新冠疫情前的结构性抬升，标普 500 指数的波动率可能较新冠疫情前结构性抬升。（见图 4-27）在此情况下，黄金对冲股指波动的作用将显现。

在中国，自 1994 年以来（截至 2024 年 9 月），万得全 A 回撤超过 20% 的时点共有 15 段时间，在这些时段，黄金上涨的概率达到 80%，平均上涨 8.03%，中位数为 10.00%，分别远超过万得全 A 指数

的 –32.56% 和 –29.52%。因此，黄金分散国内投资组合风险的效果明显。（见图 4-28）

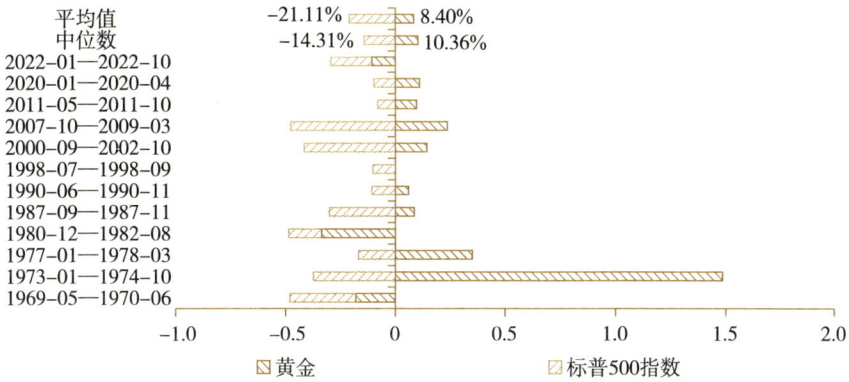

图 4-27　1968—2022 年标普 500 指数下行期时黄金和标普 500 指数收益率对比

资料来源：Wind，兴业研究。

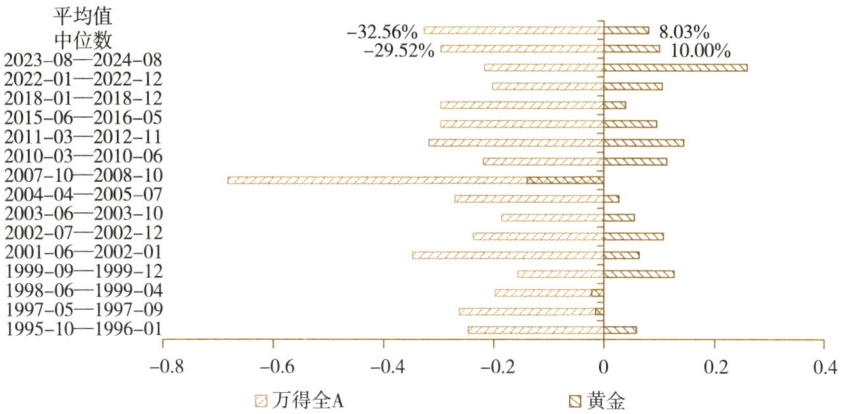

图 4-28　1994 年至 2024 年 9 月万得全 A 下行期时黄金和万得全 A 收益率对比

资料来源：Wind，兴业研究。

第二，黄金可以应对高通胀与货币贬值风险。从与 CPI 相关性而言，黄金与CPI始终保持较高的正相关性，且随着CPI水平抬升，相关性逐步增加。当CPI>10%时，二者正相关性最高。这主要是因为，当出现恶性通货膨胀时，人们对货币贬值的担忧开始增加，推动了对黄金的投资需求增加，所以黄金价格在恶性通胀期间往往大幅走高。（见图4-29）同样地，在CPI<2%、2%<CPI<5%、5%<CPI<10%以及CPI>10%几个区间，我们可以发现，当CPI超过5%时，标普500指数的月度涨跌幅与CPI同比月度变动值开始呈现较强的负相关性，即CPI同比增速的边际增长（下降）会给标普500指数带来明显的负面（正面）影响（见图4-30）。这也部分解释了黄金能够对冲股市下跌的现象。

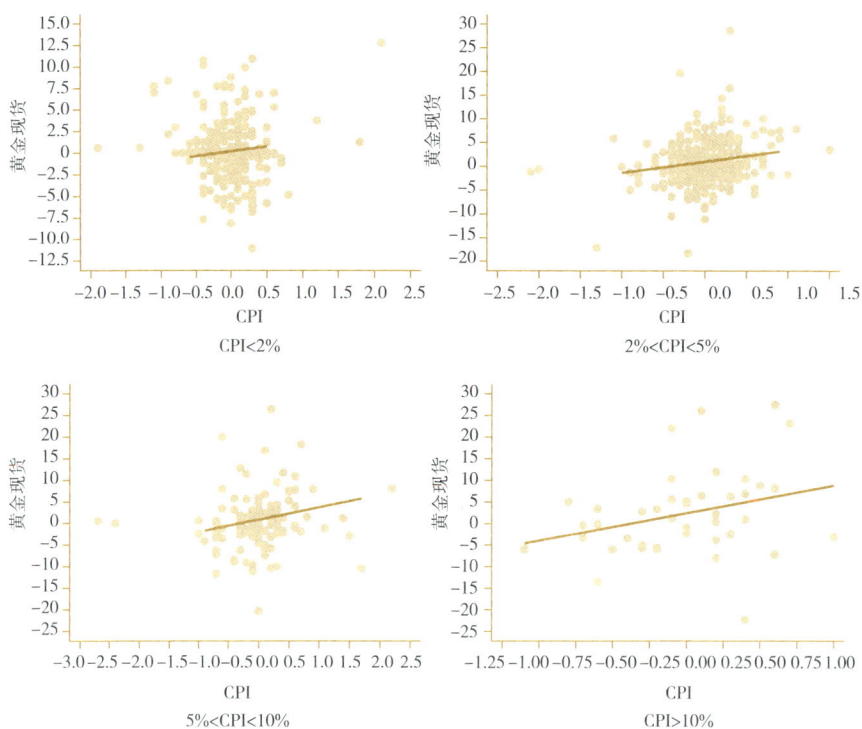

图 4-29　黄金价格和美国 CPI 同比相关性

资料来源：Macrobond，兴业研究。

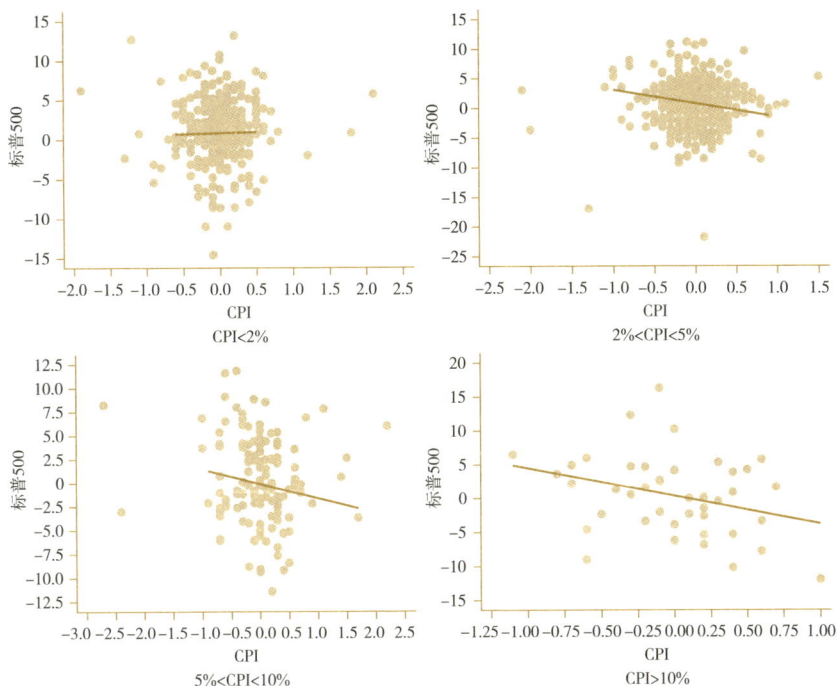

图 4-30　标普 500 指数和美国 CPI 同比相关性

资料来源：Macrobond，兴业研究。

　　第三，黄金可以为国内投资组合带来超额收益。测算结果显示，随着投资组合中黄金配置比例的增加，投资组合经风险调整后的收益明显增加。针对低、中、高风险偏好投资者，我们在本章第三节会研究不同基准组合中添加黄金的最优比例，并考察最优比例下黄金对组合风险收益的改善效果，最终发现，当组合中股票配置比例越高时，需要配置的最优黄金比例越高，黄金对组合风险收益的改善空间也越大。

## 三、黄金相较于其他投资品的优势

除了传统的股票、债券、商品以外，近些年，投资者最喜欢与黄金相比较的一个投资品种是比特币，市场对比特币是否已部分取代黄金而成为对冲放水的工具一度进行过激烈讨论。不过，比特币的高度波动性以及与风险资产的正相关性，使得其并不能算一项很好的避险投资品，而更像一种风险资金，这些限制了投资机构将其加入资产组合的上限以及意愿。同时，市场对比特币的炒作往往集中在比特币供给减半前后。在这个时期，比特币需求端的利好消息往往频发，其中或有不为普通投资者所了解的利益关系。而相较于玉石、古玩及其他艺术品，黄金受众更为广泛、入门门槛较低、鉴定和保存保养较为容易、流动性好。玉石、古玩及其他艺术品投资的价值受不同时代偏好影响很大，同时辨别玉石和艺术品真伪以及保养的技术要求更高、入门门槛更高，因而受众相对较小。关于此，我们将在第五章进行详细讨论。

## 四、几大优点决定机构钟爱黄金

长期绝对收益优异、波动率低、能够改善投资组合风险调整后的收益、应对高通胀等一系列因素，决定了机构对黄金的喜爱。近些年，黄金零售需求以及黄金 ETF 需求整体能够保持增长态势，与黄金平抑投资组合风险能力有关。我们统计了北美、欧洲黄金 ETF 需求和投资组合风险之间的关系，其中投资组合的风险使用各个地区债券资金净流量减去股票资金净流量表示。结果发现，北美、欧洲黄金 ETF 需求和投资组合的风险呈正相关：当市场恐慌情绪增加时，黄金 ETF 的需求随之增加；反之，当市场乐观情绪上升时，黄金 ETF 的需求随之下降。同时，在宏观经济不确定性较大以及恐慌情绪上升的年份，黄金的零售需求也会激增，这在北美尤其明显（见图4-31至图4-34）。

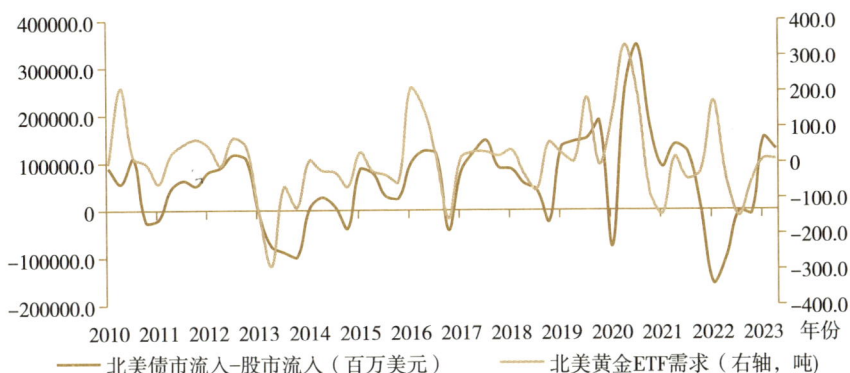

图4-31　2010—2023年北美黄金 ETF 需求与投资组合风险的走势图

资料来源：世界黄金协会，彭博社，兴业研究。

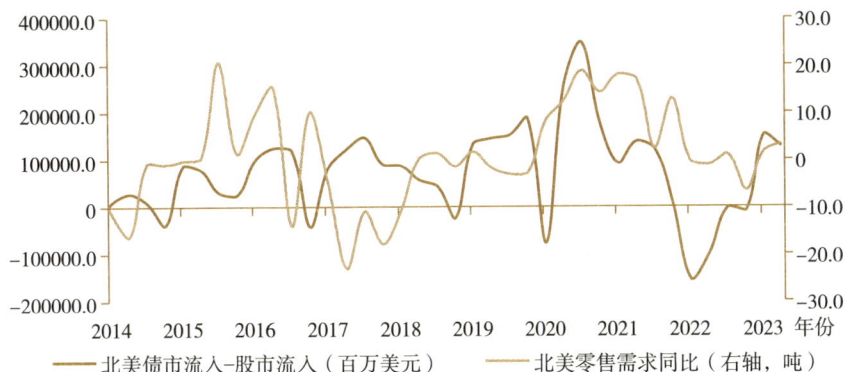

图4-32　2010—2023年北美金条、金币零售需求与投资组合风险的走势图

资料来源：世界黄金协会，彭博社，兴业研究。

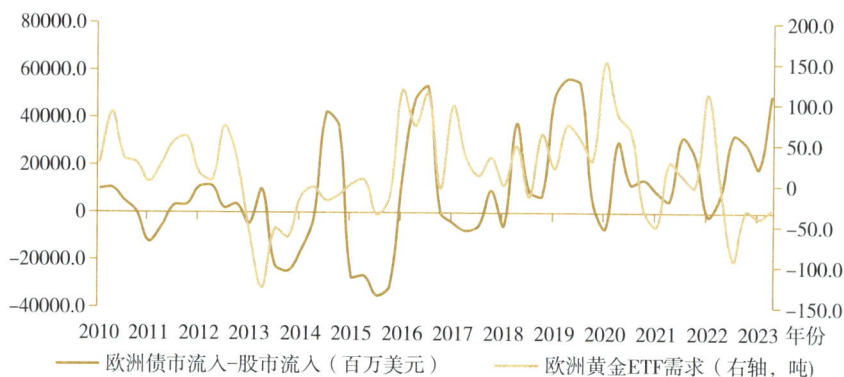

图 4-33　2010—2023 年欧洲黄金 ETF 需求与组合风险之间的关系

资料来源：世界黄金协会，彭博社，兴业研究。

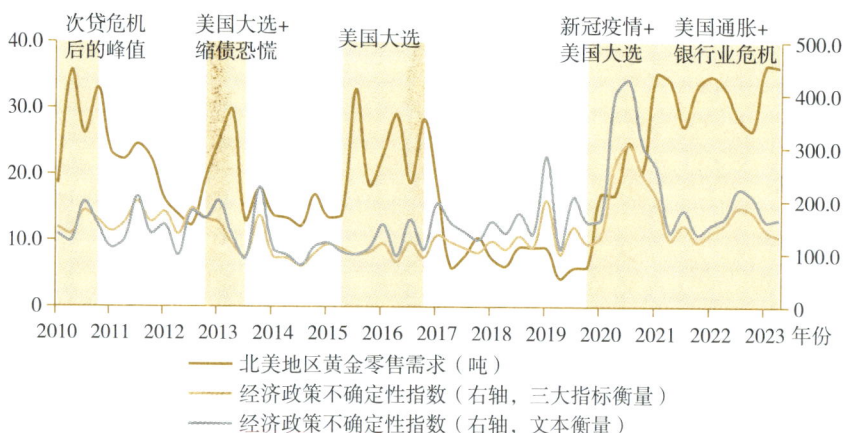

图 4-34　2010 年以来北美黄金零售需求与经济政策不确定性指数之间的关系

注：图中衡量的经济政策不确定性主要是根据 10 家大型报纸（包括《华尔街日报》等）含"不确定性""不确定"等词语以及含"经济""政治"等相关词语的文章数量确定的指标；三大指标衡量的经济政策不确定主要是根据大家关于 CPI、州政府和联邦政府的购买力分歧度以及税收到期指数（一些临时税收有期限性，可能会延期，进而造成不确定）确定的指标。两类指标的相关性较高。

资料来源：经济政策不确定性指数（Economic Policy Uncertainty），世界黄金协会，兴业研究。

　　　　　　　　　　　　保卫财富：黄金投资新时代

# 第三节
## 黄金配置比例研究

既然将黄金加入投资组合能够改善投资组合风险调整后的收益，那么不同风险偏好资产组合中黄金的最优配置比例应该是多少？我们将在本节进行测算。

考虑到财富客户在实际资产组合中配置的多为理财以及存款，而非债券，所以我们将基准组合的研究标的设置为"存款 + 理财 + 股票"。我们将市场参与者分为低、中、高三类风险偏好类型。低风险偏好投资者主要追求资产的保值增值，设计产品时应尽量保证整体资产组合不出现亏损；中风险偏好投资者能够容忍一定幅度的投资亏损，但希望博取更高的投资组合收益；高风险偏好投资者可以承受较大的市场波动，能长期持有高波动资产并获得显著回报。我们根据不同客户的风险偏好，设计不同的基准组合配比，然后在此基础上研究各组合添加黄金后的最优配比，以满足不同类别投资者的投资需求。在本节，我们选择 2004 年至 2023 年 9 月中证货币市场基金指数、债券指数（2004—2014 年采用中国国债指数，2015 年至今采用万得中长期纯债型基金指数）、万得全 A 和上海金作为研究标的（见图 4–35）。其中，存款和理财替代标的选取理由有如下两点。

第一，存款通常只有利率数据，不好与其余资产做组合研究。中证货币市场基金指数的波动以及收益特征都与存款类似。

第二，自 2013 年开始，中国银行业理财市场年报开始公布国内理财产品年度综合收益率。不过，年度综合收益率没有体现理财产品的回撤特征，且统计口径发生过几次变化。我们选取年化收益率与银行业理财市场年报公布的年度综合收益率类似的债券类品种，它们既方便与其余资产做组合研究，也能够计入理财产品的回撤特征。2004—

2014年采用国债指数，2015—2023年采用万得中长期纯债型基金指数。

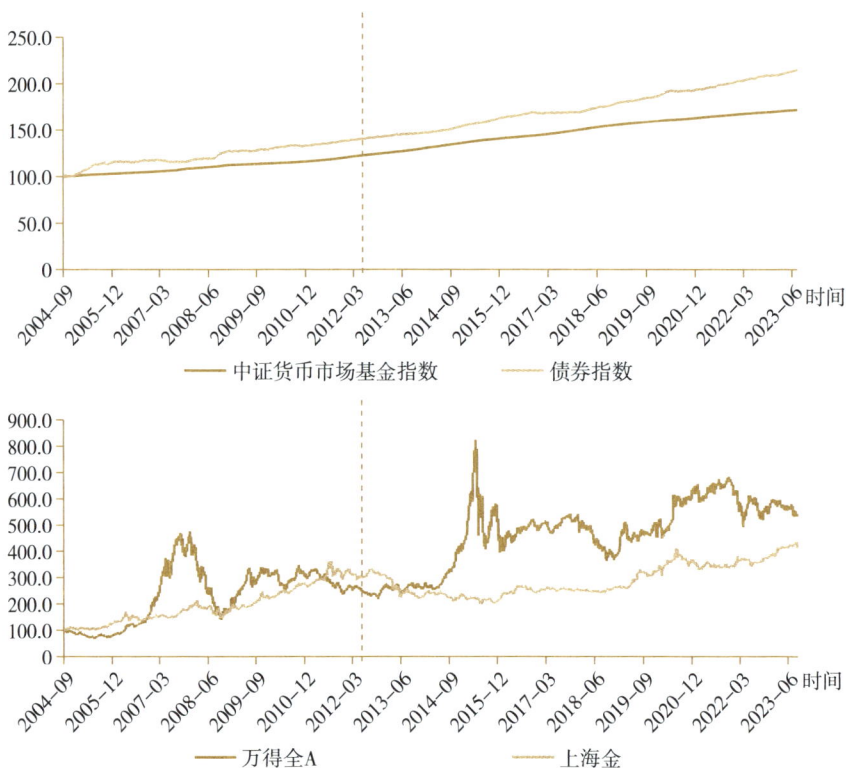

图 4-35　2004 年至 2023 年 9 月各标的资产收盘价走势图

注：2004 年 9 月基期设为 100。

资料来源：Wind，兴业研究。

　　考虑到本章第二节提及的 2013 年前后黄金与风险资产和避险资产相关性的变化，我们分别选取 2004—2023 年以及 2013—2023 年两个时间段进行研究，这同样可以体现出黄金长期大幅上行（2004—2023年）以及高位大幅震荡上行（2013—2023 年）两种情景下，添加黄金对资产组合风险调整后收益的改善效果。

# 一、"存款 + 理财 + 股票"基准组合的配置比例

在资产配置层面，我们分别考虑低、中、高三种不同风险偏好类型的基准组合。同时，由于股票、理财、存款在收益和回撤上存在较大差别，在行情运行一段时间后，组合内可能会出现资产配比偏离初期既定比例设定的情况。因此，我们需要对组合定期进行"再平衡"，将资产配比在每个季度末（按 63 个交易日计算）调回至既定比例，这样能在一定程度上降低组合风险，提高收益率。研究结果如下：

低风险偏好投资组合：在 2004—2023 年的样本期，最优基准投资组合比例为"货币基金 36%+ 理财 60%+ 股票 4%"，组合的累计收益率为 121.43%，年化收益率为 4.46%，最大回撤为 2.98%，夏普比率为 2.24。在 2013—2023 年的样本期，最优基准投资组合比例为"货币基金 36%+ 理财 60%+ 股票 4%"，组合的累计收益率为 50.89%，年化收益率为 4.09%，最大回撤为 2.98%，夏普比率为 2.12。该投资组合在提高收益水平的同时保证了最大回撤小于年化收益率，适用于低风险偏好投资者。

中风险偏好投资组合：在 2004—2023 年的样本期，最优基准投资组合比例为"货币基金 10%+ 理财 70%+ 股票 20%"，组合的累计收益率为 247.19%，年化收益率为 7.07%，最大回撤为 13.63%，夏普比率为 1.03。在 2013—2023 年的样本期，基准投资组合比例为"货币基金 15%+ 理财 70%+ 股票 15%"，组合的累计收益率为 68.10%，年化收益率为 5.20%，最大回撤为 9.70%，夏普比率为 0.96。中风险偏好投资组合的夏普比率均接近 1，投资组合的收益和波动风险相当。该投资组合在承担一定风险的前提下获取较高的回报，适用于中风险偏好投资者。

高风险偏好投资组合：考虑到高风险偏好客户基本不再会配置定期存款产品，在 2004—2023 年的样本期，最优基准投资组合比例为"理财 55%+ 股票 45%"，组合的累计收益率为 429.38%，年化收益率

为 9.58%，最大回撤为 35.50%，夏普比率为 0.68。在 2013—2023 年的样本期，最优基准投资组合比例为"理财 45%+ 股票 55%"，组合近 10 年的累计收益率为 101.51%，年化收益率为 7.07%，最大回撤为 34.29%，夏普比率为 0.42。在同样的计算方法下，标普 500 指数自 2004 年以来的年化收益率为 7.53%，最大回撤为 56.78%，夏普比率为 0.31。而 2013—2023 年，标普 500 指数的年化收益率为 11.12%，最大回撤为 33.92%，夏普比率为 0.55。我们发现：在 2004—2023 年的样本期，最优高风险偏好组合的投资表现优于标普 500 指数，甚至可以与标普 500 指数近 10 年黄金时期的表现相媲美，同时回撤幅度也与标普 500 指数近 10 年最大回撤相似；在 2013—2023 年的样本期，最优组合在收益率略低的情况下也可以模拟出与标普 500 指数相近似的投资体验。该投资组合整体适用于高风险偏好投资者。

## 二、基准组合添加黄金的最优配比

虽然基准组合在添加黄金后能降低风险，但添加比例过多也会侵蚀投资组合的收益，所以我们将在 ［0，1］ 区间上测试使得前文各个基准组合的夏普比率达到最高时的黄金添加比例临界点，将该临界点视为不同资产组合下黄金的最优添加比例，并比较添加最优黄金比例后的组合与基准组合相关收益以及回撤情况。在添加黄金后，基准组合中各资产配比需要相应进行等比例下调。比如，基准投资组合为"理财 55%+ 股票 45%"，添加 20% 的黄金后，优化后投资组合的配比为"理财 44% ［ 55%×（ 1–20% ） ］ + 股票 36% ［ 45%×（ 1–20% ） ］ + 黄金 20%"。

### （一）低风险偏好组合配置比例
从 2004—2023 年的回测结果来看，低风险偏好组合的最优黄金添加比例为 2%，此时组合的夏普比率为 2.30，较基准组合提升 0.06，组合的累计收益率、年化收益率分别为 128.02% 和 4.63%，较不添加黄金时分别增加 6.60% 和 0.17%，最大回撤仍为 2.98%（见图 4-36、表 4-2）。从 2013—2023 年的回测结果来看，组合最优黄金添加比例略降至 1%，此时组合的夏普比率为 2.14，较基准组合提升 0.02，累计收益率和年化收益率分别为 51.30% 和 4.12%，较基准组合分别增加 0.41% 和 0.03%，最大回撤仍为 2.98%（见图 4-37、表 4-3）。从年度收益来看，无论是基准组合还是添加黄金后的组合，无论是在 2004—2023 年还是 2013—2023 年的样本期，组合每年均能稳定获得正收益，体现其对于低风险偏好投资者的适用性。

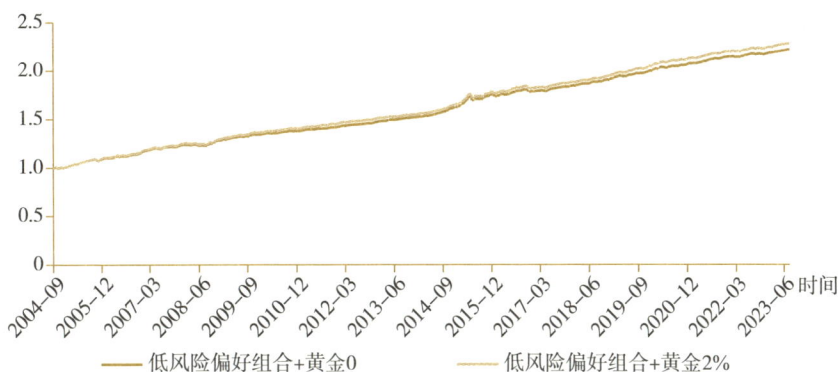

图 4-36　2004—2023 年低风险组合添加黄金前后的净值

表 4-2　2004—2023 年低风险组合添加黄金前后的年化收益率

| | 2004年 | 2005年 | 2006年 | 2007年 | 2008年 | 2009年 | 2010年 | 2011年 | 2012年 | 2013年 |
|---|---|---|---|---|---|---|---|---|---|---|
| 低风险偏好组合+黄金0 | 0.95% | 9.05% | 6.02% | 6.99% | 4.30% | 4.94% | 2.77% | 2.87% | 3.80% | 3.75% |
| 低风险偏好组合+黄金2% | 1.68% | 9.21% | 6.31% | 7.35% | 4.31% | 5.57% | 3.27% | 3.29% | 3.91% | 3.09% |
| | 2014年 | 2015年 | 2016年 | 2017年 | 2018年 | 2019年 | 2020年 | 2021年 | 2022年 | 2023年 |
| 低风险偏好组合+黄金0 | 6.26% | 9.10% | 1.69% | 3.04% | 3.86% | 4.70% | 3.97% | 3.74% | 1.35% | 2.13% |
| 低风险偏好组合+黄金2% | 6.19% | 8.81% | 2.08% | 3.10% | 3.92% | 5.09% | 4.23% | 3.62% | 1.56% | 2.33% |

注：2004—2022 年的数据为年化收益率；2023 年的数据截至 2023 年 9 月 29 日，非年化收益率。
资料来源：Wind，兴业研究。

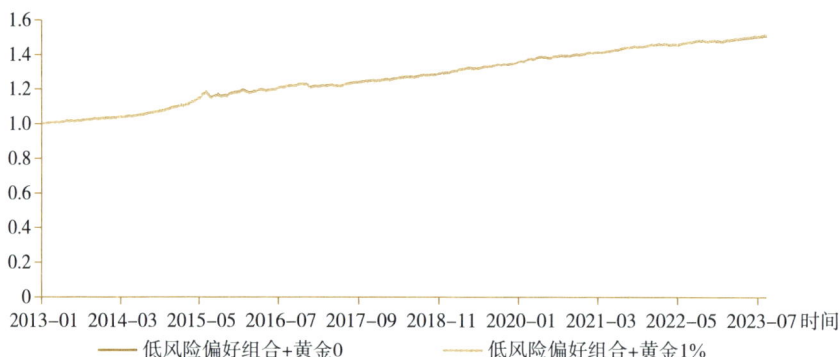

图 4-37　2013—2023 年低风险组合添加黄金前后的净值

注：两条线数值差异很小，故而在图中近似一条线。

表 4-3　2013—2023 年低风险组合添加黄金前后的年化收益率

| | 2013年 | 2014年 | 2015年 | 2016年 | 2017年 | 2018年 | 2019年 | 2020年 | 2021年 | 2022年 | 2023年 |
|---|---|---|---|---|---|---|---|---|---|---|---|
| 低风险偏好组合+黄金0 | 3.71% | 6.32% | 9.10% | 1.69% | 3.04% | 3.86% | 4.70% | 3.97% | 3.74% | 1.35% | 2.13% |
| 低风险偏好组合+黄金1% | 3.38% | 6.33% | 8.95% | 1.88% | 3.07% | 3.89% | 4.89% | 4.10% | 3.68% | 1.46% | 2.23% |

注：2013—2022 年的数据为年化收益率；2023 年的数据截至 2023 年 9 月 29 日，非年化收益率。

资料来源：Wind，兴业研究。

　　整体来看，在考虑了回测样本期的差异后，低风险偏好投资组合最优黄金添加比例为 1%—2%。因为基准组合中低风险资产配置比例已经较高，组合夏普比率的改善空间不大，所以最优黄金添加比例较低，对组合收益率、最大回撤的改善幅度也较小。

## （二）中风险偏好组合配置比例

　　从 2004—2023 年的回测结果来看，中风险偏好组合的最优黄金添加比例为 17%，此时组合的夏普比率为 1.20，较基准组合提升 0.17，组合的累计收益率、年化收益率分别为 306.90% 和 8.01%，较不添加黄金时分别增加 59.71% 和 0.94%，最大回撤为 14.45%，也较基准组合略增加 0.82%（见图 4-38、表 4-4）。从 2013—2023 年的回测结果来看，组

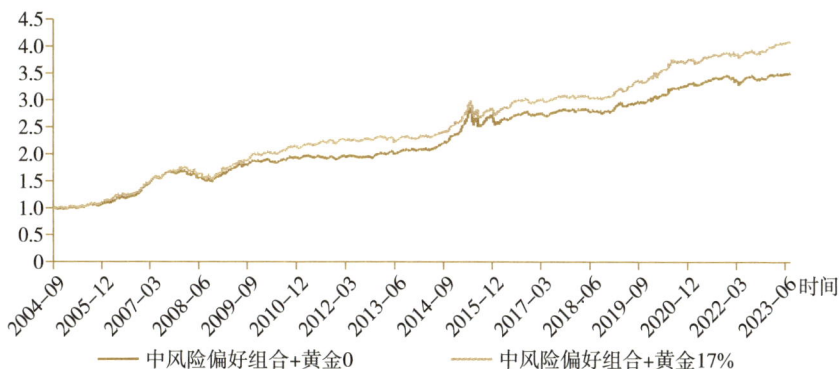

图 4-38　2004 年至 2023 年中风险组合添加黄金前后的净值

表 4-4　2004 年至 2023 年中风险组合添加黄金前后的年化收益率

| | 2004年 | 2005年 | 2006年 | 2007年 | 2008年 | 2009年 | 2010年 | 2011年 | 2012年 | 2013年 |
|---|---|---|---|---|---|---|---|---|---|---|
| 中风险偏好组合+黄金0 | -6.10% | 8.66% | 22.56% | 31.41% | -7.39% | 21.05% | 2.64% | -1.14% | 4.13% | 5.26% |
| 中风险偏好组合+黄金17% | 1.12% | 10.04% | 22.16% | 30.68% | -5.74% | 23.81% | 6.94% | 2.94% | 4.92% | -0.64% |
| | 2014年 | 2015年 | 2016年 | 2017年 | 2018年 | 2019年 | 2020年 | 2021年 | 2022年 | 2023年 |
| 中风险偏好组合+黄金0 | 13.47% | 16.32% | -0.05% | 3.16% | -1.21% | 8.68% | 9.73% | 5.05% | -1.55% | 2.34% |
| 中风险偏好组合+黄金17% | 11.57% | 12.64% | 3.48% | 3.69% | 0.15% | 11.34% | 10.95% | 3.79% | 0.75% | 4.06% |

注：2004—2022 年的数据为年化收益率；2023 年的数据截至 2023 年 9 月 29 日，非年化收益率。
资料来源：Wind，兴业研究。

合最优黄金添加比例为 10%，此时组合的夏普比率为 1.04，较基准组合提升 0.08，组合的累计收益率、年化收益率分别为 70.66% 和 5.35%，较不添加黄金时分别增加 2.56% 和 0.15%，最大回撤为 8.93%，较基准组合减少 0.77%（见图 4-39、表 4-5）。从年度收益来看，在添加最优比例黄金资产后，组合在大多数年份下的收益率较基准组合显著提高，比如，在 2008 年系统性金融危机期间减少组合损失近 2 个百分点，在一些年份基准组合年化收益率为负的情况下，添加黄金后的组合仍能实现正收益。

综合来看，中风险偏好组合中的最优黄金配置比例为 10%—17%。在提高基准组合中的股票资产配置比例后，黄金对组合夏普比率的改善空间逐步显现，主要体现在对组合收益率的提升上，对最大回撤的改善效果会因回测样本期不同而有差异。

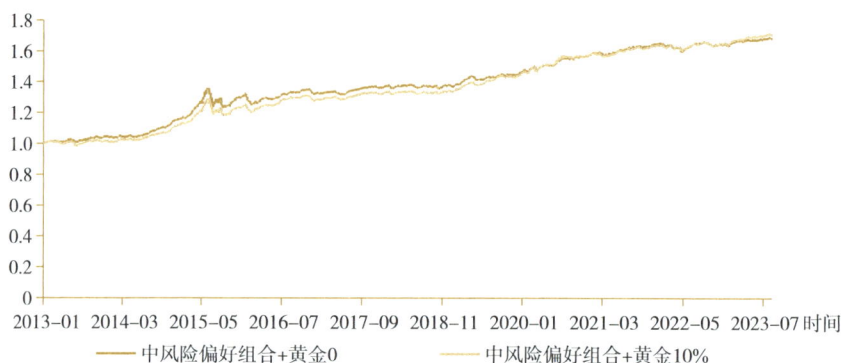

图 4-39　2013—2023 年中风险组合添加黄金前后的净值

表 4-5　2013—2023 年中风险组合添加黄金前后的年化收益率

| | 2013年 | 2014年 | 2015年 | 2016年 | 2017年 | 2018年 | 2019年 | 2020年 | 2021年 | 2022年 | 2023年 |
|---|---|---|---|---|---|---|---|---|---|---|---|
| 中风险偏好组合+黄金0 | 4.53% | 11.21% | 14.40% | 0.50% | 3.08% | 0.45% | 7.50% | 7.96% | 4.71% | -0.62% | 2.33% |
| 中风险偏好组合+黄金10% | 1.12% | 10.77% | 12.41% | 2.54% | 3.40% | 1.09% | 9.19% | 8.88% | 4.02% | 0.65% | 3.34% |

注：2013—2022 年的数据为年化收益率；2023 年的数据截至 2023 年 9 月 29 日，非年化收益率。
资料来源：Wind，兴业研究。

## （三）高风险偏好组合配置比例

从 2004—2023 年的回测结果看，高风险偏好组合的最优黄金添加比例为 38%，此时组合的夏普比率为 0.94，较基准组合提升 0.26，组合的累计收益率、年化收益率分别为 543.48% 和 10.76%，较不添加黄金时分别增加 114.10% 和 1.18%，最大回撤为 29.38%，较基准组合减少 6.12%（见图 4-40、表 4-6）。从 2013—2023 年的回测结果看，组合的最优黄金添加比例为 40%，此时组合的夏普比率为 0.58，较基准组合提升 0.16，组合的累计收益率、年化收益率分别为 101.84% 和 7.09%，较不添加黄金时分别提升 0.33% 和 0.02%，最大回撤为 22.08%，较基准组合减少 12.21%（见图 4-41、表 4-7）。对高风险偏好客户来说，在资产组合中添加黄金十分必要，添加黄金后能够在收益基本不变（2013—2023 年）或者收益大幅增加（2004—2023 年）的同时，极大减小最大回撤。具体到年度收益率来看，在添加最优比例黄金后，组合可以在基准组合收益率较低甚至呈现负收益的情况下拉高组合收益率或降低损失，而在基准组合收益较高的年份略有下降，体现了平滑收益率曲线的作用。

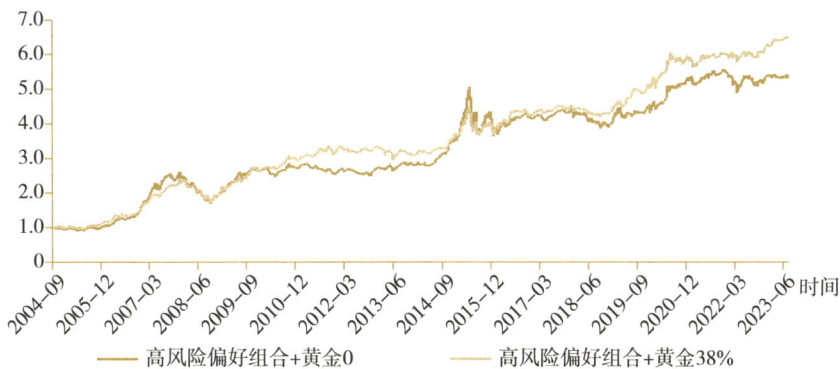

图 4-40　2004—2023 年高风险组合添加黄金前后的净值

表 4-6　2004—2023 年高风险组合添加黄金前后的年化收益率

| | 2004年 | 2005年 | 2006年 | 2007年 | 2008年 | 2009年 | 2010年 | 2011年 | 2012年 | 2013年 |
|---|---|---|---|---|---|---|---|---|---|---|
| 高风险偏好组合+黄金0 | −16.62% | 3.65% | 51.13% | 75.45% | −26.83% | 48.55% | 1.22% | −7.71% | 4.44% | 7.52% |
| 高风险偏好组合+黄金38% | 3.15% | 8.55% | 38.15% | 56.73% | −16.89% | 43.80% | 11.49% | 3.45% | 5.99% | −6.53% |
| | 2014年 | 2015年 | 2016年 | 2017年 | 2018年 | 2019年 | 2020年 | 2021年 | 2022年 | 2023年 |
| 高风险偏好组合+黄金0 | 24.81% | 22.71% | −3.18% | 3.70% | −9.83% | 14.14% | 18.27% | 6.22% | −6.52% | 2.08% |
| 高风险偏好组合+黄金38% | 16.03% | 12.94% | 5.83% | 4.68% | −3.87% | 18.03% | 17.49% | 2.94% | 0.52% | 6.01% |

注：2004—2022 年的数据为年化收益率；2023 年的数据截至 2023 年 9 月 29 日，非年化收益率。
资料来源：Wind，兴业研究。

图 4-41　2013—2023 年高风险组合添加黄金前后的净值

表 4-7 2013—2023 年高风险组合添加黄金前后的年化收益率

| | 2013年 | 2014年 | 2015年 | 2016年 | 2017年 | 2018年 | 2019年 | 2020年 | 2021年 | 2022年 | 2023年 |
|---|---|---|---|---|---|---|---|---|---|---|---|
| 高风险偏好组合+黄金0 | 7.24% | 29.09% | 23.92% | -4.64% | 3.93% | -13.35% | 16.17% | 21.53% | 6.51% | -8.65% | 1.87% |
| 高风险偏好组合+黄金40% | -7.52% | 19.97% | 13.82% | 5.49% | 4.90% | -5.37% | 19.57% | 19.45% | 2.98% | -0.33% | 6.11% |

注：2013—2022 年的数据为年化收益率；2023 年的数据截至 2023 年 9 月 29 日，非年化收益率。
资料来源：Wind，兴业研究。

综合来看，高风险偏好组合中最优黄金配置比例为 38%—40%，高比例的股票配置使得黄金对组合夏普比率的改善空间进一步提升。在较长的回测区间上，添加黄金的组合能显著提升基准组合的收益率以及改善回撤幅度，从而最大程度地提高夏普比率；而在 2013 年至 2023 年 9 月的回测区间上，添加黄金对组合收益改善不显著，但对回撤幅度改善较大，所以夏普比率也有所提升。整体而言，我们认为，当前黄金所处的大环境与 2013—2021 年截然不同，故而对资产组合风险调整后改善的收益会明显优于 2013 年至 2023 年 9 月统计时段，可类比 2004—2023 年的改善效果。

## 三、小结

针对低、中、高风险偏好投资者的基准组合配置分别为：在 2004—2023 年的样本期，"货币基金 36% + 理财 60% + 股票 4%""货币基金 10% + 理财 70% + 股票 20%""理财 55% + 股票 45%"；在 2013—2023 年的样本期，"货币基金 36% + 理财 60% + 股票 4%""货币基金 15% + 理财 70% + 股票 15%""理财 45% + 股票 55%"。

针对低、中、高风险偏好投资者的添加黄金后的改善组合配置分别为：低风险偏好组合最优黄金添加比例为 1%—2%，中风险偏好组合最优黄金配置比例为 10%—17%，高风险偏好组合最优黄金配置比例为 38%—40%。在添加黄金后，基准投资组合中的各资产配比需要相应进行等比例下调。投资组合中的股票配置比例越高，需要配置的最优黄金比例也就越高，黄金对组合风险收益的改善空间也就越大。对高风险偏好客户来说，在资产组合中添加黄金十分必要，添加黄金后能够在收益基本不变或者收益大幅增加的同时，极大减小最大回撤。（见表4-8）

表4-8　添加最优比例黄金前后不同组合的表现情况

| 样本起始日期 | 2004年至2023年9月 | 累计收益率 | 年化收益率 | 最大回撤 | 夏普比率 |
|---|---|---|---|---|---|
| 货币基金36%+理财60%+股票4% | 黄金0 | 121.43% | 4.46% | 2.98% | 2.24 |
|  | 黄金2% | 128.02% | 4.63% | 2.98% | 2.30 |
| 货币基金10%+理财70%+股票20% | 黄金0 | 247.19% | 7.07% | 13.63% | 1.03 |
|  | 黄金17% | 306.90% | 8.01% | 14.45% | 1.20 |
| 货币基金0+理财55%+股票45% | 黄金0 | 429.38% | 9.58% | 35.50% | 0.68 |
|  | 黄金38% | 543.48% | 10.76% | 29.38% | 0.94 |
| 样本起始日期 | 2013年至2023年9月 | 累计收益率 | 年化收益率 | 最大回撤 | 夏普比率 |
| 货币基金36%+理财60%+股票4% | 黄金0 | 50.89% | 4.09% | 2.98% | 2.12 |
|  | 黄金1% | 51.30% | 4.12% | 2.98% | 2.14 |
| 货币基金15%+理财70%+股票15% | 黄金0 | 68.10% | 5.20% | 9.70% | 0.96 |
|  | 黄金10% | 70.66% | 5.35% | 8.93% | 1.04 |
| 货币基金0+理财45%+股票55% | 黄金0 | 101.51% | 7.07% | 34.29% | 0.42 |
|  | 黄金40% | 101.84% | 7.09% | 22.08% | 0.58 |

注：数据截至2023年9月29日。

资料来源：Wind，兴业研究。

# 第四节
# 黄金投资标的对比

　　当前的宏观背景决定了机构以及个人增加黄金配置的必要性。在海外高通胀环境下，面对海外利率快速上行，黄金展现出韧性。从历史来看，在美国高通胀环境下，黄金抗通胀属性凸显。在逆全球化趋势下，人力与商品成本结构性抬升，2000年之后的低通胀时代已经结束。叠加康波由衰退转向萧条期，从大周期来看，黄金配置意义重大。

在此背景下，投资者应该选择何种工具进行黄金投资？本节聚焦于个人投资者黄金投资工具的选择。

简单来说，黄金投资品种可以分为无杠杆投资品种、杠杆投资品种和存款类品种三大类（见图4-42）。

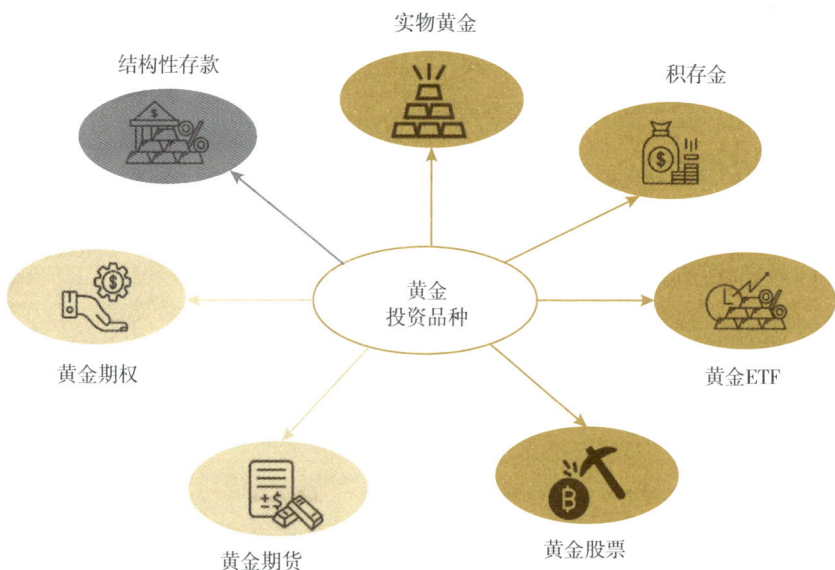

图 4-42　黄金投资品种分类

注：标注为深橙色的属于无杠杆投资品种，浅橙色的属于杠杆投资品种，灰色的属于存款类品种。

资料来源：兴业研究。

# 一、无杠杆投资品种

对于个人投资者而言，实物金、积存金、黄金 ETF 以及黄金股票都属于无杠杆投资品种。

## （一）实物金

贵金属实物投资包括以下几种：

- 实物金条。
- 金银纪念币（由中国人民银行发行的国家法定货币）。
- 其他含金（银）材质的实物贵金属品种，包括金（银）章、金（银）摆件、金（银）首饰等。

实物金条通常包含投资金条和工艺金条两种。

投资金条一般是由知名金企推出或联合推出的纯金含量99.99%的金条，以上海黄金交易所或国际市场的实时价格为参考价格，且高度流通、供人们投资理财保值增值的金条。投资金条生产量比较大，外观和纹理都比较简单，其投资属性高于收藏属性。在形状上，最常见的金条为长条形，也有圆形、正方形、元宝形等。投资金条具有价格透明、交易便捷、易于存储和保值增值等多种优势，投资金条的价格通常比市场上其他金条品种更接近实时黄金价格，因此投资金条可以作为投资黄金的有效手段。投资者可以通过购买投资金条来分散投资风险，降低股票和债券等资产的价格波动带来的风险。银行以及珠宝商都提供投资金条的回购服务，回购变现成本低，方便投资者根据市场情况灵活调整投资策略。年轻人中较为流行的"金宝宝"产品，主要是珠宝商在销售，目前也在银行销售，实质上算一种投资产品，其每克价格通常比大规格的投资金条要高，但低于工艺金条的每克价格。

工艺金条是一种具有复杂外观和纹理的金条，其制造过程比投资金条更为复杂，比如以重大历史事件、婚庆等为主题而设计制作的金条。每年春节时，一些银行和企业会推出以生肖为主题的金条来作为纪念品或投资品。工艺金条的尺寸和重量可以有更多的变化，根据设计和需求，工艺金条可能存在多种规格。由于工艺金条的制造过程和用途不同于投资金条，其每克价格比投资金条更高。通常，银行的金条类产品价格会更为低廉，不过不同银行也存在差异。

金银纪念币是根据《中华人民共和国人民币管理条例》限量发行具有特定主题的贵金属纪念币。金银纪念币的材质主要为金、银等贵金属，具有较高的收藏价值和投资潜力。自 1979 年中国第一次设计制造"中华人民共和国成立 30 周年"纪念金币以来，从无到有，中国已累计发行金银纪念币 1400 多个品种，这在世界金银纪念币制造发行史名列榜首。金银纪念币通常具有特定的主题和图案，比如重大历史事件、传统节日、生肖、文化、体育竞技等，其设计和制作更为精细和复杂。金银纪念币的限量发行和独特主题使得其在市场上具有较高的收藏价值和投资潜力。其中，熊猫纪念币已经连续发行 40 多年，是世界级的投资币。其他的贺岁主题、生肖主题、吉祥文化主题以及特定事件和文化主题纪念币，比如世界遗产金银纪念币以及中国空间站建成金银纪念币，都具有很强的纪念意义，适合收藏或者馈赠。

除了金条以及纪念币等实物金品种，还有其他含金（银）材质的实物贵金属品种，包括金（银）章、金（银）摆件、金（银）首饰等。这些品种在投资方面的价值相对较低，更多是作为消费品或收藏品。金（银）章是一种具有特定主题和图案的贵金属章，比如公司纪念章，通常是由知名的金属工艺大师或设计师制作的。金（银）摆件是一种具有艺术价值和观赏性的贵金属制品，金（银）摆件的收藏价值和投资潜力主要源于其独特的艺术价值和观赏性。一些金（银）摆件可能采用传统的金属工艺制作技术，比如铸造、镂空、镶嵌等，具有极高的艺术价值和收藏价值。此外，一些金（银）摆件还可能镶嵌宝石或珍珠等贵重材料，增加了其观赏性和收藏价值。金（银）首饰是最常见的贵金属消费品，包括项链、手链、戒指、耳环等。金（银）首饰的设计和制作通常更为注重美观和时尚性，其投资价值相对较低。然而，一些高档的金（银）首饰也具有一定的收藏价值和投资潜力。

与其他贵金属产品相比，实物贵金属最大的优点在于，它不仅能够作为投资工具实现资产保值增值，还具有实物形态，可以作为财富传承的载体。相比其他贵金属产品，比如贵金属期货、黄金 ETF 等，实物贵金属更加直观。投资者可以直接持有和保管实物贵金属，无须担心机构风险等因素。此外，实物贵金属的投资价值和市场认可度也相对较高，因为其具有稳定的价值和珍贵的属性。由于价值稳定且珍贵，实物贵金属可以作为家族财富的重要组成部分，为后代留下宝贵的财富。同时，赠送贵金属礼品也是一种高雅、尊贵的礼品选择，可以表达祝福和感激之情。在节日庆典或特殊场合，贵金属礼品不仅能够传达美好的祝福，也是独特而有意义的礼物。

## （二）积存金与黄金 ETF

积存金与黄金 ETF 均具有以黄金价格为基准、流动性强、交易便利、无仓储费等优点，常被视为同类产品，但其实二者的净值波动以及交易费用存在诸多不同。我们先介绍两种产品，继而对比二者的异同。

### 1. 积存金

积存金是指银行按约定为客户开立黄金账户并向客户双向报价、客户买入黄金积存在银行并在持有产品期间获得积存金利息，可按自身需求赎回或兑换实物贵金属的业务。银行的积存金产品，具有购买方便、交易门槛低、持有成本低、持有生息、变现容易等诸多优点。积存金投资起点为 1 克，可以通过手机实时交易。持有积存金份额的客户可以同时从两个途径获取盈利：一是通过黄金价格上涨获利，即低买高卖获取差价收入；二是获取利息收入，这是一种与黄金价格浮动无关的稳定利润来源，完美地解决了黄金产品不孳息的缺点，而且这部分收入是黄金 ETF 所没有的。作为一种没有仓储费（或递延费）、可生息、可在未来某个时点兑换为实物黄金的产品，积存金在某种意义上具有与可转债类似的特点。在理财产品净值化、客户追求安全资产的背景下，这种黄金"可转债"能够极大改善客户体验。客户可以通过持有积存金获取利息，不仅可以在黄金价格上涨后卖掉赚差价，还可以在黄金价格下跌后留着金子吃利息。

积存金的持有方式分为活期与定期两种，且活期与定期可以相互转换。定期利率根据持有期限的不同而不同。目前，积存金定期有多种期限，比如3个月、6个月、12个月、24个月等期限产品均有。不同银行的积存金产品利率不同，后续产品期限和利率根据市场情况也可能会出现调整。活期份额收益率为浮动利率，根据市场变化波动。目前，多数银行的定期和活期产品利息份额是以积存金份额的形式返还客户的。除了实时买卖交易，银行还提供活期定投的积存金投资方式。投资者可以根据自身的资金情况和投资需求选择定投周期、时间、期限，制订个性化的投资方案。投资者可以通过分批买入积存金份额以分散风险，可以在黄金价格寻底阶段分批买入，从而享受后期黄金价格上涨带来的资产增值收益。

同时，为了满足一些客户在购买投资金条后希望按照自己约定日期提取现货，或者在购买金条后暂未定提取日期而想让银行代为保管，并在后续合适时候由银行回购、减少实物金条提取以及保管环节的要求，目前银行也推出了挂钩积存金业务的定期金条品种。客户在购买并持有定期金条产品后，可以在产品约定的到期日或者付息日，获得产品约定的黄金份额利息，并可兑换与持有份额等克重的实物贵金属产品。客户也可以在产品到期后继续持有或通过赎回份额获得相关的资金。相对而言，挂钩积存金的定期金条产品的购买规格存在特定要求，需要与市面上可购买投资金条品种相匹配。

## 2. 黄金 ETF

因为同样具有以黄金价格为基准、流动性强、交易方便、无仓储费等优点，积存金和市面上流行的黄金 ETF 具有颇多相似之处，但二者还是存在诸多不同。

第一，积存金在世界黄金协会的定义中被划分在"金条、金币"项下，而非黄金 ETF 系列产品。2022 年至 2024 年年初，海外货币政策利率抬升至十几年以来高位，更具投机性的黄金 ETF 被市场抛弃（2024 年 5 月后小幅流入），但宏观上的不确定性高企反倒助长了"金条、金币"等实物投资需求，这一趋势仍然有望延续。

第二，黄金 ETF 价格长期来看会跑输基准（见图 4-43），但积存金价格能与基准同步（如果计入利息收入，则能够跑赢基准）。之所以出现这种差别，原因有两个：一是黄金 ETF 收取的管理费、托管费会直接在净值中扣除；二是黄金 ETF 的投资组合中需要保留一定的现金以备赎回。积存金的价格直接与黄金价格挂钩，在不考虑利息收益加成的情况下，除去买卖价差，其收益率几乎等同于基准黄金价格。而在考虑定期利息以及交易费用之后，积存金的收益能够跑赢基准。

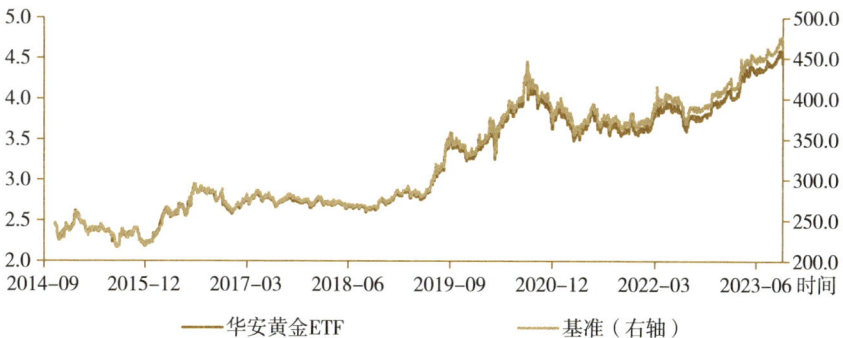

图 4-43　场内黄金 ETF 与黄金价格走势

注：数据截至 2023 年 9 月 28 日。
资料来源：Wind，兴业研究。

第三，相较于黄金 ETF，积存金适合的持有周期与多数交易者持有习惯更为匹配。积存金交易费用只有买卖价差一种（不同银行收费不同）。而黄金 ETF 手续费较为复杂，且不同券商收费标准各不相同。黄金 ETF 手续费根据持有时间和投资金额不同分为不同的等级，持有时间越短、金额越小，则相关费用越高。

根据国内银行间积存金交易费用（选取银行间较低收费标准）、利息水平（取 1 年期积存金产品定期利息）以及常见黄金 ETF 交易费用和管理费用测算，假定只交易一次，则测算结果显示，只要持有期限超过 4 个月，积存金抵减定期利息后的费用就低于黄金 ETF。因此，积存金是优于黄金 ETF 的选择。若持有期限低于临界时点，那么场内黄金 ETF 会更加合适投资。积存金相较于黄金 ETF 的优势在于，存在利息收入且不需支付管理费以及托管费，适合的持有周期与多数投资者持仓周期习惯更为匹配。不过，如果投资者交易频率较高，则黄金 ETF 会更加合适投资。

## （三）黄金股票

黄金股票是黄金投资的延伸产品，是黄金公司向社会公开发行的上市或不上市的股票，因此也可以称为金矿公司股票。市场通常认为，黄金股票的投资价值与黄金价格走势密切相关。当黄金价格上涨时，黄金公司的盈利通常会增加，从而可能推高黄金股票的价格；相反，当黄金价格下跌时，黄金公司的盈利可能会减少，从而可能导致黄金股票的价格下跌。所以，采用黄金股票作为捕捉黄金价格涨跌的一种替代选择也是多数股票交易者喜闻乐见的一种方式。不过，黄金价格并不是黄金股票走势的唯一影响因素。投资黄金股票除了需要考虑黄金市场的供求情况、全球经济形势、货币政策等影响黄金价格走势的因素外，还需要考虑黄金股票所在的股票市场指数走势以及具体公司的盈利能力、资产负债情况、管理层素质和行业前景等。

从实际价格走势来看，黄金股票与黄金价格走势并不完全同步，黄金股票走势会受到其所在股票市场指数走势的影响。同时，不同黄金股票的走势也存在分化，比如2022年4月6日至26日，国内黄金价格（参考黄金T+D）上涨1.23%，积存金和黄金ETF基本也呈现同等幅度上涨。但同时段相应的黄金股票大幅下跌，毫无避险属性。这与同时期沪深300指数下跌存在关联。

为了具体分析黄金价格与股票市场指数走势对黄金股票的解释力度，我们选取赤峰黄金、银泰黄金、山东黄金、湖南黄金、中金黄金、西部黄金六只热度较高的黄金股票，将2015—2022年的数据作为回归样本，将股票收盘价作为因变量，将沪深300指数、伦敦金现货价格作为自变量，进行多元回归。为了使均值和标准差不同的自变量回归系数之间具有可比较性，我们对所有变量进行了标准化处理，以使其服从单位正态分布特征。回归结果显示，黄金股票价格在受到黄金价格影响的同时，也会受到所在股票市场指数走势的影响，并且股票指数与黄金价格走势对不同黄金股票的解释力、解释方向不尽相同。2015—2022年，伦敦金现货价格对西部黄金股价的解释力度为83.04%；而在同时段，伦敦金现货价格对山东黄金的解释力最弱，山东黄金股价的波动主要受到大盘走势及其自身基本面的影响（见表4-9）。

表4-9　伦敦黄金价格与沪深300指数对各黄金股价格波动的解释力度

| 黄金股 | 沪深300 | | | 伦敦金现货 | | |
|---|---|---|---|---|---|---|
| | 系数 | 解释力（%） | t值 | 系数 | 解释力（%） | t值 |
| 赤峰黄金 | 0.522 | 20.28 | 1.324 | 2.054 | 79.72 | 5.205 |
| 银泰黄金 | 0.280 | 20.14 | 0.751 | −1.112 | 79.86 | −2.979 |
| 山东黄金 | −1.804 | 59.16 | −2.218 | −1.246 | 40.84 | −1.531 |
| 湖南黄金 | −0.504 | 35.80 | −1.689 | 0.904 | 64.20 | 3.030 |
| 中金黄金 | 0.290 | 27.60 | 1.034 | −0.761 | 72.40 | −2.712 |
| 西部黄金 | −0.508 | 16.96 | −1.033 | −2.485 | 83.04 | −5.056 |

资料来源：兴业研究。

因此，如果投资者只是因为看好未来黄金价格走势而买入黄金股票，但没有仔细辨别黄金股票所在股票市场的整体走势以及具体金矿公司的盈利能力、资产负债情况和管理层素质等，那么黄金股票并非最合适的选择，积存金则是更优选择。如果投资者基于对金矿公司自身基本面的分析，认为该黄金股票具有跑赢黄金价格的潜力且当时股票市场整体氛围良好，则该黄金股票是更好的选择。比如，2018 年 8 月至 2019 年 8 月，黄金价格上涨 31%，而同期山东黄金股票价格上涨 175%。总之，在选择黄金股票时，投资者需要综合考虑多种因素，包括黄金价格的走势、股票市场的整体表现、具体公司的基本面情况等。只有通过全面的分析和研究，投资者才能做出更明智的投资决策。

## 二、杠杆投资品种

杠杆投资品种主要包括境内外黄金期货以及黄金期权，可以在境内期货公司或者境外投资中介平台进行交易。境内黄金期货交易是指在中国境内期货交易所进行的黄金期货合约买卖，目前主要有上海期货交易所的黄金期货合约。投资者可以通过期货公司开户进行交易。境外黄金期货交易是指在境外期货交易所进行的黄金期货合约买卖，比如美国的 COMEX 黄金期货。投资者可以通过境外投资中介或者境内公司香港子公司平台开户，在缴纳一定比例的保证金后进行交易。

### （一）黄金期货

黄金期货交易属于保证金交易，可以双向交易，具有杠杆效应。投资者只需要缴纳一定比例的保证金就可以买入或卖出黄金期货合约，从而放大了交易的收益和亏损。这种交易方式在资金占用少的情况下可以提供较高的投资回报，但同时也增加了潜在的风险。在黄金期货交易中，杠杆的增加意味着投资者需要承担更高的风险。如果行情运行方向与所持头寸方向相反，那么投资者可能会面临远高于投资本金的亏损。例如，假定保证金比例为 10%，投资者以 1 万元的保证金购入合约价值为 10 万元的黄金期货合约。当黄金价格上涨 10% 时，投资者获利 1 万元，相当于保证金金额翻倍；而当黄金价格下跌 10% 时，投资者亏损 1 万元，相当于保证金金额全部亏损。需要注意的是，黄金期货交易具有高风险和高收益的特点，属于高风险投资，不适合所有投资者。为了降低风险，投资者需要制定严格的风险管理策略，包括设置止损点、控制仓位和分散投资等。投资者需要充分了解相关风险，综合考虑自身的投资经验、风险承受能力和风险控制策略，以便做出更明智的投资决策。

### （二）黄金期权

黄金期权是一种以黄金期货合约为标的物的合约，按照权利人持有的权利划分，可以分为看涨期权（call option，又称认购期权）与看跌期权（put option，又称认沽期权），二者分别对应购买与出售的权利。黄金期权实际上也是一种杠杆类交易品种，期权的杠杆效应是指期权价格的变化幅度与标的资产价格变化幅度的比值，也就是期权杠杆的大小。由于期权的价格受到多种因素的影响，包括标的资产的价格、执行价格、波动率、无风险利率等，因而期权杠杆的大小也会随着这些因素的变化而变化。具体来讲，比如 2023 年 9 月 28 日，上海期货交易所 2404 黄金期货合约的价格为 460.7 元 / 克，2404 黄金期权合约行权价为 464 元 / 克的看涨期权价格为 14.22 元 / 克。若到期时，期货价格上涨 5%，同时看涨期权价格上涨 100%，那么杠杆为 20 倍。但因为我们无法事先得知到期时黄金期货价格以及期权价格的变动幅度，所以在实际应用中，我们可以将期货价格除以期权价格得到的实际杠杆率近似视为期权的杠杆率。在本例中，实际杠杆率为460.7/14.22≈32.4倍，实际杠杆率只有当期权充分实值时才与期权杠杆率近似相等。需要注意的是，期权的杠杆效应与期货的杠杆效应有所不同。期货的杠杆效应是固定的，即投资者需要缴纳一定比例的保证金来控制期货合约的价值。而期权的杠杆效应则是不固定的，会随着标的资产价格的变化而变化。

期权交易有四种基本类型，分别是买入看涨期权、卖出看涨期权、买入看跌期权和卖出看跌期权（见图4-44）。具体来说，买入看涨期权是指在规定期限内按照买卖双方约定的价格购买一定数量的黄金期货的权利的合约，其对手方为卖出看涨期权，二者的盈亏相对。从风险收益的角度来看，买入看涨期权损失有限（最高为权利金），收益无限；卖出看涨期权收益有限（最高为权利金），损失无限。买入看跌期权是指在规定期限内按照买卖双方约定的价格出售一定数量的黄金期货的权利的合约，其对手方为卖出看跌期权。买入看跌期权的理论到期最大收益为行权价格减去权利金，最大亏损为权利金。卖出看跌期权理论到期最大收益为权利金，最大亏损为行权价格减去权利金。但

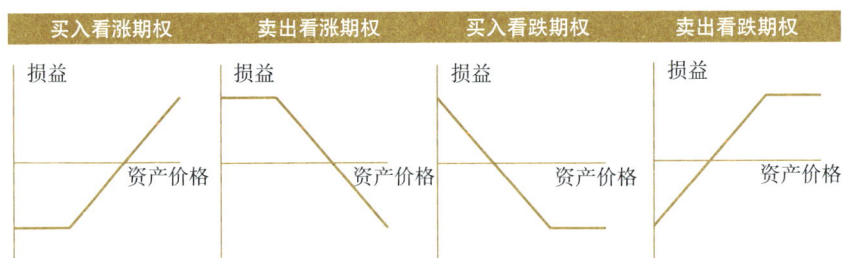

图 4-44 黄金期权分类与损益结构图

注：对于图中的损益，卖出看跌期权的损失仅考虑持有期权的最大理论亏损，未展现因卖出看跌期权合约被行权获得期货多头持仓后的损益变化，因为具体亏损幅度与不同投资者的持仓以及杠杆率均存在关联。

资料来源：兴业研究。

在实际操作中，卖出看跌期权的投资者可能在持有过程中遭遇对手方行权而获得一张期货多头合约，期货交易往往为杠杆操作，且投资者获得多头期货合约往往是在行情下跌过程中，持仓头寸方向与行情运行方向相反使得实际情况中卖出看跌期权的投资者可能面临损失无限以及爆仓的风险。

所以，在实际操作中，投资者在进行卖出看涨或看跌期权操作时都要格外谨慎，这对于风控对冲的要求更高。专业机构，比如做市商等，在市场上卖出期权的同时往往会进行对冲操作，以使其风险中性。买入看涨或看跌期权虽然亏损有限，但对行情运行方向以及运行时间都要求投资者有预判。到期日的选择很重要，若剩余时间太短，则标的品种价格可能无法在剩余时间上涨或者下跌到预期水平；若剩余时间太长，期权价格通常更贵，流动性往往更差。因此，选择合适的到期日对投资者来说非常重要。相较于期货交易，期权交易因为还需要考虑时间价值损耗等因素，所以对专业性的要求更高，并不适合普通个人投资者。

## 三、存款类品种

黄金结构性存款是指在普通存款基础上嵌入黄金期权的金融产品，是存款与衍生品的组合。其收益包含两个部分：一是基本存款的利息收益，二是与标的资产价格波动挂钩的投资收益（见图4-45）。投资者基于对黄金价格涨跌的判断，选择对应的看涨或看跌产品。若预判正确，就可以在基本存款利息收益的基础上额外获取黄金价格波动的增值收益；若预判失误，则获得基础收益。举例来说，如果客户预期未来3个月后黄金价格将会比当前的价格高，客户就可以选择挂钩看涨期权的3个月期结构性存款。如果到期时黄金价格高于某一标准（根据不同产品，标准会有不同，通常是基期价格的一个比例，比如90%

或者更高），客户就会获得高于一般理财的超额收益；如果没实现，客户就只获得基础收益（存款收益剔除期权费）。目前，国内外商业银行均有结构性存款产品发售，期限通常包括 15 天、1 个月、2 个月、3 个月、6 个月以及 12 个月期不等。收益结构灵活，包括三层、二层以及敲出式结构产品，其中，三层结构产品收益较为稳定，二层结构以及敲出式产品有机会获取较高收益（见图 4-46）。

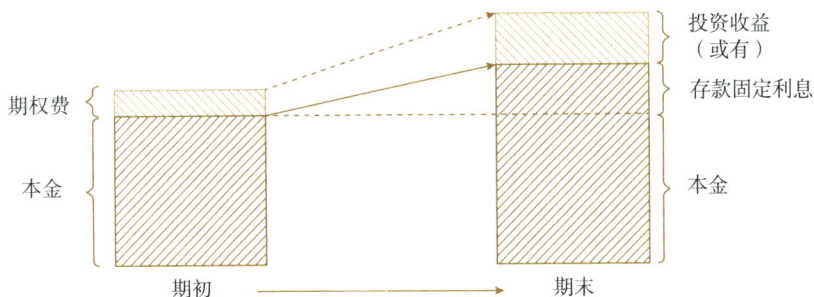

结构性存款到期本息=本金+约定存款利息–
衍生品交易成本+衍生品投资收益（或有）

**图 4-45　黄金结构性存款收益模式**

资料来源：兴业研究。

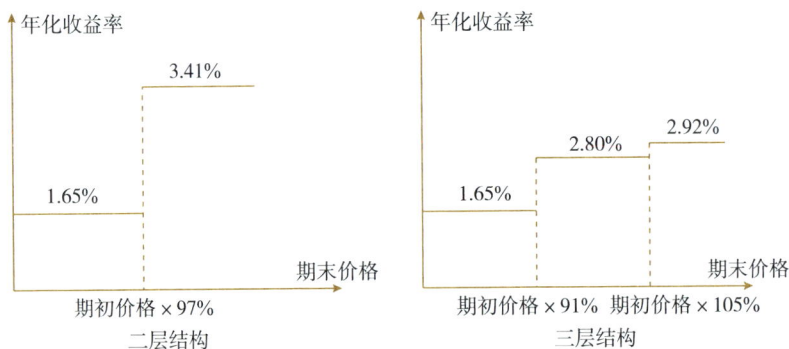

**图 4-46　不同黄金结构性存款收益结构**

注：图中收益率仅为示意，具体产品收益率以该产品发行时说明为准。
资料来源：兴业研究。

## 四、小结

总体来看，在无杠杆投资品种中，实物金的最大优点在于代际传承以及亲朋馈赠。积存金与黄金 ETF 均属于无杠杆品种，购买方便，交易简单，都能享受黄金价格上涨收益。积存金的适合持有期为 3—4 个月，这与多数投资者的交易习惯更为匹配。场内黄金 ETF 适用于持有期短且交易金额较高的场景。这两类品种都较为适合中低风险偏好的投资者。黄金股票走势与黄金价格并不完全同步，黄金股票走势会受到所在市场股票指数以及黄金股票自身基本面的影响，适合对个股基本面有深入研究的中高风险偏好投资者。黄金期货和期权都具有杠杆，适合对入场时机、行情运行方向、运行时间以及风险控制都有着更好把握的高风险偏好专业投资者。黄金结构性存款较适合对黄金走势有预判又不想直接承担价格波动风险，但仍想享受比通常存款产品更高收益的低风险偏好投资者。

第五章

# 黄金与其他投资品种对比

黄金作为一种投资品种，人们在考虑是否投资它的时候，总是不可避免地会与市场上常见的其他投资品种进行对比。人们通过对比不同投资品种的特性，以决定黄金或其他投资标的是否适合自己。基于此，本章的探讨扩展到了黄金投资之外，我们将首先对比美股与黄金。通过我们的分析，投资者会发现二者其实并不能简单地划分为避险资产与风险资产，它们的走势背后其实有着更深层次的产业技术周期变迁逻辑。之后的分析延伸至比特币、玉石、古董字画等小众投资品种。为什么阶段性的市场会将黄金与比特币进行对比？比特币大幅波动的背后是否存在规律？"黄金有价，玉无价""乱世黄金，盛世字画"，这两句话又能否从数据层面得到印证？我们都将在本章进行解答。

## 第一节
## 美股与黄金

　　在第四章，我们曾对美股与黄金走势进行简单对比，表明二者走势多数时期负相关。除了简单相关性的对比，美股与黄金走势多数时期负相关的背后其实还有着更深层次的底层逻辑，这与产业技术周期的变迁存在关联。从电气化带来的第二次技术革命、信息化带来的第三次技术革命到 OpenAI 发布 ChatGPT 和 Sora 后关于第四次技术革命将到来的讨论，都会深刻影响美股与黄金走势。

# 一、产业技术周期理论

产业技术周期和我们在第二章第六节曾提及的康波周期，都是由技术推动的周期。康波周期以科学技术改变为周期基础，认为引起宏观经济波动的是新技术商业化之后的过程，而不是从科学发现到新技术发明这个过程，其更关注新技术商业化之后对宏观经济的影响。产业技术周期是对特定技术的发展路线进行分析，关注技术随着时间推移经历的整个创造—成长—成熟的过程。在此过程中，技术在社会中的价值会不断变化。目前，较为流行的产业技术周期理论主要是技术成熟度曲线（Gartner Hype Cycle）。

技术成熟度曲线是由 Gartner（高德纳）公司创建的一种在技术采用生命周期理论[①]和 S 形曲线模型[②]的基础上发展而来的技术发展模型，

---

[①] 技术采用生命周期理论是在 1957 年由艾奥瓦州立大学（Iowa State College）提出，该理论曲线将消费者采用新技术的过程分成萌芽期、膨胀期、低谷期、复苏期和成熟期五个不同阶段。在这五个阶段，新技术面对截然不同的消费者，他们分别为创新者、早期采用者、早期大众、晚期大众和落后者。这五个阶段的消费者占整体使用人数比例分别为 2.5%、13.5%、34%、34% 与 16%。技术采用生命周期理论认为，在市场启动阶段，产品更多是听命于创新者，但是早期市场往往因为对技术的过度期望而形成泡沫。此时，产品能否跨越"死亡之井"，抓住早期大众的心，在某种程度上决定了新技术应用的成败。到了稳步爬升阶段，产品更多倾向于让晚期大众和落后者臣服，以便形成规模化量产，并占领整个市场。

[②] S 形曲线模型最早由埃弗雷特·罗杰斯（Everett Rogers）在 1962 年提出。该模型认为，每一种技术的增长都是一条独立的 S 形曲线，一个技术在导入期进步得比较缓慢，一旦进入成长期就会呈现指数型增长。但是，技术进入成熟期就走向曲线顶端，会出现增长率放缓、动力缺乏的问题。而在这个时候，新的技术就会在下方蓬勃发展，从而形成新的 S 形曲线，最终超越传统技术。因此，新旧技术的转换更迭，共同推动形成技术不断进步的高峰，从而带动"新经济"的发展。

旨在描述和预测技术的生命周期和发展趋势（见图 5-1 和图 5-2）。该模型首次出现于 1995 年，由 Gartner 公司的分析师杰基·芬恩（Jackie Fenn）提出。该理论认为，在相关领域，每项技术的发展过程均可分为五个阶段。

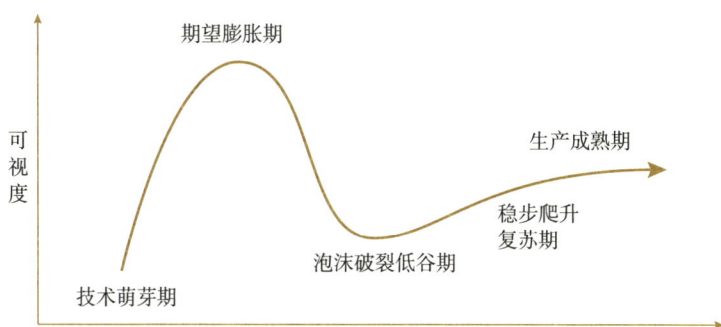

图 5-1　技术成熟度曲线

资料来源：维基百科，兴业研究。

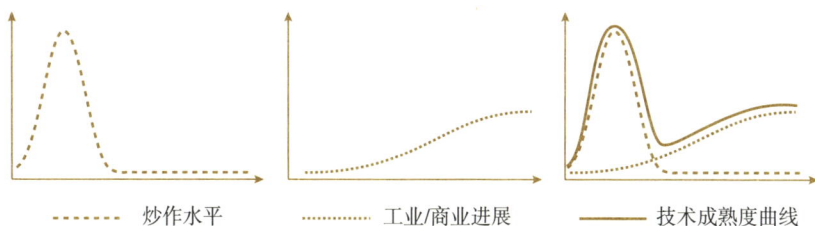

图 5-2　技术成熟度曲线的组成部分

资料来源：维基百科，兴业研究。

- **技术萌芽期**：技术成熟度曲线从突破、公开示范、产品发布或其他引起媒体和行业对一项技术创新的兴趣的事件开始。
- **期望膨胀期**：在这种新技术上的建设和预期出现高峰，超出其能力的当前现实，在有些情况下会形成投资泡沫。

- **泡沫破裂低谷期**：不可避免地，人们对结果的失望开始取代最初对潜在价值的热望。绩效问题、低于预期的采用率或未能在预期时间获得财务收益都会导致预期破灭。
- **稳步爬升复苏期**：一些早期采纳者克服了最初的困难，开始获得收益，并继续努力前行。基于早期采纳者的经验，人们对可以获得良好效果的技术应用区域和方法加深了理解。更为重要的是，人们知道了这种技术在哪些方面没有或几乎没有价值。
- **生产成熟期**：在技术的实际效益得到证明和认可后，越来越多的企业感到可以接受当前已经大幅降低的风险水平。由于生产价值和使用价值，技术采用率开始快速上升，渗透很快加速。

虽然 S 形曲线模型和技术采用生命周期同样适用于任何技术的模型，但由于 S 形曲线模型更加偏向于新旧技术的交替，技术采用生命周期则更偏向于对新兴技术在不同阶段所面对的不同消费者进行分析，所以我们无法通过使用 S 形曲线模型和技术采用生命周期来描述每项新兴技术处于哪个阶段，技术成熟度曲线则偏向于对新兴技术所处的不同阶段特征进行分析，从而把握新兴技术的整体态势。因此，我们使用技术成熟度曲线的五个阶段来划分电气化和信息化技术的演进过程。

## 二、电气化和信息化五阶段划分

Gartner 公司并不公开其判断每项技术所处阶段的划分依据，且其着眼于所有新兴技术，而非每轮康波周期的主导技术。2016 年，李亚男运用共现分析法和 K 最近邻分类法等方法，实现了技术集群内多项技术成熟度的评估，标定了各项技术在标准技术成熟度曲线上所处的相应区间。不过，此方法过于烦琐且不够具有宏观含义。我们发现采用美国潜在劳动生产率同比，结合美股 PE（市盈率）和美股 EPS（每股收益）可以近似划分出电气化和信息化的五个阶段，该方法相对便捷且具有宏观含义，两轮完整的周期波动特征存在一定相似性（见图5-3）。

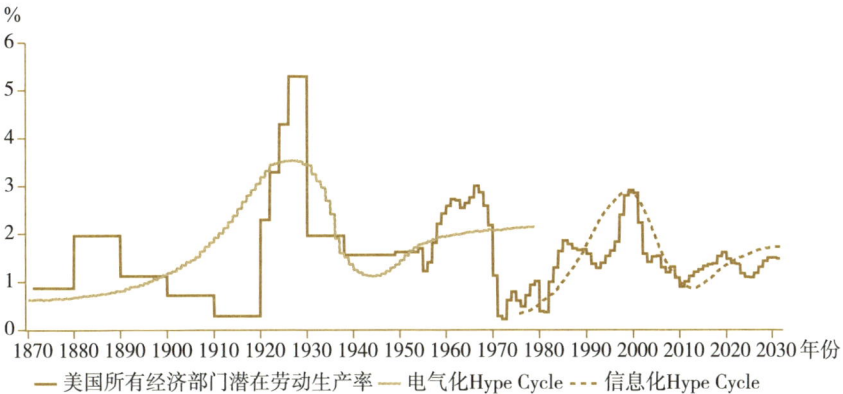

图 5-3　1870 年以来（电气化、信息化周期下）美国潜在劳动生产率同比

资料来源：Computer and Dynamo: The Modern Productivity Paradox in a Not-Too-Distant Mirror, Macrobond，兴业研究。

根据潜在劳动生产率同比、美股 PE 和美股 EPS，我们将五个阶段划分如下：

- **技术萌芽期**：新技术出现一些突破性事件，但尚未抬升潜在劳动生产率，估值震荡回落，企业盈利小幅提升。
- **期望膨胀期**：新技术快速渗透，潜在劳动生产率同比、估值、盈利一同提升带动股价大涨，估值的贡献高于盈利贡献。
- **泡沫破裂低谷期**：潜在劳动生产率同比与估值一同高位快速回落，同时因为经济往往也遭受影响，企业盈利受到拖累。

- **稳步爬升复苏期**：潜在劳动生产率同比仍在震荡小幅回落，但企业盈利已经开始企稳。
- **生产成熟期**：潜在劳动生产率和估值再度回升，不过相较于膨胀期，二者的回升较为温和。成熟期最大的亮点是，企业盈利进入稳步且快速提升阶段，估值提升幅度不及盈利，这段时期往往是股价涨幅最大且最稳定的阶段。

## （一）电气化五阶段

1870 年，第二次工业革命的全面兴起给人们的生产和生活带来了巨大的影响，人类社会迈入电气化时代。不过，由于旧设备的耐用性、寡头垄断的存在使电费居高不下，以及第一次世界大战的影响，电气化萌芽期持续了相对漫长的时间。1870—1919 年，美国电气化进程处于技术萌芽期。19 世纪 70 年代，美国抓住第二次工业革命的历史机遇，大力发展以电力技术为核心的重工业，并与内燃、冶金、石油化工等组成全新的技术体系。19 世纪末，西屋电气公司、美国通用电气公司相继成立。1900 年，美国开始制造 500 千瓦汽轮发电机。1910 年，美国制造出用于 100 千伏输电线路的设备。1914 年，第一次世界大战爆发后，为了军事上的需要，美国政府开始注重电工产品的研制。

20 世纪 20 年代，美国大部分工业开始使用电力替代一次能源，发明创新为经济发展提供了无限的前景，新兴产业兴起，汽车、电气化、化学工业等行业蓬勃发展。1920—1929 年，美国电气化进程进入期望膨胀期。1924 年，美国每 10 秒钟就有一台 T 型车下线，而 10 年前组装一台车需要 14 小时。1929 年，美国使用的电力呈现爆炸式增长，电价也下降了 80%。在美股市场，汽车和无线电的股票被爆炒，领涨的是通用汽车的股票。受到通用汽车股价的影响，其他公司的股价，比如美国钢铁公司、美国收音机公司、蒙哥马利·沃德公司的股价也稳步上升。

1929 年 10 月，电力技术期望膨胀期产生的泡沫破裂。1930—1932 年，美国电气化进程进入泡沫破裂低谷期。其间，美国发电量降低了 14%，工业生产下降了 46%，汽车行业减产了 2/3，这导致钢铁需求同步减少，也导致其他塑料、纺织等和汽车相关的需求同步减少。同时，私营企业在建筑业的实际投资下降了 75%，这导致砖块、砂浆、原木和其他原材料的需求同步减少。一个又一个行业减产，美国经济进入了向下的螺旋通道。

20 世纪 30 年代中期，在罗斯福新政下，联邦政府在电力领域的作用极大增强，政策利好使美国经济逐渐复苏。1933—1946 年，美国电气化进程进入稳步爬升复苏期。第二次世界大战迫使美国各家企业开发新的技术以提高企业产出，企业在着力提高研发产出的同时也进一步促进了电力设备的发明与应用。第二次世界大战带来的结果就是，美国获得了有史以来最快的经济增长。1939—1944 年，美国的实际 GDP 几乎实现了翻番。经过大萧条和第二次世界大战的洗礼，真正的龙头企业，比如通用汽车公司、杜邦公司、波音公司等也随之形成。

1946 年以后，电力技术步入生产成熟期。1950—1959 年，美国在第二次世界大战后的经济排名世界第一，工业总量占资本主义世界的 60%，工业化进程加快。随后 20 世纪 60 年代的"黄金十年"，将美国经济带上了一个新的高潮。不过，电力技术对经济的拉动在 20 世纪 60 年代末期显露疲态，市场需要新的技术革命来引领增长。

## （二）信息化五阶段 [①]

信息化的技术萌芽期在电气化生产成熟期已经逐步开始。1947年，点触型晶体管问世。1959年，集成电路技术商用化。1965年，集成运算放大器问世。1971年，英特尔推出全球第一个微处理器4004芯片。到1973年，以太网发明，全球经济开始步入信息化时代。为了时间上的衔接方便，我们将1971年至20世纪80年代早期划分为信息化技术萌芽期。进入20世纪80年代，信息化的发展进程加快，美国潜在劳动生产率同比也在1982年后逐步提升。蒂姆·伯纳斯·李（Tim Berners-Lee）在20世纪80年代创造的"互联网"[②]技术在往后30年从底层逻辑开始重构整个商业世界。

20世纪八九十年代，个人计算机迅速普及，逐渐成为人们生活和工作的必需消费品，催生了从计算机硬件到软件、从单机到网络的巨大市场需求，成就了一批以提供计算机及网络软硬件设施为主的科技企业，比如思科、戴尔、微软及英特尔等。1983年，美国信息化进程步入期望膨胀期。这一时期一直持续到2000年。信息技术革命深刻改变了传统电信概念和体系。1993年，美国率先提出"信息高速公路计划"。1994年，美国有线电视公司向各州法院起诉要求放宽经营电话的限制。同年，美国修改媒体和电信法，撤除电信与有线电视之间的隔

---

[①] 信息化时代的数据颗粒度明显变细，我们能够观察的月度、日度数据明显增加，我们的划分会参考月度数据，因此周期划分中会有前一个阶段末年和新一个阶段初年重复的现象。

[②] 蒂姆·伯纳斯·李爵士发明的万维网是由HTTP（超文本传输协议）和HTML（超文本标记语言）共同组成的，它使得电脑之间交换信息成为可能。在此之前，只有专业人士才能通过复杂的编程去链接不同系统，获取特定信息；但在万维网发明之后，普通大众可以自由地利用链接从一个站点跳到另一个站点，不同电脑系统之间信息的链接及交换变得更为简单，网页的概念也随之产生。

离。《1996年电信法案》打破限制电信与有线电视市场相互开放的禁令，美国进入大通信传播时代。虽然资本的加入加速了互联网产业创新和渗透的速度，但因此引发的资本狂热也不可避免地将互联网产业带入泡沫疯狂膨胀的时代，这一狂热持续至2000年年初。

2000—2003年，美国进入信息化的泡沫破裂低谷期。在互联网泡沫破灭的三年内，只有不到一半的互联网公司存活到2004年，约7500亿美元资产和60万个工作岗位蒸发，明星互联网企业也不能幸免。然而，在互联网幻灭低谷期，对比互联网产业的萧条，需求端却依旧欣欣向荣，互联网用户数量继续攀升，世界范围内的上网人数从1995年的2000万人增加到2003年的5亿人。

美国互联网产业在经历了2001—2003年的大洗礼之后，于2003年下半年重新开启一轮向上周期。2003—2009年，美国信息化进程步入稳步爬升复苏期。2003年开始，美国境内信息行业企业利润呈现持续上升态势，美国信息行业企业税后利润在2001年为 −344亿美元，在2002年扭亏为盈至5亿美元，在2004年已经上升至440亿美元，在2007年更是上升至接近900亿美元，逐渐形成了信息化时代的龙头企业。

2009年之后，美国信息化进程进入成熟期，龙头企业盈利出现了巨幅增长。此后美国的产业结构发生很大变化，FAAMG（脸书、苹果、亚马逊、微软和谷歌）等科技巨头发展迅猛，加上美国政府对科研的大力支持，以信息技术、互联网等行业为代表的成长板块产值占比有明显的上升。

## 三、电气化时代的美股与黄金走势

在划分电气化和信息化五个阶段的基础上，我们将分析美国潜在劳动生产率同比、美股PE、美股EPS、美股指数以及黄金在产业技术周期不同阶段的表现。通过分析，读者可能会发现以上几者的表现在电气化和信息化产业技术周期相同阶段其实存在相似性。美股与黄金在电气化和信息化每轮产业技术周期中均存在两段主升浪，美股、黄金主升浪和疲弱期的切换与产业技术周期不同阶段切换存在很大相关性。我们先讲它们在电气化阶段的价格表现（见图 5-4 和图 5-5）。

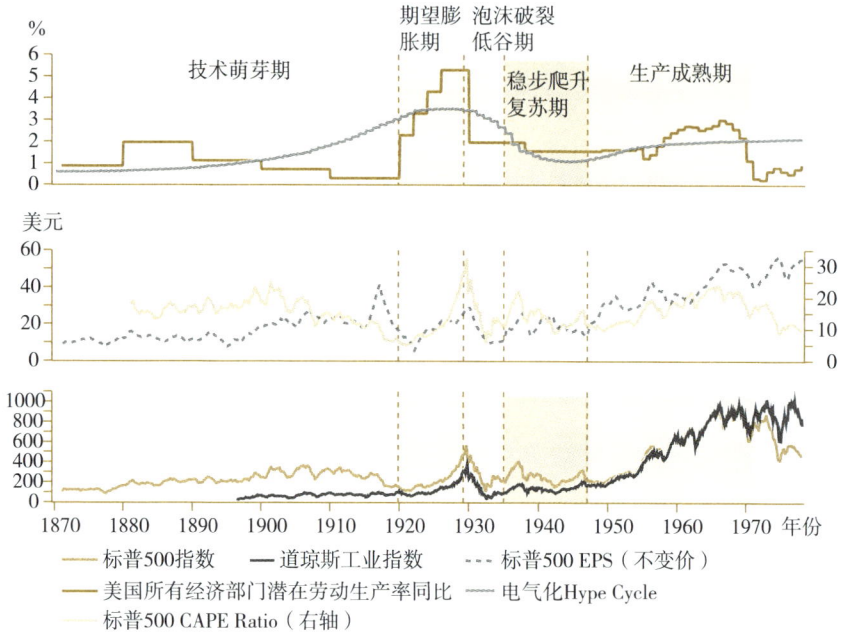

图 5-4　电气化五阶段划分以及美股指数、美股 PE 和美股 EPS 走势

注：图中标普 500 EPS 采用不变价显示，后文电气化时代不同阶段的标普 EPS 为名义价。
资料来源：Macrobond，兴业研究。

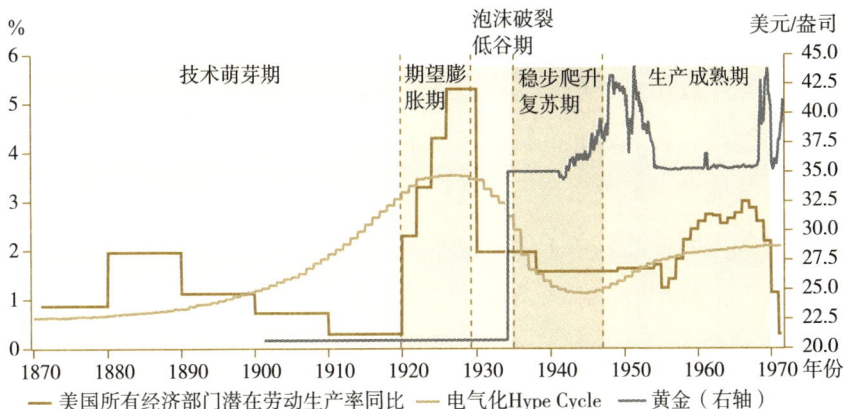

图 5-5　电气化时代黄金价格走势

资料来源：Macrobond，兴业研究。

## （一）电气化技术萌芽期（1870—1919 年）

1870—1919 年，美国电气化进程处于技术萌芽期。19 世纪 70 年代末期，繁荣的工业生产利好铁路货运，铁路公司收入增加，许多一度搁置的铁路建设也计划重启，美股出现"铁路热"。1877 年年中至 1881 年年中，美股上涨 150%。[①] 不过，此后美股陷入了长达 15 年的震荡调整行情。1884 年年初，道琼斯平均指数[②]发布，该指数由 11 种股票组成：9 只铁路股票和 2 只工业股票。这是道琼斯工业平均指数的前身。1889 年，《华尔街日报》成立，标志美国证券市场开始步入股票交易时代。1896 年 1 月，道琼斯工业指数正式发布。1881—1896 年，电力技术密集型的工业股票价格指数跌幅较大。其原因可能有两方面：

---

① 以补编的标普 500 指数计算。

② 道琼斯平均指数为第一个编制的指数，标普 500 指数和纳斯达克指数分别在 1957 年和 1971 年发布，标普 500 指数在成立之前的数据为该指数成立后根据以往年度相关数据补编而得。

一方面，新电力分配存在滞后，且许多工业企业对过时的生产技术进行了投资，占用了资本，这两个因素使得完全改造一个新的工业工厂的成本很高；另一方面，较高的入市壁垒使新入市者的威胁减少，使那些缺乏竞争力的股市当权者更容易生存，也更容易抵制新的电力技术，直接或间接地减缓了电力技术的发展。这些问题导致电力的传播时间较长，也导致了新入市者在初期生存压力较大。只有在电力被广泛采用的后期，这些新兴电力技术公司才可以取代缺失的市场资本。代表新技术的工业企业股票在 19 世纪 90 年代末期纷纷上市，促使美股迎来了一轮大牛市。1896 年年中至 1901 年年中，道琼斯工业指数在五年时间翻了一番（138%）。美股此番上涨，完全由基本面好转支撑。同一时期，美国上市企业盈利的涨幅甚至超过股价涨幅，达到了令人吃惊的 180%，其主要原因有两方面：一方面，美国国内新一轮淘金热产出的黄金源源不断地注入美国经济，淘金者对生活资料和采矿设备的需求，带动上市公司盈利恢复了增长；另一方面，在第二次工业革命时期，美国在先端技术领域遥遥领先其他国家，其商品逐渐受到英国消费者的青睐，所以英国对美国商品的需求大幅增加，改善了美国企业的外需，加速了盈利的提升。此后，道琼斯工业指数在 1906 年再创新高，从 1896 年年中的低点算起共上涨 214%。

此后，直到 20 世纪 20 年代初，道琼斯工业指数整体处于宽幅震荡行情，高低点振幅达到 40%—45%，明显强于标普 500 指数。1907 年海因兹（Heize）操纵联合铜业公司失败，1914 年第一次世界大战爆发后纽约证券交易所关闭四个月，1918 年末第一次世界大战结束后的需求回落、产能过剩，以及"西班牙大流感"蔓延，都曾一度带来道琼斯工业指数 40% 左右的跌幅。不过，尽管宏观和地缘上有诸多不利事件发生，但 1906 年至 20 世纪 20 年代初，工业板块在指数总体震荡的情况下仍然顽强走高，不断创出新高，体现了电力技术的持续普及对经济增长的推动。发生在欧洲的战争，给美国带来了巨大的商机，战争创造了对军需品、钢铁、车辆、船只以及农产品等的大量需求，同时战争期间的需求也加速了新技术的发展，为战后欧美经济大繁荣提供了新技术的支持。

在这段时期，美国潜在劳动生产率同比从 19 世纪 70 年代的 0.87% 上升至 19 世纪 80 年代的 1.96% 后，于 20 世纪初期回落至 0.72%，此后 20 年继续震荡回落。美股 PE 在 1880—1900 年总体稳定，处于 17 上下，此后伴随道琼斯工业指数的震荡上行，反而一路下行，最低回落至 20 世纪 20 年代初的 5 左右。美股 EPS 在 1871—1900 年波动于 0.2—0.4，此后震荡走高，在第一次世界大战爆发后快速增长至 1.45，后来伴随战争结束有所回落。标普 500 指数从 1871 年的 4.44 上涨至 1919 年的 7.85，涨幅为 76.8%。道琼斯工业指数从 1896 年 5 月的 40.94 上涨至 1919 年末的 107.23，涨幅为 162%（1896—1919 年，标普 500 指数涨幅为 83.8%，从 4.27 上涨至 7.85）。技术萌芽期估值回落，盈利小幅增长推升股价。

## （二）电气化期望膨胀期（1920—1929 年）

1920—1929 年，美国电气化进程进入期望膨胀期。第一次世界大战结束后，美国工业板块一度出现大幅波动。不过，1923 年之后，由于美国国内固定资本更新，建筑业开始兴起，汽车和钢铁工业等扩大生产，相应股指出现较大涨幅，加之商品和资本输出激增，美国工商业出现了新高涨。1924 年，电力技术在美国家庭和企业中的渗透率大幅提高，大约 50% 的家庭和企业开始使用电力。同时，20 世纪 20 年代催生了第二批电力时代的市场进入者，这些公司发布的专利在 20 世纪 20 年代激增，带来了新电气化工厂和家庭所需的产品。1921 年 8 月至 1929 年 9 月，在股市投机狂潮的刺激下，乐观演变为疯狂。道琼斯工业指数从 66.95 上涨到 381.17，涨幅为 470%；股票公司从 1925 年的 706 家增至 1929 年年底的 1658 家；日均股票交易量从 1925 年的 170 万股增至 1928 年的 350 万股，在 1929 年 10 月中期进一步增至 410 万股。美国在 1929 年发行的股票相当于 1927 年的 6 倍。

在这段时期，美国潜在劳动生产率同比、美股 PE、美股 EPS 和道琼斯工业指数均大幅增长，分别从 1919 年末的 0.29%、6.16、0.93 和 107.23 上涨至最高 5.29%、32.56、1.61 和 381.17。在这段时期，美股 PE 增长幅度高于美股 EPS，这段时期的 PE 是电气化整个时代中最高的，也是推动股市上涨的最主要因素。

## （三）电气化泡沫破裂低谷期（1930—1932 年）

1930—1932 年，美国电气化进程进入泡沫破裂低谷期。1928 年下半年，美国工业生产增长 9.9%，汽车产量创历史新高，股票的市盈率处于极高水平，许多股票市盈率高达 30 倍。为了抑制投机，1928 年，美联储开始频繁加息收紧货币政策。1928 年 2—7 月，利率水平从 1.5% 提高到了 5%。1928 年 8 月，美联储再次加息到 6% 的水平，这成了刺破泡沫的尖针。1929 年 9 月至 1932 年 7 月，美股震荡下行，道琼斯工业指数在 1929 年 9 月 3 日达到 381.17 的高点后开始逐步回落。1929 年 10 月中旬，股市开始崩盘，一个月内道琼斯工业指数下跌 42%，短暂企稳反弹后开始阴跌，直到 1932 年 7 月 8 日达到 41.22 的历史低点后才出现反转。这轮熊市持续时间近三年，其间道琼斯工业指数累计下跌 89.19%。1929—1933 年，大量的债券被拒付，美国约有 40% 的银行倒闭，同时由于消费需求下滑和股市表现不佳，企业对未来前景缺乏信心并大幅减少投资项目，固定资产投资额减少了近 60%。然而，在大萧条期间，并不是每家企业都亏损，波音和克莱斯勒这样的商业巨头就积累了财富。

在这段时期，美国潜在劳动生产率同比、美股 PE、美股 EPS 和道琼斯工业指数跌幅较大，分别从 1929 年最高的 5.29%、32.56、1.61 和 381.17 最低下跌至 1.96%、5.57、0.41 和 42.84。

## （四）电气化稳步爬升复苏期（1933—1946 年）

1933—1946 年，美国电气化进程进入稳步爬升复苏期。1933 年，罗斯福政府上台，推行新政，政治和经济走向好转，美股在经历大萧条的暴跌后也开始筑底。《1933 年证券法》颁布，后续证券交易市场法律法规层出不穷，证券市场逐步走向正规化运转，道琼斯工业指数在 1937 年 3 月 11 日达到 194.4，不过此后道琼斯工业指数开始下跌，直到 1942 年 4 月 28 日最低点 92.92。历时五年多，道琼斯指数累计下跌 52.2%。1939 年 9 月，第二次世界大战爆发，由于投资者认为美国经济会像第一次世界大战一样受益于战争，因而在战争爆发初期，美股表现平稳，甚至在最初几天出现了上涨。但随着德军在欧洲快速推进，于 1940 年 5 月占领法国，美股快速下跌。1941 年 9 月，随着德军进攻莫斯科、日军偷袭珍珠港后在太平洋战场持续获胜，美股再次开始持续下跌。1942 年 6 月 4 日，中途岛海战爆发，美国太平洋舰队打败了日本海军舰队，太平洋战争进入了难得的转折点。1942 年 7 月 17 日，斯大林格勒战役爆发，最终德军以失败告终。从那以后，德军逐渐丧失了战场主动权，欧洲战场也进入了难得的转折点。美股一路上涨，一直延续到战后的 1946 年。第二次世界大战爆发，美国参战也为美国催生出一批真正的龙头企业。武器生产商洛克希德·马丁公司在第二次世界大战期间承担了美国空军 60% 的战机产量，具有极强的生产实力，是世界公认第一的武器生产制造商。波音公司在两次世界大战中为美国立下巨大功劳，作为全球最大的飞机制造商之一，现今全球超过一半的大型客机基本上来自波音公司。同时，在武器领域，波音公司也有很大建树，美国空军知名的 F–4 "鬼怪" 战斗机以及 F–18 "大黄蜂" 都是由波音公司生产的。通用电气公司在第二次世界大战中通过为美国政府制造和提供战略物资而大发战争横财。1939 年，通用电气在美国只有 39 家工厂，而在第二次世界大战结束后，这个数字已经上升到了 125 家。克莱斯勒公司的产品，从汽车、枪炮、军需用品到信息采集技术，都从美国和加拿大出口到海外去支持同盟国的武装力量。此外，当时尚未并入克莱斯勒的威利斯 – 欧弗兰特公司还研制了日后大名鼎鼎的吉普车。

在这段时期，美国潜在劳动生产率同比从 1.96% 小幅下降至 1.56%；美股 PE 和美股 EPS 变动具有一定的同向关系，分别从 1933 年年初的 7.87 和 0.42 上升至 1937 年的 22.04 和 1.22 后，于 1946 年小幅回落至 11.37 和 0.89；道琼斯工业指数从 1933 年年初的 55.4 上升至 194.4，于 1942 年下跌至 92.92，后来再次回升，于 1946 年上升至 212.28。十几年间，指数整体处于底部震荡行情。

在 1971 年布雷顿森林体系解体之前，黄金是官方定价，整体而言，波动较小，故而在前文鲜少提及。不过，我们仍可以发现在 1929 年美国潜在劳动生产率同比快速下降后，美国政府难以抵抗货币内生的贬值动能。罗斯福政府于 1934 年 1 月宣布黄金价格一次性调升 70%。同时，在第二次世界大战前后，黄金价格相对美元也出现了一定程度的上涨。

## （五）电气化生产成熟期（1946 年之后）

1946 年以后，电力技术步入成熟期。1946—1970 年，道琼斯工业指数从 163.12 最高涨到 1966 年的 995.15。这段时期成为美国战后经济发展的黄金时期，此后直到 20 世纪 80 年代初，道琼斯工业指数整体陷于震荡。第二次世界大战后，布雷顿森林体系建立，美元与黄金挂钩，进一步促进美国经济的发展。其中，1950—1959年，美国在第二次世界大战后经济排名世界第一，黄金储备占全球60%，工业总量占资本主义世界60%，工业化进程加快，宏观经济环境良好，不断推动着美股上涨。随后，20世纪60年代的"黄金十年"，将美国经济带上了一个新的高潮。第一个美股热潮是技术股和电子狂潮，预期盈利不断增长的成长性股票，主要是像德州仪器和摩托罗拉这样的与新技术联系的公司首先成为股市的宠儿，"电子狂潮"和美国空前的IPO（首次公开发行股票）热潮在1962年出现。随后，20世纪60年代中期，伴随着"联合企业"投资的狂热来临，美股进入第二次并购浪潮，部分公司开始尝试通过利用现金和换股等不同方式收购PE低的公司，通过提高自身的EPS来制造成长神话。上市公司通过建立"联合企业"所产生的"协同效应"，人为制造利润增长，以此提高股票价格。美国经济经过了长达20多年的快速增长，经济泡沫及通货膨胀已积聚到相当程度，美国经济在1965年达到顶峰。1965年之后，由于经济波动、越南战争爆发、国际收支逆差以及石油危机等，布雷顿森林体系瓦解崩溃，美国经济开启了长达20年的滞胀。

在这段时期，美国潜在劳动生产率同比从1946年的1.56%稳定上升至1965年的3.00%；美股PE从1946年的15.13下降至1949年的9.07后，于1965年波动上升至23.69。这段时期是美股EPS以及美股指数在整个电气化时代上升幅度最大的阶段，美股EPS从1946年的0.84波动上升至1966年的5.55；道琼斯工业指数从1946年的163.12波动上升至1966年的995.15，涨幅为510%。在美股上涨中，盈利贡献是最重要因素。此后，美国潜在劳动生产率同比、美股PE以及美股EPS均出现回落，电气化对美国经济的拉动初现瓶颈，市场需要新的技术革命来引领增长，信息化技术逐步进入了技术萌芽期。

在电气化成熟期后期，虽然布雷顿森林体系尚未解体，但是伴随着 1966 年年中美国潜在劳动生产率同比的快速下滑，黄金内生上涨动能已经显现。1968 年 3 月，在伦敦金上市之后，黄金价格开始上涨，最高涨至 1969 年 3 月的 44.05 美元 / 盎司，涨幅为 26%。此后，虽然黄金价格在政府调控下于 1970 年阶段性回到 35 美元 / 盎司，但黄金价格的自动浮动已经箭在弦上。

## 四、信息化时代的美股与黄金走势

信息化时代的五个阶段以及黄金走势如图 5-6 和图 5-7 所示。

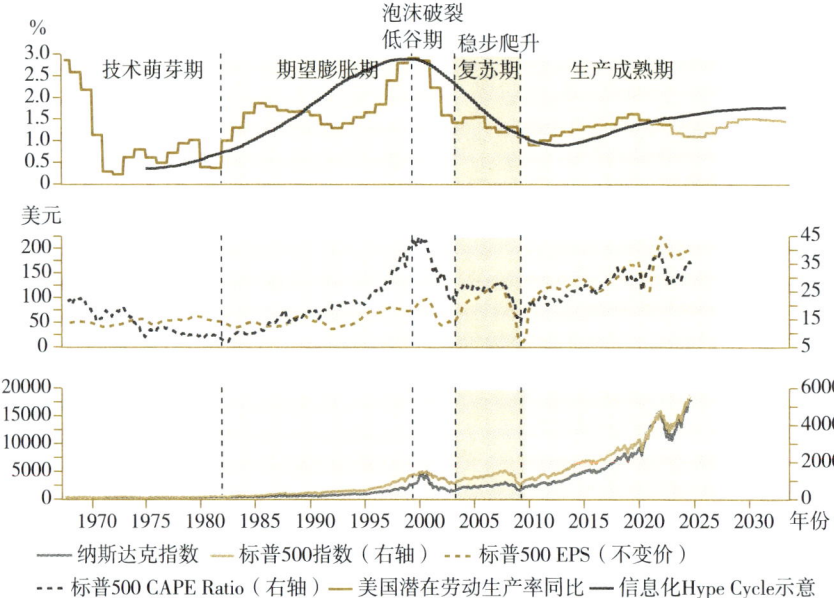

图 5-6　信息化五阶段划分以及美股指数、美股 PE 和美股 EPS 走势

注：图中标普 500 EPS 采用不变价显示，后文电气化时代不同阶段标普 EPS 为名义价。
资料来源：Macrobond，兴业研究。

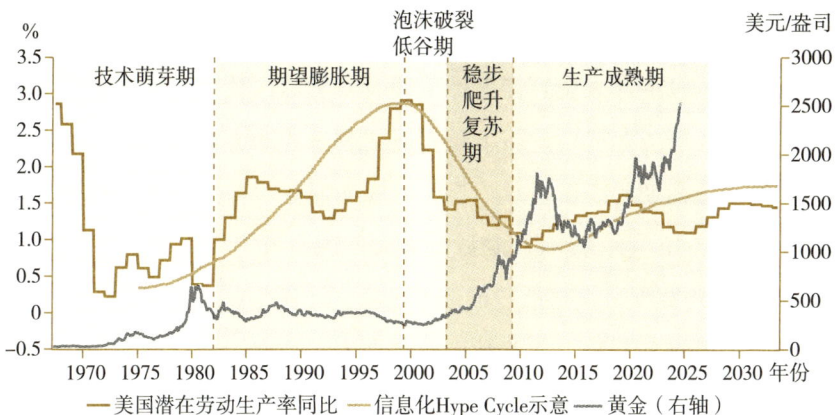

图 5-7　信息化时代黄金价格走势

资料来源：Macrobond，兴业研究。

## （一）信息化技术萌芽期（1971—1982 年）

1971—1982 年是信息化技术萌芽期。1971 年 2 月，纳斯达克正式启动。当时，纳斯达克并不是真正的交易所，既没有挂牌标准，也没有撮合交易功能，只是一个自动报价系统，承担收集和发布股票的证券商报价的工作。纳斯达克这种只要有做市商愿意做市即可参与交易的方式，成为无法满足纽约证券交易所上市条件的科技公司的"救命稻草"，为大量中小科技公司提供了新的融资希望，日后的微处理器巨头英特尔以及大型传媒集团康卡斯特正是于此时申请挂牌上市的。1975 年，纳斯达克设置了挂牌公司的总资产、股本及资本公积、公众持股数、股东数及做市商数量要求的第一套上市标准，这标志着纳斯达克与 OTC 市场分离，成为一个完全独立的上市场所。1971—1972 年，纳斯达克经历过一段短暂的上涨。但自 1973 年年初开始，伴随美国恶性通胀逐步显现、产业结构和地缘政治调整、代表新技术的公司多数尚未上市，美股快速调整。在这一调整过程，纳斯达克指数跌幅

（–59%）大于标普 500 指数跌幅（–46%），这一调整持续至 1974 年 10
月。1973—1974 年，受打击最严重的股票是 IT（信息技术）密集型行
业，表现为服务业股票价格下跌程度比制造业要大得多。这一现象与
电气化革命初期代表新技术的工业板块跌幅更大类似，IT 密集型行业
股票下跌在 20 世纪 70 年代初跌幅更大的原因可能有两方面：一方面，
此时的 IT 密集型行业依旧以旧资本为主，市场中存在具有完美预见力
的理性投资者预见了未来新技术对旧资本的损害，看空当前市场，抛
售旧资本股票；另一方面，随着新技术被采用概率的增加，新技术自
身的特殊风险 ① 渐渐转化为市场的系统性风险，使股票市场系统性风
险增加，从而推高了未来现金流的贴现率，使旧资本现值降低。此时，
代表新兴技术的公司多数还未上市，新技术对经济的拉动无法较好地
体现在股票市场中，表现为彼时美股市值占 GDP 比例的持续下降。只
有在信息化技术得到进一步发展后，这些新兴技术公司才可稳定占取
市场份额，从而取代旧时资本。

　　1974 年 8 月，美国与沙特秘密签署了《不可动摇协议》，沙特同意
将美元作为出口石油唯一的定价货币，其他国家要想购买沙特的石油
就只能用美元。由于美国与沙特关系的缓和以及石油美元体系的建立，
20 世纪 70 年代初，美国恶性通胀逐步得到控制。1975 年之后，美股
开启上涨，纳斯达克指数在 1978 年 9 月重返 1972 年年底的高点（标
普 500 指数重返 1972 年年底的高点是在 1980 年 7 月），纳斯达克指数
开始明显跑赢标普 500 指数。进入 20 世纪 80 年代，信息化的发展进
程加快，美国潜在劳动生产率同比也在 1982 年之后逐步提升。

---

① 　每一项技术革新在正式被广泛使用之前，都有不被采用而被淘汰的风险，称
　　为其特有的风险。随着技术发展，采用概率增加，这种特有风险会逐渐转化
　　为整个系统的系统性风险（新技术加入系统，使金融系统复杂性增加），进而
　　使金融系统的系统性风险增加。

在这段时期，美国潜在劳动生产率同比从 1971 年的 0.28% 一度回升至 1974 年的 0.8% 和 1979 年的 1.02%，此后回落至 1981 年的 0.35%，随后回升；美股 PE 从 1973 年年初的 18.65 下跌至 1982 年的 6.64；美股 EPS 从 1973 年的 6.8 上升至 1980 年的 15.29 后，于 1982 年小幅回落至 12.54；纳斯达克指数从 1971 年 2 月的 100 上涨至 1972 年年底的 133.73 后，回落至 1974 年的 54.87，后持续震荡上行至 1982 年年底的 232.41，总体上行 132%，高于标普 500 指数的涨幅（45%）。技术萌芽期估值回落，盈利小幅增长推升股价。

从黄金价格来看，在美国潜在劳动生产率快速下降至低位徘徊的 20 世纪 80 年代初，是金价上涨最迅猛的阶段。黄金价格从自由浮动前的 35 美元 / 盎司最高上涨至 1980 年 1 月的 850 美元 / 盎司，涨幅为 2329%。此后，伴随美国劳动生产率的提升，黄金价格高位回落，于 1982 年年底回落至 456.9 美元 / 盎司，后来围绕 400 美元 / 盎司波动至 20 世纪 90 年代中期。

## （二）信息化期望膨胀期（1983—2000 年）

1983—2000 年是信息化期望膨胀期。20 世纪 80 年代，在宏观、产业及金融政策支持下，美国企业成为科研投入的中流砥柱，产业结构实现转型。1980—1995 年，美国研发投入经费从 698 亿美元增加到 1967 亿美元，占 GDP 比重从 2.44% 上升到 2.57%。其中，企业研发部门发挥了重要作用。1980—1995 年，企业研发投入经费从 427.5 亿美元增加到 1298.3 亿美元，占研发总投入的比例从 61.2% 上升到 66%。巨额的资金投入，使得美国在科技产出方面居世界首位。1986—1995 年，美国诺贝尔科学奖获奖人数为 39 人，占获奖总人数的 61.9%；美国 SCI（科学引文索引）论文数量占全球 SCI 论文数量的比例基本稳定在 30% 左右，而处于第二梯队的英国、日本的这一比例也只是在 8%

左右。1983 年，纳斯达克全美市场挂牌股票数量达到 682 只，在 1985 年一跃增加至 2194 只。在这一阶段，纳斯达克的年均上市数量力压纽约证券交易所。20 世纪 80 年代，纳斯达克 IPO 数量为年均 140 家，是纽约证券交易所的 3 倍。1986 年 3 月 13 日，微软在纳斯达克挂牌上市，目前全球第二大软件商甲骨文也与微软同年登陆纳斯达克。[①] 1990 年，全球领先的网络解决方案供应商思科公司登陆纳斯达克。思科公司的创始人——斯坦福大学计算机系的教师夫妇，设计了名为"多协议路由器"的联网设备，这个联网设备被认为是联网时代真正到来的标志。

1993 年，发展以互联网为核心的信息产业已经上升到了美国国家战略的高度，彼时苏联已经解体。比尔·克林顿（Bill Clinton）就任美国总统后不久，便正式推出跨世纪的"国家信息基础设施"工程计划。1993 年之后，美国信息化期望膨胀期步入下半程，潜在劳动生产率出现第二波快速提升。20 世纪八九十年代，纳斯达克指数平稳上涨，到 1995 年年中第一次突破 1000。1995 年前后，美国出现一批具有跨时代意义的互联网公司：门户网站雅虎、浏览器开发商网景、电子商务公司亚马逊在 1994 年成立，电子商务公司易贝在 1995 年成立（同年世界贸易组织正式开始运作），搜索引擎巨头谷歌也在稍晚几年成立。这些公司无一例外都登陆了纳斯达克。风投在互联网财富盛宴之下变得盲目和狂热，根据摘录的美国风险投资协会数据，1995—2000 年，美国的风险投资资金仅在五年左右时间增长约 20 倍，而其中超过 60% 的资金投向了互联网产业。美国信息通信技术在 20 世纪 90 年代中期的快速发展早在十年前就已埋下伏笔。随着科技渗透，信息技术的发

---

① 微软在纳斯达克挂牌上市首日收盘价为 27.75 美元 / 股，比尔·盖茨（Bill Gates）持股比例为 45%，身家超过 2 亿美元；而在短短九年之后，比尔·盖茨就成为全球首富，并连续占据这一头衔长达十几年。

展和应用促进了其他创新活动的产生，包括航空航天业、生物技术在内的其他高新技术产业也进入高速发展轨道。2000 年前后，美国互联网产业高速发展，大约 50% 的家庭拥有个人电脑，互联网产业的泡沫也导致了纳斯达克的疯狂泡沫化，从 1998 年 10 月 8 日到 2000 年 3 月 10 日，仅耗时 1 年 5 个月，纳斯达克指数从 1419 飙涨至 5048，涨幅约 256%，同期标普 500 指数、道琼斯工业指数的涨幅只有 50% 左右。

在这段时期，纳斯达克指数从 230.59 上涨到 2000 年 3 月最高点 5048.6，涨幅达 2089%，同期标普 500 指数上涨 986%。美国潜在劳动生产率同比、美股 PE、美股 EPS 也大幅增长，分别从 1982 年的 1.01%、6.64、12.54 上升至 2000 年的 2.71%、44.2、53.7，此后开始回落。在这段时期，美股估值和盈利均有增长，其中估值增长幅度更大。

1982—1996 年，黄金价格基本围绕 400 美元 / 盎司波动。1996 年之后，由于美国潜在劳动生产率同比继续大幅提升，叠加亚洲金融危机以及互联网泡沫，黄金价格最低跌至 1999 年年底的 252 美元 / 盎司。

## （三）信息化泡沫破裂低谷期（2000—2003 年）

从 20 世纪 90 年代中期开始掀起的科技股狂飙至 2000 年年初终于出现了科技股泡沫的破灭，2000—2003 年，美国信息化进程步入泡沫破裂低谷期。在此次大跌中，以收盘点位计，道琼斯工业指数、纳斯达克指数、标普 500 指数分别从 2000 年最高峰时候的 11722、5048、1527 下跌至 2002 年最低谷时候的 7702、1114、776，跌幅分别达到 34%、78%、49%。《远东经济评论》报道，仅 2001 年，美股市值就跌掉约 4 兆美元，相当于美国 GDP 的 40%，相当于 1987 年全球股灾损失的 2 倍。在此次互联网大熊市中，纳斯达克的 IPO 数量大幅下降，年均 IPO 数从 20 世纪 90 年代的 300 多家降至 80 多家。不过，这一时期的纳斯达克仍是科技公司上市的首选，中国第一批互联网公司，比如搜狐、网易、新浪、百度、携程，相继在纳斯达克上市。

在这段时期，美国潜在劳动生产率同比、美股 PE 和美股 EPS 下跌幅度较大，分别从 2.71%、44.2 和 53.7 最低跌至 1.39%、21.31 和 24.29。

## （四）信息化稳步爬升复苏期（2003—2009 年）

2003—2009 年，美国信息化进程步入稳步爬升复苏期。2006 年 1 月 16 日，纳斯达克获得美国证券交易委员会的批准成为全国性证券交易所，并于同年 4 月 1 日正式运行。2003 年下半年开始，股市小幅复苏，纳斯达克指数缓慢回升，到 2007 年最高点，上涨了 146%，但仍然不到 3000，距离互联网泡沫的高点 5132 仍有较大差距。在这段时期，全球人均国际互联网的带宽仍在快速增加，互联网市场蓬勃发展。2008 年，受次贷危机影响，纳斯达克指数再次腰斩，不过并未跌破 2002 年的低点。此次危机受冲击最大的是金融、地产行业，科技行业的泡沫并不明显，纳斯达克指数于次年开始缓慢回升。2008 年之后，科技圈诞生了一个新的概念——硬科技，包括人工智能、航空航天、生物技术、光电芯片、信息技术、新材料、新能源、智能制造八大领域的高精尖科技。区别于互联网模式的创新，硬科技是需要长期研发投入、持续积累才能形成的原创技术。而硬科技的引领者依然是美国，美国在人工智能、5G、虚拟现实、增强现实、云计算、大数据、芯片等领域均有领先世界的企业，智能手机作为集多种功能于一体的终端在此期间蓬勃发展（见图 5-8）。

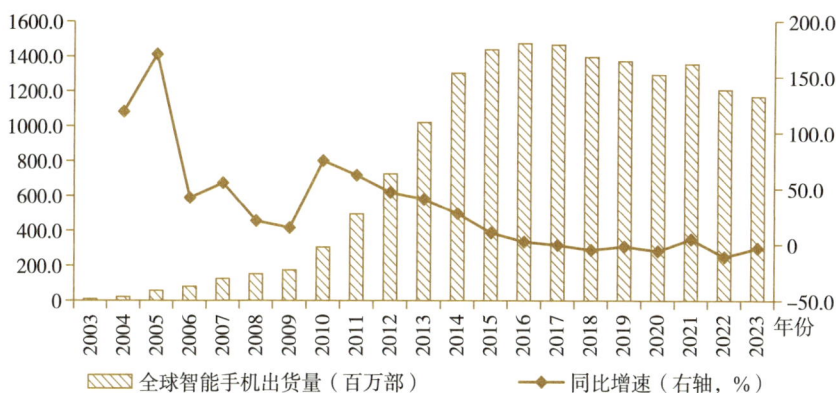

图5-8 智能手机出货量

资料来源：Macrobond，兴业研究

在这段时期，美国潜在劳动生产率同比从 1.39% 小幅波动下降至 0.87%；美股 PE 从 2003 年的 21.31 下降至 2009 年的 13.32；美股 EPS 从 2003 年的 30.32 大幅上升至 2007 年的 84.92，此后因次贷危机影响于 2009 年大幅下降至 7.51；纳斯达克指数从 2003 年的 1253.2 上升至 2007 年的 2861.6 后，于 2009 年下降至 1265.5。在 20 世纪前十年，美股整体处于宽幅波动状态。

伴随着美国潜在劳动生产率同比 1999 年之后的十年下降，黄金也开启了十年大牛市。黄金价格从 1999 年最低点 250 美元 / 盎司开启上涨，于 2009 年年底涨至 1093 美元 / 盎司，并且在 2010—2012 年美国潜在劳动生产率同比低位徘徊期间，于 2011 年最高上涨至 1921 美元 / 盎司。

## （五）信息化生产成熟期（2009 年以来）

2009 年之后，美国信息化进程进入生产成熟期，龙头企业盈利出现了巨幅增长。自 2009 年下半年起，美股经历了长达十多年的牛市，纳斯达克指数从 1265 最高上涨至 2022 年年初 16212，涨幅达 1181%，是美国三大股指（道琼斯、纳斯达克、标普 500）中涨幅最大的，同期标普 500 指数的涨幅为 622%。形成低波动慢牛行情的重要原因是，科技的进步对企业盈利以及经济的拉动开始实实在在地体现，包括智能化、移动互联网、云计算、大数据等。2022 年，伴随美国 40 年来最快速加息缩表，美股出现调整。但是，2022 年年底，ChatGPT 横空出世，美股掀起人工智能狂潮，带动美股再度走高，并于 2024 年年初突破 2022 年年初高点，再创新高。

在这段时期，美国潜在劳动生产率同比从 0.89% 上升至 2019 年的 1.63%，于 2023 年小幅下降至 1.56%；美股 PE 和美股 EPS 变动具有一定的同向关系，分别从 2009 年低点的 13.32 和 7.51 上升至 2021 年的 38.3 和 197.87，于 2023 年小幅下降至 29.94 和 181.17，于 2024 年再度回升。在这段时期，美股 EPS 的涨幅远大于估值和指数的涨幅。

2011 年之后，美国潜在劳动生产率同比再度提升，黄金高位回落，于 2016 年年初寻得底部后震荡至 2018 年年底开启新一轮上涨。2019 年之后，美国潜在劳动生产率同比再度进入回落周期，助推黄金价格的走强，叠加目前（2024 年）尚未出现通用生成式人工智能，黄金价格的强势仍在延续。

## 五、从产业技术周期看美股和黄金的未来

虽然过去 100 多年全球政治、经济以及货币体系发生了翻天覆地的变化，但我们仍能够发现电气化和信息化时代的美股与黄金走势存在一些共同的规律。

## （一）电气化和信息化相似点分析

### 1. 对于股市

新技术萌芽期相对而言总是存在波折，存在旧技术对新技术发展的打压，潜在劳动生产率同比低位波动。同时，因为技术萌芽期代表新技术的公司多数未上市，所以技术萌芽期股市表现相对较为波动。

随着潜在劳动生产率同比的快速提升带动产业技术周期和股市进入期望膨胀期，此阶段估值和盈利均有增长，不过估值增幅更为可观，进而带动美股大涨。在新技术快速普及带动劳动生产率同比第一波快速提升后，虽然技术进步对经济增长的拉动仍在持续，但潜在劳动生产率同比增速开始回落，叠加疯狂炒作超出了这段时期企业盈利能力所能支撑的股价，产业周期和股市进入泡沫破裂低谷期，通常会出现新技术所代表的板块或者指数在整个产业周期中最大的一段跌幅。

不过，需要注意的是，虽然股市在泡沫破裂低谷期表现很差，但是新技术仍在蓬勃发展。一段时间后，新技术带来的盈利开始逐步修复，产业周期进入稳步爬升复苏期。在稳步爬升复苏期，劳动生产率同比整体仍小幅下滑，不过代表新技术的龙头企业开始形成。慢慢地，产业周期成熟，潜在劳动生产率同比再度回升，但因为新技术所带来的经济体量较技术萌芽期已经大了很多，潜在劳动生产率同比的回升幅度不如期望膨胀期。生产成熟期新技术带来的盈利终于结果，虽然估值也有回升，但是盈利的增长成为拉动股市表现的最重要因素。横向对比来看，信息化对潜在劳动生产率的拉动弱于电气化，但对盈利增长的拉动强于电气化。（见表5-1）

### 2. 对于黄金价格

黄金价格走势与潜在劳动生产率同比呈现明显的反向性。在新技

表 5-1 电气化和信息化周期内相关指标变化（1870—2023 年）

| 产业周期 | 时间 | 潜在劳动生产率同比 | | 美股PE | | 美股EPS | | 道琼斯工业指数 | 标普500指数 | 纳斯达克指数 | 金价 |
|---|---|---|---|---|---|---|---|---|---|---|---|
| | | 区间均值 | 期末相较上一阶段末变动值 | 期末相较上一阶段末变动值 | 期末相较上一阶段末变动比例 | 期末相较上一阶段末变动值 | 期末相较上一阶段末变动比例 | 涨跌幅 | | | |
| 电气化 萌芽期 | 1870—1919年 | 0.99% | -0.58% | -11.91 | -65% | 0.53 | 133% | 162% | 77% | / | / |
| 期望膨胀期 | 1920—1929年 | 4.09% | 5.00% | 15.85 | 257% | 0.68 | 73% | 283% | 216% | / | / |
| 低谷期 | 1930—1932年 | 1.96% | -3.33% | -13.75 | -62% | -1.20 | -75% | -77% | -68% | / | / |
| 复苏期 | 1933—1946年 | 1.70% | -0.40% | 3.11 | 38% | 0.65 | 159% | 163% | 122% | / | 68% |
| 成熟期 | 1946年之后 | 2.04% | 1.44% | 12.33 | 108% | 4.23 | 399% | 419% | 513% | / | 21% |
| 信息化 萌芽期 | 1971—1982年 | 0.62% | 0.72% | -8.56 | -50% | 7.45 | 144% | 30% | 44% | 131% | 1069% |
| 期望膨胀期 | 1983—2000年 | 1.82% | 1.70% | 34.75 | 410% | 38.31 | 303% | 813% | 935% | 1961% | -39% |
| 低谷期 | 2000—2003年 | 1.77% | -1.31% | -21.91 | -51% | -20.63 | -40% | -14% | -41% | -72% | 230% |
| 复苏期 | 2003—2009年 | 1.33% | -0.38% | -7.99 | -37% | -23.46 | -77% | -5% | -11% | 6% | |
| 成熟期 | 2009—2023年 | 1.17% | 0.55% | 16.62 | 125% | 174.31 | 2541% | 284% | 474% | 840% | 109% |

注：信息化时代数据颗粒度变细，所以我们选取 2000 年 3 月、2003 年 3 月，以及 2009 年 3 月月度均值数据作为转折点数据计算。电气化数据均用每个阶段最后一个月均值计算。

资料来源：Macrobond，兴业研究。

术萌芽期，新旧技术动能交替，潜在劳动生产率低位徘徊较长时间，黄金价格内生上涨动能强劲。在期望膨胀期，潜在劳动生产率同比增速最快，这也是黄金价格在产业周期中表现最为低迷的一段时期。而随着潜在劳动生产率同比在期望膨胀期后的回落，黄金价格进入第二段主升阶段，且这一阶段通常贯穿泡沫破裂期以及稳步爬升复苏期。在生产成熟期，潜在劳动率同比再度回升，但回升幅度不及期望膨胀期，虽然黄金价格回落，但回落幅度弱于期望膨胀期。在生产成熟期后期，代表技术对经济增长拉动显现瓶颈，潜在劳动率同比开始回落，黄金价格再度回升，这一回升持续至技术萌芽期。

## （二）美股与黄金走势畅想

当前市场都寄希望于通用式人工智能能够带来新一轮劳动生产率的提升，基于此，在畅想美股走势之前，我们需要简单回顾一下人工智能的历史。

人工智能其实由来已久，艾伦·图灵（Alan Turing）被认为是最早提出机器智能设想的人。1950 年，图灵在《思想》杂志发表了一篇名为《计算机器与智能》的文章。文章提到的好多概念，诸如图灵测试、机器学习、遗传算法和强化学习等，至今都是人工智能领域十分重要的分支。1956 年，计算机专家约翰·麦卡锡（John McCarthy）提出"人工智能"一词，这被人们看作人工智能正式诞生的标志。此后，人工智能迎来第一个小高峰，但由于算力不足，这一高峰并未持续。20 世纪 80 年代初，一类名为"专家系统"的人工智能程序开始为全世界的公司所采纳，人工智能研究迎来了新一轮高潮。不幸的是，随着"专家系统"的应用领域越来越广，问题也逐渐暴露出来。"专家系统"应用有限，经常在常识性问题上出错，而且更新迭代和维护成本非常高，人工智能的第二个寒冬降临。1997 年，IBM（国际商业机器公司）的"深蓝"计算机战胜了国际象棋世界冠军加里·卡斯帕罗夫（Garry Kasparov），成为人工智能史上的一个重要里程碑。此后，在摩尔定律下，计算机性能不断突破。云计算、大数据、机器学习、自然语言和机器视觉等领域发展迅速，人工智能迎来第三次高潮。2016年，谷歌 AlphaGo 以比分 4：1 战胜围棋九段棋手李世石。2017年，AlphaGoZero（第四代 AlphaGo）在无任何数据输入的情况下，自学围棋三天后便以 100：0 横扫了第二版本的 AlphaGo，学习 40 天后又战胜了在人类高手看来不可企及的第三个版本的 AlphaGo，将人工智能推向了一个新的高度。

人工智能技术并非新鲜事物，ChatGPT 的出现之所以会引起如此大的轰动与关注，是因为 ChatGPT 的出现反映了人工智能发展的新趋势，即人工智能正在从感知智能向认知智能快速发展，它代表了通用人工智能突破的可能性。此前，人工智能运用的都是专用人工智能模型，往往只能在具体的领域内产生一定的效果。而 ChatGPT 代表了人工智能通用大模型的最新进展，显示了大模型的巨大影响力；Sora 的发布更是让人们觉得通用人工智能的诞生时间将进一步大幅缩短。目前，关于未来通用人工智能的出现将引发新一轮大的技术革命（类似从电气化到信息化，目前市场称之为第四次科技革命），或是信息技术变革延伸（类似从计算机到互联网，再到移动互联网，现在人工智能属于智能互联网时代）的观点兼而有之。作为宏观研究者，我们无法判断技术的发展进度，因而我们聚焦于场景分析。

场景一：假如未来几年真的能够迎来商用化的通用生成式人工智能并拉动劳动生产率提升，那么这一轮美股产业周期与电气化、信息化初期最大的不同就是，当前上市的龙头企业对人工智能的接纳性和包容性极高，在此情况下，以往新旧技术动能交替期美股的大幅波动出现的可能性就很小。当前，在龙头企业融合人工智能后，企业盈利的提升能够较快地反映在美股上，同时市场炒作的热情也能够支持估值，并带动市场进入期望膨胀期，进而支持美股的强势。

场景二：通用式人工智能的出现类似以前 iPhone（苹果手机）出现带来信息技术变革延伸，龙头企业以及新进的技术企业盈利和估值一同抬升，信息化成熟期继续向前延续，美股延续成熟期的强势表现。

在这两种场景下，美股的表现差异不大，不过未来生产率提升的幅度以及时点对黄金的影响存在很大差别。

根据美国国会预算办公室 2024 年 2 月的预测，美国潜在劳动生产率在 2026 年之前尚不会抬升，在 2027—2034 年的抬升幅度为 0.2%—0.4%。这一预期相较于 2023 年 2 月的预测，对 2027 年及之后生产率同比预测上调了 0.1%。这一劳动生产率提升的幅度尚弱，参考历史难以对黄金价格造成压力。未来，我们需要密切关注人工智能技术的进展。如果未来通用式人工智能对生产率的提升超出预期，则黄金价格可能会明显承压；反之，如果通用式人工智能久久不能出现或者虽然出现了但对劳动生产率提升有限，则黄金价格强势延续的时间将会更久。

## 第二节
## 比特币与黄金

比特币诞生于 2009 年 1 月 3 日。自诞生以来，比特币一度被视为"数字黄金"（见图 5-9）。一些参与者认为，与黄金相比，比特币的供应量有限，表明它们的储存更具有价值，不过主流机构对比特币的态度也经历了多次摇摆。同时，围绕比特币是避险资产还是风险资产，市场上也有很多争论。在本节，我们将就比特币和黄金的投资特性进行对比。

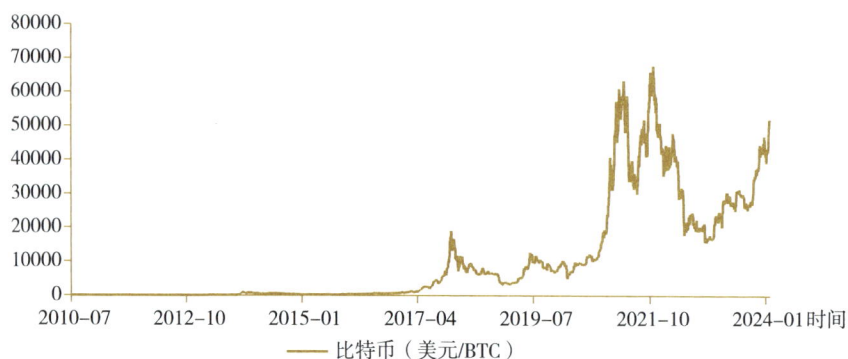

图 5-9　比特币

资料来源：兴业研究。

## 一、比特币是什么

比特币的概念最初是由中本聪在 2008 年 11 月 1 日提出的。比特币是一种 P2P（点对点）形式的虚拟加密数字货币。点对点的传输意味着一个去中心化的支付系统。

与主权货币不同，比特币不依靠特定货币机构发行，而是依据特定算法，通过大量的计算产生。比特币使用整个 P2P 网络中众多节点构成的分布式数据库来确认并记录所有的交易行为，并使用密码学的设计来确保货币流通各个环节的安全性。P2P 的去中心化特性与算法本身可以确保无法通过大量制造比特币来人为操控币值。基于密码学的设计，可以使比特币只能被真实的拥有者转移或支付。这同样确保了货币所有权与流通交易的匿名性。由于总量有限，比特币具有稀缺性。

## 二、比特币的波动特征及风险特征

### （一）波动性

#### 1. 涨跌幅

在彭博社上，比特币的数据起始于 2010 年 7 月 19 日。我们分别统计了 2010 年 7 月 19 日至 2023 年 7 月标普 500 指数、原油、黄金、铜和比特币 1 个月滚动涨跌幅。结果显示，2010 年 7 月至 2023 年 7 月，这五种资产 1 个月期最大滚动涨幅分别为 26.78%、87.3%、18.6%、27.5% 和 964%，分别发生在 2020 年 4 月、2020 年 5 月、2011 年 8 月、2016 年 11 月和 2011 年 5 月（见图 5-10）。不过，2014 年之后，比特币的波动有所收敛，此后 1 个月期最大滚动涨幅下降至 181%，发生在 2017 年 11 月。这五种资产 1 个月期最大滚动跌幅分别为 33.9%、57.4%、15.4%、25.8% 和 57.9%，分别发生在 2020 年 3 月、2020 年 3 月、2013 年 4 月、2011 年 10 月和 2011 年 10 月。考虑 1 个月期滚动跌幅超过 40% 出现的次数，原油市场出现过 14 次，均出现在 2020 年 3 月和 4 月；比特币市场出现过 72 次，其中 2011 年 35 次、2013 年 4 次、2014 年 2 次、2015 年 3 次、2018 年 21 次、2020 年 6 次、2021 年 1 次。（见图 5-11）

2023 年，佩萨（Pessa）等人指出，比特币等加密货币的大幅波动往往同时与加密货币的成熟程度和市场资本化相关，或仅与成熟程度相关。随着加密货币成熟化和市值的增加，比特币等加密货币价格大幅波动的频率会下降，这也符合我们近些年所观察到的现象。

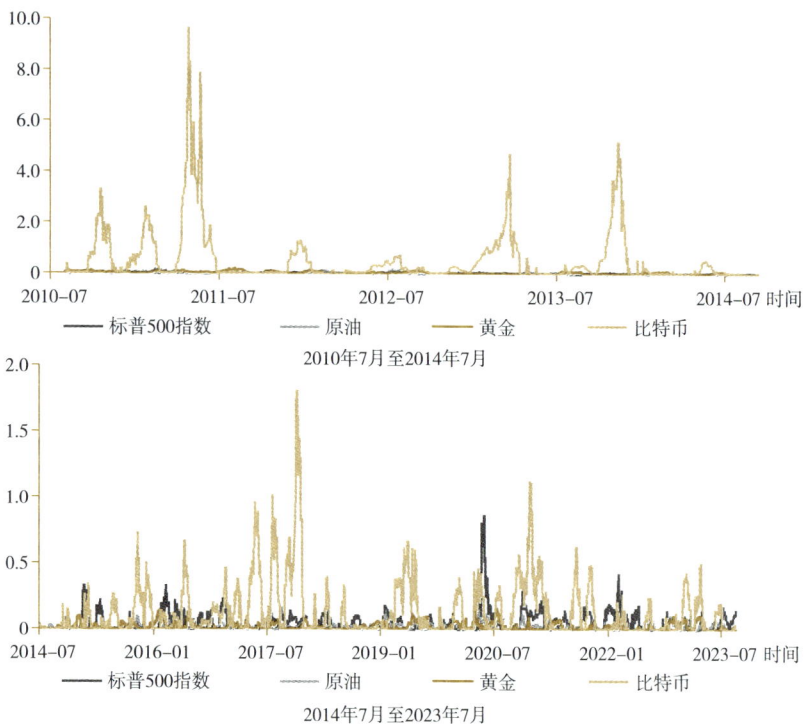

图 5-10 不同资产 1 个月期滚动涨幅

注：为了便于清晰显示，表中未显示铜价的 1 个月期滚动涨幅。

资料来源：彭博社，兴业研究。

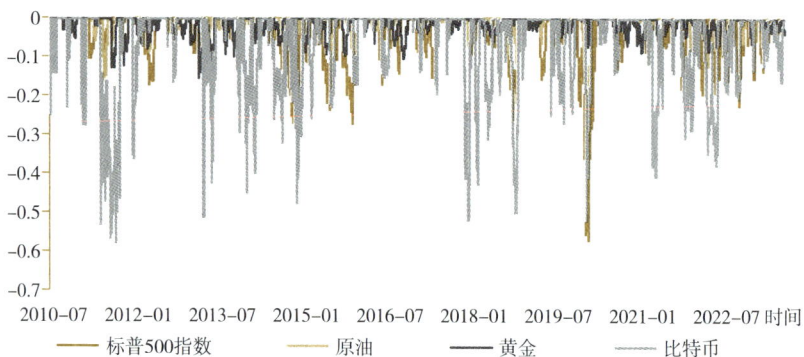

图 5-11 不同资产 1 个月期滚动跌幅

注：为了便于清晰显示，表中未显示铜价的 1 个月期滚动跌幅。

资料来源：彭博社，兴业研究。

### 2. 波动率

我们统计几种资产 3 个月期滚动历史波动率。整体来看，2010 年至 2023 年 7 月，比特币波动率中枢有所下降，但仍为所有统计资产中最高，仅 2020 年第二季度油价暴跌时原油市场波动率阶段性超过比特币。2016 年至 2023 年 7 月，标普 500 指数、原油、黄金、铜和比特币的 3 个月期历史波动率均值分别为 15.5%、36.8%、12.9%、19.4% 和 66.1%。（见图 5-12）比特币的高波动率限制了投资经理将其加入资产组合的比例。举例来说，如果考虑控制不同资产在资产组合中的同等波动贡献，比特币的持仓市值最大只能占黄金的 19.5%（此比例会随着时间动态变化）。

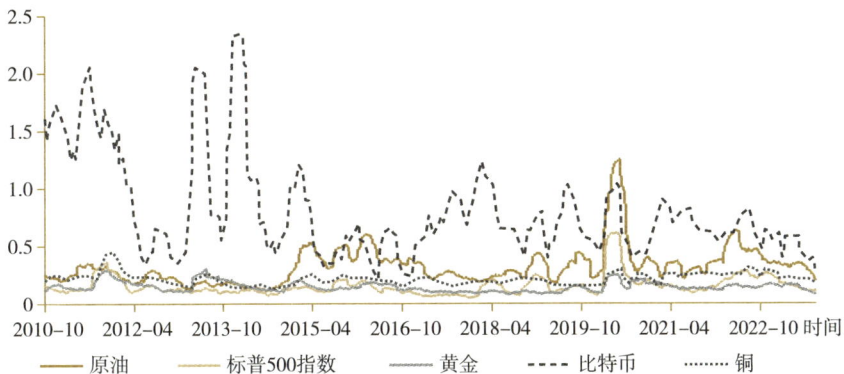

图 5-12　不同资产 3 个月期滚动历史波动率

资料来源：彭博社，兴业研究。

### （二）避险资产还是风险资产

要将一种资产加入资产配置，除了考虑它的波动性外，还需要厘清它是风险资产还是避险资产，以及它是否与其他资产都处于低相关性。我们测算了 2010 年 7 月 19 日至 2023 年 7 月比特币周度收益率与

标普 500 指数、伦敦金、美元指数和 10 年期美债收益率周度变动（10
年期美债收益率采用 BP（基点）变动，其余为周度百分比变动）的 1
年期滚动相关性。结果显示，2020 年之前，比特币与其余四个资产的
相关性不稳定。自 2020 年起，比特币与标普 500 指数持续呈现正相关
性，与美元指数呈现负相关性，与黄金和 10 年期美债收益率相关性仍
不稳定。（见图 5-13）这与迪尔贝里（Dyhrberg）在 2016 年得出的结
论"比特币可以很好地对冲富时 100 指数，同时还能够作为对美元的
短期对冲工具"相比出现了较大的变化，表明近几年比特币的属性出
现了较大变化。

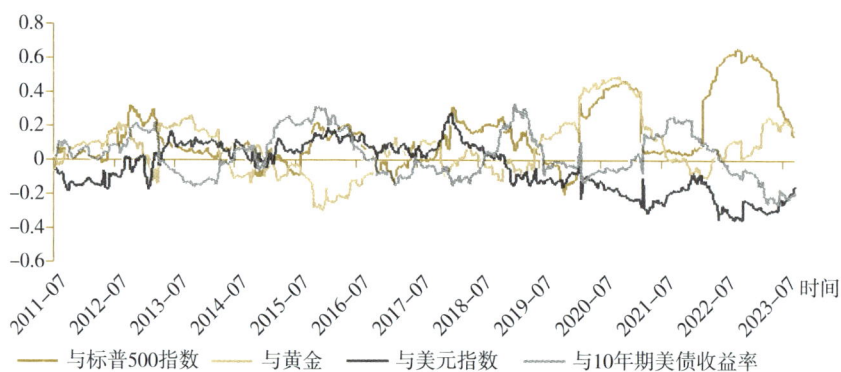

图 5-13　比特币与其余资产滚动相关性

资料来源：彭博社，兴业研究。

在应对风险资产下跌方面，自 2020 年年中起，相比黄金的走势，
比特币的走势更为显著地呈现了风险资产的特征。比特币与铜呈现了
完美的同步性（见图 5-14）。二者均被视为对抗通胀以及体现经济长期
增长故事的载体。这意味着，在当下的资产组合中，投资经理更多将
比特币视为一项风险资产。

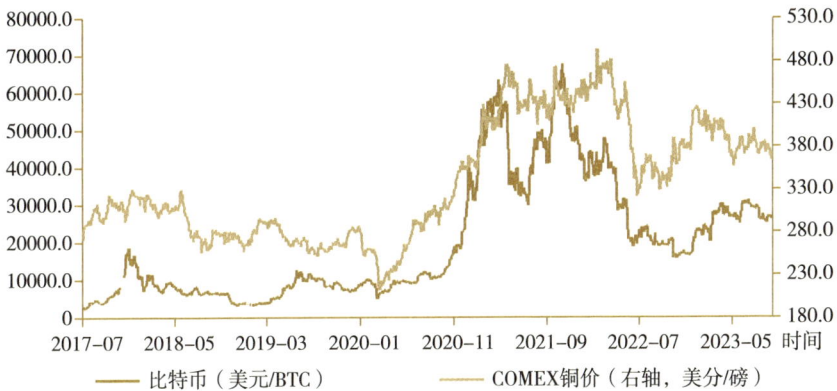

图 5-14　比特币与铜价

资料来源：彭博社，兴业研究。

2020 年，一项来自英国华威大学的研究表明，比特币作为对冲极端货币危机的案例仍然较少，并不能佐证比特币能够很好地抗衡货币危机。由于安全问题、知识壁垒和巨大的短期价格波动，以及缺乏内在价值所提供的价格下限，比特币在投资组合中的直接使用不太可能适合大多数投资者。

2023 年，库马尔（Kumar）比较了比特币与黄金的相关性和差异，认为比特币只是在短期内成为一种投资资产。从长远来看，相比黄金，比特币的价格波动是非常不正常的和不可靠的。黄金的作用在于它的长期稳定性，即使在经济不景气和新冠病毒大流行时，其价格也会定期上涨，而比特币更适合作为短期的投资工具。二者在作为资产的特性以及与股票表现的联系上有着根本的不同。比特币如此高的波动性以及与风险资产的正相关性，使其并不能算是一项避险投资品。在此情况下，增加比特币在资产组合中的配置，将会增加投资组合的风险资产属性以及波动率，并不能改善投资组合风险调整后的收益，这与黄金当前在资产组合中的作用存在非常大的差异。

2020—2021 年，机构对比特币配置热情的升温，本质上是与新冠疫情后美联储的大放水有关，同时也存在 2020 年比特币供给减半前后的炒作。而 2023 年下半年以来比特币的上涨，与美联储加息周期结束密不可分，同时 2024 年 4 月比特币供给再度减半，2023 年年中后比特币的走势与以往比特币供给减半前后存在很高的相似性。

## 三、比特币走势的影响因素

与所有资产相同，比特币价格背后的影响因素归根结底同样是供需，而且是有上限的供给以及阶段性大幅波动的需求，这也决定了比特币目前价格的高波动性。

### （一）存在上限的供给

比特币在 2009 年诞生时的设计总量上限为 2100 万个。比特币网络通过"挖矿"来生成新的比特币。所谓"挖矿"，实质上是用计算机解决一项复杂的数学问题，来保证比特币网络分布式记账系统的一致性。比特币网络会自动调整数学问题的难度，让整个网络约每 10 分钟得到一个合格答案。随后，比特币网络会新生成一定量的比特币作为区块奖励，奖励获得答案的人。

在比特币诞生初期，区块奖励是 50 个比特币。诞生 10 分钟后，第一批 50 个比特币生成了，而此时的货币总量就是 50 个。随后，比特币就以约每 10 分钟 50 个的速度增长。当总量达到 1050 万个（2100 万个的 50%）时，区块奖励减半为 25 个。当总量达到 1575 万个（新产出 525 万个，即 1050 的 50%）时，区块奖励再减半为 12.5 个。按照此设计，区块奖励约每隔 4 年就会减半，2012 年 11 月 28 日、2016 年 7 月 10 日和 2020 年 5 月 12 日已经出现了三次奖励减半的情况，2024 年比特币供给减半日期为 4 月 20 日，区块奖励由此前的 6.25 个比特币降至 3.125 个。按照设计，比特币将在 2140 年前后触及设计总量上限（见图 5-15）。而且，不只是比特币，多数虚拟货币都存在设计总量上限的情况（见表 5-2）。

图 5-15　比特币供给存量与上限

资料来源：Blockchain.com，Chainalysis.com，兴业研究。

表 5-2　主流虚拟货币

| 虚拟货币 | 发布年份（年） | 目前市值（百万美元） | 现存数量（百万个） | 数量上限（百万个） |
|---|---|---|---|---|
| 比特币 | 2009 | 1074598 | 18 | 21 |
| 以太币 | 2015 | 207791 | 112 | NA |
| 艾达币 | 2017 | 32996 | 31100 | 45000 |
| 币安币 | 2017 | 39808 | 154 | 170 |
| 泰达币 | 2015 | 38528 | 30300 | NA |
| 波卡币 | 2017 | 33316 | 1000 | NA |
| 瑞波币 | 2012 | 19765 | 44000 | 100000 |
| 莱特币 | 2011 | 14005 | 65 | 84 |
| 链克币 | 2017 | 11525 | 405 | 1000 |
| 狗狗币 | 2013 | 7276 | 118000 | 5200/天，永远 |

注：数据截至 2021 年 3 月 15 日。

资料来源：Blockchain.com，兴业研究。

从 2012 年、2016 年和 2020 年比特币供给减半前后各半年的走势来看，比特币价格总体倾向于上涨，其中比特币减半前半年的平均涨幅为61.7%，比特币减半后半年涨幅分别为 971%、74% 和 40%（见图 5-16）。

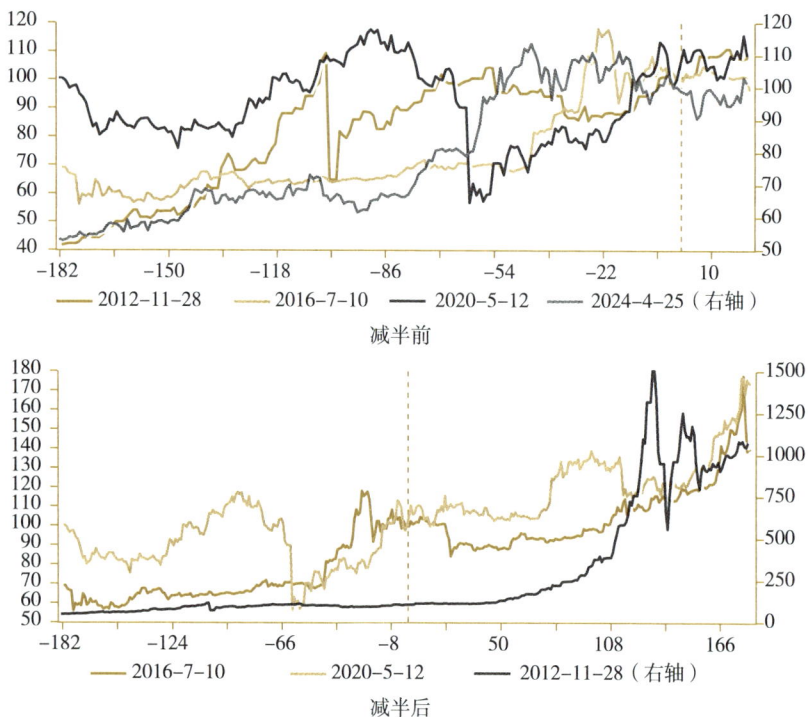

图 5-16　比特币减半前后比特币价格走势

注：将比特币减半时点设为基期，基期为 100，频率为日度。
资料来源：Macrobond，兴业研究。

此外，随着比特币的"挖掘"难度加大，获得一个比特币的成本飞速提高，比特币的经济性也在快速下降。比特币的成本包括电力成本、土地成本、矿机成本、网络难度。电力成本占据了挖矿成本很大的比重，不同国家的电力成本有较大差异。中国的电费平均为 0.08 美元 / 千瓦时，美国的电费平均为 0.13 美元 / 千瓦时，而选用水电附近作为矿场将能节约更多的电力成本，因此"矿工们"大多将矿场选择放置于电力成本和地租更便宜的中国，比如四川、内蒙古等地。而矿机成本包括硬件、软件、维护、冷却等。对于不同型号、规格的矿机，其价格、性能也各不相同。总体而言，性能较好的矿机的成本也较高。网络难度是指在比特币网络中生成一个新的数据块所花费的计算能力的困难系数，它可以反映出一个比特币网络中的竞争情况。该算法通过对 2016 个区块的平均出块时间进行调节。当平均出块时间小于 10 分钟时，网络难度将增大；当平均出块时间大于 10 分钟时，网络难度将降低。给定恒定的哈希率，当比特币网络难度增加时，由于比特币网络总算力的整体增加，单位时间内获得的挖矿奖励会减少。

可以预见的是，由于比特币的持续高单价、有限的供给量和计算机芯片行业的摩尔定律，每挖掘一个比特币所需的计算量将会呈现加速增加的趋势，成本抬升也使得比特币底部支撑逐步抬升。自 2018 年开始，比特币开采难度明显增大，在 2021 年年中曾阶段性回落。2021 年年中，由于中国外贸爆单、电力供应偏紧，故政府采取限电措施，陆续对新疆、内蒙古、四川等挖矿重镇实施挖矿禁令，从而各个"矿工"开始停工迁移，导致比特币挖矿难度出现阶段性大幅回落。但此后，比特币挖矿难度迅速飙升，截至 2023 年 10 月，比特币挖掘难度已达 61 万亿哈希率（见图 5–17）。

图 5–17　比特币开采难度

资料来源：Coinwarz，兴业研究。

## （二）大幅波动的需求

### 1. 供给减半前后往往伴随需求端的炒作

与存在上限的供给以及每隔几年就要减半的供给增速相伴随的，是比特币需求的大幅波动，这也是这些年比特币价格大幅波动的重要原因。自 2009 年 1 月 3 日比特币诞生以来，机构对比特币态度经历了质疑、打击到逐步认可的过程。早在 2013 年，易贝、贝宝就开始了对比特币的有限支持，但它们对比特币的支持态度发生过多次动摇。直到 2020 年下半年，市场才似乎真正开始了机构拥抱比特币的时代。2020 年 10 月 21 日，贝宝获得纽约州金融服务局的一份有条件的比特币许可证，允许贝宝通过与金融科技初创公司 Paxos 的合作，它们交易并持有比特币、以太币、比特币现金和莱特币等加密货币。贝宝正式官宣将支持比特币等加密货币买卖与购物服务。作为第一家获得有条件的比特币许可的公司，近年来以贝宝等为代表的机构对比特币态度的变化可以说与比特币近几年的波动有着非常好的吻合性。不过，我们同时可以发现，随着 2021 年之后美联储的加息缩表，机构对比特币的态度其实又发生了一些变化。2023 年 9 月，贝宝前总裁、比特币闪电网络支付公司 Lightspark 的联合创始人大卫·马库斯（David Marcus）表示，比特币实际上并不是人们用来买东西的货币（见表 5-3 和图 5-18）。他解释说，比特币将被用来向某人发送美元，而这个人最终会在地球的另一端以日元或欧元的形式收到美元。

但在 2024 年比特币新一次供给减半前，比特币需求端的利好消息再度传出。经过近十年的周旋与波折，美国证券交易委员会终于对市场做出妥协。2024 年 1 月 10 日，美国证券交易委员会史上首次批准比特币现货 ETF，授权 11 只 ETF 在 2024 年 1 月 11 日开始上市交易。但美国证券交易委员会主席加里·盖斯勒（Gary Gensler）表示，这一

表 5-3 贝宝对比特币态度的变化

| 日期 | 机构 | 表态 |
|---|---|---|
| 2013年4月 | 当时贝宝首席执行官大卫·马库斯 | 表示考虑是否要支持比特币。 |
| 2013年5月 | 当时易贝首席执行官约翰·多纳霍 | 表示考虑将比特币融入贝宝。 |
| 2013年11月 | 易贝首席执行官约翰·多纳霍 | 比特币很强大，贝宝将来可能会支持比特币。 |
| 2014年9月 | 贝宝 | 贝宝子公司Braintree宣布将接受比特币。 |
| 2014年9月 | 贝宝 | 贝宝宣布与三大比特币处理商BitPay、Coinbase以及GoCoin建立合作关系。 |
| 2015年 | 贝宝 | 贝宝在其可接受使用的政策中却表示，使用比特币为贝宝充值是"非法的"，因为其违反了公司反对"涉及比特币兑换或支票兑现业务的交易活动"的官方政策。 |
| 2016年6月 | 贝宝 | 贝宝为其比特币交易设备申请专利。 |
| 2018年1月 | 贝宝首席执行官约尔曼 | 加密货币的波动性使得它实际上并不适合零售商能够接收到真实货币。比特币成功概率超过50%，如果成功了，那么一个比特币将价值100万美元，同时比特币将失败的概率至少有20%。 |
| 2018年1月 | 贝宝董事会成员卡萨雷斯 | 虽然比特币是一个有价值的技术，但"要让它成为一种日常使用的具有普遍性和可接受的货币形式，我们还需要很多年的漫长岁月"。 |
| 2018年2月 | 贝宝首席财务官霍尼 | 申请了一项游游的专利，以加快商户和消费者之间的加密货币交易。 |
| 2018年3月 | 贝宝 | 邮件警告用户停止任何导致加密货币交易或转账账的活动。 |
| 2018年4月 | 贝宝 | 我们仍支持比特币，但商家没兴趣。 |
| 2018年5月 | 贝宝首席财务官约翰·霍尼 | 成为首家退出比特币，但商家没兴趣的公司。 |
| 2019年10月 | 贝宝 | 成为首家退出Libra协会的团队。 |
| 2020年3月 | 贝宝 | 成立区块链研究团队。 |
| 2020年6月 | 贝宝 | 有传闻称贝宝和其子公司Venmo将为其3.25亿用户提供加密货币购买和出售服务。 |
| 2020年7月 | 贝宝 | 知情人士透露贝宝已选择与Paxos加密经纪公司达成合作。 |
| 2020年10月 | 贝宝 | 贝宝正式宣布将支持比特币等加密货币买卖与购物服务。纽约州金融服务局向贝宝发放了一份有条件的比特币许可证，允许贝宝通过与金融科技初创公司Paxos的合作，交易并持有比特币、以太币、比特币现金和莱特币等加密货币。 |
| 2023年8月 | 贝宝前总裁、Lightspark联合创始人大卫·马库斯 | 比特币实际上不是人们用来买卖东西的货币。Lightspark的老板解释说，比特币将被用来向某人发送美元，而该人最终会在任何地球的另一端以日元或欧元的形式收到美元。 |

资料来源：彭博社、兴业研究。

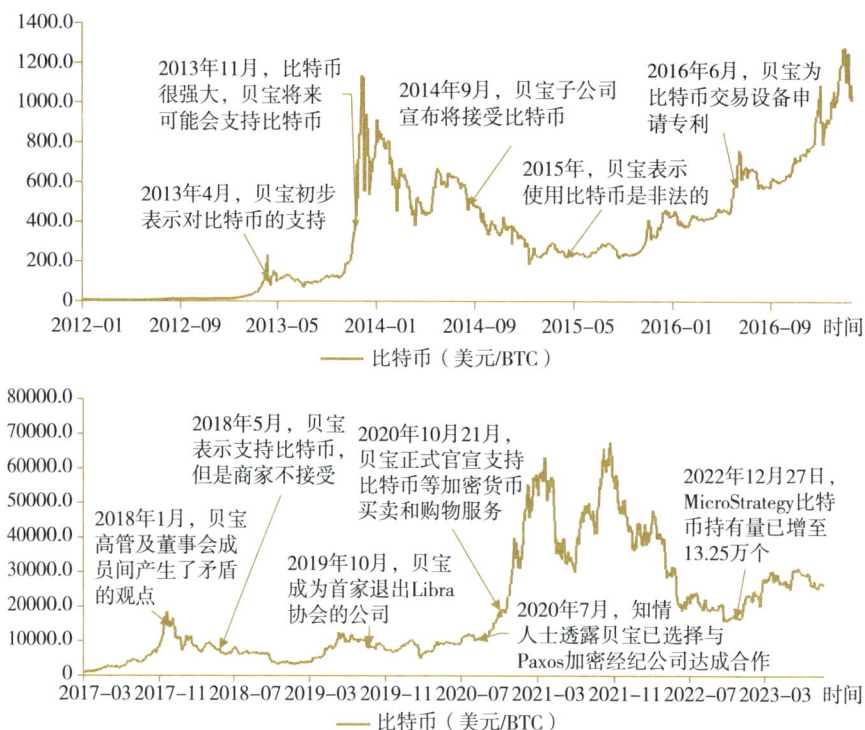

图 5-18 贝宝对比特币态度的变化与比特币价格

资料来源：彭博社，兴业研究。

批准并不等于监管认可了比特币，他称比特币是"一种投机性、波动性资产"。加里·盖斯勒和美国证券交易委员会前任主席杰伊·克莱顿（Jay Clayton）此前都拒绝允许此类产品推出。尽管如此，比特币追随者仍认为，由于财务顾问和其他机构投资者将使用金融界熟悉的 ETF 这种传统工具，比特币现货 ETF 会吸引数百亿美元的新投资。对散户来说，比特币现货 ETF 可以在某些方面让投资比特币变得更容易、更便宜以及更安全。我们可以发现，在每次比特币供给减半前后，监管部门都会对比特币用途的"合法化"做出一定妥协，也会出现比特币替代法币合法性的炒作。考虑到比特币持仓的高度集中性，这背后或有不为人知的一些原因。

### 2. 世界各国对虚拟货币的监管态度

除了合理的需求，比特币自诞生以来之所以被人们喜爱，还有一个很重要的原因，那就是市场认为比特币能帮助转移资金。得益于比特币去中心化和虚拟货币的属性，比特币能够迅速地实现资产的跨境转移，具有低成本、难追踪等特点。因此，虚拟货币也可能会被不法分子用于洗钱等非法活动。中国监管部门早在 2017 年就下达了关于禁止交易所开展比特币交易业务的规定，且禁止 ICO（首次代币发行），并对比特币交易用户进行实名身份验证，以打击利用虚拟货币进行的违法犯罪活动。中国将虚拟货币视为虚拟商品，这在 2013 年《关于防范比特币风险的通知》中已明确提到，比特币只是一种虚拟商品，不具有与法币同等地位，明确否认了虚拟货币的货币属性。

比特币诞生于金融危机爆发的大背景中，自此区块链和虚拟货币这个领域已经走过了十多年。在这段时间，中国针对比特币为首的虚拟货币也经历了三次比较大的政策调整。2013 年 12 月 3 日，中国人民银行等五部委发布《关于防范比特币风险的通知》，明确"比特币应当是一种特定的虚拟商品，不具有与货币等同的法律地位，不能且不应作为货币在市场上流通使用"。2017 年 9 月，中国人民银行等七部门发布《关于防范代币发行融资风险的公告》，明确禁止 ICO 活动以及为虚拟货币提供兑换、买卖、定价、中介等服务。2021 年 9 月，中国人民银行等十部门发布《关于进一步防范和处置虚拟货币交易炒作风险的通知》，明确将虚拟货币相关业务活动定义为非法金融活动。至此，经过三轮较大的政策调整，除了非经营（业务）性质外的行为（例如个人持有比特币），虚拟货币的业务活动被完全封杀。

世界各国对虚拟货币的监管态度有所不同，大致可分为四类。

第一类，中国内地、澳门将虚拟货币视为虚拟商品或者资产。

在裁判执行方面，这种定性可以为法院提供明确的法律依据，使其能够根据相关财产法规定进行裁决和执行，从而保护当事人的合法权益。然而，政府在监管和反洗钱方面存在一定的挑战。虚拟货币作为虚拟商品或者资产，其交易和流动性更加容易，监管机构需要制定相应的政策和措施来确保金融市场的稳定和投资者的保护。此外，在反洗钱方面，政府也需要进行更加严格的监管和合规措施，以防止虚拟货币被用于非法活动和洗钱行为。

第二类，欧盟、英国、泰国、韩国等将虚拟货币视为数字资产。

比如，欧盟将虚拟货币定性为有价值的数字表示，这可以看作"虚拟商品"这一概念的细分和延伸。这种定性有助于确立虚拟货币的法律地位和权益保护，促进市场的透明度和合规发展。然而，数字资产的性质使得监管和合规面临着挑战，需要政府制定相应的监管框架和措施来平衡创新发展和风险防范。

第三类，日本、萨尔瓦多将虚拟货币视为货币或者货币支付方式。

在裁判执行方面，虚拟货币作为正式的货币支付方式，裁判可以依据相关货币法律进行承认和执行。这为裁判提供了更直接的指导和依据，同时也便于金融机构和监管部门对其进行监管和实施反洗钱措施。然而，将虚拟货币视为货币也存在一些挑战，比如稳定性和法律适用性的问题，以及与传统金融体系的融合问题，等等。

第四类，中国香港、加拿大、美国将虚拟货币视为证券。

在裁判执行方面，裁判可以依据相关证券法律对虚拟货币进行监管和执行。这种定性使得证券交易委员会等机构能够对虚拟货币市场进行监督和调控，防止出现欺诈和不当行为。然而，这也增加了虚拟货币交易的合规成本和法律风险，同时限制了虚拟货币的流动性和跨境交易。

2023 年 5 月 16 日，欧盟财政部部长会议通过了《加密资产市场法规》，这是全球首个针对加密资产的法规。该法规旨在为欧盟成员国内的加密资产市场提供统一的法律框架和监管机制。

《加密资产市场法规》定义了加密资产的范围，将加密资产定义为能够使用分布式账本技术或类似技术以电子方式传输和存储的价值或权利的数字表示，包括虚拟货币、代币、安全代币和通证等。在授权和监管方面，《加密资产市场法规》将授权欧洲证券和市场管理局（ESMA）对加密资产市场进行监管和批准。同时，欧洲银行管理局（EBA）将负责监管加密资产的发行和市场交易。对于资产发行，《加密资产市场法规》规定，为了发行加密资产，发行人必须遵守透明度和机密性要求，并提供完整的基本信息和风险提示，以保护受众投资者的权益和利益。对于虚拟货币的服务提供商，《加密资产市场法规》规定，加密资产服务提供商必须取得特许经营资格，并需要遵守相关监管和认证标准，若电子货币代币发行者未能满足《加密资产市场法规》的要求，或者在运营过程中违反了规定，国家主管部门就有权撤销其授权，禁止其在欧盟范围内提供服务。

## 四、比特币供给减半前后与黄金的特殊相关性

长期来看，比特币与黄金相关性并不稳定，不过在每次比特币供给减半前后，比特币与黄金存在较高的正相关性。黄金对比特币的 beta（针对所有用户公开的测试版本）呈现较为明显的周期性波动特征。在以往比特币供给减半前一个月左右（2012 年 11 月 28 日、2016 年 7 月 10 日和 2020 年 5 月 12 日），黄金对比特币的 beta 往往会快速上升，并在供给减半后 4—6 个月达到最高后回落，其余时段相关性则较弱（见图 5-19 至图 5-21）。2024 年，比特币供给减半日为 4 月 20 日，

2023 年年底之后比特币的大涨符合以往比特币供给减半前后的走势，同时往往在供给减半前后是需求端的利好信息、监管态度的阶段性放松，以及对加密货币合法化和替代法币的炒作高涨的时候。2024 年 3—4 月，黄金价格近期的大涨或许也与比特币同年 2 月大涨后资金买入低估的黄金（相较于比特币而言）有一定关联。

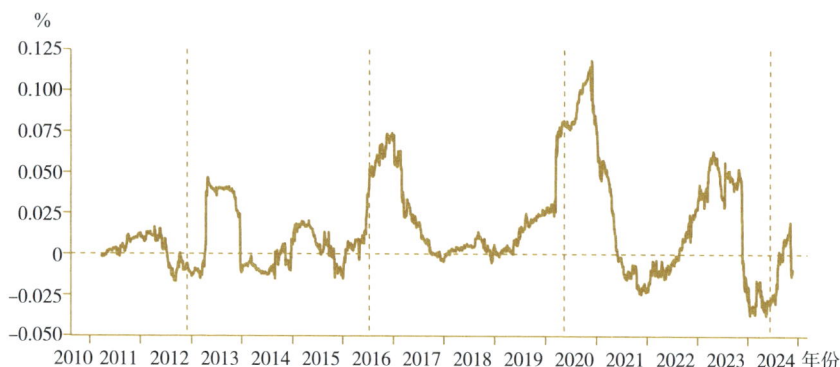

图 5-19　黄金对比特币的 beta

注：竖虚线为比特币供给减半时间。

资料来源：Macrobond，兴业研究。

图 5-20　2016 年减半前后金价与比特币走势对比

资料来源：Macrobond，兴业研究。

图 5-21 2020 年减半前后金价与比特币走势对比

资料来源：Macrobond，兴业研究。

从以往比特币供给减半前后各半年的走势来看，比特币价格总体倾向于上涨，其中比特币减半前半年的平均涨幅为 61.7%，比特币减半后半年涨幅分别为 971%、74% 和 40%。从黄金价格走势来看，除比特币诞生不久的 2012 年，2016 年和 2020 年两次比特币减半前半年至减半后 4—6 个月时间，黄金价格与比特币均有较高的同步性，之后波段上虽然阶段性同步，但总体走势分化。

## 第三节
# 黄金、玉石与文物艺术品

黄金是全球公认的硬通货，几千年来一直受到人们的喜爱。同样作为长期受到人们喜爱的玉石、文物艺术品，它们的投资属性以及价格表现与黄金存在什么异同呢？本节将就此展开探讨。

# 一、黄金与玉石

## （一）文化溯源

金，狭义指黄金，广义指金属，可包括金、银、铜和铁。玉，狭义指软玉或真玉，广义指美石，可包括绿松石、青金石、水晶和玛瑙等。2016年，易华在《金玉之路与欧亚世界体系之形成》一文中提道：玉崇拜在东方至少可以追溯到距今8000年的兴隆洼文化，是东方文化的象征；金崇拜在西方亦可追溯到近7000年前，是西方文化的标志。4000年前，东亚地区的玉文化十分发达，这一时期被称为"玉器时代"；与此同时，西亚及其附近地区的金器数以万计，这一时期可称"黄金时代"。夏代开始出现金器，标志着西方青铜游牧文化与东方定居农业文化进入碰撞与融合的新时代。2005年，乔梁对黄金与美玉进行了比较研究，认为中国古代农耕与游牧民族在首饰材料的选取上存在明显差异：农耕民族偏爱玉器，游牧民族酷爱金器。直到魏晋南北朝北方游牧民族大量进入中原后，黄金制品才成为中国的主要装饰品种。进入东亚的金器不仅有耳环、鼻环、臂钏、戒指、发钗、带钩、金项饰等人身装饰品，与玉玦、玉镯、玉鞢、玉簪、玉带、玉组佩争奇斗艳，还有各种用品，比如金杯、金印、金币、金剑鞘、金权杖，相应地出现了玉卮、玉玺、玉贝、玉剑具和玉杖头。商代之前流行玉帛之礼，周代以后出现了金与丝织成的金锦。金缕玉衣和金书玉册象征着东西文化的独特结晶。丝绸之路上有多处玉门关与金关，玉石与金属一直是丝路上流通的主要物质，通过丝绸之路进入东亚的金文化与东亚固有的玉崇拜逐渐成了中国文化的双重象征。

黄金与玉石的文化源远流长。古语有云"黄金有价，玉无价"，通常市场流通的黄金都有基准定价供大家参考，但是玉没有明确的规定。因为玉石不像黄金那样具体规定含量，没有业界的统一规定。玉石是纯天然形成的，好与不好都是它经过亿万年生成的，后天人们能加工的只是它的形状。不过，尽管如此，我们仍从有限可得的数据上对二者走势进行了一定的对比。

## （二）走势对比

2019 年 6 月，镇平开始公布"镇平·中国玉雕产业指数"，包括价格指数、景气指数、发展指数、文化指数四个分项指数。我们选取其中的价格指数与上海金走势进行对比，价格指数分为玉石原石价格指数、玉雕产品价格指数，以及和田玉、独山玉、翡翠、玛瑙各自的原石和产品价格指数。之所以选取"镇平·中国玉雕价格指数"，是因为镇平是中国最大的玉石加工销售集散地，同时历史悠久。据考证，镇平玉雕加工始于夏商，兴于汉唐，精于明清，盛于当今，距今已经有5000 多年的历史，先后被国家、省授予"中国玉雕之乡""中国新锐城市名片""中国珠宝玉石首饰特色产业基地""国家级文化产业示范基地""全国特色产业百佳县""河南省文化产业示范园区""河南省重点文化产业园区"等荣誉称号。

从走势上看，原石价格、玉雕价格与上海金的走势非常同步（见图 5-22），均在 2019 年 6 月至 2020 年年中出现过一波明显上涨，彼时美联储开启上一轮降息周期并在 2020 年新冠疫情暴发后无限量购债，带动全球资产价格出现一波集体上行。2020 年年中后，上海金陷入震荡，原石价格和玉雕价格也在此后的两年时间几乎没有变动。不过，自 2022 年下半年起，原石、玉雕与上海金一同开启了上行走势。2022年下半年，美国通胀初现回落曙光，对资产价格压制程度有所减轻，同时美元兑人民币的上行带来国内避险需求升温，推升上海金价格。同期，在玉石价格上涨的背后，宏观因素或是一方面原因，另一方面原因是，原石具有稀缺性和唯一性，优质玉料十分稀少，所谓"好玉不雕"，越是优质的原石，越不需要进行人工雕琢。比如，和田籽料就以其细腻的质地和充足的油性备受消费者青睐，然而籽料资源已基本枯竭，市场供应短缺。同时，随着消费者审美的不断演变和玉雕工艺的持续创新，许多商家抱有惜售心理，倾向于保留高端原石，以期待未来更具潜力的发挥空间。因此，市场上出现囤积现象，使得原石价格保持坚挺或持续上涨。

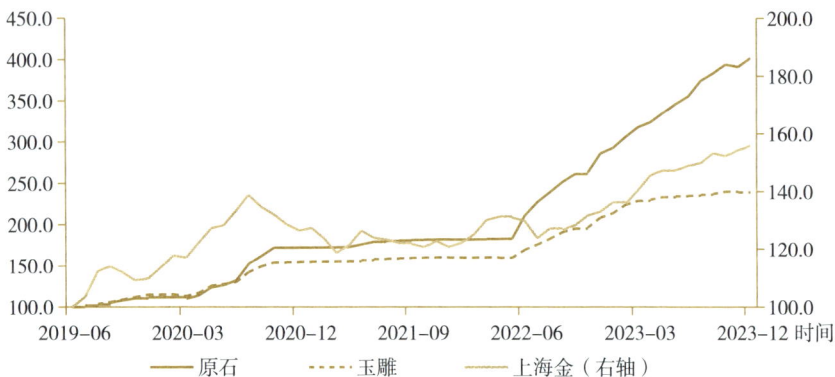

图 5-22　玉石原石、玉雕产品和上海金走势

注：以 2019 年 6 月为基期，价格设为 100，频率为月度。
资料来源：镇平玉雕产业指数，Macrobond，兴业研究。

　　从涨幅来看，原石和玉雕的价格涨幅远大于黄金。2019 年 6 月至 2023 年年底，原石价格上涨 302%，玉雕价格上涨 140%，上海金价格上涨 56%。分段来看，2020 年新冠疫情前，原石和玉雕的价格基本上同幅度上涨，但是在新冠疫情后，玉雕价格涨幅明显弱于原石价格，也对应着同期镇平玉雕景气指数的走弱。分原石类别来看，和田玉原石价格指数涨幅位居首位。2019 年 6 月至 2023 年年底，和田玉原石价格指数上涨 327%，之后为独山玉、翡翠、玛瑙，2019—2023 年分别上涨 291%、172%、117%（见图 5-23 和图 5-24）。玉石以其相对稀缺性，价格上涨幅度大于黄金，对有变现渠道的投资者而言不失为一种更好的投资品。相对而言，黄金更适合大多数消费者，因为黄金兼具保值增值和易变现几方面特点，并且在银行或各大珠宝商处均可回收，而玉石的变现渠道相对偏少。

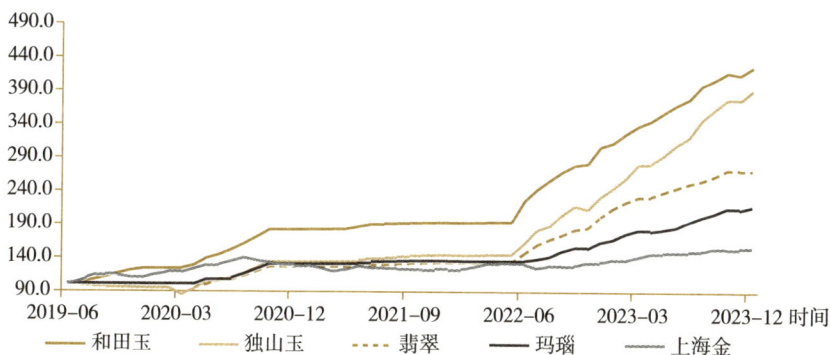

图 5-23 分类原石价格指数

注：以 2019 年 6 月为基期，基期设为 100，频率为月度。
资料来源：镇平玉雕产业指数，兴业研究。

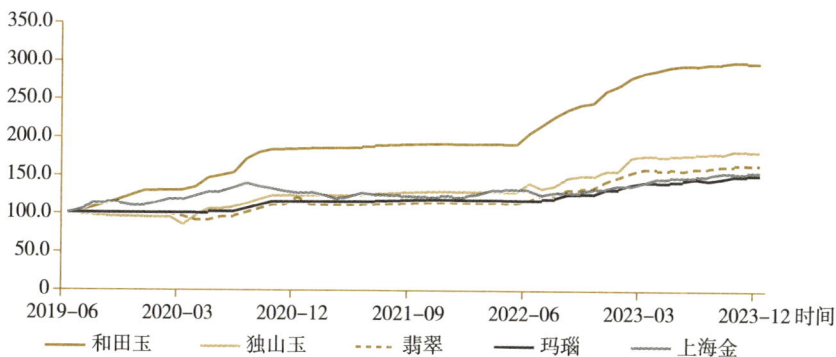

图 5-24 分类产品价格指数

注：以 2019 年 6 月为基期，基期设为 100，频率为月度。
资料来源：镇平玉雕产业指数，Macrobond，兴业研究。

## 二、黄金与文物艺术品

### （一）文化溯源

中华民族文化厚重、源远流长，精美的艺术品灿若繁星。中国艺术品市场发展较晚，于 20 世纪 90 年代初起步。但基于中国经济的迅速发展，人民经济水平、生活层次的提高，以及大众消费观念的转变，风格迥异的艺术品走出书斋画室，融入当下的艺术市场。短短 20 余年，中国艺术品市场已成为全球数一数二的艺术核心市场。文物艺术品通常包括书画、瓷玉杂项、油画及当代艺术品、古墓碑帖、邮品钱币和不归入以上几类的其他门类。艺术品作为人类有目的的创造物，能够满足人们多方面精神审美需要，因而具有多方面价值：一是审美愉悦价值，二是社会认识价值，三是思想教育价值，四是情感交流价值，五是精神怡养价值，六是鉴赏收藏价值。从《2022 中国文物艺术品拍卖市场统计年报》的成交金额来看，书画（包括古代、近现代以及当代书画）、瓷玉杂项、油画及当代艺术品位列前三位，占比分别为 48.66%、27.87% 和 11.30%。

书画一般指书法和国画类作品，是书画家运用工具（笔、墨等）在一定材料（宣纸、绢、帛等）上创作的具有审美精神和一定个人风格的作品。我们所说的字画艺术家不是普通的字画爱好者或字画工作者，而是在整个美术史或特定时期、地域具有一定艺术成就的人。同样，本文所讨论的字画艺术品也不是一般性的字画作品或复制品，而是在某个字画发展时期具有一定艺术价值、精神高度、思想呈现的作品。"窃观自古奇迹，多是轩冕才贤、岩穴上士，依仁游艺，探赜钩深，高雅之情，一寄于画"，中国字画艺术品是"轩冕才贤"与"岩穴上士"的"高雅之情"在字画领域的体现，是一定时代审美、时代文化、时代精神的凝结，这种字画艺术品的精神属性、审美属性、文化属性是一般性劳动产品无法取代的，具有稀缺性的特点。这决定了字画艺术品具有超乎一般物质产品之上的价值，也是字画艺术品产生价值的原理所在。

瓷玉杂项则与我们在上文中所讲到的玉文化密切相关，这里不再赘述。

油画最早是从西方传入中国的。中国油画经过了许多年的发展，在发展过程中汲取了西方油画的绘画技艺，在选材方面也借鉴了西方的一些题材，这为中国油画的发展打下了坚实的基础。中国油画除了学习西方油画的技法以外，也融合了中国传统文化与中国画绘画技巧，逐渐走出了一条有别于西方油画的发展之路。中国油画的精髓在于能够体现人文精神。中国当代油画比较重视个体内心情感的表达，能够表现出油画作品对个人生命价值的尊重与关怀。

## （二）走势对比

我们选取中国拍卖行业协会公布的 2010 年开始的艺术品拍卖均价以及艺拍全球文物艺术品指数网公布的 2007 年开始的中国字画指数作为艺术品参考价格。艺术拍品均价代表文物艺术品整体价格走势，不过缺少 2010 年之前的数据。2010 年之后，中国字画指数与艺术拍品均价走势基本相同，且艺术拍品中的字画本就占据了一半，所以我们认为采用 2007—2010 年的中国字画指数应该能够表征 2010 年之前艺术品整体价格走势（见图 5–25）。

从走势来看，2007—2011 年，上海金与文物艺术品的价格同步上涨。彼时，随着国际贸易、跨境投资等各方面的蓬勃发展，全球化进程加速进行，中国经济实力蒸蒸日上，所有资产价格普涨。虽然次贷危机带来全球资产价格巨震，不过并未对中国造成较大影响，国内经济在次贷危机后快速恢复，人们收入水平进一步提高，人们对文物艺术品的喜爱继续增长，而黄金则在 2008 年美联储 QE 和大幅降息助推下同样延续上涨行情。

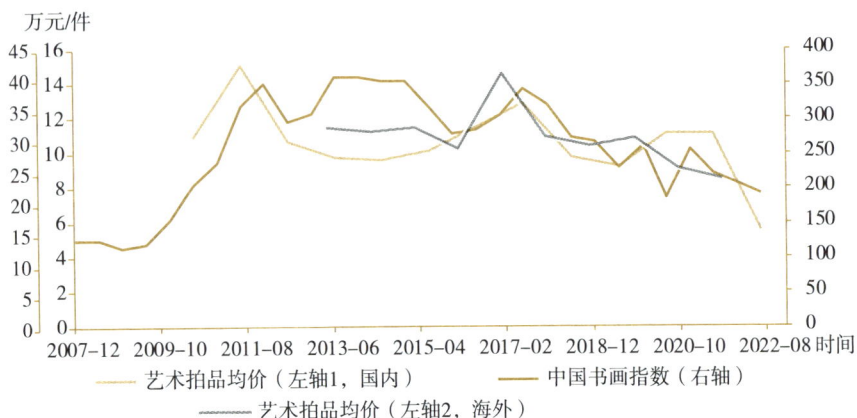

图 5-25　国内外艺术拍品均价与中国书画指数

资料来源：中国拍卖行业协会，艺拍全球文物艺术品指数网，兴业研究。

2011—2016 年是文物艺术品和上海金走势未来开始分化的酝酿期。2011 年前后，中国产能过剩问题初显，工业品（比如螺纹钢）价格开始筑顶回落。房价也在 2011—2012 年出现了一波明显的调整，总体于 2010—2015 年维持震荡。在这样的背景下，文物艺术品国内拍品均价在 2011 年升至最高的 15.03 万元 / 件后同样开始调整，此后虽然有所反弹，但再未突破 2011 年的高点，2011—2016 年同样处于震荡走势。而黄金在 2011 年触及 1921 美元 / 盎司后，也同样开始了高位震荡的走势，并于 2013 年美联储放缓 QE 后开始回落，回落至 2015 年年底至 2016 年年初。

2016 年前后，文物艺术品和上海金走势开始分化，文物艺术品开启下行走势，而上海金则持续上行（见图 5-26）。2015—2016 年，中国出台了一系列房地产支持政策，房价开始加速上行，居民收入中的房贷还款占比增加，同期国家进行了供给端结构性调整，工业品价格触底大幅反弹。海外伴随着特朗普的首次上台，逆全球化趋势开始出现。2016 年之后，文物艺术品价格没有跟随国内房价或是工业品价格一同上行而是转为下行，国内艺术拍品均价更是在 2022 年出现自 2010 年以来最大降幅。2022 年，国内艺术拍品均价由 2021 年的 11.15 万元 / 件下滑至 5.54 万元 / 件，下降幅度为 50.31%。在各拍品门类中，古代书画均价下降至 17.03 万元 / 件，降幅为 39.58%；近现代书画均价下降至 9.58 万元 / 件，降幅为 44.78%；当代书画均价下降至 4.03 万元 / 件，降幅为 25.48%；瓷玉杂项均价下降至 5.71 万元 / 件，降幅为 46.33%；油画及当代艺术品均价下降至 17.82 万元 / 件，降幅为 56.06%；古籍碑帖均价下降至 1.61 万元 / 件，降幅达 52.03%；邮品钱币均价较上年降幅最小，为 2.76 万元 / 件，降幅为 4.76%。从上海金走势来看，在 2015 年 "8·11" 汇改后就开始筑底，于 2016 年年初小幅走高，并在 2018 年美联储暂停加息、2019 年放缓 QT（量化紧缩）开始降息以及 2020 年无限量 QE 背景下开始了大幅上涨行情。

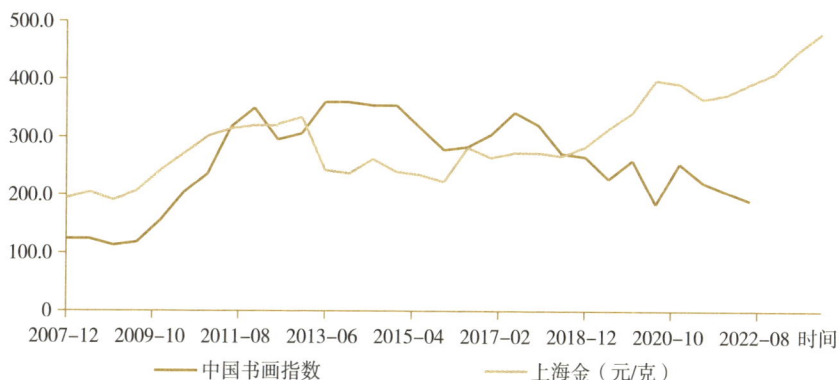

图 5-26　中国书画指数与上海金走势

资料来源：艺拍全球文物艺术品指数网，Macrobond，兴业研究。

文物艺术品与黄金价格走势的分化正对应了古话"乱世黄金，盛世字画"。这句话其实表达了在不同的社会环境下，人们对投资和收藏的不同偏好。在宏观环境不确定性高企的时候，人们的生活相对不够稳定。在这种环境下，人们风险偏好明显下降，更注重保护自己的财产，而黄金因其价值稳定、易于保存和转移的特性，成为人们首选的避险资产。在经济平稳增长、外部环境友好的时候，社会稳定，生活水平提高，人们开始追求更高层次的精神生活和文化修养。字画等艺术品因其独特的艺术价值和文化内涵，成为人们追求的对象。购买和收藏字画不仅能够提升个人的品位和格调，还能作为一种文化传承的方式。因此，"盛世字画"意味着在经济平稳增长、外部环境友好的时期，字画等艺术品成为人们投资和收藏的重要选择。

第一章

1. 全国黄金交易从业水平考试教材编写组 . 黄金市场基础知识与交易实务：2020—2021 年版［M］. 北京：中国金融出版社，2020.

2. 王晋斌 . 国际货币体系的演变简史：人之行动而非人之设计之结果［J］. 中国宏观经济论坛，2010（3）.

3. 魏忠 . 近代上海标金期货市场的实证分析：基于上海标金期货市场与伦敦白银市场之关系的视角［J］. 财经研究，2008（10）.

4. 易华 . 金玉之路与欧亚世界体系之形成［J］. 社会科学战线，2016（4）.

5. Callaghan G. The Structure and Operation of the World Gold Market ［R］. International Monetary Fund，Sep 1993.

6. Dooley M，Folkerts-Landau D，Garber P. An Essay on the Revived Bretton Woods System［C］. NBER Working Paper 9971，Sep 2003.

7. Friedman M，Schwartz A. A Monetary History of the United States，1867—1960［M］. Princeton：Princeton University Press，1971.

8. Pozsar Z. Bretton Woods III［R］. Credit Suisse Economics，Mar 2022.

9. Volcker P，Gyohten T.Changing Fortunes：The World's Money and the Threat to American Leadership［M］. New York：Times Books，1992.

10. Salant S W，Henderson W D. Market Anticipation of Government Policies and the Prices of Gold［J］. Journal of Political Economy，1978：627-648.

**第二章**

1. 杜因 . 经济长波与创新［M］. 刘守英，罗靖，译 . 上海：上海译文出版社，1993.

2. 瑞·达利欧 . 债务危机：我的应对原则［M］. 赵灿，熊建伟，刘波，译 . 北京：中信出版社，2019.

3. 宋鸿兵 . 货币战争 4：战国时代［M］. 武汉：长江文艺出版社，2015.

4. 易大东，王庆安 . 1968 年"黄金危机"和"美国世纪"的衰退［J］. 湘潭大学学报（哲学社会科学版），2008.

5. 约翰·H. 伍德 . 英美中央银行史［M］. 陈晓霜，译 . 上海：上海财经大学出版社，2011.

6. 周金涛，等 . 涛动周期论：经济周期决定人生财富命运［M］. 北京：机械工业出版社，2017.

7. Baur D G. Central Banks and Gold［C］. Financial Research Network（FIRN）FIRN Research Paper，2016.

8. Cecchetti S G，Mohanty M S，Zampolli F. The Real Effects of Debt［C］. 2011.

9. Dalio R. Chapter 3：The Changing Value of Money［M］. 2020-05-08［2023-01-23］.

10. Dalio R. Chapter 2：The Big Cycle of Money，Credit，Debt，and

保卫财富：黄金投资新时代

Economic Activity［M］. 2020–04–23［2023–01–23］.

11. Dalio R. Chapter 5: The Big Cycles of the United States and the Dollar［M］. Part 1, 2020–07–16［2023–02–01］.

12. Greenspan A. Testimony of Chairman Alan Greenspan［R］. The regulation of OTC derivatives. Before the Committee on Banking and Financial Services, U.S. House of Representatives, 1998.

13. Helbling Hans H. Foreign Trade and Exchange Rate Movements in 1975［R］. Federal Reserve Bank of St. Louis, January 1976.

14. Khramov V. Estimating Parameters of Short-Term Real Interest Rate Models［J］. IMF Working Papers, 2013.

15. Kitchin J. Cycles and Trends in Economic Factors［J］. The Review of Economics and Statistics, 1923.

16. Korotayev A V, Tsirel S V. A Spectral Analysis of World GDP Dynamics: Kondratieff waves, Kuznets swings, Juglar and Kitchin Cycles in Global Economic Development, and the 2008—2009 Economic Crisis［J］. Structure and Dynamics, 2010.

17. LBMA. Transparency in Gold Leas Rates［EB/OL］. 1997-01［2023-03-24］, https: //www.lbma.org.uk.

18. Legrand M D P, Hagemann H. Business Cycles in Juglar and Schumpeter［J］. The history of Economic Thought, 49(1), 1-18, 2007.

19. Minea A, Parent A. Is High Public Debt Always Harmful to Economic Growth? Reinhart and Rogoff and Some Complex Nonlinearities［J］. Working Papers, 2012.

20. OECD. "Debt and Macroeconomic Stability"［R］. OECD Economics Department Policy Notes, 2013.

21. Padoan P C, Sila U, Noord P V D. Avoiding Debt Traps: Financial

Backstops and Structural Reforms ［C］. OECD Economics Department Working Paper No. 976，OECD，2012.

22. Reinhart C M，Rogoff K S. Growth in a Time of Debt ［J］. American Economic Review，2010.

23. Reinhart C M，Rogoff K S. From Financial Crash to Debt Crisis ［J］. American Economic Review，2011.

24. Speck D.The Gold Cartel：Government Intervention on Gold，the Mega Bubble in Paper，and What This Means for Your Future ［M］. London：Palgrave Macmillan，2013.

25. Treasury Federal Reserve.Treasury and Federal Reserve Foreign Exchange Operations：Quarterly Reports ［R］. 2006.

26. Treasury Federal Reserve.Treasury and Federal Reserve Foreign Exchange Operations：Quarterly Reports ［R］. 2007.

27. Treasury Federal Reserve. Treasury and Federal Reserve Foreign Exchange Operations：Quarterly Reports ［R］. 2009—2014.

28. Vague R.The Next Economic Disaster：Why It's Coming and How to Avoid It ［M］. University of Pennsylvania Press，2014.

29. Woo J，Kumar M. Public Debt and Growth，Washington DC：International Monetary Fund ［C］. Working Paper，2010.

30. World Gold Council. Gold Deposit Rates—A Guidance Paper ［EB/OL］. 2020-09-02 ［2023-03-24］，https：//www.gold.org/goldhub/research/gold-deposit-rates-guidance-paper#chart7.


第三章

1. 黄阿明. 明代货币比价变动与套利经济 ［J］. 苏州科技学院学报（社会科学版），2010（5）：90–97.

2. 米尔顿·弗里德曼. 货币的祸害：货币史片断［M］. 安佳，译. 北京：商务印书馆，2006.

3. 永谊. 白银秘史：东西方货币战争史［M］. 重庆：重庆出版社，2011.

4. Frankel J A，Andrew K R. Currency Crashes in Emerging Markets：An Empirical Treatment［J］. Journal of International Economics，1996.

5. Laeven L，Valencia F. Systemic Banking Crises Database［J］. IMF Econ Rev，2013.

6. Laeven L，Valencia F. Systemic Banking Crises Database II［J］. IMF Econ Rev，2020.

7. Laeven L，Valencia F. Systemic Banking Crises：A New Database，IMF Working Papers，2008.

8. Nguyen T C，Castro V，Wood J. A New Comprehensive Database of Financial Crises：Identification，Frequency，and Duration［J］. Economic Modelling，2022.

9. Pierre-Olivier G，Maurice O. Stories of the Twentieth Century for the Twenty-First［C］. NBER Working Paper，July 2011.

10. Reinhart Carmen M，Kenneth S R. This Time Is Different：Eight centuries of Financial Folly［M］. Princeton：Princeton University Press，2009.

## 第四章

1.Greenwich Associates. Rethink，Rebalance，Reset：Institutional Portfolio Strategies for the Post-Pandemic Period［R］. 2021.

2.World Gold Council. The relevance of gold as a strategic asset 2023［R］. 2023.

3.Thinking Ahead Institute. Global Pension Assets Study 2022〔R〕. 2022.

4. World Gold Council. The relevance of gold as a strategic asset（US edition）〔R〕. 2021.

5. World Gold Council. Retail gold insights：China Jewellery〔R〕. 2020.

6. 国际铂金协会，解码 Z 世代 驱动新增长：中国 Z 世代贵重首饰消费白皮书〔R〕. 2022.

7. Dooley M，Folkerts-Landau D，Garber P. An Essay on the Revived Bretton Woods System〔J〕. NBER Working Paper 9971，Sep 2003.

8. Pozsar Z.Bretton Woods III〔R〕. Credit Suisse Economics，Mar 7 2022.

**第五章**

1. 李亚男 . 类 Hype Cycle 技术成熟度评估方法研究〔D〕. 中国人民解放军军事医学科学院硕士论文，2016（6）.

2. 乔梁 . 黄金与美玉：中国古代农耕与畜牧集团在首饰材料选取中的差异〔J〕. 考古与文物，2007（5）.

3. 易华 . 金玉之路与欧亚世界体系之形成〔J〕. 社会科学战线，2016（4）.

4. Pessa A A B，Perc M，Ribeiro H V. Age and Market Capitalization Drive Large Price Variations of Cryptocurrencies〔R〕. Scientific Reports（Nature Publisher Group），2023.

5. Kumar P. Bitcoin Versus Gold Prices：Correlation or Mis-specification〔J〕. The Journal of Prediction Markets，2023.

6. Brigatti E，Rocha G V，Hernández A R，Bertella M A. Inferring

Interactions in Multispecies Communities: The Cryptocurrency Market Case [J]. PLoS One, 2023.

7. Sinlapates P, Sriwong T, Chancharat S. Risk Spillovers between Bitcoin and ASEAN+6 Stock Markets before and after COVID-19 Outbreak: A Comparative Analysis with Gold [J]. Journal of Risk and Financial Management, 2023.

8. Dumitrescu B A, Obreja C, Leonida I, Dănuț G M, Trifu L. C. The Link between Bitcoin Price Changes and the Exchange Rates in European Countries with Non-euro Currencies [J]. Journal of Risk and Financial Management, 2023.

9. Cai Y, Zhu Z, Xue Q, Song X. Does Bitcoin Hedge Against the Economic Policy Uncertainty: Based on the Continuous Wavelet Analysis [J].Journal of Applied Economics, 2023.

10. Baur D G. Dimpfl T, Kuck K B. Bitcoin, Gold and the US Dollar—A Replication and Extension [J]. Finance Research Letters, 2023.

11. David P A. Computer and Dynamo: The Modern Productivity Paradox in a Not-Too-Distant Mirror [C]. Center for Economic Policy Research, No. 172, Stanford University, July 1989.

12. Greenwood J, Hobijn B. Technology and the Stock Market [R]. NO. 3, SEPTEMBER 2000 Subscribe, 2000.

13. Jovanovic B, Rousseau P L. The Electricity Revolution and the Stock Market: 1885—1928 [C]. Econometric Society World Congress 2000 Contributed Papers, 2000.

14. Mazzucato M. Risk, Variety and Volatility: Growth, Innovation and Stock Prices in Early Industry Evolution [J]. Journal of Evolutionary Economics, 2023.